DIREITO & ECONOMIA

D598   Direito & economia / org. Luciano Benetti Timm; Alexandre Bueno
        Cateb ... [et al.]. – 2. ed., rev. e atual. – Porto Alegre: Livraria do
        Advogado Editora, 2008.
        349 p.; 23 cm.

        ISBN 978-85-7348-574-5

        1. Direito e economia. I. Timm, Luciano Benetti, org.
        II. Cateb, Alexandre Bueno.

                                                    CDU – 34:33

        Índice para o catálogo sistemático:
        Direito e economia 34:33

        (Bibliotecária responsável : Marta Roberto, CRB-10/652)

Luciano Benetti Timm
Organizador

DIREITO & ECONOMIA

Alexandre Bueno Cateb
Armando Castelar Pinheiro
Bruno Meyerhof Salama
Cristiano Carvalho
Eduardo Goulart Pimenta
Eduardo Jobim
Ely José de Mattos
Fabiano Koff Coulon
Fernando Araújo

Giácomo Balbinotto Neto
Gustavo Madeira da Silveira
Leandro Martins Zanitelli
Luciano Benetti Timm
Paulo Caliendo
Rafael Bicca Machado
Rafael de Freitas Valle Dresch
Renata Campetti Amaral
Ricardo Letizia Garcia

2ª edição
revista e atualizada

livraria
DO ADVOGADO
editora

Porto Alegre, 2008

©
Alexandre Bueno Cateb, Armando Castelar Pinheiro,
Bruno Meyerhof Salama, Cristiano Carvalho, Eduardo Goulart Pimenta,
Eduardo Jobim, Ely José de Mattos, Fabiano Koff Coulon,
Fernando Araújo, Giácomo Balbinotto Neto, Gustavo Madeira da Silveira,
Leandro Martins Zanitelli, Luciano Benetti Timm, Paulo Caliendo
Rafael Bicca Machado, Rafael de Freitas Valle Dresch,
Renata Campetti Amaral, Ricardo Letizia Garcia
2008

Capa, projeto gráfico e diagramação
Livraria do Advogado Editora

Revisão
Rosane Marques Borba

Direitos desta edição reservados por
Livraria do Advogado Editora Ltda.
Rua Riachuelo, 1338
90010-273 Porto Alegre RS
Fone/fax: 0800-51-7522
editora@livrariadoadvogado.com.br
www.doadvogado.com.br

Impresso no Brasil / Printed in Brazil

Prefácio

O Direito e a Economia são ciências formuladas em épocas diversas e sob pressupostos díspares, mas, assim como outros campos do conhecimento, centram-se sobre um único objeto que, em essência, pode ser descrito como o comportamento humano. O Direito é prescritivo, buscando regular nosso comportamento em sociedade. A Economia, no entanto, procura descrever logicamente nossas escolhas diante da escassez de bens aptos a satisfazer nossas necessidades. Talvez por isso o diálogo entre economistas e juristas tenha sido pontuado, ao longo da história, por embates apaixonados e conflitos inconciliáveis.

A diversidade de métodos empregada por estas ciências foi, durante longo tempo, o motivo para que muitos céticos insistissem na impossibilidade de que houvesse uma conjugação de esforços entre ambas. Os aprofundados estudos da "law and economics", sobretudo na doutrina norte-americana, vêm, no entanto, demonstrando que essa união é viável e necessária, pois, sendo ciências sociais essencialmente práticas, o Direito e a Economia não poderiam deixar de colaborar para objetivos comuns.

Se a Análise Econômica do Direito revela-se um campo fértil em sistemas de "common law", em que o jurista faz um esforço diário para criar a norma mais justa através de um sistema de precedentes vinculantes, como muito mais razão deve-se esperar resultados positivos em um sistema tradicional, de "civil law", com fortes influências de direito romano, como ocorre no Brasil.

Com efeito, para que se concretize plenamente o plano traçado em nossa Constituição Federal, em que a dignidade da pessoa humana é preceito informador de todo o sistema legal, o legislador e os juristas devem prescindir das vaidades pessoais, dos argumentos de autoridade e das verdades reveladas, para, de forma racional, construir um ordenamento jurídico com regras idôneas à maximização do bem comum e ao atingimento dos valores que fundamentam e justificam a vida em sociedade.

Os aplicadores do Direito não podem ignorar que a adoção errônea de certas regras pode impor custos sociais claros a toda a sociedade. Uma espécie de obscurantismo jurídico tem, no entanto, impedido muitos de nós de perceber tal realidade. Tome-se o exemplo do processo civil, onde reformas vão e vem, ao sabor dos ventos, sem que se saiba ao certo seu impacto na vida de todos nós.

É certo que muitos ordenamentos prevêem normas que estabelecem a eficiência como princípio. O Professor Santos Pastor, catedrático de economia aplicada da Universidade Carlos III de Madrid, em trabalho de investigação denominado *Economia da Justiça e Política Judicial,* lembra-nos, apenas para continuar nos exemplos processuais, que numerosos ordenamentos jurídicos, inclusive o Espanhol, estabeleceram como objetivos primordiais da política judicial a minimização dos custos sociais do processo e a obtenção do máximo de acesso do cidadão à Justiça.

Assim, o avanço dos estudos em Análise Econômica vem em boa hora, propiciando à sociedade o instrumental necessário para o aperfeiçoamento do sistema legal. Só assim poderemos reforçar a legitimidade de normas e conceitos que ao longo de séculos consolidaram-se em nosso ordenamento, bem como aprimorar práticas que não se justificam diante da dinâmica social contemporânea.

Não se trata, à evidência, de abraçar qualquer forma de determinismo econômico, para normatizar a conduta futura segundo aquilo que a Economia constatou na conduta passada.

Ao lado da análise de vantagens e custos, essenciais na busca daquilo que poderíamos chamar eficiência jurídica, nenhum estudioso pode olvidar que a sociedade brasileira erigiu, como premissa fundadora de nossa organização social, a dignidade da vida humana. Há, assim, algo que vale por si mesmo, e não por comparação a quaisquer utilidades disponíveis no mercado, razão pela qual certas premissas não podem ser esquecidas numa busca cega por eficiência.

De qualquer forma, é certo que há amplo espaço para a Análise Econômica do Direito. Ninguém seriamente pode olvidar de ferramentas que se prestam a uma tripla função crítica e auto-reflexiva, possibilitando que se repensem os métodos da ciência jurídica, a administração da justiça e o próprio direito positivado.

Por tudo isso, é alvissareiro, àqueles que, como eu, acreditam no Direito como forma de transformação social, deparar-se com esta singular e auspiciosa obra, escrita por jovens, juristas e economistas, que, juntos, desempenham profunda reflexão sobre o sistema legal que temos e devemos ter e que, com isso, colocam o país no caminho certo na construção de seu futuro.

Ademais, os autores revelam, com excelência e maestria, a evolução da doutrina da Análise Econômica do Direito, apresentando-a de forma suficientemente clara e, ao mesmo tempo, profunda, de forma a satisfazer leitores iniciantes e experientes.

Além de apresentar estudos atuais especificamente voltados para a própria relação entre Direito e Economia, a obra brinda-nos com instigantes análises econômicas dos mais variados campos do direito, como contratual, societário, indenizatório, internacional, administrativo e ambiental, tudo de forma a propiciar ao leitor a mais abrangente e completa visão e aprendizado sobre a Análise Econômica do Direito.

O aquilatado trabalho dos autores, que ora tenho a honra de prefaciar, disseca com destreza todos os matizes teóricos e práticos da Análise Econômica do Direito, conferindo ao leitor inexaurível fonte de consulta e eficiente instrumento de trabalho para as mais variadas necessidades que exsurgem na aplicação do direito pátrio.

Fátima Nancy Andrighi
Ministra do Superior Tribunal de Justiça

Sumário

Apresentação à 2ª edição
Andrew Guzman 11

Apresentação à 1ª edição – Celebrando a convergência
Gustavo H. B. Franco 15

1 – Direito e economia num mundo globalizado: cooperação ou confronto?
Armando Castelar Pinheiro 19

2 – O que é "Direito e Economia"?
Bruno Meyerhof Salama 49

3 – Ainda sobre a função social do direito contratual no Código Civil brasileiro: justiça distributiva *versus* eficiência econômica
Luciano Benetti Timm 63

4 – Uma análise económica dos contratos – a abordagem económica, a responsabilidade e a tutela dos interesses contratuais
Fernando Araújo 97

5 – Critérios de quantificação dos danos extrapatrimoniais adotados pelos Tribunais brasileiros e análise econômica do Direito
Fabiano Koff Coulon 175

6 – Análise econômica do Direito: uma análise exclusiva ou complementar?
Rafael de Freitas Valle Dresch 193

7 – A regulação dos planos de saúde no Brasil e os princípios da solidariedade e da justiça atuarial: algumas considerações em torno da assimetria informativa
Leandro Martins Zanitelli 203

8 – Juros legais *x* Mercado: um possível incentivo ao aumento do número de acordos judiciais?
Rafael Bicca Machado e *Ely José de Mattos* 225

9 – O Direito Tributário e a interpretação econômica do Direito: deveres instrumentais, custos de conformidade e custos de transação
Cristiano Carvalho e *Eduardo Jobim* 239

10 – A disciplina legal das sociedades empresárias sob uma perspectiva de Direito & Economia
Eduardo Goulart Pimenta 247

11 – Análise econômica da Lei de Sociedades Anônimas
Alexandre Bueno Cateb 263

12 – Direito internacional privado e análise econômica do Direito
   Paulo Caliendo 273
13 – Créditos de redução de emissões transacionáveis: um estudo sob a ótica de Coase
   Gustavo Madeira da Silveira e *Renata Campetti Amaral* 287
14 – As percepções e experiências com a corrupção no setor de obras rodoviárias do Estado do Rio Grande do Sul
   Giácomo Balbinotto Neto e *Ricardo Letizia Garcia* 307

Apresentação à 2ª edição

O estudo de Direito e Economia já foi uma especialidade obscura praticada por um pequeno grupo de acadêmicos situados, em sua maioria, nos Estados Unidos. A esta época, a disciplina de Direito e Economia sequer tinha a sua própria identidade. Com efeito, até mesmo o mais famoso de todos os autores desta disciplina, Ronald Coase, não considerava que seus próprios escritos fossem sobre este tópico. Com o passar dos anos, no entanto, a abordagem de Direito e Economia amadureceu, alcançando o seu espaço e, tornando-se, em reduzido espaço de tempo, uma importante força nos debates e política acadêmicos.

Conforme foi ganhando popularidade nos Estados Unidos, o movimento de Direito e Economia, entretanto, deparou-se com a resistência de diversos setores. Mais comumente, suspeitava-se que nesta particular abordagem do estudo do Direito imiscuía-se uma forte inclinação pelo livre-mercado. Isso é devido ao fato de que muitos daqueles que propuseram o estudo de Direito e Economia tinham visões políticas conservadoras, o que resultava expressado em seus escritos. A percepção de que esta perspectiva foi uma parte constituinte da abordagem de Direito e Economia fez com que muitos autores não compactuassem com ela, considerando-a como um dogma de direita com roupagem de análise acadêmica.

Contudo, Direito e Economia mais uma vez expandiu-se. Na atualidade, muitas coisas mudaram nos Estados Unidos e no mundo. Em que pese Direito e Economia não ter conseguido desvencilhar-se totalmente da inclinação às políticas do *laissez-faire*, aqueles que sobre esta abordagem escrevem, fazem-no em todas as visões políticas. De fato, não faltam artigos de Direito e Economia defendendo o aumento da atividade governamental ou a intervenção estatal a fim de corrigir as falhas de mercado. Há juristas, que se valem de Direito e Economia, de ambos os lados do debate sobre a constrição da liberdade de mercado. No âmbito do Direito Ambiental, por exemplo, a abordagem de Direito e Economia às externalidades tem ensejado uma perspectiva critica que é favorável à ação estatal a fim de assegurar que os agentes econômicos suportem os custos totais de suas atividades, ao invés de externalizá-los à sociedade.

Configura-se impossível (se é que um dia já foi o contrário) a previsão exata de como um comentarista, valendo-se da abordagem de Direito e Economia, posicionar-se-á acerca de muitos dos tópicos constantes da ordem do dia de um importante debate. Ultimamente, até mesmo uma das correntes da abordagem de Direito e Economia (*behavioral law and economics*) tem desafiado as seminais premissas de racionalidade que estribaram muito da economia clássica.

O estudo de Direito e Economia não se quedou circunscrito ao território dos Estados Unidos. Esta metodologia é, agora, utilizada na Europa, na Ásia e, como demonstra o presente volume, na América Latina. Nestas regiões, em que Direito e Economia é ainda recente, encontra-se, novamente, um ar de ceticismo. E, como sói acontecer, a preocupação reside na idéia de que esta abordagem inclina-se para políticas orientadas ao mercado e opõe-se às noções de eqüidade e justiça social. Até certo ponto, tal conclusão demonstra-se inevitável, vez que as lições mais básicas e imediatas de Direito e Economia sugerem um movimento de distanciamento em relação a certos tipos de regulação governamental, de grande popularidade em diversos lugares. Para citar dois exemplos, nem a restrição ao comércio internacional nem o controle de preços na habitação encontram muitos defensores dentre os estudiosos de Direito e Economia. Tal não se dá pelo fato de estas pessoas terem visões de direita. A questão é que a análise destas medidas, bem como os casos empíricos que evidenciam os seus resultados negativos, encontram-se fortemente assentados. Em assim sendo, ao tempo que a abordagem de Direito e Economia vai sedimentando-se, desafia os mais conspícuos exemplos de política governamental em desacordo com a sua perspectiva.

Para além dessas batalhas inicias, todavia, a chave para o sucesso de Direito e Economia é demonstrar-se como um método de análise de problemas, mais do que uma perspectiva política. Não vicejará ao ser usado simplesmente como uma ferramenta de racionalização de perspectivas políticas que têm sido alcançadas precocemente. O poder desta abordagem reside em sua habilidade de aproximar-se da existente pesquisa em ciência social, na disciplina de sua argumentação e raciocínio e, ainda, na elucidação de seus argumentos. A metodologia de Direito e Economia não decreta as premissas que devem ser utilizadas – o que é demonstrado pela *behavioral law and economics*. Dessa forma, não impõe os resultados.

Ao reverso, Direito e Economia, quando propriamente utilizado, conduz ao sistemático e cuidadoso caminho das premissas às conclusões. Quando se desenvolve um argumento, então, qualquer discordância deve tomar, de duas, uma das seguintes formas. Por primeiro, pode-se argüir que a conclusão está em desacordo com as premissas utilizadas. Nesse caso, a questão é saber se existe uma falha no raciocínio que nos conduziu da premissa até a conclusão. Em que pese tal raciocínio possa jamais atingir precisão matemática, freqüentemente mostra-se possível consertar a falha pensando-se mais cuidadosamente sobre o problema. Em segundo lugar, pode ser o caso de as próprias premissas serem errôneas ou inapropriadas. Então, a falha deve ser desfeita apelando-se a fatores independentes. Pode surgir um desacordo, por exemplo, em termos da medida em que os agentes governamentais procuram maximizar o bem-estar geral quando oposto aos seus próprios interesses privados. Direito e Economia não consegue, não-raro, resolver estas diferenças, sendo justamente por isso que a sua metodologia não envolve uma inclinação em favor de nenhum resultado em particular.

Talvez, e o mais importante, a abordagem de Direito e Economia ajuda-nos a distinguir entre as supracitadas categorias de desacordo. Disputas acerca das premissas deveriam originar discussões distintas das reveladas sobre as conclusões que as seguem. As primeiras podem, facilmente, conduzir a um "acordo sobre o desacordo", significando que pessoas racionais podem alcançar conclusões distintas em razão de adotarem premissas discrepantes. As últimas, contudo, conduzem ao fim do acordo por meio do debate.

O presente volume oferece uma gama de questões que pode ser objeto da abordagem de Direito e Economia. O contexto brasileiro é, por certo, ímpar, e as análises aqui levadas a cabo atentam para tanto. Em vista disso, este volume, e os debates acerca destas questões, têm o potencial de elevar a qualidade das discussões sobre políticas públicas no Brasil. Não se faz necessário que se concorde nem com as conclusões nem com as premissas adotadas pelos artigos que compõem este livro, de modo a achá-los úteis e importantes. O que realmente importa é que os desacordos sejam identificados e os pontos de vista concorrentes resultem ventilados. Em assim sendo, as autoridades e os observadores podem conduzir o seu próprio julgamento acerca de como as políticas no Brasil adotadas podem evoluir. Ultimamente, este tem sido a recompensa principal oferecida por Direito e Economia. Esta abordagem estrutura o debate de modo que os desacordos tornem-se uma fonte profícua de discussões e descobertas, mais do que barreiras à cooperação.

Andrew Guzman

Professor da Faculdade de Direito da Universidade
da Califórnia, Berkeley, Estados Unidos.
Graduado pela Universidade de Toronto, formado em
Direito em Harvard e PhD em Economia também por Harvard

Apresentação à 1ª edição
Celebrando a convergência

A Economia e o Direito são disciplinas cujo diálogo tem sido cada vez mais intenso, e já estava mais do que na hora. A era dos tecnocratas e "czares" acabou faz tempo, e sua agonia se deu nos "pacotões" que antecederam o Plano Real (Cruzado, Bresser, Collor, etc.) nos quais assistimos variadas espécies de agressões não apenas à teoria econômica (esta, coitada, apanha calada, não tem como reagir), mas também, e mais seriamente, ao nosso ordenamento jurídico, com as conseqüências que se conhece. O tamanho do contencioso gerado pelos "planos econômicos" anteriores ao Plano Real oferece uma boa medida do indesejável distanciamento entre as disciplinas e respectivos operadores.

O jurista, por seu turno, não está inocente.

Os economistas não trabalharam sozinhos nos "pacotões", os quais, por sua vez, geraram injustiças e desequilíbrios, difíceis de arbitrar, mas também incontáveis tentativas, no plano judiciário, de se extrair vantagens indevidas, ou de se recuperar "perdas" imaginárias, especialmente da Viúva, sempre culpada, e amiúde ineficiente na defesa de seus interesses. As demandas judiciais movimentaram bilhões e bilhões, com honorários proporcionais, assim alimentando uma próspera indústria que se sustenta sobre o afastamento entre a Economia e o Direito, e que será sempre obstáculo à convergência das disciplinas.

Magistrados não versados em complexos temas econômicos tiveram de decidir questões difíceis e também produziram a sua cota de erros e exageros. Na verdade, quando a Justiça ignora as leis econômicas, pode fazer tanto estrago quanto o economista "pacoteiro" em sua sanha redentora. Ao afastarem-se da Lei munidos do ideal de corrigir os problemas econômicos no varejo, tal como os percebem, a Magistratura nem sempre percebe que agrava os problemas que pretende corrigir. A pesquisa de Armando Castelar, cujo texto está reproduzido neste volume, bem documenta este viés, e elabora sobre os custos econômicos da insegurança jurídica assim gerada.

Com efeito, o surgimento e desenvolvimento de um ramo da ciência econômica voltado para o estudo das instituições, já produziu duas premiações pela

Academia Sueca e pela Fundação Nobel - Ronald Coase e Douglas North - as quais deram grande impulso a muitos programas de pesquisa interdisciplinares, alguns, inclusive, no Brasil. A importância das instituições para o crescimento, aí incluído este bem público conhecido como Segurança Jurídica, tornou-se o centro de um novo paradigma, que veio a se materializar no mundo das políticas públicas, por exemplo, através da publicação pelo Banco Mundial e pelo IFC (International Finance Corporation), em bases anuais, do relatório "Doing Business", cobrindo a quase totalidade dos países que reportam estatísticas para estas instituições. Ao focar nas dificuldades práticas trazidas às empresas pelas leis trabalhistas e tributárias, pelas normas que regulam a formação e o fechamento de empresas, e pelos caminhos a serem percorridos para a obtenção de crédito e para o perfeito cumprimento dos contratos, este relatório apresenta um impressionante acervo comparativo, e de bases planetárias, sobre o modo como as esferas econômica e jurídica se superpõem nem sempre, ou quase nunca de forma harmônica e conducente ao desenvolvimento econômico.

O escopo e profundidade desta pesquisa é bastante revelador. Esforços de amplitude semelhantes foram empreendidos no Banco Mundial, na OCDE e em incontáveis institutos de pesquisa ao longo dos anos 1970 e 1980 com vistas a consolidar consensos internacionais sobre liberalização comercial, disciplina fiscal, desrepressão financeira, privatizações e tantas outras reformas notadamente no terreno macroeconômico na direção da consolidação de economias de mercado que se tornaram dominantes nas agendas nacionais no final do século XX. Ao que tudo indica, na próxima etapa, e dentro do que já há algum tempo vem sendo chamado de "reformas de segunda geração", e mais recentemente de "agenda micro", destacam-se os temas do relatório "Doing Business" e diversas das "interfaces" entre o Direito e a Economia.

Não há dúvida que um novo paradigma vem se estabelecendo e que devemos enfrentar o desafio do diálogo interdisciplinar.

Ao economista cabe aprender, idealmente ainda na universidade, que seu ofício, a política econômica, não é exercido no vácuo mas dentro dos marcos institucionais e jurídicos de um Estado de Direito, que o economista deve conhecer em seus aspectos formais e institucionais. Os "modelos" com que trabalham os economistas são criaturas da matemática, portanto, composições dentro de um idioma, com sua sintaxe própria e es *Gustavo H. B. Franco* pecífica para potencializar o entendimento de relações de causa e efeito. Os economistas devem aprender que este não é o único idioma relevante para a prática de sua profissão.

Ao advogado cabe aprender que o Direito não é um universo paralelo imune ao que se passa no mundo prático da economia e das relações sociais em geral. O Direito pode ser visto como um outro idioma, ou um outro subsistema como na linguagem do professor Cristiano Carvalho, que, todavia, descreve e ordena a mesma realidade observada pelos economistas com o auxílio de seus próprios instrumentos. Estudantes de Direito, e os de economia, deviam dialogar com mais freqüência, aprender a outra disciplina, inclusive e principalmente por que isto os fará melhores profissionais. A realidade do mercado de trabalho saberá valorizar o profissional que sabe olhar além dos limites de sua própria especialização.

Existem sinais animadores de convergência entre economistas e advogados, como demonstrado pela reunião de notáveis contribuições contidas neste volume, e pelas quais autores e organizadores merecem as honras concedidas aos pioneiros. Mas não tenhamos ilusões, existe ainda muito a convergir, tanto na doutrina quanto na prática. Por ora, ainda é dominante o isolamento entre as disciplinas, que tem entre as suas mais funestas conseqüências o fato de que os debates econômicos, sempre contaminados por conteúdo ideológico, quando são travados entre advogados, e especialmente no âmbito de demandas judiciais, criam uma distorção apontada com propriedade pelo Ministro Nelson Jobim, em seu discurso de posse como Presidente do Supremo Tribunal Federal, reproduzido neste volume, e também pelo artigo do professor Rafael Bicca Machado. A distorção consiste em falsear uma simples verdade, conforme ensina o ministro, a de que "só o voto legitima as políticas públicas", ou seja, é o eleitor quem escolhe, através de um candidato, a privatização, a estabilidade, a abertura, a liberdade cambial, ou contrário disso tudo. É ele quem expressa sua aprovação ou reprovação às políticas macroeconômicas, e quem faz mudar o programa de um candidato na direção das políticas que deseja, como recentemente se observou com o Presidente Lula.

Levar as políticas públicas para o Judiciário, buscando nelas identificar algum ângulo geralmente fictício de "irregularidade", é questionar as escolhas do eleitor, levando o resultado das urnas para o "tapetão" e criando, desta forma, a tão perniciosa insegurança jurídica. Trata-se aí de servir-se do Judiciário para criar embaraços às políticas do adversário político de forma a constranger, denegrir e procrastinar. Democracia é diversidade, temperada por tolerância, esta por sua vez, deve ser administrada com sabedoria pelo Judiciário. Adversários políticos podem sempre enxergar "danos irreparáveis" nas políticas do outro, uma vez que ferem suas crenças particulares. Mas viva a diferença! A distância entre a subjetividade de cada um e a ilegalidade pode ser imensa, e os "danos" apenas imaginários. A conciliação entre demandas individuais idiossincráticas, a jurisdicidade das políticas públicas deve ser administrada com cautela pelo Judiciário, inclusive por que a simples denúncia, feita de forma ruidosa através da imprensa, em si, já representa uma "condenação provisória", vale dizer, o denuncismo se organizou em torno de uma "presunção de culpa", esta sim odiosa e ilegal, como se fosse parte legítima da alternância no poder.

Ressalte-se que nada deve limitar os ganhos representados pelo instituto das ações populares, que permite que a cidadania amplie suas fronteiras, bem como as atividades do Ministério Público, cuja atividade em defesa de interesses difusos é nada menos que essencial. Mas os exageros existem. Muitos "processos" têm seu curso completo através da imprensa, que amiúde condena com uma celeridade tão invejável quanto imprudente. Deve haver conseqüência para quem ataca de má fé, ou no contexto de cruzadas políticas.

A politização do Judiciário é uma distorção de uma Democracia jovem, que ainda não soube trabalhar inteiramente as nuances da separação dos Poderes, e as vítimas desse aprendizado são as instituições e as pessoas que foram instrumentos de políticas públicas legítimas, cujo contraditório, igualmente legítimo, deve ter lugar no Parlamento e no plano das idéias, como é normal em qualquer Democracia, e não nos tribunais.

Gustavo H. B. Franco

Professor do Departamento de Economia da PUC-Rio,
ex-Presidente do Banco Central do Brasil e sócio fundador
da Rio Bravo Investimentos.

—1—
Direito e economia num mundo globalizado: cooperação ou confronto?

ARMANDO CASTELAR PINHEIRO
Economista do IPEA e Professor do IE/UFRJ

Sumário: 1. Introdução; 2. O Judiciário como instituição econômica; 2.1. Como avaliar a qualidade do judiciário enquanto instituição econômica?; 2.2. Judiciário e crescimento; 3. Evidência empírica; 4. A Visão dos Magistrados; 5. Observações finais; Referências.

1. Introdução

A globalização é um fenômeno que tem economistas e profissionais do direito como alguns dos seus principais atores, na medida em que é um processo caracterizado pela integração econômica internacional e que, diferentemente do processo de integração do século XIX, é cada vez mais regulamentado e dependente de contratos. Contratos e regulamentações que envolvem essencialmente economistas e profissionais do direito. Dentro de cada país, também, a busca de um modelo econômico capaz de produzir uma integração competitiva na economia mundial tem levado à crescente interação entre o direito e a economia, como refletido no aumento da regulação e no uso mais intenso dos contratos como forma de organizar a produção, viabilizar o financiamento e distribuir os riscos. Em particular, as reformas dos anos 90 – privatização, abertura comercial, desregulamentação e reforma regulatória, na infra-estrutura e no sistema financeiro – deram grande impulso tanto à integração do Brasil na economia mundial como ao volume de regulação e à utilização de contratos.

Há várias formas de pensar a relação entre o direito e a economia no contexto da globalização. Usualmente, e o Brasil não é exceção, economia e direito interagem em torno de temas relativos ao que se convencionou chamar de direito econômico, envolvendo questões de antidumping, *antitrust* e comércio internacional. Ainda que calcada em conceitos e evidências microeconômicas, a abordagem utilizada neste capítulo tem uma preocupação mais macroeconômica. Em particular, o que se faz aqui é discutir as conseqüências da qualidade das instituições jurídicas para o crescimento econômico de um país.

Instituições estas que variam muito de um país para o outro, na sua forma e na sua qualidade, o que, em um mundo globalizado, tem conseqüências relevantes para o desempenho das economias nacionais. Essas diferenças ficam evidentes, por exemplo, em estudo patrocinado pelo Banco Mundial, e que contou com a participação das associações de escritórios de advocacia *Lex Mundi* e *Lex Africa*, que compara a qualidade dos sistemas legais e judiciais de 109 países, através da análise comparada de dois casos relativamente homogêneos: o despejo de um inquilino e a cobrança de um cheque.[1] Esse estudo mostra, com uma profusão de indicadores, que mesmo causas tão homogêneas como essas podem ter tratamentos muito diferentes nos vários países, seja em termos da sua regulamentação, seja na prática do judiciário, vale dizer, no seu curso pela justiça. Em particular, o tempo requerido em média para uma definição desses casos e as formas em que esses processos correm na justiça, notadamente em termos processuais, podem variar significativamente de um país para outro.

Existem também estudos que analisam empírica e conceitualmente como direito e economia interagem diferentemente nos sistemas de *civil* e *common law*, não apenas indicando que o primeiro protege mais fracamente os direitos de propriedade privados, mas também avaliando as implicações práticas dessas diferenças para o crescimento e o desenvolvimento econômico dos países. Pode-se citar ainda como evidência da influência dos sistemas legal e judicial sobre o desempenho de uma economia as várias medidas de risco país produzidas pelas agências de *rating*, que incluem uma avaliação das instituições jurídicas do país, e da garantia que estas provêem aos direitos de propriedade. O *rating* de risco soberano, por sua vez, influi no custo de captação externa e nas taxas de juros domésticas, e através destas no volume de crédito, no investimento, no crescimento e assim por diante.

É partindo dessa percepção que organizações como o Banco Mundial e o BID preconizam que a reforma do judiciário deve ocupar um papel de destaque na nova rodada de reformas que se faz necessária para dotar as economias em desenvolvimento e em transição de instituições que sustentem o bom funcionamento do mercado.[2] De fato, se um bom judiciário é importante para o adequado funcionamento de qualquer economia, mais ainda o é para uma que acaba de passar pelas reformas que foram adotadas no Brasil e na maior parte do mundo não desenvolvido na última década. Isto porque, com a privatização, o fim de monopólios e controles de preços e a abertura comercial muitas transações antes realizadas dentro do aparelho de Estado, ou coordenadas por ele, passaram a ser

---

[1] DJANKOV; La Porta, Lopez-de-Silanes e Shleifer (2001).
[2] Ver, por exemplo, World Bank (1997).

feitas no mercado. Sem o apoio de um bom judiciário, essas transações podem simplesmente não ocorrer, ou se dar de forma ineficiente, exigindo que as reformas sejam revertidas.[3]

Assim, o judiciário é uma das instituições mais fundamentais para o sucesso do novo modelo de desenvolvimento que vem sendo adotado no Brasil e na maior parte da América Latina, pelo seu papel em garantir direitos de propriedade e fazer cumprir contratos. Não é de surpreender, portanto, que há vários anos o Congresso Nacional venha discutindo reformas que possam tornar o judiciário brasileiro mais ágil e eficiente. O que se verifica, não obstante, é que apenas recentemente se começou a analisar e compreender as relações entre o funcionamento da justiça e o desempenho da economia, seja em termos dos canais através dos quais essa influi no crescimento, seja em relação às magnitudes envolvidas. Nota-se, assim, que até aqui o debate sobre a reforma do judiciário ficou restrito, essencialmente, aos operadores do direito – magistrados, advogados, promotores e procuradores – a despeito da importância que essa terá para a economia.

Mas será que, no mundo globalizado do século XXI, a relação entre direito e economia é sempre de colaboração, de unidade de objetivos e percepções, de forma que a tarefa de melhorar o funcionamento do judiciário requer apenas esforço e dedicação? Ou há também um campo importante de conflito entre os economistas e os profissionais do direito, conflito que também contribui para comprometer o desempenho da justiça e é, portanto, contrário aos melhores interesses do país e da sociedade? Na palestra de abertura do Congresso promovido pela Academia Internacional de Direito e Economia, em junho de 2002, seu eminente presidente, o Dr. Arnoldo Wald, mencionava, por exemplo, que o tempo da economia não é o tempo do direito. Este é um ponto importante, ao qual se retornará mais tarde neste capítulo. Mas a diferença entre a economia e o direito, e o sistema de justiça em particular, vai além da questão do tempo ou da questão que às vezes se menciona, de que a justiça olha mais para trás na tentativa de reconstruir um estado anterior das artes, enquanto a economia olha essencialmente para frente, tentando prever e "precificar", para usar um anglicismo hoje parte do economês nacional, o futuro. Neste sentido, é útil refletir sobre uma perspicaz observação do professor George Stigler, da Universidade de Chicago, que nota que:

"Enquanto a eficiência constitui-se no problema fundamental dos economistas, a justiça é a preocupação que norteia os homens do direito (...) é profunda a diferença entre uma disciplina que procura explicar a vida econômica (e, de fato, todo o comportamento racional) e outra que pretende alcançar a justiça como elemento regulador de todos os aspectos da conduta humana. Esta diferença significa, basicamente, que o economista e o jurista vivem em mundos diferentes e falam diferentes línguas". (Stigler, 1992)

---

[3] Como observa Gray (1991, p. 775), "[c]ertain forms of direct regulation and government policies of intervention in the marketplace in developing countries can be seen at least in part as substitutes for an independent, well-functioning legal system".

Essas relações de cooperação e confronto entre direito e economia, e em particular a relação entre o desempenho do judiciário e o funcionamento da economia, são o objeto deste capítulo. Nesse sentido, ele tem como objetivo principal analisar os diferentes canais através dos quais o desempenho da justiça afeta o comportamento dos agentes econômicos e, indiretamente, o desenvolvimento econômico; apresentando os pontos de vistas de empresários e magistrados sobre essas questões. A seção 2 analisa o papel do judiciário enquanto instituição econômica. A seção 3 discute algumas evidências empíricas sobre o impacto do judiciário no crescimento econômico. A seção 4 mostra como os magistrados brasileiros vêem a economia e alguns aspectos do Judiciário relevantes para o funcionamento da economia. A última seção discute as barreiras a uma reforma do judiciário que o torne mais eficiente.

2. O Judiciário como instituição econômica

O ponto de partida conceitual para se entender a influência das leis e do judiciário sobre o desempenho econômico pode ser encontrado na economia neo-institucionalista, principalmente nos trabalhos de Ronald Coase, Douglas North e Oliver Williamson, para ficar apenas nos autores mais conhecidos. Vale a pena citar que há também um amplo conjunto de trabalhos que mostram empiricamente a importância dos sistemas legais e jurídicos na determinação da taxa de crescimento econômico. Ou seja, que variações na qualidade dos sistemas legais e judiciais são importantes determinantes do ritmo de crescimento e do desenvolvimento econômico dos países. Esta seção discute essa literatura, analisando o judiciário enquanto instituição econômica.

2.1. Como avaliar a qualidade do judiciário enquanto instituição econômica?

A percepção de que o mau funcionamento do judiciário tem impacto significativo sobre o desempenho da economia é relativamente recente, e reflete o crescente interesse no papel das instituições enquanto determinantes do desenvolvimento econômico (North, 1981; Olson, 1996). Este reconhecimento tardio, mas que ganha crescente atenção, não é um mero acidente histórico. Pelo contrário, ele reflete o fato de que em economias de mercado, como são cada vez mais as existentes em países em desenvolvimento e em transição, as instituições econômicas são mais importantes do que quando é o Estado que executa ou coordena a atividade econômica, particularmente em setores em que contratos intertemporais são a regra, como é o caso da infra-estrutura e do mercado de crédito. De fato, é crescente o reconhecimento de que a qualidade das instituições explica uma parcela importante das elevadas diferenças de renda entre países.

Como desenvolvido com mais detalhe na próxima seção, os problemas com que se defronta o judiciário na maior parte dos países em desenvolvimento e em transição prejudica o seu desempenho econômico de várias maneiras: estreita a abrangência da atividade econômica, desestimulando a especialização e dificultando a exploração de economias de escala; desencoraja investimentos e a utilização do capital disponível, distorce o sistema de preços, ao introduzir fontes de risco adicionais nos negócios, e diminui a qualidade da política econômica.

Para se compreender essa influência, e para se avaliar a sua importância quantitativa, é preciso antes definir indicadores que permitam aferir a qualidade do desempenho do judiciário no que este se reflete sobre o funcionamento da economia. Ou seja, necessita-se de um critério para avaliar o que é um bom judiciário. Definições genéricas, como a que estabelece que "um bom judiciário é aquele que assegura que a justiça seja acessível e aplicada a todos, que direitos e deveres sejam respeitados, além de aplicados com um baixo custo para a sociedade"(e.g., Shihata, 1995, p. 14), embora capturem a essência do problema, são de difícil utilização.

Neste sentido, três alternativas são propostas na literatura. (Sherwood *et al.* 1994, p.7) sugerem que o desempenho do judiciário seja avaliado considerando-se os serviços que ele produz em termos de "garantia de acesso, previsibilidade e presteza dos resultados, além de remédios adequados". Ou seja, focar a justiça enquanto uma entidade que presta serviços para a sociedade, e considerar a qualidade dos serviços ofertados. Isto permitiria não apenas estabelecer comparações entre diferentes jurisdições, como também avaliar o desempenho de um determinado judiciário, ou uma parte dele, ao longo do tempo. Além disso, associando-se indicadores de "produção" aos custos incorridos pela justiça poderia se derivar indicadores de eficiência, que também podem ser comparados com *benchmarks* ou acompanhados no tempo.

Ainda que misturando insumos e produtos, em certo sentido é essa a visão adotada pelo Banco Mundial em seu Relatório sobre o Desenvolvimento Mundial de 1997, em que o Banco lista as três características que a seu ver caracterizariam um bom judiciário: independência; força, i.e. instrumentos para implementar suas decisões; e eficiência gerencial. O Banco defende a independência do resto do governo como a mais importante das três, por ser essa essencial para garantir que o executivo respeite a lei e responda por seus atos. A efetividade do judiciário também depende, porém, da capacidade de implementar suas decisões. Na prática isso significa dispor de suficiente poder de coerção, não apenas em termos legais, mas também em termos de recursos humanos e financeiros. Vale dizer, dispor de um número suficiente de oficiais de justiça para apresentar decisões e documentos judiciais, para confiscar e dispor de propriedade, etc. Obviamente, também um poder policial eficiente é um elemento essencial para o bom funcionamento do judiciário. A terceira condição necessária para que o judiciário seja eficaz é que ele seja organizacionalmente eficiente, sem o que se dá uma grande demora na solução de processos.[4]

A dificuldade com essa metodologia é que a produção do judiciário depende tanto da quantidade de serviços como de sua qualidade, sendo a importância desta última maior do que em outros setores, e, além disso, sujeita a grande subjetividade. É isto que torna atraente a sugestão de Hay *et al* (1996, p. 560), de que a qualidade do sistema judicial seja medida pela freqüência com que os indivíduos recorrem ao sistema, e não a mecanismos concorrentes de resolução de conflitos e de aplicação da lei: "Para ser competitivo, o sistema legal deve, sobretudo, se mostrar mais atraente do que outros mecanismos, tipicamente privados de resolução de conflitos e de imposição do estabelecido nos acordos". Ou seja, pode-se medir o desempenho do judiciário não pela sua produção, mas pela demanda que se observa pelos seus serviços.

Essa forma de abordar a questão tem a vantagem de mostrar que o impacto do mau funcionamento da justiça sobre a economia depende da existência e da eficiência de outras instituições que competem com o judiciário ou que tentam compensar as suas falhas. No primeiro grupo tem-se formas alternativas de organizar a produção, através da verticalização, de participações acionárias cruzadas, ou outras formas privadas de ordenamento de contratos. No segundo temos desde mecanismos formais como as câmaras de arbitragem até sistemas de informação, como listas negras de inadimplentes, que aumentam o custo de não cumprir um contrato.[5] Mesmo em economias com bons sistemas judiciais, muitas companhias se especializam em coletar e vender informações referentes à capacidade de crédito de pessoas e firmas. À medida que cai o custo de processamento de tais informações, diminui o preço cobrado por serviços dessa natureza, mesmo em países menos desenvolvidos. Tais serviços permitem às empresas "proteger-se" dos impactos negativos do mau funcionamento da justiça, negociando e firmando contratos de forma ampla e em termos bastante impessoais.

No Brasil, dois mecanismos freqüentemente utilizados pelas firmas para se protegerem do mau funcionamento da justiça são a resolução de disputas por negociação direta e a cuidadosa seleção de parceiros de negócios. Assim, 88% dos empresários entrevistados em pesquisa do Idesp (ver abaixo) concordaram que "é sempre melhor fazer um mau acordo do que recorrer à Justiça" (Pinheiro, 2000). Além disso, nove em cada dez empresas responderam que checar a reputação da outra parte no mercado e seu comportamento pretérito como pagador, e favorecer clientes e fornecedores conhecidos nas transações comerciais são procedimentos indispensáveis ou pelo menos importantes em qualquer negócio.[6]

---

[4] Em seu relatório, o Banco nota que um processo leva em média 1500 dias para ser concluído em países como o Brasil e o Equador, contra apenas 100 dias na França. Longas demoras aumentam os custos de transação na resolução de disputas e podem bloquear o acesso ao judiciário de potenciais usuários.

[5] Essas instituições são analisadas com detalhe no caso do mercado de crédito em Pinheiro e Cabral (1998).

[6] É interessante observar que a exigência de garantias reais ou de terceiros não é uma prática tão freqüente entre as empresas, possivelmente devido a seus custos elevados e à dificuldade de executá-las.

Também com essa medida há, porém, um problema: o pouco uso do judiciário pode refletir não o seu mau desempenho, mas a qualidade superior de outros mecanismos de resolver conflitos e fazer com que os contratos sejam respeitados. Uma maneira de corrigir para esse efeito é utilizar um meio ainda mais indireto de avaliar o desempenho da justiça, como o proposto por Williamson (1995, p. 181-2):

> O resultado é que se pode inferir a qualidade do judiciário de forma indireta: uma economia com alto desempenho (expresso em termos de governança) irá permitir mais transações em uma faixa intermediária [i.e. contratos de longo prazo estabelecidos fora de organizações hierarquizadas] do que uma economia com um judiciário problemático. Em outros termos, numa economia com baixo desempenho a distribuição das transações tende se mostrar mais bi-modal – com transações em mercados a vista ou dentro de hierarquias e menos transações na faixa intermediária.

Pinheiro (2000) desenvolve um modelo que permite avaliar o impacto da qualidade dos serviços fornecidos pelo judiciário (ou outro mecanismo de solução de disputas) sobre a utilidade das partes e, portanto, sobre a sua propensão a litigar. A utilidade esperada de recorrer à justiça depende, positivamente, do valor líquido que se espera receber e, negativamente, da variância desse ganho, que reflete a incerteza quanto a ganhar ou perder a disputa e ao tempo até que uma decisão seja tomada. Assim, a utilidade advinda da utilização de um mecanismo específico de resolução de conflitos, como o judiciário, é uma função do valor do direito em causa, dos custos envolvidos, da rapidez com que uma decisão é alcançada, da imparcialidade do árbitro, da taxa de juros (ou, mais precisamente, da taxa de desconto intertemporal), e da previsibilidade das decisões e do tempo até que estas sejam alcançadas. Neste sentido, um sistema que funciona bem deve ostentar quatro propriedades: baixo custo e decisões justas, rápidas e previsíveis, em termos de conteúdo e de prazo.

O custo esperado de recorrer ao judiciário (ou a outras formas de resolução de disputas) não depende apenas das taxas pagas à justiça, ms também das despesas incorridas durante o processo de litígio, da probabilidade de se vencer (probabilidade que pode ela própria depender do quanto é gasto) e de como os custos do litígio são distribuídos entre quem ganha e quem perde a causa. Custas judiciais elevadas, advogados caros e um sistema judicial com problemas de corrupção tendem a encorajar as partes a usarem mecanismos alternativos de resolução de disputas ou simplesmente a não iniciarem um litígio.

As decisões são previsíveis quando a variância *ex-ante* do ganho líquido de custos é pequena. Note-se que essa variância é formada tanto pela variância do resultado em si (i.e., perde ou ganha), como do tempo necessário para se alcançar uma decisão. Ambas representam fatores indesejáveis e atuam para desencorajar o recurso ao judiciário. A previsibilidade é alta quando a capacidade de se vencer se aproxima de zero ou um e a variância do tempo gasto para se tomar a decisão é pequena. Os tribunais podem ser imprevisíveis porque as leis e/ou contratos são escritos precariamente, porque os juízes são incompetentes ou mal informados, ou porque as partes se mostram inseguras em relação ao tempo que será necessário aguardar até que uma decisão seja tomada. Métodos alternativos de resolução de conflitos podem ser preferidos, conseqüentemente, não só porque são mais rápidos, mas também porque os árbitros podem estar mais bem preparados para interpretar a questão em disputa.

Um sistema de resolução de conflitos caracteriza-se como justo quando a probabilidade de vitória é próxima a um para o lado certo e a zero para o lado errado. A parcialidade é claramente ruim, e difere da imprevisibilidade porque distorce o sentido da justiça de uma forma intencional e determinista. Os tribunais podem ser tendenciosos devido à corrupção, por serem politizados (favorecendo a certas classes de litigantes, como membros da elite, trabalhadores, devedores, residentes, etc.), ou por não gozarem de independência frente ao Estado, curvando-se à sua vontade quando o governo é parte na disputa. A importância da imparcialidade de um sistema judicial que funcione adequadamente é assim assinalada por North (1992, p.8):

> De fato, a dificuldade em se criar um sistema judicial dotado de relativa imparcialidade, que garanta o cumprimento dos acordos, tem-se mostrado um impedimento crítico no caminho do desenvolvimento econômico. No mundo ocidental, a evolução dos tribunais, dos sistemas legais e de um sistema judicial relativamente imparcial tem desempenhado um papel preponderante no desenvolvimento de um complexo sistema de contratos capaz de se estender no tempo e no espaço, um requisito essencial para a especialização econômica.

Quando a justiça é lenta, o valor esperado do ganho ou da perda das partes será tão mais baixo quanto maior for a taxa de juros. O insucesso em se produzir decisões com presteza é freqüentemente citado como um importante problema dos sistemas judiciais em todo o mundo. Isto, por sua vez, causa dois tipos de problemas inter-relacionados. Por um lado, a morosidade reduz o valor presente do ganho líquido (recebimento esperado menos os custos), significando que o sistema judicial só em parte protege os direitos de propriedade. Em economias com inflação alta, se os tribunais não adotarem mecanismos de indexação adequados, o valor do direito em disputa pode despencar para zero com bastante rapidez. Pode haver, assim, uma tensão entre conciliar justiça e eficiência, quando se procura ao mesmo tempo alcançar decisões rápidas, bem informadas, que permitam amplo direito de defesa e que ao mesmo tempo incorram em custos baixos.

Pesquisa nacional junto a médios e grandes empresários realizada pelo IDESP (Instituto de Estudos Econômicos, Sociais e Políticos de São Paulo) mostra que no Brasil a morosidade é o principal problema do judiciário (Tabela 2.1): 9 em cada 10 entrevistados consideraram a justiça ruim ou péssima nesse quesito. A avaliação é negativa também em relação aos custos de acesso, ainda que menos do que a respeito da agilidade, e levemente positiva em relação à imparcialidade das decisões judiciais. A duração média até uma decisão judicial dos litígios em que as empresas se viram envolvidas ilustra o problema da morosidade: 31 meses na Justiça do Trabalho, 38 meses na Justiça Estadual e 46 meses na Justiça Federal.

Tabela 2.1: Opinião dos Empresários Quanto
ao Desempenho do Judiciário Brasileiro

	Agilidade		Imparcialidade		Custos	
	Freqüência	%	Freqüência	%	Freqüência	%
Bom e Ótimo	7	1,2	157	26,1	90	15,0
Regular	48	8,1	267	44,4	232	38.5
Ruim e Péssimo	540	90,8	154	25,6	250	41,5
Sem Opinião	0	0,0	24	4,0	30	5,0
Total	595	100.0	602	100.0	602	100.0

Fonte: Pinheiro (2000).

As empresas têm, porém, um relacionamento ambíguo com a lentidão da justiça. Assim, nem sempre a demora em obter uma decisão é prejudicial às empresas: nas causas trabalhistas, um quarto delas apontaram que, pelo contrário, ela é benéfica, sendo que somente 44,2% dos entrevistados indicaram que a lentidão da Justiça do Trabalho é algo prejudicial.[7] Isso decorre de muitas firmas se valerem da morosidade dos tribunais do trabalho para pressionarem os trabalhadores a aceitarem um arranjo negociado em disputas financeiras, o que ajuda a entender porque quase metade dos litígios na área trabalhista, de longe os mais freqüentes na vida das empresas, é concluída por acordo entre as partes, o que também não é incomum em causas comerciais (24% dos casos). Embora menos pronunciado, um resultado similar foi observado nas questões relacionadas a tributos, direitos do consumidor e meio-ambiente. No Brasil, não é incomum as empresas recorrerem aos tribunais questionando a legalidade de impostos com o objetivo de adiar o seu pagamento. Somente no caso dos contratos (direito comercial), a morosidade judiciária não é percebida como benéfica por uma proporção significativa dos entrevistados.

Isso ilustra um efeito secundário, mas importante, da lentidão da justiça: ela encoraja o recurso ao judiciário não para buscar um direito ou impor o respeito a um contrato, mas para impedir que isso aconteça ou pelo menos protelar o cumprimento de uma obrigação. Isso significa que há um círculo vicioso na morosidade, com um número grande das ações que enchem o judiciário, contribuindo para a sua lentidão, estando lá apenas porque ele é lento. Essa visão foi ratificada em pesquisa do Idesp com uma amostra nacional de magistrados, a quem foi colocada a seguinte questão: "Afirma-se que muitas pessoas, empresas e grupos de interesse recorrem à justiça não para reclamar os seus direitos, mas para explorar a morosidade do Judiciário. Na sua opinião, em que tipos de causas essa prática é mais freqüente?". Como se vê na Tabela 2.2, e consistentemente com a visão de que o uso da justiça como meio de protelar decisões é particularmente comum em causas tributárias, os magistrados entrevistados observam que esse tipo de

---

[7] A menos de menção em contrário, as estatísticas sobre a visão das empresas sobre o judiciário apresentadas neste trabalho foram extraídas de Pinheiro (2000).

comportamento também é muito freqüente de parte do setor público, particularmente quando a União é uma das partes envolvidas. Também neste caso, deveria se procurar implantar medidas que desencorajassem este tipo de comportamento, possivelmente através da mudança de normas seguidas pelos advogados do setor público. Além disso, considerando que na maior parte dos casos em que o setor público é uma parte envolve um número limitado de disputas – os 86.000 casos julgados pelo STF em 2000 diziam respeito a pouco mais de 100 temas diferentes – medidas que vinculem as decisões de tribunais inferiores às decisões, por exemplo, do STF, em casos anteriormente julgados, deveriam acelerar o trâmite de processos e reduzir o ganho daqueles que usam o sistema judiciário de má-fé. A adoção de um instrumento como a súmula vinculante também tem a vantagem de dar igual tratamento ao contribuinte e ao fisco (aqui representando os demais contribuintes), ao contrário de remédios que limitam unilateralmente o mau uso do judiciário por parte do executivo.

Tabela 2.2: Freqüência com que diferentes partes privadas recorrem à justiça para postergar o cumprimento de obrigações, por área do direito

Esfera da Justiça	Muito freqüente	Algo freqüente	Pouco freqüente	Nunca ou quase nunca ocorre	Não sabe/ sem opinião	Não respondeu
Trabalhista	25,4	18,6	20	18,8	12	5,3
Tributária federal	51,3	23,5	6,1	1,8	11,9	5,5
Tributária estadual	44,7	27,8	8,0	1,3	12,3	5,9
Tributária municipal	40,1	25,9	11,9	2,4	13,4	6,3
Comercial	24,8	34,5	16,5	3,1	14,2	6,9
Propriedade Industrial	8,1	17,5	29,3	9,2	27,8	8,1
Direitos do Consumidor	8,6	17,5	33,5	21,3	13,4	5,7
Meio Ambiente	8,1	17,9	29,8	20,0	17,9	6,2
Inquilinato	20,2	30,8	22,4	8,0	11,7	6,9
Mercado de crédito	32,7	27,5	13,8	3,8	15,9	6,3

Fonte: Pinheiro (2003)

2.2. Judiciário e crescimento

A ineficiência do judiciário não preocupa apenas pelas injustiças que causa, particularmente entre os mais pobres. A literatura mostra que dela também resultam custos econômicos elevados. Quatro dos canais pelos quais a ineficiência do judiciário impacta o desempenho econômico são o progresso tecnológico, a eficiência das firmas, o investimento e a qualidade da política econômica.

O progresso técnico é muito influenciado pela qualidade dos sistemas legal e judicial, pois são estes que garantem o direito de propriedade intelectual, claramente mais vulnerável à expropriação por terceiros do que ativos físicos. O respeito à propriedade intelectual estimula o investimento em P&D no país e facilita a aquisição de tecnologia avançada de outros países. Além disso, a própria difusão do conhecimento – não apenas científico, mas também gerencial, de *marketing*, financeiro, etc. – depende de as transações econômicas e o investimento serem bastante distribuídos em termos geográficos e de número de parceiros, o que pressupõe mercados anônimos, em que as transações se realizem independentemente de as partes se conhecerem previamente ou não. Um exemplo ilustrativo é o caso dos investimentos com alto conteúdo tecnológico, como o que envolve a fabricação de componentes eletrônicos, que o Brasil vem tentando atrair há alguns anos. Estudos recentes mostram que a qualidade do judiciário é um dos principais itens considerados por esses investidores na hora de decidir onde investir.

A qualidade dos sistemas legal e judicial também influencia uma série de fatores que determinam a eficiência de uma economia. Por exemplo, um sistema legal e judicial de má qualidade distorce os preços da economia, na medida em que introduz um risco jurídico nos preços, que, ao incidir de forma não-uniforme nos vários mercados de bens e serviços, distorce os preços relativos e diminui a eficiência alocativa da economia.

No mercado de crédito doméstico, por exemplo, e mesmo no acesso a financiamentos externos, o risco jurídico é um componente importante dos juros, que contribui para reduzir a oferta de crédito e levar a métodos de produção mais ineficientes do que os encontrados em economias com juros mais baixos. Assim, porque o banco não pode contar com o judiciário para reaver rapidamente as garantias dadas – uma cobrança judicial de dívida leva em média de 2 a 3 anos – ele tem de compensar este custo financeiro extra no *spread*. Além disso, a morosidade do judiciário faz com que os bancos sejam obrigados a manter toda uma burocracia encarregada de seguir os longos processos judiciais de cobrança de dívidas, causando um custo administrativo adicional, que também é incorporado nos *spreads*. O mercado de crédito imobiliário ilustra um caso em que os riscos e custos de transação introduzidos pela forma de atuação do judiciário são tão altos que praticamente levam à inexistência do mercado.[8]

Porque contratos não são eficientemente garantidos, as firmas podem decidir não executar determinados negócios, deixar de explorar economias de escala, combinar insumos ineficientemente, não alocar sua produção entre clientes e mercados da melhor forma, deixar recursos ociosos, etc. Além disso, tendem a

---

[8] Para uma discussão detalhada de como a forma de funcionamento do judiciário afeta o mercado de crédito no Brasil ver Pinheiro e Cabral (1998).

se verticalizar, trazendo para o seio da empresa atividades que poderiam ser mais bem desenvolvidas em firmas especializadas. A eficiência também é comprometida pelo consumo de recursos escassos no próprio processo de litígio. Longos processos na justiça demandam advogados, tempo e atenção das partes e dos juízes. Outro custo similar é o incorrido pelos agentes econômicos no esforço de tentar manter-se atualizados em relação à legislação mais complicada que usualmente tenta substituir o bom funcionamento do judiciário. Por exemplo, a alta taxa de evasão fiscal leva o governo a cobrar impostos mais ineficientes e em maior número, fazendo as firmas e o próprio setor público incorrerem em custos com a burocracia encarregada de lidar com esses impostos.

Um bom judiciário é essencial também para que firmas e indivíduos se sintam seguros para fazer investimentos dedicados, sejam eles físicos ou em capital humano.[9] Como observado por Williamson (1995, p. 182), o impacto de sistemas judiciais sobre investimento em capital físico e humano será tão maior quanto mais especializada e específica for a natureza desse investimento:

> Nações em que há graves riscos ao investimento irão gerar quantidades menores de investimento especializado e durável (...) diferentemente de regimes de proteção ao investimento com maior credibilidade; nações com judiciários problemáticos sofrerão desvantagens da mesma natureza. Essa tendência aparecerá claramente no que diz respeito à tecnologia. Regimes que dão poucas garantias ao investimento e à contratação raramente serão capazes de fornecer garantias seguras aos direitos de propriedade intelectual. Indústrias de alta tecnologia ou que se beneficiam de investimentos duráveis e especializados irão abandonar regimes marcados por enormes inseguranças no que se refere a contratos e a investimentos – por lugares mais seguros.

Isto porque uma vez realizado um investimento dedicado, é natural a outra parte em um negócio tentar agir oportunisticamente e expropriar o dono do investimento, procurando pagar apenas o custo variável de provisão do serviço contratado. Os agentes privados só irão fazer investimentos de longo prazo, altamente especializados, se estiverem seguros que os contratos que garantem suas atividades serão corretamente implementados. Dado que a produção especializada freqüentemente requer ativos específicos, contratos nessa área são em geral afetados pela capacidade das partes renegarem o que foi previamente acordado entre elas. Não basta nesse caso que haja um contrato entre as partes especificando que o pagamento inclua também a remuneração do capital. É necessário que haja um judiciário eficiente e independente que faça com que esse contrato seja respeitado.

Mas não é apenas esse o papel do judiciário. Esses tipos de contratos são tipicamente de longo prazo e, por natureza, necessariamente incompletos, dada a impossibilidade de se prever quando de sua assinatura todas as contingências que podem ocorrer. Cabe ao judiciário resolver questões em aberto, respeitando o espírito original do contrato. Uma situação típica em que esse tipo de problema ocorre é a do investimento em infra-estrutura. Neste caso, o risco maior do

---

[9] Entende-se por ativo ou investimento específico uma aplicação de capital cujo aproveitamento em outra atividade é impossível ou, se realizada, implica em grande perda de valor. Para uma discussão mais aprofundada sobre a especificidade de ativos ver Williamson (1985).

ponto de vista do investidor privado é o de expropriação pelo Estado, uma vez o investimento realizado (e.g, numa rodovia). É neste sentido que a independência e a eficiência do judiciário são fundamentais. A ausência de um judiciário eficaz faz com que esses tipos de investimento não ocorram ou então tenham de ser assumidos pelo Estado.

Finalmente, quando o sistema jurídico não funciona bem, a política econômica também perde qualidade. Por exemplo, se a cobrança de impostos é dificultada pela lentidão das execuções fiscais, o Estado acaba recorrendo a impostos de pior qualidade, mas de mais fácil arrecadação, como é o caso da CPMF. Em países nos quais os sistemas legal e judicial não apresentam bom desempenho, a política econômica tende a ser mais intervencionista, comprometendo a eficiência e o crescimento econômico. Gray (1991, p. 775) observa também que "nos países em desenvolvimento, certas formas de regulação direta e políticas governamentais de intervenção no mercado podem ser interpretadas, pelo menos em parte, como substitutos de um sistema legal independente e em bom funcionamento". A ampla presença de empresas estatais em diferentes setores das economias em desenvolvimento é um exemplo desse processo. Na maior parte dos casos, essas empresas substituem o investidor privado, ausente de certas atividades devido à incapacidade do governo estabelecer um compromisso crível de que o investimento privado nesses setores não será expropriado.

Por outro lado, o judiciário, em particular, tem uma importante função enquanto protetor do cidadão e do investidor privado da expropriação estatal. Quando o judiciário exerce esse papel adequadamente, a política e os compromissos públicos passam a ser mais críveis, e mais latitude pode ser dada ao gestor público, para que adapte a política econômica às condições do momento, sem receio de que essa liberdade seja abusada. O judiciário também pode estimular o crescimento reduzindo a instabilidade da política econômica. Políticas econômicas voláteis e altamente arbitrárias, ao desestabilizarem as "regras do jogo", desencorajam o investimento e a produção. Um bom sistema judicial contribui para reduzir a instabilidade das políticas ao garantir o cumprimento de compromissos legislativos e constitucionais e ao limitar o arbítrio governamental.

3. Evidência empírica

Exceto por este último, os canais através dos quais o direito e a sua aplicação influenciam a economia passam essencialmente pelas decisões empresariais. Em 1996-97, o IDESP (Instituto de Estudos Econômicos, Sociais e Políticos de São Paulo) realizou duas pesquisas com empresas com o objetivo de conhecer a sua opinião sobre o desempenho do judiciário brasileiro e identificar como e em quanto esse desempenho afetava as decisões empresariais. De forma geral, as pesquisas detectaram uma reação bastante forte dos empresários, que apontavam o mau funcionamento do judiciário como muito prejudicial ao desempenho da economia. No entanto, eles não se mostraram muitas vezes capazes de articular de que maneira isso ocorria. Pelo contrário, a percepção dos dirigentes empresariais é, algo paradoxalmente, de que o judiciário não afeta de maneira significativa a maior parte das atividades e decisões de investimento das firmas. O que sugere que as firmas acharam meios para passar ao largo do judiciário, e que em muitos casos elas não dispõem de um claro entendimento de como esses procedimentos afetam o seu desempenho.

A falta de noção da magnitude dos custos incorridos com o mau funcionamento do judiciário é ilustrada na Tabela 3.1, onde se vê que metade dos entrevistados afirmou que o mau funcionamento do judiciário prejudica seriamente o desempenho da economia, mas apenas um quarto respondeu que o mau funcionamento do judiciário afeta negativamente suas empresas. Essas respostas confirmam uma conclusão que ficou clara ao longo da pesquisa: a empresa brasileira está organizada para evitar, de toda forma, qualquer contato com o judiciário, mesmo que isso implique perder negócios, produzir de forma ineficiente, utilizar máquinas em lugar de trabalhadores, etc. O que mostra que, em certo sentido, a reação das empresas ao mau funcionamento da justiça está tão introjetada na sua cultura, fazendo com que estas tentem manter distância do judiciário "a qualquer custo", que estas por vezes não se dão conta do custo que isso representa para suas atividades. O judiciário afeta pouco a vida das empresas, pois elas o evitam como podem, mas é exatamente por as empresas adotarem essa postura que a economia é bastante prejudicada.[10]

Tabela 3.1: Impacto do Mau Funcionamento do Judiciário na Economia e na Empresa

	O mau funcionamento do judiciário prejudica a economia?	O mau funcionamento do judiciário prejudica o desempenho de sua empresa?
	%	%
Prejudica seriamente	50.2	25.4
Prejudica um pouco	45.9	66.3
Não prejudica	3.9	7.5
Sem opinião	0.0	0.7
Total	100.0	100.0

Fonte: Pinheiro (2000).

Perguntadas diretamente sobre o impacto do desempenho judicial na empresa, por ato ou omissão da justiça, sob a forma de efeitos sobre investimentos,

---

[10] Note-se, de passagem, que se tem uma situação em que, em vez de direito e economia andarem juntos, com o judiciário sendo um aliado da atividade empresarial, tem-se na prática um antagonismo entre os dois.

produção e o custo financeiro da imobilização de capital durante a pendência do litígio, nos dez anos anteriores à pesquisa, as firmas responderam que a imobilização do capital financeiro (e possivelmente a perda de retorno implícita) é a forma mais recorrente pela qual o judiciário impacta suas atividades (Tabela 3.2). Vale a pena notar, ainda, que mais de um terço daqueles que expressaram alguma opinião indicaram ter projetos de investimento que de alguma maneira foram afetados por uma determinação judicial. Uma proporção menor, mas ainda assim significativa, de empresas indicou ter tido suas atividades paralisadas por decisões judiciais.

Tabela 3.2: Efeitos Negativos de Decisões Judiciais

	Sim	Não	Não Sabe/ Sem Opinião	Total
Teve investimentos prejudicados / retardados / suspensos	29.3	46.8	23.9	100.0
Sofreu interrupção de suas atividades / paralisação de equipamentos / redução de horas trabalhadas	15.1	58.3	26.5	100.0
Teve necessidade de aprovisionar recursos / depósitos em juízo	81.1	8.8	10.2	100.0

Fonte: Pinheiro (2000).

O mau funcionamento da justiça causa um grande número de distorções nas decisões empresariais (Tabela 3.3). Metade dos entrevistados achou que o desempenho insuficiente do judiciário levava os bancos a aumentar os seus *spreads*, e as empresas a não terceirizar atividades diretamente relacionadas à produção, assim como a não implementar ou a diminuir o tamanho de muitos de seus projetos de investimento. No entanto, os entrevistados indicaram que esses efeitos não eram fortes. Mais significativo é a tendência de substituir mão-de-obra por equipamento, aceitar acordos desfavoráveis, e não fazer negócios em estados com judiciários pouco confiáveis. Ainda mais forte é o efeito sobre a propensão das firmas a terceirizar atividades intensivas em mão-de-obra (limpeza, segurança etc.) e a triar seus parceiros de negócios. No entanto, o mau desempenho do judiciário não parece impedir/inibir a maioria das firmas de investirem, seja nos seus próprios estados ou mesmo em outros, de fazerem negócios em outros estados ou de recorrerem à terceirização.

Tabela 3.3: Impacto da Ineficiência do Judiciário sobre a Firma

	Sim	Não	Sem opinião	Total
Não realizar um investimento que de outra forma teria levado adiante?	21.2	65.1	13.7	100.0
Não fazer negócio com determinada pessoa ou empresa?	50.0	39.2	10.8	100.0
Não empregar trabalhadores, por achar que a Justiça do Trabalho é parcial em favor dos trabalhadores?	50.4	43.9	5.8	100.0
Decidir fazer um investimento em um estado em vez de outro por conta dos problemas com o judiciário local?	17.3	59.7	23.0	100.0
Não realizar, ou realizar poucos negócios em determinado estado?	22.3	54.0	23.7	100.0
Não terceirizar determinada atividade por receio de os fornecedores não cumprirem o contrato e a justiça não prover recurso em tempo hábil?	32.4	50.4	17.3	100.0
A não realizar, ou realizar poucos negócios com empresas estatais ou a administração pública?	48.2	34.9	16.9	100.0

Fonte: Pinheiro (2000).

A questão, cujas respostas estão apresentadas acima, leia-se da seguinte maneira: "O Judiciário é o Poder responsável por garantir o correto cumprimento da lei e dos contratos, proteger o direito de propriedade e defender o cidadão e as empresas contra eventuais arbitrariedades por parte do Estado. Tem-se afirmado que as deficiências do Judiciário brasileiro em certos estados aumentam o risco e/ou o custo de fazer negócios, contratar mão-de-obra, trabalhar com o setor público e fazer investimentos em certos Estados. Gostaríamos de saber se alguma vez os custos ou a falta de confiança na agilidade ou na imparcialidade do Judiciário foram o *principal fator* que levou a sua empresa a:"

Na falta de variações intertemporais na qualidade do judiciário grandes o suficiente (e adequadamente registradas) para permitir avaliar diretamente a reação das firmas, um caminho comum na análise do impacto de melhorias na qualidade do judiciário sobre as decisões gerenciais tem sido o método de avaliação contingencial, em que se pergunta diretamente ao entrevistado o que ele faria no caso dessa mudança. Essa foi a metodologia adotada na pesquisa do Idesp, em que se perguntou aos empresários como a melhoria na qualidade do judiciário mudaria a decisão das firmas no que diz respeito à produção, ao investimento, ao emprego, etc. Os resultados indicam que haveria um aumento moderado no volume de investimento, no número de pessoas e firmas com as quais as empresas negociam, no nível de emprego, na extensão do recurso à terceirização e no volume de negócios com o setor público, incluindo empresas estatais, mas que a decisão de se investir e/ou fazer negócios em outros estados não seria afetada de forma significativa. De maneira geral, as respostas indicam que haveria uma mudança importante nas práticas empresariais, mas que essa mudança não seria dramática.

A produção, medida como o volume de negócios, seria a variável afetada de forma mais significativa, crescendo 18,5% (Tabela 3.4). O aumento médio para as empresas públicas e nacionais seria um pouco maior do que aquele projetado para as privadas e estrangeiras, respectivamente, e se observaria em todos os setores. Haveria também um aumento de 13,7% no volume de investimentos. A dispersão setorial no aumento dos investimentos é mais significativa do que aquela referente ao volume de negócios, mas todos os setores, com exceção de previdência social e seguros, indicaram que aumentariam o investimento caso o judiciário se tornasse mais eficiente. O emprego também seria positivamente afetado, aumentando em 12,3%. Nesse caso, as empresas privadas nacionais apresentaram reações mais significativas. Importantes setores em termos de utilização de mão-de-obra, como construção e produtos alimentícios, indicaram que experimentariam um aumento acima da média no que diz respeito ao nível de emprego.

Tabela 3.4: Reação das empresas a uma substantiva
melhoria da qualidade do Judiciário
(%, média simples das respostas das empresas)

Aumento médio em cada variável	Brasil	Portugal	Peru	Argentina	Canadá
Volume anual de investimento	13,7	9,9	9,5	28,0	2,0
Volume de negócios	18,5	9,3	20,5	19,0	2,0
Número de empregados	12,3	6,9	8,2	18,0	-
Investimento em outros estados/regiões	6,2	6,4.	n.a.	23,0	-
Volume de negócios em outros estados/regiões	8,4	7,2	n.d.	n.d.	n.d.
Proporção de atividades terceirizadas	13,9		13,8	15,0	-
Volume de negócios com o sector público	13,7	6,9	17,5	23,0	1,4
Redução de preços	-	2,4	-	-	-

Fonte: C. C. Cabral e A. C. Pinheiro, *A Justiça e seu Impacte Sobre as Empresas Portuguesas*, Editora Coimbra, Portugal, 2003.

A metodologia desenvolvida por Pinheiro (2000) foi posteriormente utilizada por pesquisadores no Peru, na Argentina, no Canadá e em Portugal com o objetivo de aferir o impacto do mau funcionamento do judiciário sobre o crescimento econômico desses países. Percebe-se na Tabela 3.4 que a situação no Brasil é próxima à do Peru e à da Argentina, em termos da reação das empresas ao mau funcionamento da justiça. E que a situação latina americana é pior do que a de Portugal e muito pior do que a do Canadá.

A partir das respostas das firmas pode-se obter uma estimativa, ainda que grosseira, do impacto agregado da melhoria do judiciário usando as participações no PIB, no investimento e no emprego, e a média de respostas de cada setor. Os resultados da aplicação desse procedimento indicam que uma melhoria na eficiência do judiciário levaria a um aumento da produção de 13,7%, a uma elevação no nível de emprego de 9,4% e a um aumento do investimento de 10,4%.[11] A partir do aumento do investimento é possível estimar que uma melhoria do desempenho do judiciário brasileiro, que o tornasse "equivalente em termos de agilidade, imparcialidade e custos à Justiça do Primeiro Mundo, incluindo-se aí sua capacidade de fazer respeitar com rapidez suas decisões, e que tirasse o poder da Justiça do Trabalho de decidir sobre reajustes salariais e outros conflitos econômicos entre empresas e empregados," como consta da pergunta colocada aos empresários, faria a taxa de crescimento do PIB ser mais alta cerca de 25%. Isto é, por conta do mau funcionamento do judiciário, o Brasil cresce cerca de 20% mais devagar do que poderia crescer se tivesse um "judiciário de Primeiro Mundo". É claro que essa é apenas uma medida aproximada. Uma estimativa precisa iria exigir, entre outras coisas, uma amostra maior, que permitisse estimar o impacto sobre o investimento setorial com maior precisão e levar em conta as diferentes relações capital-produto em cada setor. Não obstante, esses valores mostram que o impacto do mau funcionamento da justiça sobre o crescimento econômico é significativo.

4. A visão dos magistrados

Esta seção apresenta alguns resultados de outra pesquisa realizada pelo Idesp, com 741 magistrados brasileiros, realizada em 2000, que enfocou a percepção dos magistrados sobre o desempenho do judiciário, sobre as causas e as propostas de solução para os seus problemas e sobre a economia. A pesquisa ajuda a ilustrar, entre outras coisas, que apesar de economistas e juízes estarem de acordo sobre a importância crescente do judiciário na economia brasileira, na prática continua havendo um conflito entre o que decidem os magistrados e o que a política econômica pressupõe ser a forma de funcionar do judiciário.

Uma das questões colocadas para os juízes perguntava o seguinte: "Argumenta-se que as reformas econômicas adotadas nos últimos dez anos, ao reduzir a intervenção direta do Estado na economia, aumentaram a importância do judiciário para o bom funcionamento da economia. Neste contexto, a economia dependerá cada vez mais de um judiciário ágil, previsível e imparcial. O senhor concorda com essa

---

[11] No caso argentino, a estimativa de Guissarri (2000) é de que a falta de segurança jurídica gera uma perda econômica equivalente a 35% do PIB.

afirmação?" As respostas mostram ampla concordância dos magistrados brasileiros com essa proposição: 48,7% responderam concordar inteiramente e 33,1% que tendem a concordar. Ou seja, há uma concordância entre economistas e juízes de que o judiciário será cada vez mais importante para a economia no Brasil.

Uma conclusão semelhante pode ser tirada a respeito da pertinência em si das reformas que foram empreendidas nos últimos anos, que, como ilustrado na Tabela 4.1, contam com o apoio dos juízes. Comparando-se a soma de "concorda inteiramente" com "tende a concordar" com a adição de "discorda totalmente" mais "tende a discordar", nota-se que a maioria dos juízes é a favor da privatização da indústria, da privatização de bancos públicos, da redução das barreiras às importações, de fortalecer a proteção à propriedade intelectual, de flexibilizar a legislação trabalhista, e de facilitar a entrada do capital estrangeiro no setor bancário, na indústria e na infra-estrutura. De fato, a privatização da infra-estrutura é a única dessas reformas em que existe uma (pequena) prevalência de discordâncias.

Tabela 4.1: Grau de concordância dos magistrados brasileiros com as reformas dos anos 90 (%)

	Concorda totalmente	Tende a concordar	Tende a discordar	Discorda totalmente	Não sabe/ Sem opinião	Não respondeu
Privatização na indústria	28,9	38,9	17,7	8,4	2,4	3,8
Privatização da infra-estrutura	8,4	27,9	34,8	21,1	3,4	4,5
Privatização de bancos públicos	22,5	32,0	25,4	13,8	2,6	3,8
Redução das barreiras às importações	15,4	48,0	23,6	4,7	3,8	4,5
Facilitar a entrada de estrangeiros no setor bancário	14,3	38,6	28,5	9,2	5,1	4,3
Flexibilizar a legislação trabalhista	19,2	36,6	23,2	14,4	2,7	3,9
Fortalecimento da proteção à propriedade intelectual	41,7	42,8	6,2	1,1	4,6	3,6

Fonte: Pinheiro (2002).

Não obstante essa concordância entre magistrados e economistas no apoio às reformas, a cultura e a prática do judiciário permanecem de tal sorte que tendem a enfraquecer a eficácia dessas reformas, notadamente no que concerne ao aumento dos investimentos. É possível, nesse sentido, que a morosidade, que em geral é vista por empresários e magistrados como a principal falha do judiciário, não seja o problema mais importante no contexto desta questão. A pesquisa sugere que um problema talvez tão importante quanto a morosidade, e que certamente revela uma maior diferença de visões entre economistas e juristas, além de possivelmente reduzir mais significativamente o benefício das reformas, é a chamada politização ou não-neutralidade do Judiciário. Isso, na medida em que esta compromete a segurança jurídica, aumentando o risco e reduzindo a atratividade dos investimentos e das transações econômicas.

A prevalência da politização ou não neutralidade do Judiciário pode ser ilustrada com as respostas a algumas das perguntas colocadas para os magistrados na pesquisa do Idesp. Uma dessas questões perguntava o seguinte: "Argumenta-se que o Judiciário tornou-se mais politizado em anos recentes, o que freqüentemente leva a decisões que são baseadas mais nas visões políticas do juiz do que em uma interpretação rigorosa da lei. Em sua opinião, quão freqüentemente isso acontece?"

"Apenas" 3,9% dos magistrados responderam que isso ocorria muito freqüentemente, mas 20,2% disseram que isso era freqüente, e 50,2% que isso ocorria ocasionalmente. Isso mostra, entre outras coisas, que o fenômeno da politização é familiar aos magistrados e que não é raro que as visões políticas dos magistrados sejam mais importantes que a própria lei na hora em que o juiz toma as suas decisões. Ora, isso descreve um quadro razoavelmente diferente daquele usualmente colocado pelos juristas brasileiros e suposto pelos economistas, que em geral assumem a execução forçada das normas em vigor. Vale dizer, uma proporção razoável de decisões judiciais não é tomada levando estritamente em consideração as normas em vigor. Cabe lembrar que esse fenômeno já havia sido identificado em estudos anteriores, como o da Professora Maria Tereza Sadek (1995) e o liderado pelo Professor Luiz Werneck Vianna (1997). A Profa. Sadek, em particular, obtém em sua pesquisa com 570 juízes que 37,7% deles são de opinião que "O compromisso com a justiça social deve preponderar sobre a estrita aplicação da lei". Volta-se a esta questão mais à frente.

A Tabela 4.2 mostra a distribuição das respostas à questão anterior, mas agora em relação a tipos de causas diferentes. A pergunta colocada para os magistrados foi a seguinte: "Em sua opinião, em que tipos de causas essa tendência a que as decisões sejam baseadas mais nas visões políticas do juiz do que na leitura rigorosa da lei é mais freqüente?"

Vê-se na Tabela 4.2 que a influência da visão política do juiz nas suas decisões varia razoavelmente de uma área para outra do direito. A privatização aparece como o caso mais extremo, em que 25% dos magistrados disseram que era muito freqüente as decisões refletirem mais as visões políticas do que a leitura rigorosa da lei. A politização das decisões judiciais também é relativamente freqüente na regulação de serviços públicos. Nas causas comerciais e nas relativas à propriedade intelectual ela é menos freqüente, mas se vê que também em outras áreas importantes para o funcionamento da economia, que não apenas a privatização, a politização é freqüente. Um caso importante é o do mercado de crédito.

Tabela 4.2: Freqüência com da "politização" das decisões judiciais por tipo de causa

	Muito freqüente	Algo freqüente	Pouco freqüente	Nunca ou quase nunca ocorre	Não sabe / Sem opinião	Não respondeu
Trabalhista	17,0	28,1	25,9	12,0	10,7	6,3
Tributária	10,5	28,1	34,3	9,9	9,2	8,1
Comercial	3,24	14,44	43,59	16,73	12,55	9,45
Propriedade Intelectual	1,9	10,5	35,1	20,1	22,7	9,7
Direitos do Consumidor	12,0	29,6	25,8	13,4	10,9	8,4
Meio ambiente	17,1	28,2	22,1	10,9	12,4	9,2
Inquilinato	4,9	15,2	35,1	22,7	12,8	9,3
Previdência Social	14,7	31,3	27,1	9,6	9,3	8,0
Mercado de crédito	12,0	27,4	26,9	10,3	14,6	8,9
Privatização	25,0	31,4	17,5	5,5	11,9	8,6
Regulação de serviços públicos	17,9	32,5	20,9	7,4	13,0	8,2

Fonte: Pinheiro (2002).

Uma outra questão colocada para os magistrados na pesquisa do Idesp perguntava o seguinte: "Quando se aplica a lei, há freqüentemente uma tensão entre contratos que precisam ser respeitados, e os interesses de grupos sociais menos privilegiados que precisam ser protegidos. Considerando o conflito que ocorre nesses casos entre esses dois objetivos, duas posições opostas têm sido defendidas: A) Os contratos devem ser sempre respeitados independentemente de suas repercussões sociais, e B) O juiz tem um papel social a cumprir e a busca da justiça social justifica decisões que violem os contratos. Com qual das duas posições o(a) senhor(a) concorda mais?"

Se a mesma pergunta fosse feita a uma amostra de economistas, é provável que uma maioria esmagadora apontasse a posição "A" como a única que faz sentido. De fato, é mesmo improvável que tivessem pensado em outra alternativa, já que é a posição A aquela com que os economistas trabalham quando pensam em economia. As respostas dos magistrados apontam, porém, em uma direção muito diferente. De fato, 73,1% dos magistrados apontaram a posição "B", de que "o juiz tem um papel social a cumprir e a busca da justiça social justifica decisões que violem os contratos", como aquela com que concordam mais, contra 19,7% que optaram pela posição A.

Alguns dirão que isso era de se esperar, e que era exatamente isso que Stigler tinha em mente quando dizia que enquanto para o economista a eficiência é o seu objetivo final, para o homem de direito a justiça é o que interessa. Outros notarão que é obviamente fácil para um economista, trabalhando em um escritório com ar condicionado, com todo o conforto, e longe das mazelas do povo, criticar a atuação do juiz, que tem de lidar no seu dia-a-dia com uma situação social muito desigual, em que as partes que vêm ao seu tribunal ou comarca por vezes têm situações, compreensão e capacidade de lidar com suas decisões muito desiguais.

O objetivo aqui não é emitir juízo de valor sobre essa diferença de visões entre economistas e magistrados. É antes chamar a atenção para como essa diferença de visões sobre contratos, um instrumento tão fundamental no mundo globalizado, continua a existir e a ser tão grande. Ou seja, que apesar de o direito e a economia terem se aproximado muito nestes últimos anos, essa aproximação se deu em áreas às vezes muito específicas, como *antidumping*, defesa da concorrência e comércio internacional. Naquilo que deveria ser em princípio mais simples, e que é sem dúvida mais fundamental, que é a validade dos contratos e das leis, isto é, a importância da segurança jurídica, continua a existir uma grande diferença entre as visões de economistas e juízes.

Isso leva a duas conclusões. Primeiro, em geral se pensa que no Brasil a economia funciona com a execução forçada das normas em vigor. Ou seja, assume-se em geral que prevalece no país a *civil law*, o princípio de que uma vez a lei escrita ou o contrato assinado o juiz segue rigorosamente aquela lei e faz valer o que está escrito. Isso em contraste com o sistema do *common law*, onde o juiz em certo grau produz o direito e as próprias leis. O que se observa, porém, é que a politização ou não-neutralidade do Judiciário, em especial a do juiz singular, que não aceita que sua independência seja tolhida sequer por instrumentos internos ao próprio Judiciário, como a súmula vinculante, para não falar de regras de precedente, faz com que se observe no Brasil um híbrido dos dois sistemas, em que a maior prejudicada é a segurança jurídica. Isso precisa ser mais bem entendido pelo economista, que normalmente desconhece a visão daqueles que vão depois fazer as leis e os contratos valerem.

Uma melhor compreensão dos economistas sobre essa questão é absolutamente importante. Obviamente, também é importante que os juízes entendam melhor a repercussão econômica das suas decisões. Em particular, que quando eles buscam a justiça social estão mandando sinais e afetando expectativas e comportamentos dos agentes econômicos em geral, no Brasil e no exterior.

Assim, precisam entender que aquela justiça que eles buscam pode, num segundo momento, não se verificar, pois os agentes econômicos adaptam-se à forma de decidir do magistrado. Uma justiça que busca privilegiar o trabalhador acaba diminuindo o nível de emprego e aumentando a informalidade. O juiz que favorece os inquilinos diminui o número de imóveis disponíveis para aluguel. O magistrado que beneficia pequenos credores estará em um segundo momento aumentando os juros que lhes são cobrados ou mesmo alijando-os do mercado de crédito. Ainda que a capacidade de reação dos agentes possa ser pequena no curto prazo, ela é razoavelmente alta em prazos mais longos.

5. Observações finais

Há várias razões por que judiciários eficientes estimulam o crescimento econômico. Ao proteger a propriedade e os direitos contratuais, reduzir a instabilidade da política econômica e coibir a expropriação pelo Estado, judiciários fortes, independentes, imparciais, ágeis e previsíveis estimulam o investimento, a eficiência e o progresso tecnológico. A evidência empírica indica, de fato, que o sacrifício em termos de crescimento econômico da ineficiência judicial é significativo. Porém, e a despeito do consenso sobre a importância de bons judiciários para o desenvolvimento econômico, a reforma dos sistemas judiciários em países em desenvolvimento tem sido lenta ou mesmo inexistente.

Reformar o judiciário pode parecer, à primeira vista, tarefa simples. Se os recursos disponíveis não são suficientes para dar conta do grande número de casos que chegam ao sistema judicial a cada ano, as soluções parecem ser aumentar a disponibilidade dos recursos disponíveis ou reduzir o número de casos. No primeiro grupo estão as propostas de se investir mais em tecnologia de informação (informática) e preencher os cargos de juízes vagos. Ou seja, fazer mais da mesma maneira. Obviamente, isso aumentaria os gastos com o judiciário, o que conflitaria com a necessidade de se reduzir o déficit público e ao mesmo tempo aumentar a oferta de serviços de saúde, educação e segurança pública. Além disso, os expressivos aumentos de gastos com o judiciário a partir de 1988 sugerem que somente essa medida não resolveria o problema.

No segundo grupo estão as propostas para se reduzir o número de casos que chegam ao judiciário, ou pelo menos para apressar sua análise. A nova lei de arbitragem constitui um importante passo nessa direção. Dois terços das empresas brasileiras de grande e médio porte não incluem cláusulas de arbitragem ou de mediação em nenhum de seus contratos, enquanto 23% o fazem raramente. Conseqüentemente, há um grande potencial a se explorar. Mas a arbitragem é freqüentemente uma alternativa cara, aconselhada, portanto, só em disputas que envolvam grandes somas e complexos temas técnicos.

Uma outra opção é tornar automática parte do processo decisório, com a proposta mais conhecida nessa direção sendo a chamada *súmula vinculante*. Através desse mecanismo, os tribunais inferiores teriam de seguir a decisão dos tribunais superiores no momento de julgar casos similares. Estima-se que em torno de 60% de todos os casos que chegam ao judiciário têm o setor público como uma das partes e envolvem um número muito pequeno de controversas – por exemplo, em 2000 chegaram ao STF cerca de 80.000 processos, envolvendo pouco mais de 100 temas. Em princípio, a *súmula vinculante* poderia agilizar a análise da grande maioria desses processos e tornar o judiciário mais previsível, desencorajando que as partes encaminhem casos para os tribunais apenas para se beneficiar de sua ineficiência, liberando dessa forma os juízes para se concentrarem nos casos restantes. Através dessas alternativas seria possível fazer mais com os mesmos recursos.

Embora útil, essa visão do judiciário como produtor de serviços ignora alguns aspectos do problema que, na prática, consistem nos impedimentos mais importantes à reforma. Além de toda a complexidade técnica, envolvendo um amplo número de leis e códigos processuais, há barreiras políticas e questões éticas que não têm soluções óbvias. Por exemplo, num contexto de recursos escassos, deve-se tentar garantir o máximo de "justiça" em cada caso individual, mesmo sacrificando o acesso de uma larga proporção da população a essa mesma justiça? Ou devem-se alterar os procedimentos judiciais para se agilizar e reduzir os custos dos julgamentos, facultando-se o acesso ao judiciário a um maior número das pessoas, mesmo correndo um pouco mais de "risco" em cada caso? Nota-se, assim, que a legislação brasileira, notadamente os códigos de processo, é muitas vezes orientada para lidar com casos excepcionais, facultando uma série de recursos que são explorados pelas partes para alongar processos em casos inteiramente não excepcionais.[12]

Economistas e profissionais do direito tendem abordar essa questão de formas diferentes, em linha com a diferença de visões apontada por Stigler e reproduzida na introdução. A busca da eficiência recomenda que as regras sejam estabelecidas para os casos mais regulares e comuns, ficando para o juiz a decisão de dar tratamento excepcional àqueles casos que de fato o mereçam. A preocupação com a justiça, por outro lado, leva ao posicionamento usual do profissional do direito, que busca introduzir nas regras todas as proteções possíveis para garantir que mesmo nos casos mais excepcionais a justiça seja feita.

A colocação do Dr. Arnoldo Wald, citada na introdução, de que o tempo da economia não é o tempo do direito, é, portanto, uma outra forma de descrever essa mesma diferença. Assim, entende-se em geral essa proposição como uma referência ao fato de que nem sempre as disputais judiciais podem ser resolvidas no ritmo que se dá a atividade econômica, pela necessidade de que toda a

---

[12] Aqueles familiarizados com os princípios de teste de hipótese notarão que se trata de sacrificar um pouco da probabilidade de erro tipo I para assegurar uma redução muito maior da probabilidade de erro tipo II.

informação relevante possa ser conhecida e apresentada pelas partes, para que a decisão do magistrado possa ser a mais justa possível. Não há como discordar, nesse sentido, que na hierarquia dos valores o da justiça precede o da eficiência econômica, e que, portanto, caberia à economia adaptar-se ao tempo do direito, e não o contrário.

Mas há pelo menos duas considerações importantes que deveriam levar a se relativizar essa conclusão. Primeiro, não terá esse princípio, de que a segurança jurídica é mais importante que a agilidade, sido abusado? É razoável supor que a morosidade da justiça tem ajudado a alcançar decisões mais justas e abalizadas? É claro que não. Pelo contrário, como já foi dito inúmeras vezes, uma justiça que tarda não é justa. Hoje já se tem um diagnóstico relativamente consensual sobre as causas da morosidade do Judiciário, e sabe-se que esta tem pouco a ver com a necessidade de garantir justiça. Pelo contrário, a morosidade tem sido um incentivo forte para que partes mal intencionadas adiem o cumprimento de suas obrigações, recorrendo a artifícios jurídicos.

Segundo, os agentes econômicos não assistem impassíveis aos problemas colocados para a economia pelos ditames do direito. Para a economia, o tempo do direito, se mais lento do que o seu, torna-se um custo e um risco adicional, que vai ser embutido nos preços e nas decisões empresariais e de consumo. Neste sentido, a morosidade tem um custo para a economia, custo que é pago por alguém. Se a análise é restrita à disputa em questão, e se ignoram as suas implicações mais amplas, inclusive as que se dão ao longo do tempo, está se adotando um critério impreciso e mesmo equivocado de justiça.

Mas as diferenças entre economia e direito vão além da aceitação ou não de que garantir a segurança jurídica justifica sacrificar a agilidade das decisões judiciais. Há também uma divergência fundamental sobre o dilema justiça social e segurança jurídica. Para a economia, a justiça social deve ser buscada essencialmente através da redistribuição da receita de impostos, notadamente através das políticas públicas nas áreas de educação, saúde, habitação etc. Os magistrados brasileiros, porém, acreditam que a busca da justiça social justifica sacrificar a segurança jurídica, com uma larga maioria deles sendo de opinião que "O juiz tem um papel social a cumprir, e a busca da justiça social justifica decisões que violem os contratos". Em proporção minoritária, mas também significativa, grande número de magistrados também acredita que a busca da justiça social justifica decisões que violem as leis.

Para muitos magistrados, esse posicionamento dos juízes brasileiros reflete o anseio da sociedade por mais justiça social, o qual validaria a perspectiva flexível com que os juízes interpretam os contratos. Não é esta, porém, a conclusão que se extrai da pesquisa realizada Bolívar Lamounier e Amaury de Souza (2002) com uma amostra estratificada de representantes de vários segmentos da elite brasileira. Nessa pesquisa, em que exatamente a mesma pergunta feita aos magistrados foi posta para outros segmentos da elite, se vê que o respeito aos contratos, independentemente de suas conseqüências distributivas, é o valor predominante na sociedade brasileira. De fato, Lamounier e Moura (2002) mostram que as respostas dos membros do Judiciário e do Ministério Público, favoráveis à violação dos contratos em prol da justiça social, destoam inteiramente da dos outros segmentos, exceto pelos representantes sindicais, religiosos e membros de ONGs, e ainda assim com diferenças de grau.

A não-neutralidade do magistrado tem duas conseqüências negativas importantes do ponto de vista da economia. Primeiro, os contratos se tornam mais incertos, pois podem ou não ser respeitados pelos magistrados, dependendo da forma com que ele encare a não-neutralidade e a posição relativa das partes. Isso significa que as transações econômicas ficam mais arriscadas, já que não necessariamente "vale o escrito", o que faz com que se introduza prêmios de risco que reduzem salários e aumentam juros, aluguéis e preços em geral.

Segundo, ainda que, como colocado na pesquisa de Vianna *et alli* (1996), a magistratura não esteja "comprometida com a representação de interesses", a não-neutralidade do magistrado significa que este se alinha claramente com os segmentos sociais menos privilegiados da população: entre o inquilino e o senhorio, ele se inclina a favor do primeiro; entre o banco e o devedor, ele tende a ficar com o último, e assim por diante. Isso faz com que, nos casos em que essa não-neutralidade é clara e sistemática, esses segmentos menos privilegiados sejam particularmente penalizados com prêmios de risco (isto é, preços) mais altos.

Mesmo quando o risco introduzido pela incerteza na interpretação de contratos não for alto o suficiente para inviabilizar um determinado mercado, ele será repassado para os preços. O banco cobrará um *spread* mais alto pelo maior risco de inadimplência, o investidor exigirá um retorno mas alto para compensar o risco de expropriação, o empregador exigirá pagar um salário mais baixo para cobrir o risco de ser acionado na Justiça do Trabalho. E, por essa lógica, como os agentes se adaptam, quanto menos privilegiado for o grupo social, e maior o "risco" de receber proteção, maior tenderá a ser a discriminação. Ao fim e ao cabo, não apenas serão menores o investimento e a eficiência, e, portanto, o crescimento, como serão os grupos que se deseja proteger os mais discriminados. E quanto mais difícil for discriminar, maior será o custo agregado em termos de crescimento sacrificado. Isso significa que são exatamente as partes que o magistrado buscava proteger que se tornam as mais prejudicadas por essa não-neutralidade.

É obviamente impossível querer comparar a interpretação economicista da questão, formada à distância, extraída dos grandes números, com a de um magistrado confrontado com a dura realidade que se lhe apresenta no cotidiano dos tribunais. Seria provavelmente outra a percepção dos juízes brasileiros, não fosse tão desigual a nossa distribuição de renda. Mas isso não desmerece o argumento de que a justiça que procuram os magistrados pode ser mais cara e fugaz do que parece à primeira vista.

Mas essa não é a única conseqüência relevante da diferença de visões entre juízes e economistas. Também importante é o fato de que provavelmente essa divergência não tem sido adequadamente considerada quando da implantação de planos e reformas econômicas. Em particular, cabe perguntar como isso irá afetar o resultado de reformas econômicas que vêm sendo implantadas com o objetivo de transferir para o mercado a responsabilidade pelo investimento e pela produção em setores extremamente dependentes de contratação – na infra-estrutura, no setor imobiliário, no saneamento, no mercado de crédito etc.

Neste sentido, é preciso levar em conta que a intervenção estatal na economia não era apenas uma opção de política econômica, uma forma de orientar e executar a atividade econômica, ou o resultado puro e simples da disputa política entre grupos de interesse, mas também um arranjo institucional que buscava viabilizar atividades e mercados que de outra forma poderiam não se realizar ou existir, ou que só sobreviveriam de forma muito ineficiente. Que a extensa presença estatal na economia tornava os contratos menos importantes, pois permitia decidir conflitos e impor regras pela via administrativa, sem a necessidade de se recorrer à justiça. Que tantas atividades foram em frente porque o Estado ignorou os riscos envolvidos, riscos que depois se materializaram na forma de esqueletos fiscais. Riscos a que o setor privado não irá querer se expor. Alterar a forma como se organiza a atividade produtiva sem as necessárias adaptações institucionais pode ser uma receita para grandes frustrações.

Assim, se os juízes parecem não conhecer as repercussões macroeconômicas de suas decisões, os economistas parecem desconhecer a realidade sobre os microfundamentos institucionais que alicerçam suas estratégias de desenvolvimento. O que indica que não é apenas a morosidade da justiça que tem implicações importantes para a economia. O que remete outra vez à citação do Stigler, e a desejar que economistas e juristas, se não puderem falar a mesma língua, que pelo menos passem a viver no mesmo mundo. Quem tem a ganhar com isso não são apenas os dois grupos, mas a sociedade como um todo.

Referências

ARON, Janine. *Growth and Institutions: A Review of the Evidence*. World Bank Research Observer, vol. 15, no. 1. 2000.

BARRO, Robert, J. "Economic Growth in a Cross Section of Countries". *Quarterly Journal of Economics*, Maio 1991, Vol. 106, No. 2, 407-43.

——— ; SALA-I-MARTIN, Xavier. "Convergence". *Journal of Political Economy*, Vol. 100, No. 2, Abril 1992, 223-51.

———. *Economic Growth*. Boston, MA: McGraw-Hill, 1995.

BRUNETTI, Aymo e WEDER, Beatrice. *Subjective Perceptions of Political Instability and Economic Growth*, mimeo, 1995.

CLAGUE, Christopher; KEEFER, Philip; KNACK, Stephen e OLSON, Mancur. "Contract-Intensive Money: Contract Enforcement, Property Rights and Economic Performance", *IRIS Working Paper 151*, 1995.

COLLIER, Paul; DOLLAR, David e STERN, Nicholas. *Fifty Years of Development*. Banco Mundial, mimeo (www.worldbank.org), 2000.

DJANKOV, S.; LA PORTA, R.; LOPEZ-DE-SILANES, F. e SHLEIFER, A. *Legal Structure and Judicial Efficiency: The Lex Mundi Project.* (Acessível em www.worldbank.org), 2001.

EASTERLY, William; LOAYZA, Norman e MONTIEL, Peter. *Has Latin America´s Post-Reform Growth Been Disappointing?* Banco Mundial, mimeo, 1996.

EYZAGUIRRE, Hugo; ANDRADE, Raul e SALHUANA, Roger. *The Impact of the Judiciary on Business Decisions in Peru.* Instituto Apoyo, Working Paper 98-01, 1998.

FAERMAN, M. "Perto do Colapso". *Revista Problemas Brasileiros*, Janeiro/Fevereiro de 1998.

GIAMBIAGI, Fabio e MOREIRA, Maurício. Políticas Neoliberais? Mas o que É Neoliberalismo? *Revista do BNDES*, no 13, 2000.

GRAY, Cheryl W. "Legal Process and Economic Development: A Case Study of Indonesia," *World Development*, Vol. 19, No 7, 1991.

GUISSARI, Adrian. *Seguridad Jurídica y Crescimiento con Restricciones Institucionales.* Foro para Administracion de Justicia, Argentina, miemo, 2000.

HAY, Jonathan; SHLEIFER, Andrei e VISHNY, Robert W. "Toward a Theory of Legal Reform". *European Economic Review*, Vol. 40, No. 3-5, Abril 1996.

KNACK, Stephen e KEEFER, Philip. "Institutions and Economic Performance: Cross Country Tests Using Alternative Institutional Measures". *Economics and Politics*, Vol. 7, No. 3, Novembro 1995.

KRUEGER, Anne. "The Political Economy of the Rent-Seeking Society". *American Economic Review*, Vol. 64, 291-303, 1974.

AMOUNIER B; SOUZA, A. *As Elites Brasileiras e o Desenvolvimento Nacional: Fatores de Consenso e Dissenso.* Idesp, 2002.

LORA, Eduardo e BARRERA, Felipe. *A Decade of Structural Reform in Latin America: Growth, Productivity, and Investment are not What they Used to Be.* Inter-American Development Bank, mimeo (www.iadb.org), 1997.

MAURO, Paolo. "Corruption e Growth". *Quarterly Journal of Economics*, Vol. 110, No. 3, Agosto 1995.

NAÍM, M. *Latin America: The Second Stage of Reform, Journal of Democracy*, Vol. 5, No. 4, Outubro de 1994.

NORTH, Douglass C. *Structure and Change in Economic History.* New York: W. W. Norton, 1981.

———. "Transaction Costs, Institutions, and Economic Performance". *International Center for Economic Growth, Occasional Papers No. 30*, 1992.

OLSON, Mancur. "Distinguished Lecture on Economics in Government: Big Bills Left on the Sidewalk: Why Some Nations are Rich, and Others Poor". *Journal of Economic Perspectives*, Vol. 10, No. 2, Spring 1996.

PINHEIRO, A. C. e CABRAL, C. "Mercado de Crédito no Brasil: o Papel do Judiciário e de Outras Instituições", Ensaios BNDES no. 9. (www.bndes.gov.br), 1998.

——— (org.). *Judiciário e Economia no Brasil.* Ed. Sumaré, 2000.

———. *Judiciário, Reforma e Economia: A Visão dos Magistrados.* Idesp: 2002.

RODRIK, D. "Development Strategies for the Next Century", artigo apresentado na conferência "*Developing Economies in the 21st Century*", Institute for developing Economies, Japan External Trade Organization, Japão, mimeo, 2000.

ROWAT, Malcolm; MALIK, Waleed e DAKOLIAS, Maria, eds. *Judicial Reform in Latin America and the Caribbean: Proceedings of a World Bank Conference.* World Bank Technical Paper 260. Washington, D.C., The World Bank, 233 pages, 1995.

SADEK, M. T. "A Crise do Judiciário Vista pelos Juízes: Resultados da Pesquisa Quantitativa", in M. T. Sadek (org.), *Uma Introdução ao Estudo da Justiça.* Editora Sumaré, 1995.

SHERWOOD, Robert M.; SHEPHERD, Geoffrey e SOUZA, Celso Marcos de. "Judicial Systems and Economic Performance", *The Quarterly Review of Economics and Finance*, Vol. 34, Summer 1994.

SHIHATA, Ibrahim F. "Legal Framework for Development: The World Bank´s Role in Legal and Judicial Reform". In *Rowat et al.*, 1995.

STIGLER, George, J. "Law or Economics?". *The Journal of Law and Economics*, October 1992, Vol. 35, No. 2, 455-68.

TOMMASI, M e VELASCO, A. "Where are We in the Political Economy of Reform?". *Journal of Policy Reform*, Vol. 1, No. 2, 1996.

VIANNA, L. W.; CARVALHO, M. A. R.; MELO, M. P. C. e BURGOS, M. B. *O Perfil do Magistrado Brasileiro.* Projeto Diagnóstico da Justiça, AMB/IUPERJ, 1996.

———. *Corpo e Alma da Magistratura Brasileira*, Editora Revan, 1997.

WILLIAMSON, John (ed.). *Latin American Adjustment: How Much Hashappened?* Institute for International Economics, 1990.

WILLIAMSON, Oliver E., *The Economic Institutions of Capitalism*, Free Press, 1985.

───. "The Institutions and Governance of Economic Development and Reform". *Proceedings of the World Bank Annual Conference on Development Economics 1994*, 1995.

WORLD BANK. "From Plan to Market", *World Development Report*, 1996.

───. "The State in a Changing World", *World Development Report*, 1997.

— 2 —
O que é "Direito e Economia"?[1]

BRUNO MEYERHOF SALAMA

Professor de Direito GV e Doutor por UC Berkeley

Sumário: O Direito e Economia Positivo; O Direito e Economia Normativo; Comentários finais.

Tanto o Direito quanto a Economia lidam com problemas de coordenação, estabilidade e eficiência na sociedade.[2] Mas a formação de linhas complementares de análise e pesquisa não é simples porque as suas metodologias diferem de modo bastante agudo.[3] Enquanto o Direito é exclusivamente verbal, a Economia é também matemática; enquanto o Direito é marcadamente hermenêutico, a Economia é marcadamente empírica; enquanto o Direito aspira ser justo, a Economia aspira ser científica; enquanto a crítica econômica se dá pelo custo, a crítica jurídica se dá pela legalidade.[4] Isso torna o diálogo entre economistas e juristas inevitavelmente turbulento, e geralmente bastante destrutivo.[5]

---

[1] O presente trabalho contém diversos trechos extraídos de obras estrangeiras e traduzidos livremente pelo autor. Com isso, não há citações em língua estrangeira. Todos os erros são de responsabilidade exclusiva do autor. Para uma discussão mais abrangente dos temas tratados neste trabalho, vide SALAMA, Bruno Meyerhof. *O que é pesquisa em Direito e Economia?*, disponível em http://works.bepress.com/bruno_meyerhof_salama/.

[2] Na obra clássica de John Rawls: "Um certo consenso nas concepções da justiça não é, todavia, o único pré-requisito para uma comunidade humana viável. Há outros problemas sociais fundamentais, em particular os de coordenação, eficiência e estabilidade". RAWLS, John. *Uma Teoria da Justiça*. São Paulo: Martins Fontes, 2002, p. 6.

[3] Sobre o assunto, vide COOTER, Robert. "The Confluence of Justice and Efficiency in Economic Analysis of Law" in PARISI, Francesco e ROWLEY, Charles (eds.) *The Origins of Law and Economics, Essays by the Founding Fathers*, Edward Elgar Publishing, Inc., 2005, p. 222-240.

[4] LOPES, José Reinaldo de Lima Lopes. *Direitos Sociais: Teoria e Prática*. São Paulo, Ed. Método, 2006, p. 271.

[5] Hayek notou que "embora o problema de se buscar uma ordem social apropriada seja estudado sob os ângulos da economia, do direito, da ciência política, da sociologia e da ética, tal problema somente pode ser tratado adequadamente como um todo. [...] Em nenhum campo a divisão entre especialidades é mais destrutiva do que

Em meio à turbulência, nas últimas décadas, este diálogo tornou-se fértil. A partir das obras de Ronald Coase e de Guido Calabresi, tomou corpo uma disciplina acadêmica que surge da confluência dessas duas tradições. No Brasil, esta disciplina tem sido chamada ora de "Direito e Economia", ora de "Análise Econômica do Direito". Neste texto, utilizarei a primeira expressão.

O objetivo deste trabalho é descrever sucintamente a epistemologia da disciplina de Direito e Economia para que se possa pautar o debate e esboçar uma agenda de pesquisa. Eu gostaria de começar desmistificado uma visão equivocada do que seja essa epistemologia. Uma parcela considerável dos estudantes, profissionais e pesquisadores do Direito que tenham qualquer nível de familiaridade com o Direito e Economia acredita que a disciplina se proponha a dar respostas definitivas para dilemas normativos. Estas pessoas acreditam, erradamente, que a disciplina contenha um conjunto de predicados do tipo "receitas de bolo" que conduzam necessariamente a modelos do tipo "juízes e legisladores devem adotar a regra X na situação Y porque esta é a solução eficiente e correta para o problema Z". Guido Calabresi já há muito observou, corretamente, que a hipótese de que o Direito e Economia possa dar as respostas definitivas para os dilemas normativos é "ridícula".[6]

Há um segundo mito que precisa ser rejeitado desde logo. Trata-se da idéia de que a disciplina de Direito e Economia se limita à discussão do papel da eficiência na determinação das normas jurídicas. Essa idéia também não é verdadeira. Anthony Ogus já notou que a obsessão com essa questão desvia a atenção do estudioso da existência de um outro nível de análise na que é meramente descritivo/explicativo da realidade jurídica e que, portanto, não se relaciona diretamente com essa discussão do papel da eficiência na formulação do dever-ser jurídico.[7]

Ao longo deste texto vou ressaltar o fato de que a disciplina serve, antes de tudo, para iluminar problemas jurídicos e para apontar implicações das diversas possíveis escolhas normativas. Aqui me afasto tanto da visão do Direito e Economia como um conjunto de receitas de bolo (que é ridícula) quanto da visão de que a discussão sobre eficiência seja irrelevante para o Direito (que é míope porque a construção normativa não pode estar isolada de suas conseqüências práticas).[8]

O Direito e Economia é tido por muitos como o movimento de maior impacto na literatura jurídica da segunda metade do século passado.[9] Tendo sur-

---

entre as duas mais antigas destas disciplinas, a economia e o direito." HAYEK, Friedrich A. Von. *Law, Legislation and Liberty*. Chicago: The University of Chicago Press, 1973, vol. I, p. 4.

[6] CALABRESI, Guido. "Thoughts on the Future of Economics". *Journal of Legal Education v. 33, 1983*, p. 363.

[7] OGUS, Anthony. "What Legal Scholars can Learn from Law and Economics". *Chiago Kent Law Review*, v. 79, n.2, 2004, p. 383.

[8] A própria Constituição reconhece em diversos artigos a importância de se atentar para a eficiência no trato das questões públicas, e reconhece também a importância de se promover o bem-estar e o desenvolvimento econômico e social (que são temas intimamente ligados aos problemas de eficiência).

[9] Nas palavras de Ron Harris, trata-se do "mais influente movimento de pensamento jurídico no período pós-Segunda Guerra Mundial" (HARRIS, Ron. "The Uses of History in Law and Economics" *in Theoretical Inquiries*

gido nos Estados Unidos, nas Universidades Chicago e Yale, o movimento se espalhou primeiro pelos Estados Unidos,[10] depois pelo mundo. Desde os anos 1980, a disciplina vem ganhando cada vez mais visibilidade nos países da tradição de Direito Continental, inclusive no Brasil.[11] Já há um bom tempo existem na Europa diversos centros onde a pesquisa em Direito e Economia está em estágio avançado, e já existe considerável acervo bibliográfico em Direito e Economia produzido por acadêmicos de países da tradição do Direito Continental.[12]

Pode-se conceituar a disciplina de Direito e Economia como um corpo teórico fundado na aplicação da Economia às normas e instituições jurídico-políticas.[13] Na síntese de Richard Posner, o Direito e Economia compreende "a aplicação das teorias e métodos empíricos da economia para as instituições centrais do sistema jurídico".[14] Para Nicholas Mercuro e Steven Medema, trata-se da "aplicação da teoria econômica (principalmente microeconomia e conceitos básicos da economia do bem-estar) para examinar a formação, estrutura, processos e impacto econômico da legislação e dos institutos legais".[15]

É comum destacar duas dimensões, ou dois níveis epistemológicos, da disciplina de Direito e Economia: a dimensão positiva (ou descritiva) e a dimen-

---

in Law, 4 Theoretical Inq. L. 659, 2003). Para Bruce Ackerman, estaríamos diante do "mais importante desenvolvimento na academia jurídica no século XX" (ACKERMAN, Bruce A. Law, "Economics, and the Problem of Legal Culture". Duke Law Journal, v. 1986, n. 6, 1986, p. 929-34).

[10] Nos Estados Unidos, a disciplina já vem sendo lecionada em todas as boas faculdades de Direito desde os anos 1970/80. Para se ter uma idéia de sua influência naquele país, basta mencionar que, já em meados da década de 1980, pelo menos três notórios membros da Suprema Corte Americana declaravam-se "adeptos" da disciplina de Direito e Economia (a saber, Antonin Scalia, Robert Bork e Douglas Ginsburg). Conforme DONOHUE III, John J. "Law and Economics: The Road Not Taken". Law & Society Review, v. 22, N. 5, 1988, p. 904).

[11] Algumas boas obras brasileiras incluem PINHEIRO, Armando Castelar e SADDI, Jairo. Direito, Economia e Mercados. Rio de Janeiro, Elsevier, 2005; ZYLBERSZTAJN, Decio e SZTAJN, Rachel (eds.) Direito & Economia – Análise Econômica do Direito e das Organizações. Rio de Janeiro, Elsevier, 2005; GICO JUNIOR, Ivo Teixeira. Cartel – Teoria Unificada da Colusão. Há diversos artigos sendo publicados em revistas jurídicas pelo país, e há também artigos interessantes disponíveis nos websites da X e da XI Conferência de Direito e Economia da Associação Latino Americana e do Caribe de Direito e Economia – ALACDE (www.alacdebrasil.org). Há, ainda, diversos artigos importantes sendo traduzidos no contexto das atividades do ILACDE-FGV (o Instituto Latino Americano e do Caribe de Direito e Economia), alguns dos quais estão publicados e disponíveis online no Jornal Latino Americano e do Caribe de Direito e Economia (http://services.bepress.com/lacjls).

[12] Referências européias incluem DEFFAINS, Bruno e KIRAT, Thierry (eds.). Law and economics in civil law countries. Amsterdã e Nova Iorque: JAI, 2001; e SCHÄFER, Hans-Bernd e OTT, Claus. The Economic Analysis of Civil Law. Northampton, MA: Edward Elgar Publishing, Inc., 2004. Sobre a evolução da disciplina na academia européia, vide VAN DEN BERGH, Roger. "The growth of law and economics in Europe". European Economic Review, V. 40, n. 3, 1996, p. 969-977.

[13] Aqui tomo o termo "instituição" no sentido empregado por Douglass North segundo o qual as instituições "são as regras do jogo em uma sociedade, ou, mais precisamente, são as restrições que moldam as interações humanas... [sendo] perfeitamente análogas às regras do jogo em uma competição esportiva" (NORTH, Douglass C. Institutions, Institutional Change and Economic Performance. Cambridge University Press, 1990, p. 3-4). Isso quer dizer que as instituições compreendem tanto as regras formais (Constituição, leis ordinárias, etc.) quanto as regras informais (normas de comportamento, códigos de conduta, convenções, valores, crenças, costumes, religiões, etc.) que pautam a atuação dos diversos indivíduos e entes sociais (inclusive empresas, consumidores, sindicatos, órgãos de imprensa, ONGs, igrejas, escolas, congressistas, juízes, partidos políticos, funcionários públicos, etc.).

[14] POSNER, Richard A. "The Economic Approach to Law". Texas Law Review, v. 53, n. 4, 1975.

[15] MERCURO, Nicholas e MEDEMA, Steven G. Economics and the Law – From Posner to Post-Modernism. Princeton: Princeton University Press, 1999, p. 3.

são normativa (ou prescritiva). À primeira dá-se o nome de Direito e Economia Positivo, e à segunda de Direito e Economia Normativo. São duas dimensões distintas e independentes. O Direito e Economia Positivo se ocupa das repercussões do Direito sobre o mundo real dos fatos; o Direito e Economia Normativo se ocupa de estudar se, e como, noções de justiça se comunicam com os conceitos de eficiência econômica, maximização da riqueza e maximização de bem-estar.

O Direito e Economia Positivo

O argumento central do Direito e Economia Positivo é o de que os conceitos microeconômicos são úteis para a análise do Direito.[16] Robert Cooter observa que esse argumento possui diversas versões, três das quais merecem destaque: (a) a versão reducionista, (b) a versão explicativa, e (c) a versão preditiva.[17]

A versão reducionista – radical, minoritária, e pouco proveitosa – sugere que o Direito possa ser reduzido à Economia, e que categorias jurídicas tradicionais (como direitos subjetivos, deveres jurídicos, culpa, negligência, etc.) possam ser substituídas por categorias econômicas. Cooter nota que o argumento a favor da redução do Direito à Economia "é similar ao argumento de que, em psicologia, a mente possa ser reduzida ao comportamento", para concluir, com ironia, que tal argumento "é tão ridículo que somente um acadêmico poderia contemplá-lo". Um debate importante, como sugere Ejan Mackaay, é a discussão de quais simplificações da realidade possam ser admissíveis dentro de um modelo oposto ao reducionismo, que é "inaceitável".[18] Com esta visão reducionista, portanto, não perderemos tempo.

A segunda versão do argumento em questão é mais proveitosa, e diz respeito à capacidade explicativa da teoria econômica. A Economia seria capaz de prover uma teoria explicativa da estrutura das normas jurídicas. A idéia é a de que os sistemas jurídicos poderiam ser compreendidos como sendo a resultante das decisões de maximização de preferências das pessoas em um ambiente de escassez. O problema é que a explicação de institutos jurídicos como resultante da maximização de forma relativamente coordenada de preferências individuais deixa de lado uma série de fatores culturais e históricos. Daí a necessidade de uma articulação mais branda dessa versão explicativa, no sentido de que a teoria

---

[16] Uma das distinções mais importante entre a microeconomia aplicada ao Direito, e a microeconomia aplicada aos mercados, diz respeito à proporção dos fenômenos que pode ser objetivamente mensurada. Mensurar o valor econômico de um automóvel é relativamente fácil (basta consultar o caderno de veículos do jornal), mas mensurar o valor econômico de uma perna quebrada ou da exposição ao risco de contaminação por uma substância perigosa é muito mais complicado.

[17] COOTER, Robert. "Law and the Imperialism of Economics: An Introduction to the Economic Analysis of Law and a Review of the Major Books". *UCLA Law Review*, v. 29, 1982, p. 1260.

[18] MACKAAY, Ejan. Schools: General. In *Online Encyclopedia of Law and Economics*, item 0500 (disponível em http://encyclo.findlaw.com/).

econômica possa elucidar a estrutura lógica do Direito, ainda que esta elucidação seja apenas parcial. Isso significaria, para usar as palavras de Cooter, que "a economia explica o direito, mas não chega a uma explicação completa" pois "não capta toda a realidade subjacente".[19] Ou seja, a Economia ilumina problemas e sugere hipóteses, mas se torna mais rica quando conjugada com outros ramos do conhecimento, notadamente a Antropologia, a Psicologia, a História, a Sociologia e a Filosofia.

A terceira versão do argumento é a de que a Economia pode ser aproveitada para prever as conseqüências das diversas regras jurídicas. Trata-se aqui de tentar identificar os prováveis efeitos das regras jurídicas sobre o comportamento dos atores sociais relevantes em cada caso.[20] A disciplina de Direito e Economia retira as conseqüências do fenômeno jurídico da periferia, trazendo-as para o centro do debate. Busca-se modelar o comportamento humano de modo que seja possível ao profissional do Direito entender os prováveis efeitos que advirão como conseqüências das diferentes posturas legais. Se, como vimos acima, o poder explicativo da teoria econômica é mais forte em alguns campos do que em outros, então o poder preditivo também há de ter suas limitações.[21] Isso quer dizer também que a "lógica econômica" é provavelmente mais útil para analisar o comportamento dos agentes em algumas áreas do Direito do que em outras. Mesmo assim, já em 1982 Cooter observara que "não há dúvida de que a economia explicou o Direito com mais sucesso do que os juristas achavam provável vinte anos antes, quando o movimento [de Direito e Economia] começara".[22]

Um dos possíveis panos de fundo para o Direito e Economia – a meu juízo, o mais proveitoso – está na Teoria Neo-Institucionalista.[23] Da Teoria Neo-Institucionalista surgem pelo menos três idéias importantes: (a) o reconhecimento de que a Economia não tem existência independente ou dada, ou seja, de que a história importa pois cria contextos culturais, sociais, políticos, jurídicos etc. que tornam custosas, e às vezes inviáveis, mudanças radicais (o que se convencio-

---

[19] COOTER supra n. 16.

[20] Não é à toa que a Econometria – o uso da Estatística e previsão estatística na Economia, com fins de estudar as relações entre as variáveis econômicas – esteja paulatinamente se tornado o principal instrumento de análise em quase todas as áreas da pesquisa econômica.

[21] Há uma diferença fundamental entre a análise econômica dos mercados e a análise econômica do Direito que está na proporção de fenômenos que podem ser quantificados objetivamente. Essa proporção é alta nos mercados, e bem mais baixa no Direito. Os bens negociados em mercados têm valores de troca que, no mais das vezes, podem ser facilmente encontrados (por exemplo, para se saber o valor de um determinado automóvel basta procurar na seção de veículos do jornal). No caso do Direito, contudo, freqüentemente é necessário pensar no valor de um olho perdido ou mesmo no valor de um bem jurídico como a liberdade ou a igualdade. Como essas coisas não se negociam em mercados, encontrar a estrutura institucional adequada não é tarefa trivial.

[22] COOTER supra n. 16.

[23] A Teoria Neo-Institucionalista desenvolveu-se principalmente a partir das obras de Oliver Williamson e Douglass North, e emprega a ciência econômica para analisar as normas e regras sociais que sustentam a atividade econômica. Ela é chamada de "neo" (ou seja, nova) para destacar a oposição às teorias institucionalistas antigas, especialmente as de John R. Commons e Thorstein Veblen. Na Teoria Neo-Institucionalista o conceito central são os "custos de transação" (ao invés dos "custos de produção" da Teoria Institucionalista original). Vide WILIAMSON, Oliver E. *The Economic Institutions of Capitalism: Firms, Markets, Relational Contracting*. New York: Free Press, 1985, p. 85-163.

nou chamar de "dependência da trajetória", tradução de "path dependence");[24] (b) o reconhecimento de que a compreensão do Direito pressupõe uma análise evolucionista e centrada na diversidade e complexidade dos processos de mudança e ajuste (daí a importância da abertura para todas outras disciplinas além da Economia, mas também a utilidade da Teoria da Escolha Racional[25] e da Teoria dos Jogos[26] para estudar complexidade dos processos de ação e decisão coletiva); e (c) a preocupação de ir além da filosofia prática e especulativa, visando à compreensão do mundo tal qual ele se apresenta (o que conduz ao estudo das práticas efetivamente observadas e do Direito tal qual de fato aplicado).[27]

Seja como for, o Direito e Economia Positivo emprega principalmente modelos mentais e ferramentas analíticas típicas da Economia. Ainda que haja aqui e ali abertura cognitiva para outras ciências, utiliza-se principalmente os modelos microeconômicos marginalistas, aproveitando-se também da Teoria dos Custos de Transação, Teoria do Agente, Teoria da Escolha Pública e da Teoria dos Jogos. Para que se possa entender concretamente de que estamos falando, convém ponderar sobre a relevância de cinco conceitos centrais: escassez, maximização racional, equilíbrio, incentivos e eficiência. Resumidamente, trata-se do seguinte:

1. Escassez. Os indivíduos vivem em um mundo de recursos escassos. Se os recursos fossem infinitos, não haveria o problema de se ter que equacionar sua alocação; todos poderiam ter tudo o que quisessem e nas quantidades que quisessem. Mas num mundo de recursos escassos os indivíduos precisam realizar escolhas.

2. Maximização racional. Os indivíduos farão escolhas que atendam seus interesses pessoais, sejam esses interesses quais forem. Assim, na formulação de teorias, se partirá da premissa de que os indivíduos calculam para alcançarem os maiores benefícios aos menores custos. Essa suposição de maximização racional

---

[24] NORTH, Douglass. *Institutions, Institutional Change and Economic Performance*. Cambridge: University Press, 1990.

[25] A Teoria da Escolha Racional parte da premissa de que o comportamento humano tem fins instrumentais. Ao se deparar com um conjunto de opções (chamado conjunto de oportunidade), cada indivíduo (chamado de agente representativo) toma as decisões que lhe pareçam mais adequadas para atingir seus objetivos. Uma escolha é portanto suscitada por uma vontade, e satisfazer esta vontade é a finalidade da escolha. Por isso, pressupõe-se que os indivíduos estão "maximizando suas utilidades", sejam as utilidades quais forem (bens materiais, obrigações morais, saúde, etc.). A Teoria da Escolha Racional constitui uma das fundações da ciência econômica moderna, e ao longo das últimas décadas vem se tornando cada vez mais influente nas demais ciências sociais. Há também uma série de objeções à Teoria da Escolha Racional, sendo que a principal delas seria uma certa circularidade da Teoria: o comportamento do agente deve ser explicado em termos das suas preferências, porém, a única forma de compreendermos as preferências do agente é examinando suas escolhas reais, isto é, examinando o seu comportamento.

[26] A Teoria dos Jogos considera interações dinâmicas entre indivíduos que procuram maximizar seus resultados considerando as expectativas de decisões dos outros indivíduos com os quais interage. A Teoria dos Jogos conduz a descobertas que contrariam a intuição, como por exemplo a descoberta de que em determinados casos as pessoas podem ficar em pior situação agindo racionalmente na busca de seu próprio interesse (conforme ilustrado pelo famoso jogo do "Dilema do Prisioneiro").

[27] Sobre esse ponto, vide ULEN, Thomas S. "A Nobel Prize in Legal Science: Theory, Empirical Work, and the Scientific Method in the Study of Law". *University of Illinois Law Review*, v. 2002, 2002.

leva ao chamado processo de "decisão marginalista". Isso quer dizer que, nos processos de tomada de decisão e realização de escolhas, os indivíduos realizarão a próxima unidade de uma dada atividade se, e somente se, os benefícios dessa próxima unidade excederem seus custos.[28]

3. Equilíbrio. O equilíbrio é o padrão comportamental interativo que se atinge quando todos os atores estão maximizando seus próprios interesses simultaneamente. Uma lei, por exemplo, é o resultado que surge – é um ponto de equilíbrio, portanto – quando todos os agentes políticos estão maximizando seus interesses através do processo político.

4. Incentivos. Incentivos são preços implícitos. Nos mercados, indivíduos procuram maximizar seus benefícios realizando escolhas que minimizem seus custos e maximizem seus benefícios. Assim, consumidores geralmente irão consumir menor quantidade de um bem quando o preço subir, e maior quantidade quando o preço cair. Já os produtores geralmente seguirão o caminho inverso (produzirão maior quantidade quando o preço subir e menor quantidade quando o preço cair).[29] As condutas humanas, inseridas em determinado contexto institucional, podem seguir uma dinâmica parecida. Por exemplo: de acordo com o Código Nacional de Trânsito, exceder o limite de velocidade em uma rodovia enseja o pagamento de multa. Portanto, ao dirigir um automóvel em alta velocidade cada motorista irá sopesar, de um lado, (a) o benefício auferido com o aumento da velocidade (em virtude, por exemplo, do prazer de dirigir em alta velocidade ou do menor tempo do percurso) e, de outro, (b) o custo da multa por excesso de velocidade ponderado pela probabilidade de que haja autuação e imposição da multa. Neste caso específico, os incentivos legais resultam do limite de velocidade estabelecido em lei, do valor da multa e da eficácia da fiscalização.

5. Eficiência. O termo "eficiência" tem diversas acepções. Neste trabalho, eficiência diz respeito à maximização de ganhos e minimização de custos.[30] Dessa ótica, um processo será considerado eficiente se não for possível aumentar os benefícios sem também aumentar os custos. Para ilustrar o conceito, suponha que cada acidente aéreo cause, no total, custos de $100 milhões (refiro-me aqui à soma de todos os custos sociais relevantes que englobam tanto as perdas da companhia aérea quanto as das vítimas dos acidentes). Suponha também que uma empresa possa investir $2 milhões em uma nova tecnologia de segurança aérea,

---

[28] A noção de maximização racional é instrumental. Ela serve para formular hipóteses e construir teorias que permitam simplificar, compreender e prever a conduta humana. A noção de racionalidade não significa que necessariamente haja um cálculo consciente de custos de benefícios (embora este cálculo freqüentemente ocorra, e qualquer advogado processualista sabe disso porque age estrategicamente no curso processo). Mesmo assim, a pesquisa em Direito e Economia há muito tempo se vem afastando do paradigma da hiper-racionalidade, geralmente substituindo-o pela noção mais flexível de "racionalidade limitada". Reconhecendo que os indivíduos nem sempre irão processar as informações disponíveis de forma ótima, os mesmos passam a ser vistos como "intencionalmente racionais" ainda que limitados por aptidões cognitivas.

[29] Para tornar a explicação mais simples, deixei de lado o problema da intensidade da resposta dos consumidores e produtores às mudanças de preço, isto é, das elasticidades.

[30] Há outras duas acepções do termo "eficiência" que neste texto deixaremos de lado: a eficiência Paretiana e a eficiência de Kaldor-Hicks. Para detalhes, vide SALAMA, *op. cit.*

e que essa nova tecnologia causará uma diminuição de 1% na probabilidade de ocorrência de acidentes. Será que este investimento é eficiente? A resposta é negativa. Afinal, a empresa investirá $2 milhões para evitar custos de $1 milhões (1% x $100 milhões = $1 milhão). O investimento nesta tecnologia diminui as chances de acidentes, mas torna a sociedade mais pobre, e por isso não é eficiente.[31]

A pertinência entre meios jurídicos e fins normativos traz implicações para própria legitimidade do Direito. Como nota Richard Epstein, suponha que "alguém proponha uma certa regra X que sob o argumento de que tal regra tenha determinadas propriedades normativas justas porque atinge os fins Y. Uma outra pessoa perguntará: 'será que a regra vai atingir os fins pretendidos?' As indagações sobre a conexão entre os meios e os fins parece uma empreitada intrisicamente descritiva. Alguém poderia argumentar, por exemplo, que o propósito de regras de 'responsabilidade pelo fato do produto' é melhorar o bem-estar dos consumidores. Você pode aceitar essa proposição e entender que o objetivo normativo está correto. Mas há uma premissa subsidiária, fática, que deve ser estudada independentemente. Você deve propor a seguinte questão: 'quando você olha para as regras existentes, elas atingem os seus objetivos declarados?' Para responder a tais questões, você tem que apelar para algum ferramental descritivo, geralmente a microeconomia, para entender se os arranjos institucionais defendidos por este ou aquele grupo conduzirá às consequências prometidas. Se houver uma grande falha entre os meios e os fins, como é tão comum nos debates políticos, então é possível mostrar que os fins não são atingíveis pelos meios propostos, e com isso o debate normativo entra em curto-circuito".[32]

A pertinência entre meios e fins normativos complementa o ideal de razão pública descrito por John Rawls em "O Liberalismo Político".[33] O ideal da razão pública diz respeito às condições para o discurso político em uma democracia liberal. De acordo com Rawls, em uma democracia liberal os cidadãos devem oferecer as razões verdadeiras para as políticas públicas adotadas. Da mesma forma, a legislação deve atender aos propósitos a que se destina, para que se

---

[31] Um dos possíveis panos de fundo para análises empreendidas com a metodologia do Direito e Economia – a nosso juízo, o mais proveitoso – é a Teoria Neo-Institucionalista. Dela surgem pelo menos três idéias importantes: (a) o reconhecimento de que a Economia não tem existência independente ou dada, ou seja, de que a história importa pois cria contextos culturais, sociais, políticos, jurídicos etc. que tornam custosas, e às vezes inviáveis, mudanças radicais (o que se convencionou chamar de "dependência da trajetória", tradução de "path dependence"); (b) o reconhecimento de que a compreensão do Direito pressupõe uma análise evolucionista e centrada na diversidade e complexidade dos processos de mudança e ajuste (daí a importância da abertura para todas outras disciplinas além da Economia, mas também a utilidade da Teoria da Escolha Racional e da Teoria dos Jogos para estudar complexidade dos processos de ação e decisão coletiva); e (c) a preocupação de ir além da filosofia prática e especulativa, visando à compreensão do mundo tal qual ele se apresenta (o que conduz ao estudo das práticas efetivamente observadas e do Direito tal qual de fato aplicado). Esses três pontos traduzem preocupações que o leitor deve ter em mente quando se ocupar da aplicação do ferramental econômico para a análise do direito.

[32] EPSTEIN, Richard A. "Positive and Normative Elements in Legal Education". *Harvard Journal of Law & Public Policy*, v. 255, 1985, p. 257-258.

[33] RAWLS, John. *O Liberalismo Político*. São Paulo: Editora Ática, 2ª edição, 2000. É claro, também, que a pertinência entre meios e fins normativos complementa diversas outras boas teorias sobre o processo democrático, notadamente a teoria de "ação comunicativa" de Habermas.

fortaleça a confiança pública, o debate democrático, e a própria legitimidade do Direito. Num certo sentido, é para isso que serve o Direito e Economia Positivo: para verificar a pertinência entre meios e fins normativos.

O Direito e Economia Normativo

O desperdício de recursos é, no mínimo, indesejável. Há, portanto, algo de intuitivo no emparelhamento entre eficiência (que corresponde à ausência de desperdício) e justiça. Mas até que ponto a maximização da riqueza se relaciona com a justiça? Até que ponto o Direito, enquanto "ciência normativa", deve integrar cálculos de custo e benefício? A questão é espinhosa e mesmo os autores identificados com o movimento de Direito e Economia divergem. De modo geral, creio que seja possível identificar três respostas distintas, conforme se entenda que a maximização de riqueza seja fundação ética para o Direito, um possível objetivo a ser perseguido, a partir de uma visão pragmática do Direito, ou parte de um contexto amplo de estudo do moderno Estado de Bem-Estar, em que os institutos jurídicos são vistos como instrumentos integrantes de políticas públicas. À primeira versão daremos o nome de "fundacional", à segunda de "pragmática", e à terceira, na falta de termo melhor, daremos o nome de "regulatória".

A maximização de riqueza como fundação ética para o Direito é uma tese radical. Richard Posner formulou-a em uma série de artigos da segunda metade da década de 1970,[34] e posteriormente, em 1983, consolidou os escritos em um livro cujo título é bastante sugestivo, "A Economia da Justiça" (The Economics of Justice).[35]

A idéia central desta hipótese "fundacional" é a de que as instituições jurídico-políticas (inclusive as regras jurídicas individualmente tomadas) devam ser avaliadas em função do paradigma de maximização da riqueza. O Direito, visto como um sistema de incentivos indutor de condutas, deve promover a maximização da riqueza. Dessa ótica, a pedra de toque para a avaliação das regras jurídicas é a sua capacidade de contribuir (ou não) para a maximização da riqueza na sociedade.[36] Isto leva à noção de que a maximização de riqueza seja fundacional ao Direito, no sentido de que possa ser o critério ético que venha a distinguir regras justas de injustas.

---

[34] Dentre tais artigos de Richard Posner destacam-se: "Utilitarianism, Economics, and Legal Theory". *The Journal of Legal Studies*. v. 8, n.1, 1979, p. 103-140; "Some Uses and Abuses of Economics in Law". The University of Chicago Law Review, v. 46, n. 2, 1979, p. 281-306; e "The Homeric Version of the Minimal State". Ethics, v. 90, n.1, 1979, p. 27-46.

[35] POSNER, Richard A. *The Economics of Justice*. Cambridge, Mass.: Harvard University Press, 1983.

[36] Daí a relação com o conceito de eficiência (e com o conceito de eficiência potencial de Pareto em particular) e com a teoria coaseana de redução dos custos sociais.

Dizer-se que a tese de Posner causou polêmica seria dourar a pílula; a tese foi verdadeiramente explosiva, e gerou uma furiosa reação vinda de diversos cantos.[37] É bem verdade que esta discussão passou quase despercebida no Brasil, e o porquê disso aqui não vem ao caso. O fato é que a crítica expôs uma série de deficiências da tese de Posner, levando-o a posteriormente rever seu posicionamento. Já no início dos anos 1990, Posner havia abandonado definitivamente a idéia de que a maximização de riqueza pudesse ser fundacional ao Direito.[38] Desde então, Posner publicou vasta obra atribuindo um papel mais discreto à maximização de riqueza e defendendo o pragmatismo jurídico. Assim, esta versão a que aqui denominamos de "fundacional" perdeu força.

Ao "converter-se" ao pragmatismo jurídico, Posner deu novos contornos à noção de que a eficiência possa útil ao Direito. Descartou tanto a noção de que a eficiência seria um critério operativo suficiente para avaliar as questões postas ao Direito, quanto a noção de que a eficiência deveria se sobrepor aos demais valores da sociedade. Em seu lugar, colocou o problema da maximização de riqueza em um contexto mais amplo, o da jusfilosofia pragmática.

Da perspectiva pragmática, o Direito é fundamentalmente um instrumento para a consecução de fins sociais. Posner rejeita a idéia de que o Direito esteja fundando em princípios permanentes e de que seja posto em prática através da sua manipulação lógica.[39] Postula que o significado das coisas seja social, e não imanente, e que as realizações humanas devam ser apreciadas relativamente às circunstâncias e avaliadas também por suas conseqüências.[40] Isso conduz à rejeição de todos os critérios fundamentais que possam de forma absoluta pautar a normatividade do Direito, inclusive o critério de eficiência.[41]

---

[37] Dentre estas críticas destacam-se: COLEMAN, Jules. "The Normative Basis of Economic Analysis: A Critical The Normative Basis of Economic Analysis: A Critical Review of Richard Posner's "The Economics of Justice'". *Stanford Law Review*, v. 34, n. 5, 1982, p. 1105-1131; DWORKIN, Ronald M. "Is Wealth a Value?" *The Journal of Legal Studies*, v.9, n.2, 1980, p. 191-226; KRONMAN, Anthony T. "Wealth Maximization as a Normative Pricnciple". *The Journal of Legal Studies*, v.9, n.2, 1980, p. 227-242; e MICHELMAN, Frank I. "A Comment on 'Some Uses and Abuses of Economics in Law'. *The University of Chicago Law Review*, v. 46, n.2, 1979, p. 307-315.

[38] Literalmente: "tanto ao defender um papel significativo para a justiça corretiva quanto ao insistir na atribuição de um papel apenas limitado à maximização da riqueza, este livro altera alguns de meus pontos de vista anteriormente publicados". POSNER, Richard A. *Problemas de Filosofia do Direito*. São Paulo: Martins Fontes, 2007.

[39] Afasta-se, portanto, do racionalismo platônico segundo o qual a verdade sobre argumentos metafísicos e éticos pode ser alcançada através de métodos puramente analíticos. O pragmatismo jurídico é antitético ao conceitualismo, e é uma forma de meio-termo entre formalismo jurídico e o realismo jurídico.

[40] A visão pragmática é, portanto, antitética ao formalismo jurídico, assim entendido como a noção de que questões jurídicas possam ser respondidas exclusivamente através da investigação entre conceitos derivados de princípios e regras e com um exame meramente superficial da relação entre o Direito e o mundo dos fatos; daí o convite à pesquisa empírica.

[41] Ao longo dos últimos dois milênios, reflete Posner, a Filosofia do Direito foi dominada por duas posições rivais. A primeira, objetivista, no sentido de que é possível obter uma resposta correta até mesmo para as mais difíceis questões jurídicas. A segunda, subjetivista, no sentido de que questões difíceis podem ser corretamente respondidas de várias formas, com o que os poderes dos juízes são fundamentais arbitrários. Posner utiliza-se do pragmatismo jurídico para encontrar um caminho intermediário, rejeitando tanto o objetivismo (por ser excessivamente metafísico e indemonstrável) e o subjetivismo (por ser niilista). Vide POSNER, *supra* n. 37.

O Posner pragmático, portanto, reconheceu que, por mais que se tente justificar a defesa das liberdades individuais com base em critérios de eficiência (por exemplo, sustentando que no longo prazo o Estado Democrático de Direito promove o desenvolvimento econômico e as liberdades individuais), haverá casos em que a repulsa ao trabalho escravo, à exploração de menores, à tortura, às discriminações raciais, religiosas ou sexuais, etc. terá que ser feitas em bases outras que não a eficiência. Nas palavras de Posner, "em algum momento mesmo o indivíduo fortemente comprometido com a análise econômica do direito terá que tomar uma posição em questões de filosofia política e de filosofia moral", para concluir que "eu me posiciono com John Stuart Mill em Da Liberdade (1859)".[42]

Assim, desde esta ótica pragmática, o Direito e Economia Normativo acabará por postular que, ao interpretar e aplicar a lei, o Juiz de Direito deva sopesar as prováveis conseqüências das diversas interpretações que o texto permite, atentando, ainda, para a importância de se defender os valores democráticos, a Constituição, a linguagem jurídica como um meio de comunicação efetiva e a separação de poderes. Dada a relação conflituosa entre todos estes propósitos, a interpretação e aplicação do Direito continuará sendo uma arte; não uma ciência.

Do argumento de que há uma relação importante entre justiça e eficiência há ainda uma terceira versão. Trata-se de enxergar no Direito uma fonte de regulação de atividades, e portanto de concretização de políticas públicas. Esta visão esta identificada com a Escola de Direito e Economia de New Haven, e tem em Guido Calabresi sua figura mais importante. Na síntese de Susan Rose-Ackerman, o Direito e Economia serviria para (a) definir a justificativa econômica da ação pública, (b) analisar de modo realista as instituições jurídicas e burocráticas e (c) definir papéis úteis para os tribunais dentro dos sistemas modernos de formulação de políticas públicas.[43]

A questão, portanto, não é tanto se eficiência pode ser igualada à justiça, mas sim como a construção da justiça pode se beneficiar da discussão de prós e contras, custos e benefícios. Noções de justiça que não levem em conta as prováveis conseqüências de suas articulações práticas são, em termos práticos, incompletas. Num certo sentido, o que a Escola de Direito e Economia de New Haven buscou é congregar a ética conseqüencialista da Economia com a deontologia da discussão do justo. O resultado é, em primeiro lugar, a abertura de uma nova janela do pensar, que integra novas metodologias (inclusive levantamentos empíricos e estatísticos) ao estudo das instituições jurídico-políticas, de forma que o Direito possa responder de modo mais eficaz às necessidades da sociedade. E, em segundo lugar, o enriquecimento da gramática do discurso jurídico tradicional, com

---

[42] POSNER, Richard A. *Overcoming Law*, Cambridge, Mass.: Harvard University Press, 1995, p. 23.
[43] ROSE-ACKERMAN, Susan. *Law and Economics: Paradigm, Politics, or Philosophy?*, 1989, apud MERCURO, Nicholas e MEDEMA, Steven G. *Economics and the Law – From Posner to Post-Modernism*. Princeton: Princeton University Press, 1999, p. 79.

uma nova terminologia que auxilia o formulador, o aplicador, e o formulador da lei na tarefa de usar o Direito como instrumento do bem-comum.[44]

Comentários finais

Neste texto, busquei mostrar os contornos teóricos da disciplina de Direito e Economia, enfocando a distinção entre sua dimensão positiva e normativa. Essa distinção é fundamental para que se possa entender o projeto acadêmico da disciplina, porque (como sugeriu David Hume[45]) compreender o mundo, e torná-lo melhor, são coisas diferentes. Segundo Posner, trata-se de "uma distinção que os advogados têm dificuldade em compreender porque são 'normativos inveterados'". Ainda segundo Posner, esta seria uma fonte de confusão porque "muitas das críticas que são propriamente dirigidas à análise normativa não são aplicáveis à análise positiva".[46]

A introdução da disciplina de Direito e Economia em diversos cursos de graduação e pós-graduação em direito no Brasil convida à reflexão sobre o projeto acadêmico (inslusive a agenda de pesquisa) que a disciplina de Direito e Economia pode propor ao país. Há pelo menos dois problemas centrais em *qualquer* tentativa de introdução de matéria interdisciplinar na academia. O primeiro é o de que os movimentos interdisciplinares podem ser tomados por uma certa idéia de grandeza, um torpor que surge da ilusão de terem as respostas definitivas para uma enorme gama de problemas. No afã de conquistarem seu espaço na academia – e na política – tais movimentos superestimam suas potenciais contribuições e subestimam seus limites. O segundo problema é que a interdisciplinariedade é complexa, e seu estudo requer um grau de profundidade que nem sempre se pode atingir nas salas de aula. As tentativas de introdução do estudo interdisciplinar – de qualquer estudo interdisciplinar – nos cursos de Direito são freqüentemente feitas sem o nível sofisticação (ou de cuidado) necessário, e assim corre-se o risco de lecionar versões excessivamente limitadas (ou mesmo grotescas, do tipo "receita de bolo"), obscurecendo a real utilidade do estudo.

---

[44] Embora Calabresi não se tenha declarado um pragmático, a verdade é que a Escola de Direito e Economia de New Haven diferencia-se do pragmatismo posneriano muito mais em função de sua agenda política (Posner e a Escola de Chicago mas à direita, e Calabresi e a Escola de New Haven mais a esquerda) do que de seu substrato teórico.

[45] Escrevendo no século XVIII, Hume notou que muitos autores trazem argumentos sobre o que *"deve ser"* com base em afirmações sobre o que *"é"*. Isso lhe parecia, desde um ponto de vista lógico, inconcebível (HUME, David, *Tratado da natureza humana : Uma tentativa de introduzir o método experimental de raciocínio nos assuntos morais*. Deborah Danowski, trad. São Paulo: Imprensa Oficial: UNESP, 2001, livro III, parte I, seção I). Uma discussão polêmica e interessante sobre os limites da possibilidade de se derivar proposições de valor (do tipo "deve-ser") a partir de propsições descritivas (do tipo "ser") pode ser encontrada em SEARLE, John R. *How to Derive "Ought" From "Is"*. The Philosophical Review, Vol. 73, No. 1. (Jan., 1964), p. 43-58.

[46] POSNER, Richard A. "Some Uses and Abuses of Economics in Law". *The University of Chicago Law Review*, v. 46, n. 2., 1979, p. 285.

Reitere-se: esses dois problemas são, a meu ver, comuns a toda tentativa interdisciplinar; não apenas ao Direito e Economia. É por isso que a interedisciplinariedade às vezes anda próxima do charlatanismo intelectual.

Discutindo o papel da academia jurídica no estudo da relação entre Direito e desenvolvimento, José Rodrigo Rodriguez traz a seguinte reflexão: "É nosso papel intelectual, de juristas e economistas, buscar fórmulas mágicas capazes de resolver os problemas de forma simples e barata? A resposta a esta pergunta é um sonoro 'sim'. Se, contra todas as evidências, alguém conseguir encontrar uma fórmula dessas, certamente receberá o aplauso de todos. Mas, diante da dificuldade em se obter algo assim, arrisco dizer que é dever na Academia evitar apresentar seus conhecimentos como se fossem fórmulas mágicas. A menos que estejamos, de fato, na posse de uma poção mágica, é preciso evitar vender refrigerante de guaraná como se fosse tal".[47] A "receita de bolo" de Rodriguez é talvez a única plenamente aceitável, desde que se tenha em conta que a rejeição de fórmulas mágicas é tão importante quanto a rejeição do imobilismo intelectual, da mesmice e da falta de imaginação.

Qual seria, então, o projeto acadêmico da disciplina de Direito e Economia? A meu ver, deve ser ser essencialmente o de (a) aprofundar a discussão sobre as opções institucionais disponíveis, trazendo os efeitos de cada opção para o centro do debate, (b) apontar os incentivos postos pelas instituições jurídico-políticas existentes, de modo a identificar interesses dos diversos grupos, inclusive daqueles sub-representatados no processo político representativo, (c) repensar o papel do Poder Judiciário, de modo que este se encaixe nos sistemas modernos de formulação de políticas públicas, mas tendo em conta que o país já possui uma tradição jurídica, e (d) enriquecer a gramática jurídica, oferencedo novo ferramental conceitual que ajude os estudiosos, os profissionais, e os pesquisadores em Direito a enfrentar dilemas normativos e interpretativos.

Acredito que a disciplina de Direito e Economia possa apontar novos caminhos para pesquisa em Direito no Brasil, aumentar a transparência do trato das instituiçoes jurídico-políticas e contribuir para o aperfeiçoamento democrático. Hoje, a pesquisa em Direito e Economia convida a uma reflexão abrangente de inserção dos institutos jurídicos em contextos amplos de políticas públicas, e também à pesquisa interdisciplinar.

Em países em desenvolvimento como o Brasil o emprego eficiente dos recursos existentes deve ser uma prioridade nacional. Para enfrentar seus problemas, a sociedade brasileira necessita de instrumentos jurídicos eficientes que estimulem as atividades produtivas, a resolução de conflitos de forma pacífica, a democracia, a livre iniciativa, a inovação, e a redução da corrupção e da burocracia, do desperdício e da probreza. O estudo dos incentivos postos pelos institutos jurídicos faz parte deste esforço, e os estudiosos do Direito podem e devem tomar parte neste processo.

---

[47] José Rodrigo Rodriguez, *Direito e Desenvolvimento* com David Trubek, texto não publicado apresentado em conferência realizada na Direito GV, em São Paulo, no dia 6 de junho 2007.

— 3 —
Ainda sobre a função social do direito contratual no Código Civil brasileiro: justiça distributiva *versus* eficiência econômica

LUCIANO BENETTI TIMM[1]

Pós-Doutor U.C., Berkeley, USA; Doutor em Direito dos Negócios pela Universidade Federal do Rio Grande do Sul (UFRGS); Mestre em Direito (LLM) pela Universidade de Warwick, Inglaterra; Professor Adjunto na Pontifícia Universidade Católica do Rio Grande do Sul (PUCRS) e Professor do Programa de Pós-Graduação da Universidade Luterana do Brasil (ULBRA); Presidente do IDERS e Vice-Presidente da Associação Brasileira de Direito e Economia.

Sumário: Introdução; 1. Premissas metodológicas: a trilogia Direito, "Ciência" Jurídica e Fatos; 2. O paradigma paternalista ou distributivo: o quase-consenso acerca da função social do direito contratual; 3. O paradigma rival: a função social do contrato a partir de uma perspectiva de Direito e Economia; 4. Conclusão.

> *Advogados preocupam-se com casos individualizados, enquanto que economistas preocupam-se com estatísticas. Estatisticamente, a proteção paternalista da Sra. Williams, pela imposição de restrições legais ao mercado de crédito, inflige elevados custos aos consumidores pobres, vistos enquanto classe.*
> Cooter & Ulen

> *Juristas enxergam as ações judiciais, não as atividades. (...) Ele não está treinado para entender o que seja uma estrutura: então, ele está mais capacitado para perceber a árvore do que a floresta.*
> José Reinaldo Lopes

---

[1] Primeiramente, gostaria de agradecer a ULBRA, pelo apoio financeiro do pós-doutoramento em Berkeley. Gostaria de agradecer, também, ao Prof. Dr. Robert Cooter pela orientação na U.C., Berkely, no *Center of Law, Business and the Economy*. Por fim, gostaria de agradecer aos Professores Melvin Eisenberg, Gillian Lester e Rachel Moran, de Berkeley, pelos comentários à primeira versão. E-mail: lucianotimm@berkeley.edu and ltimm@cmted.com.br. Essa é uma versão de original escrito em inglês feita pelo acadêmico Renato Caovilla, do Grupo de Pesquisas em Direito e Economia da PUCRS.

Introdução

O novo Código Civil brasileiro (NCC), que foi publicado em 2002 e entrou em vigor em 2003, introduziu significativas inovações no Direito Privado no Brasil.[2] Inovações não do ponto de vista quantitativo (número de artigos), mas, sim, modificações qualitativas (no conteúdo das normas).[3] Sem dúvida, a cláusula mais controvertida é a que consta no artigo 421, que assim dispõe: "A liberdade de contratar será exercida em razão e nos limites da *função social* do contrato".

Dadas as premissas metodológicas assentadas na primeira parte desse artigo, objetiva-se demonstrar os dois paradigmas conflitantes no que toca à função social do direito contratual no Brasil, os quais emergem da disputa em torno da interpretação do disposto no supracitado artigo 421. Este embate não é apenas dogmático, tampouco versa apenas sobre a "revelação" do Direito pelos juristas. Na verdade, o conflito paradigmático verdadeiro somente será bem compreendido ao se comparar as diferentes visões de sociedade e a função nela dos contratos (a função social dos contratos) inerentes a cada um dos paradigmas. O primeiro paradigma, que chamarei de modelo solidarista (ou paternalista,[4] como preferem os americanos) do direito contratual, está embasado em uma visão coletivista sociológica da sociedade e, por conseguinte, dos contratos. O segundo, eu chamarei de modelo de direito e economia do direito contratual – que se vale da noção individualista, própria dos economistas, do que vem a ser um contrato e de sua função na sociedade.

O paradigma paternalista será analisado na segunda parte do presente ensaio – que normalmente identifica a função social do contrato com o propósito de equilibrar os poderes econômico e fático entre as partes, sob a ótica da justiça distributiva inerente ao Estado Social. Esse paradigma contém um equívoco teórico, como se verá, já que parte de uma concepção desvirtuada do que seja o contrato, como fato, na sociedade atual. E por não perceber corretamente o que

---

[2] É importante mencionar aqui que o Brasil é a única ex-colônia de Portugal, diferente do resto da América Latina, o que faz a sua história jurídica muito peculiar e um tanto quanto distinta. Provavelmente, uma das mais agudas diferenças é a influência do Direito Civil alemão.

[3] Em comparação com o Código Civil brasileiro anterior, de 1916 – que foi baseado no Código Civil alemão e teve a contribuição de romanistas brasileiros, como Teixeira de Freitas – há, pelo menos, cinco novos artigos: 1) o artigo 157, que trata da lesão, prevê a possibilidade de anulação do contrato em caso de manifesta desproporcionalidade entre as prestações assumidas por cada uma das partes, em consequência de premente necessidade ou inexperiência de um dos contratantes (o que poderia ser traduzido nos Estados Unidos pela expressão *substantial unconsciousness*, ou, em francês, por *lesion*, ou, ainda, do Latin *lesio*); 2) artigo 187, que proíbe o abuso de direito, ou o *abus du droit*, configurado quando uma parte, titular de um direito, o exerce de forma a prejudicar a outra (nos EUA, o exemplo é a *doctrine of material breach* ou *substantial performance*, que protege uma das partes contra o abuso do direito de terminar um contrato, exercido pela outra parte, em caso de um descumprimento secundário da parte protegida); 3) a boa-fé ou *bona fides* (conhecida dos americanos porque prevista no *Uniform Commercial Code* – UCC); 4) a proteção da parte hipossuficiente nos contratos de adesão; 5) a função social dos contratos.

[4] Como evidenciado por KRONNAM, citado *infra*, existem, pelo menos, três tipos de paternalismo. O tipo considerado aqui refere-se à proteção da parte mais fraca, contra sua própria vontade, via normas cogentes que visam readequar o desnível de poder entre os contratantes, como constatado em contratos de locação.

o contrato é, o modelo falha ao constatar o que o direito contratual deve ser (a funcionalidade social do direito contratual).

Na terceira parte deste trabalho, será discutido o paradigma individualista, o qual vem sendo construído, recentemente, sobre o que são o contrato e a sociedade: o ponto de vista de direito e economia, que é baseado nas obras organizadas pelos Professores Décio Zylbersztajn e Raquel Sztajn,[5] por Armando Castelar Pinheiro e Jairo Saddi,[6] mas, também, nas pesquisas introdutórias realizadas nos últimos dois anos no Grupo de Estudos de Direito e Economia (*Law and Economics*) da Pontifícia Universidade Católica do Rio Grande do Sul (PUCRS).[7] Os argumentos encontram fundamento em recentes decisões do Superior Tribunal de Justiça (STJ).[8]

Será demonstrado, ao final do ensaio, que o quase-consenso encaminhado pela doutrina nacional é falho ao sustentar a função social do contrato com base na idéia de justiça distributiva e ao buscar, pela via contratual, fazer "justiça social".[9] Será argumentado que este modelo resulta frustrado quando se opõe às elementares hipóteses normativas do Teorema de Coase, ao defender a interferência estatal no acordo estabelecido entre as partes, o que gera crescentes custos de transação e obstaculiza, conseqüentemente, uma melhor alocação de recursos pela sociedade.

De acordo com o modelo de Direito e Economia do direito contratual, a proteção dos interesses sociais nem sempre é entendida como interferência em favor da parte mais fraca nos casos em que haja desnível de poder de barganha entre os contratantes. Pelo contrário, exemplos recentes demonstram que a interferência estatal no espaço privado do contrato tem o condão de favorecer os interesses da parte mais faca no litígio e prejudicar os interesses coletivos, ao desarranjar o espaço público do mercado, que é estruturado sobre as expectativas dos agentes econômicos. Outrossim, o benefício da redistribuição via contrato é todo destinado à parte protegida no litígio sem nenhum resultado coletivamente benéfico àqueles que não propuseram demandas judiciais. Ademais, não se pode olvidar

---

[5] SZTAJN, Rachel e ZYLBERSZTAJN, Décio. *Direito e Economia*. São Paulo, Campus, 2005.

[6] PINHEIRO, Armando Castelar e SADDI, Jairo. *Direito, Economia e Mercados*. São Paulo, Campus, 2005.

[7] MACHADO, Rafael Bicca & TIMM, Luciano Benetti. *Direito, Mercado e Função Social*. Revista da Ajuris., v.103, p.197, 2006; TIMM, Luciano (org.). *Direito e Economia*. São Paulo, THOMSON/IOB, 2005; TIMM, Luciano Benetti. Direito, economia e a função social do contrato: em busca dos verdadeiros interesses coletivos protegíveis no mercado de crédito. *Revista de Direito Bancário e do Mercado de Capitais.*, v.33, p.15 – 31, 2006.

[8] No Brasil, com a Constituição democrática de 1988, em função da sobrecarga de julgamentos no Supremo Tribunal Federal (STF) – que fora criado pela Constituição Federal de 1891, baseado na Suprema Corte dos Estados Unidos – criou-se o Superior Tribunal de Justiça (STJ) que, sucessor direto do Tribunal Federal de Recursos (TFR), viria a ser a última instância das leis infraconstitucionais do país, deixando para o STF a prerrogativa exclusiva de controlar a constitucionalidade. É função do STJ harmonizar a interpretação da legislação federal entre os Tribunais Regionais Federais e os Tribunais de Justiça, quando se pronunciam sobre a mesma. Ao contrário do que ocorre nos EUA, os tribunais federais não exercem jurisdição sobre qualquer questão, tão-somente as referentes aos interesses da União Federal (tais como tributos federais, responsabilidade civil da União, etc). Os Tribunais de Justiça, com sede na capital dos Estados, têm competência residual e, geralmente, aplicam as leis federais, como os Códigos, nos casos que julgam.

[9] A fim de evitar generalizações, o presente estudo aborda somente o direito contratual no Novo Código Civil, excluindo-se o Direito do Trabalho e o Direito do Consumidor, que são regulados por distintos corpos de leis. O Código Civil aplica-se residualmente a estas legislações específicas.

que há sempre a possibilidade da ocorrência de repasse dos crescentes custos e da retirada de operações do mercado trazida por esta política pública para os consumidores como um todo.

Nesse sentido, a excessiva intervenção judicial nos contratos pode trazer instabilidade jurídica e insegurança ao ambiente econômico, acarretando mais custos de transação às partes, para que negociem e façam cumprir os pactos. Além disso, a excessiva intervenção judicial pode originar externalidades negativas (*i.e.*, efeitos a serem suportados por terceiros), porquanto o risco de perda ou a perda efetiva do litígio pela parte "mais forte" tende a "respingar" ou a ser repassado à coletividade, que acaba pagando pelo mais fraco judicialmente protegido (como ocorre paradigmaticamente com as taxas de juros bancários, com os contratos de seguro e como aconteceu em casos de contratos de financiamento de soja no Estado de Goiás), sem, entretanto, receber o benefício compensatório de maior bem-estar.

O debate irá se valer da literatura do direito contratual dos Estados Unidos por, basicamente, três motivos: a) este debate compõe a pauta da literatura contratual norte-americana há pelos menos 30 anos, sendo dirigido de forma mais pragmática, analítica e intelectualmente mais rica do que na Europa, podendo surgir daí lições para o Brasil (país em que este debate é recente); b) a análise econômica do Direito nasceu nas faculdades norte-americanas; c) os contratos são ferramentas jurídicas destinadas a facilitar as transações no mercado,[10] podendo-se assumir que quanto mais desenvolvido for o mercado em uma sociedade, mais complexo e melhor será o direito contratual – dessa forma, os Estados Unidos não são, tão-somente, um paradigma, mas, um bom paradigma.[11] Não se desconhecem as diferenças existentes entre o direito contratual norte-americano e o brasileiro, o que requer cautela no transplante do debate acadêmico. Entretanto, as discrepâncias entre os sistemas jurídicos (pelo menos, no que tange ao direito dos contratos) não deveria ser sobrevalorizada, especialmente quando se está tratando de questões genéricas, como é o caso da função social do direito contratual.

Antes de encaminhar os argumentos mais relevantes, irei referir, na primeira parte, algumas premissas metodológicas. Estas não são essenciais, mas contribuem para aclarar a minha argumentação, pelo menos da perspectiva da Teoria Geral do Direito (ou *jurisprudence*, para os versados em *common law*).[12]

---

[10] De acordo com Roppo, os contratos são a vestimenta jurídica de uma transação econômica nua. ROPPO. *Il contratto*. Trad. Português. Coimbra, Almedina, 1988, p. 10-11.

[11] Por essa mesma razão, o direito dos contratos no Direito Romano era mais complexo e desenvolvido do que o Código de Hamurabi, vez que foi elaborado para lidar com mais transações comerciais do que no Oriente Médio antigo e, ainda, era muito mais desenvolvido que os costumes das tribos germânicas, tais como, francos, saxões, lombardos, visigodos, etc. Da mesma forma, percebe-se o desenvolvimento do direito contratual romano seguindo as necessidades do mercado no Império, passando dos contratos excessivamente formais aos contratos orais, como acordos de prestação de serviços, locação, compra e venda. KASER, Max. *Direito Privado Romano*. Lisboa: Fundação Calouste Gulbenkian, 1999; Wolfgang Kunkel, *An Introduction to Roman Legal and Constitutional History*, second edition (Oxford: Clarendon 1973); SCHULTZ, Fritz. *History of Roman Legal Science* Oxford: Clarendon 1946; SCHULTZ, Fritz. *Classical Roman Law* Oxford: Clarendon 1951.

[12] Para a intersecção entre Direito e Economia, ver POSNER, Richard. *The problems of jurisprudence*. Cambridge: Harvard University Press, 1990; and Law, Pragmatism, and Democracy. Cambridge: Harvard University Press, 2003.

1. Premissas metodológicas: a trilogia direito, "ciência" jurídica e fatos

A ciência evolui a partir do conflito de teorias e paradigmas. Um paradigma é substituído quando uma nova maneira dominante de pensar os problemas, não resolvidos pelo paradigma vigente, e um novo método para solucioná-los superam outros.[13] Este processo também ocorre na "Ciência" do Direito (ou doutrina jurídica). Quando passa a existir uma confluência de idéias sobre os conceitos e os problemas a serem abordados pelo Direito, bem como a melhor forma de lidar com os mesmos, pode-se dizer que houve a consolidação de um paradigma jurídico. Freqüentemente, diferentes paradigmas jurídicos colidirão e, então, um deles tornar-se-á o dominante; pequenas mudanças e ajustes aperfeiçoarão o paradigma. Quando as respostas para os problemas surgidos não são encontradas dentro do paradigma vigente, paradigmas alternativos surgirão e desafiarão os paradigmas predominantes. Há quem denomine esse processo de conflito de "ideologias",[14] outros o descrevem como um "choque de discursos",[15] ou, ainda, disputas de poder entre os *players* de um "campo".[16] Isso não interessa aqui, vez que não é o propósito desse artigo.

O presente ensaio versa sobre os paradigmas da doutrina jurídica, ou seja, disputas internas da "Ciência" Jurídica ou conflitos acerca de como os juristas caracterizam e interpretam o Direito. Para aclarar a minha posição, assume-se que haja diferença entre o Direito (como sinônimo de Sistema Jurídico, *i.e.*, conjunto de princípios e regras originados da legislação e da jurisprudência) e a "Ciência" do Direito (a maneira pela qual os princípios e as regras são interpretados e caracterizados pela doutrina jurídica).[17] O que se discute neste trabalho é a doutrina

---

[13] KUHN, Thomas. *A estrutura das revoluções científicas*. São Paulo: Perspectiva, 1982.

[14] DUMONT, Louis. "Essais sur l'individualisme – une perspective anthropologique sur l'idéologie moderne". Paris, Éditions du Seuil, 1983, p. 263. "Ideologias", segundo Dumont, são um corpo de idéias e valores compartilhados em uma sociedade, conforme a sua representação no pensamento expresso de alguns autores e que poderia ser expresso por tipos ideais".

[15] LACLAU, Ernesto. *New reflections on the revolution of our time*. Londres: Verso, 1990.

[16] Particularmente neste ponto, interessante é a obra de Dezalay & Garth, no tocante à globalização e a dominação de escritórios de advocacia norte-americanos no direito comercial internacional e, no Brasil, o trabalho de Engelman. Ver DEZALAY, Yves & GARTH, Bryant. The confrontation between the big five and big law: turf battles and ethical debates as contests for professional credibility. In *Law and Social Inquiry*, vol. 29. 2004, p. 615; DEZALAY, Yves & GARTH, Bryant. Merchants of law as moral entrepreneurs: constructing international justice from the competition for transnational business disputes. In *Law and Social Inquiry*, vol. 29. 1995, p. 27; DEZALAY, Yves et al. Global restructuring and the law: studies of the internationalization of legal fields and the creation of transnational arenas. In *Case Western Reserve Law Review*, vol. 44, 1994, p. 407. ENGELMANN, Fabiano. *Sociologia do campo jurídico: juristas e usos do direito*. Porto Alegre: Editora Sergio Antonio Fabris, 2005.

[17] Isso é muito bem observado por Luhmann, em sua *Teoria dos Sistemas*. O Direito é um subsistema da sociedade e a Ciência é outro, não se podendo confundir estes dois subsistemas sociais. O Direito é o subsistema que tem por código o lícito/ilícito ou o permitido/proibido, ao passo que a Ciência é a esfera do verdadeiro ou falso. A doutrina jurídica não compõe o corpo legal. Vale dizer, os juristas não legislam. O Parlamento, os juízes e, às vezes, a apropria sociedade, pelos usos e costumes, produzem leis. Niklas Luhmann, The Unity of the Legal System. In: *Autopoietic Law: A New Approach to Law and Society*. Org. Gunther Teubner. Florença, Berlim,

brasileira e não mudanças no Direito propriamente dito (*i.e.*, "mudanças legais"). O Direito é passível de mudança por uma séria de motivos, mas isto não compõe a pauta deste ensaio. Apenas se assumirá que os princípios e as regras modificam-se de tempos em tempos e a doutrina jurídica deve explicar tais mudanças ocorridas no Sistema Jurídico.

Naturalmente, a aludida separação entre Direito e "Ciência" é, tão-somente, metodológica, de forma a perceber melhor e mais precisamente o objeto de estudo. No mundo real do "campo jurídico", pode-se observar interconexões entre a Ciência do Direito e o Direito (Sistema Jurídico), uma vez que as teorias jurídicas dominantes têm o condão de influenciar as decisões judiciais. Quando se têm os problemas distributivos e sociais resolvidos de acordo com o Direito posto, e não pela via da autotutela, é de se esperar que as disputas políticas e econômicas sejam transmudadas em disputas jurídicas. Por essa razão, a doutrina jurídica pode ser encarregada de tarefa muito mais ambiciosa do que simplesmente reproduzir ou proscrever o Direito com neutralidade. Entretanto, não se debaterá aqui questões de neutralidade, interesses pessoais e disputas de poder no "campo jurídico". Nesse sentido, admitir-se-á que a modificação nas regras jurídicas e nos princípios, via Poder Legislativo, enseja o conflito de paradigmas, vez que haverá disputas doutrinárias acerca da maneira pela qual as normas devem ser interpretadas e construídas pelos tribunais (pelo menos no sistema da *Civil Law*, como é o caso brasileiro).

Ainda, assumir-se-á que o Direito, entendido como conjunto de regras e princípios (lei no papel – *law on the books*), distingue-se da lei vista como um fenômeno social ou como um artefato social (*law in action*).[18] Tendo em vista este último sentido, as *hard social sciences*[19] estão melhor equipadas, metodologicamente, do que a "Ciência" do Direito para constatar o que é o Direito como um fato.[20] A "Ciência" do Direito e os juristas são mais treinados e precisos para a análise das normas jurídicas e tendem a valer-se das *hard social sciences* (a descrição e observância dos fatos).[21] A separação entre Direito e fatos traz vantagens metodológicas para a melhor compreensão dos paradigmas em conflito.

Walter de Gruyter, 1988, p. 242 e ss. Evito aqui a infindável discussão sobre se, em última análise, as doutrinas são, de fato, ciência ou não, em razão da falta de objeto ou de leis para respaldá-las. Vamos assumir que o Direito é uma ciência normativa, tal como proposto por Kelsen, em KELSEN, Hans. *Pure Theory of Law*. Berkeley: UC Berkeley press, 1967. Caso algum leitor tenha qualquer problema em digerir isto, o uso de vírgulas entre a palavra ciência poderá facilitar.

[18] TIMM, Luciano Benetti; COOTER, Robert D; SCHAEFER, B. O problema da desconfiança recíproca. *The Latin American and Caribbean Jornal of Legal Studies*, v. 1. 2006, Berkeley Electronic Press, http://services.bepress.com/lacjls/vol1/iss1/. Acess in November, the 15th. of 2007.

[19] Trata-se de um neologismo por mim criado a fim de separar as ciências normativas, como é o Direito, das ciências descritivas, como a Economia, a Política e a Sociologia. Há quem não acredite que o Direito seja uma ciência; outros não acreditam que as ciências humanas não sejam descritivas. Inobstante, tal discussão não é relevante para o meu argumento.

[20] Isso é tão verdadeiro que em qualquer grande tradição jurídica é possível obter um título de pós-graduação em Direito sem ter de estudar metodologia científica em profundidade.

[21] Ver, por exemplo, Kelsen, citado *supra*, e HART, H.L.A. *The concept of law*. 2nd ed. Oxford: Oxford University Press, 1997.

No entanto, asseverar que o Direito difere dos simples fatos não significa dizer que aquele seja independente destes. O mesmo vale para a "Ciência" do Direito e as *hard social sciences*. Os diversos campos do conhecimento devem aprender uns com os outros (embora a Biologia seja diferente da Química, ambas devem interagir para que a Medicina possa superar as doenças) –, este é o ensejo para a interdisciplinaridade (assim como Direito e Sociedade, Direito e Economia, História do Direito, Direito e Antropologia, Filosofia Jurídica).

O mesmo se aplica ao direito dos contratos. Já propus em outra ocasião a distinção metodológica entre o contrato (como um fato, uma troca econômica) e o direito dos contratos (como um conjunto de regras e princípios), com base na conhecida obra de Roppo.[22] Agora, adiciono uma terceira distinção (para formar a trilogia), qual seja, a "Ciência" do direito contratual (ou doutrina do direito contratual), que busca estabelecer modelos e paradigmas de fundamentos e, também, interpretar o direito contratual, dadas algumas premissas do que seja, de fato, um contrato – conforme proporcionado pelo estudo interdisciplinar. Justamente pelo contrato ser uma troca, pode ser juridicamente regulado de diferentes formas, variando de lugar para lugar, de país para país.

O direito contratual varia segundo os valores e a ideologia de cada período e de cada sociedade.[23] Adquirir uma arma de fogo nos Estados Unidos é permitido, mas em Taiwan não. Além disso, em ambos os países a transação poderia ocorrer, a despeito das cláusulas referentes ao direito dos contratos (*law on the books*). Nesta esteira, a compra de *marijuana* nas favelas do Rio de Janeiro e a sua exportação para a cidade de Los Angeles são contratos, porque as transações existem, embora sejam ilícitos e impassíveis de cumprimento forçado.

Não é outra a função da "Ciência" do direito contratual (ou doutrina do direito contratual) senão sistematizar, explicar e confrontar os diferentes modelos e paradigmas considerados na lei no papel e compará-los com o Direito em ação (ainda que, neste último caso, os juristas tenham de se valer de outras ciências sociais). Os juristas podem consentir ou discordar acerca do que seja o contrato em nossa sociedade (Direito em ação) e o que são ou devem ser as regras de direito contratual, seu real significado e sua sustentação política ou teórica (questões morais, como a autonomia privada; valores econômicos, como a eficiência; ou questões éticas, como distribuição de riqueza) – lei no papel. Isso é o que consolida e desenvolve paradigmas contratuais (ou modelos, alternativamente).

---

[22] Por óbvio, o contrato pode ter um significado vulgar e um significado jurídico; este, quando a transação (fato) preenche os requisitos legais definidos pelo direito contratual. *In* ROPPO. *Il contratto*. Trad. Português. Coimbra, Almedina, 1988, p. 10-11. Pode-se, também, encontrar tal distinção na doutrina norte-americana de direito contratual, em KRONMAN, Anthony. Contract law and distributive justice, 1980, citado *infra*. Ele define o contrato como "o grupo de regras jurídicas que regulam o processo de trocas privadas". (p. 472). Na literatura de Direito e Economia, o Professor Shavell também parece admitir esta diferença. *in* SHAVELL, Steven. *Foundantions of Economic Analysis of Law*. Cambridge: Harvard University Press, 2004, p. 322.

[23] Mesmo nos países ocidentais e nos países da Ásia ocidentalizada as idéias básicas continuam similares (formado por proposta e aceitação, rescisão por fraude, erro, etc., extinção em caso de descumprimento).

Em termos de *Civil Law*, as querelas doutrinárias acerca dos significados e valores de um dado texto de lei relativo ao direito dos contratos ocorrem há mais de 2000 anos (glosadores *versus* pós-glosadores e *versus* humanistas; *more gallicus versus more geometricus*, na modernidade; jurisprudência de conceitos *versus* jurisprudência de interesses, na Alemanha do Século XIX). Historicamente, o tipo de norma jurídica que os juristas da *Civil Law* estão acostumados a estudar são as estruturais, i.e., as normas estabelecidas dogmaticamente de acordo com os direitos e deveres das partes (tal como o *Code Civil Français* ou, na Alemanha, o *Burgerliches GesetzBuch* – BGB). Em tal modelo, a função da "Ciência" do Direito era interpretar o texto gramaticalmente, sistematicamente e segundo a sua teleologia, de sorte a orientar as cortes em sua tarefa de dirimir contendas conforme o sistema do Direito. Os grandes "civilistas", como Domat e Pothier, em França, e Savigny e Windsheid, na Alemanha, formaram-se estribados em tal tradição e desenvolveram o que se convencionou chamar de modelo clássico de direito contratual.[24] Nesta doutrina, não há muito espaço para discutir questões fáticas (o que é o contrato, *i.e., law in action*) e a doutrina do direito contratual partia da teoria geral do Direito.[25]

A ascensão e consolidação das Ciências Sociais no Século XIX (como a Economia e a Sociologia) e a maturidade democrática alcançada pelos países do Ocidente, no Século XX, introduziram inovações legislativas e doutrinárias. Provavelmente uma das mais interessantes modificações foi o gradual deslocamento, a partir do Século XX, em direção a regras "funcionais" e "promocionais", principalmente depois das leis welfaristas (tais como, a lei de locações; as leis trabalhistas; a Constituição programática portuguesa de 1976; o Código Civil italiano, de 1942; as convenções internacionais de direitos humanos), o que ensejou o debate entre os juristas de formação romano-germânica concernente ao próprio sentido do Direito, vale dizer, à sua função na sociedade.[26] Devido a isso, mesmo para a dogmática jurídica, o estudo interdisciplinar tornou-se um ponto fulcral. Isso se aplica especialmente para os contratos (e a propriedade, que não é o objeto deste ensaio) no Brasil, conforme resultará demonstrado.

Não estando premida pela dogmática e pela tradição da teoria geral do Direito, nem pelos textos dos códigos ou pelo formalismo (devido à jurispru-

---

[24] O direito contratual clássico é aquele que tem o foco na liberdade de escolha (de acordo com a vontade das partes) e no princípio do *pacta sunt servanda*, desenvolvido no Século XIX pelos tribunais, no sistema da *Common Law*, e por juristas, no sistema da *Civil Law*. WIEACKER, Franz. *História do Direito Privado moderno*. Tradução de Antônio M. B. Hespanha. Lisboa: Fundação Calouste Gulbenkian, s.d. DAVID, R. *Os grandes sistemas de direito contemporâneo*. São Paulo: Martins Fontes, 1995; LOPES, José Reinaldo de Lima. *O Direito na história*. São Paulo, Max Limonad, 2000; HESPANHA, Antônio Manuel. *Panorama histórico da cultura jurídica européia*. Portugal, Publicações Europa-América, 1997.

[25] SCALISE JR., Ronald. Why no 'efficient breach' in the civil law: a comparative assessment of the doctrine of efficient breach of contract. *In American Journal of Comparative Law*. Vol. 55, 2007, p. 756-65.

[26] BOBBIO, Norberto. *Dalla struttura alla funzione. Nuovi studi di teoria generale del Diritto*. Roma: Laterza, 2007. In Brazil, GRAU, Eros. *A Ordem Econômica na Constituição de 1988*. 12ª ed. São Paulo: Malheiros Editores, 2007. Na *Common Law*, pode-se encontrar a discussão de formalismo *versus* funcionalismo em GORDON, Robert. Critical Legal Histories. *In Stanford Law Review, 1984*, vol. 36, p. 57. WEINRIB, Ernest J. *The Idea of Private Law*. Cambridge, Harvard University Press, 1995, p. 01 a 08.

dência sociológica e o realismo jurídico[27]), e com função e tradição diferentes, a doutrina jurídica norte-americana tem agasalhado discussões muito profícuas acerca dos contratos e do direito contratual, estribadas em substanciais estudos interdisciplinares.[28] Nos Estados Unidos, o denominado modelo clássico de direito contratual tem sido alvo de críticas nos últimos 30 anos, pelo menos. Este modelo, como dito, define o contrato como sendo a expressão da vontade das partes, assumindo que cada contratante tenha consciência do que seja melhor para si e, por isso, deve livremente barganhar. Sustenta, ainda, que os tribunais (leia-se o Estado) devem interferir na relação contratual tão-somente se o acordo entabulado não foi o resultado da vontade das partes (em razão de fraude, coerção, erro, etc.) ou na ocorrência de descumprimento. O direito contratual clássico tende a ser dogmático e mais focado no momento da formação do contrato, não em sua função.[29]

O Professor Farnsworth[30] classificou a recente evolução da doutrina do direito dos contratos norte-americano (Ciência do Direito) em, pelo menos, cinco modelos (ou paradigmas, como denominei):

1) O paradigma de Direito e Economia: aplicação de conceitos nucleares de Economia ao direito contratual, inaugurado por Coase[31] e desenvolvido por Posner,[32] Cooter,[33] Polinsky,[34] Shavell,[35] e outros;

2) O paradigma histórico ou evolutivo de Horwitz,[36] Atiyah[37] e, talvez, Gilmore:[38] tentativa de identificar o direito contratual com a resposta às transformações políticas e econômicas na sociedade;

3) O paradigma paternalista: busca aplicar as noções de justiça distributiva e proteção estatal à seara dos contratos, de que é exemplo a obra de Ackerman[39] e

---

[27] f. HOLMES, Oliver. *The common law*. New York: Dover Publications, 1991; POUND, Roscoe. Mechanical Jurisprudence. *In Columbia Law Review,* vol. 8, 1908, p. 605.

[28] Para uma comparação detalhada, neste ponto, entre *Civil Law* e *Common Law*, ver SCALISE JR., Ronald. Why no 'efficient breach' in the civil law: a comparative assessment of the doctrine of efficient breach of contract. In: *American Journal of Comparative Law*. Vol. 55, 2007, p. 721.

[29] O que Prof. Eisenberg chama de modelo estático de direito contratual. Cf. EISENBERG, Melvin. *The emergence of dynamic contract law*. In Theoretical Inquiries in Law, vol. 2, p. 01 (2 THEORILAW 1).

[30] FARNSWORTH, Alan. *Contracts*. 4th ed. New York: Aspen, 2004, p. 29.

[31] COASE, Ronald. *The firm, the market and the law*. Chicago, University of Chicago Press, 1988.

[32] POSNER, Richard. *Economic Analysis of Law*. 7th. ed. New York: Aspen, 2007.

[33] COOTER, Robert e ULEN, Thomas. *Law & Economics*. Boston, Addison Wesley, 2003.

[34] POLINSKY, Mitchell. *Analisis Economica del Derecho*. Madrid: Ariel Ponz, 1994.

[35] SHAVELL, Steven. *Foundations of Economic Analysis of Law*.Cambrigde: Harvard University Press, 2004.

[36] HORWITZ, Morton. The historical foundations of modern contract law. In Harvard Law Review, vol. 87, p. 917 (87 Harv. L. Rev. 917); HORWITZ, Morton. *The transformation of American Law*. Cambridge: Harvard University Press, 1977. SIMPSON, *The Horwitz Thesis and the History of Contracts. In* University of Chicago Law Review, vol. 46, p. 533.

[37] ATIYAH, P. *The rise and fall of the freedom of the contract*. Oxford: Clarendon Press, 1979.

[38] GILMORE, Grant. *The death of contract*. Columbus: Ohio State University Press, 1995.

[39] ACKERMAN, Bruce. Regulating slum housing markets on behalf of the poor: of housing codes, housing subsidies and income redistribution policy. In: *Yale Law Journal,* vol. 80, 1971, p. 1093.

Kronman[40] e dos fundadores do movimento denominado *Critical Legal Studies*, Kennedy[41] e Unger;[42]

4) O paradigma sociológico de Macneil[43] e Macauley:[44] vale-se de ferramentas sociológicas empíricas e teóricas a fim de investigar quanto tempo realmente duram os contratos de negócios a termo (distante do acordo escrito e próximo às relações);

5) Os paradigmas morais de Fried[45] e de Eisenberg:[46] referente à vontade das partes e torna o direito dos contratos a manifestação de sua real e verdadeira intenção;

Segundo o Professor Farnsworth, um dos elaboradores do esboço do *Restatement Second of Contracts*, dos aludidos métodos, o mais difundido e influente nos Estados Unidos, referente à abordagem do direito contratual, foi o paradigma de Direito e Economia.[47] O significado de tal assertiva é que os problemas teóricos do direito contratual levantados pelos aludidos professores e a sua maneira de solucioná-los tornou-se predominante nas Faculdades de Direito dos Estados Unidos. Isso foi admitido, também, por um dos opositores do paradigma de Direito e Economia, o Professor Unger,[48] em um artigo de 1984.

No Brasil, pode-se deparar com o mesmo debate concernente à função social do direito contratual, realizado de forma muito dramática que na Europa, e mais próxima dos Estados Unidos, por duas razões. Primeiro, pelo advento da Constituição de 1988, com a criação de direitos positivos (direitos sociais e econômicos), e pela entrada em vigor do Novo Código Civil, ensejando intensos debates e disputas de paradigmas de direito contratual. Segundo, porque os cursos

---

[40] KRONMAN, Anthony. Contract law and distributive justice. *In Yale Law Journal*, vol. 89, 1980, p. 472 (89 Yale L. J. 472); também, Paternalism and the law of contracts. In *Yale Law Journal*, vol. 92, 1983, p. 1983.

[41] KENNEDY, Duncan. "Form and substance in Private Law adjudication". *In* Harvard Law Review, vol. 89, p. 1685.

[42] UNGER, Roberto. "The critical legal studies movement, *In* Harvard Law Review, vol. 96, p. 563 (1983).

[43] MACNEIL, Ian. *Reflections on Relational Contract theory after neo-classical seminar.* In Implicit dimensions of contract. Oxford, Hart Publishing, 2003, p. 207-218; seguido por SPEIDEL, Richard. *The characteristics and challenges of relational contracts.* In Northwestern Law Review, 2000, p. 823; MACNEIL, Ian. *Contracts: adjustment of long-term economic relations under classical, neoclassical, and relational contract law.* In Northwestern University Law Review, vol. 72, nº 06, 1978, p. 854

[44] MACAULAY, Stewart. *The use and non-use of contracts in the manufacturing industry.* In The Practical Lawyer, vol. 09, nº 07, p. 13; MACAULAY, Stewart. *Relational contracts floating on a sea of custom? Thoughts about the ideas of Ian Macneil and Lisa Bernstein.* In Northwestern University Law Review, vol. 94, 2000, p. 775; MACAULAY, Stewart. The real and the paper deal: empirical pictures of relationships, complexity and the urge for transparent simple rules. In: *Implicit dimensions of contract.* Oxford, Hart Publishing, 2003, p, 51-102

[45] FRIED, Charles. *Contract as promise.* Cambridge, Harvard University Press, 1981.

[46] O que Prof. Eisenberg chama de modelo estático de direito contratual. Cf. EISENBERG, Melvin. The emergence of dynamic contract law. In: *Theoretical Inquiries in Law*, vol. 2, p. 01 (2 THEORILAW 1).

[47] FARNSWORTH, *op. cit.*, p. 31. Aceitando, porém com menos suavidade, POSNER, Eric. Economic Analysis of Contract Law After Three Decades: success or failure. In: *Yale Law Journal*, vol. 112, p. 829 (112 Yale L. J. 829).

[48] UNGER, Roberto. The critical legal studies movement. In: *Harvard Law Review*, vol. 96, p. 563 (1983).

de pós-graduação no Brasil somente passaram a ser bem-estruturados a partir do início da década de 90 do século passado, tendo a possibilidade de admitir professores em tempo integral e com remuneração adequada para que pudessem pensar na academia como uma profissão, não como um *hobby* ou uma via de acesso a posições estratégicas na burocracia estatal.[49]

De fato, o Novo Código Civil brasileiro (NCC), conforme mencionado na introdução, trouxe significativas alterações ao direito dos contratos, especialmente a disposta no artigo 421, que prevê a necessidade de observar a função social dos contratos no âmbito da autonomia privada. Em face de cláusula tão genérica, não causa surpresa a ocorrência de disputas de paradigmas afetas ao significado da chamada função social do contrato.

Para fins de elucidação, deve-se tratar diferentemente as diferentes funções em questão. A primeira é a função social do contrato (*tout court*) na sociedade, que é fática e compreendida pela observância do Direito em ação, valendo-se da interdisciplinaridade científica. A descrição deste fato é o objeto daquilo que denominei *hard social sciences* (Sociologia, Economia). A outra é a função social do direito contratual. Esta é objeto típico de análise da doutrina jurídica, na tentativa de orientar os tribunais, dadas algumas premissas fáticas transplantadas de outras ciências – e sua natureza é essencialmente normativa. Em assim sendo, constitui-se tarefa por demais artificial evitar o estudo interdisciplinar a respeito de uma cláusula tão genérica como demonstra ser a função social ainda que a precisão metodológica exija a divisão entre cada um dos objetos e campos de estudo.

2. O paradigma paternalista ou distributivo: o quase-consenso acerca da função social do direito contratual

Estamos nos aproximando de um certo consenso na doutrina jurídica nacional referente ao sentido da função social do contrato prevista no novo Código Civil brasileiro (NCC). Essa opinião quase[50] comum deduz-se do levantamento de artigos publicados nos principais periódicos nacionais, entre os anos de 2003 e 2006.[51] Parte significativa dos autores pesquisados entende a função social como

---

[49] ENGELMANN, Fabiano. *Études à l' étranger et mediation des modèles institutionneles: le cas des juristes brésiliens*. Cahiers de la recherche sur l' éducation et les savoirs" n. 7, Paris (no prelo).

[50] Diz-se "quase", porque foram encontrados quatro artigos com posicionamentos (mais ou menos) diferentes dos demais: AZEVEDO, Antônio Junqueira de. "Princípios do novo direito contratual e desregulamentação do mercado (...). *RT*, São Paulo, vol. 750, abr. 1998, pp. 113-120; RODRIGUES JÚNIOR, Otavio Luiz Rodrigues. "A doutrina do terceiro cúmplice: autonomia da vontade, o princípio *res inter alios acta*, função social do contrato e a interferência alheia na execução dos negócios jurídicos". *In* Revista dos Tribunais, vol. 821, março/2004, p. 81; LEONARDO, Rodrigo Xavier. "A teoria das redes contratuais e a função social dos contratos: reflexões a partir de uma recente decisão do Superior Tribunal de Justiça". *In* Revista dos Tribunais, vol. 832, fev/ 2005, p. 100; AMARAL, Pedro Eichin. "Função social dos contratos de transferência de tecnologia", *In: Revista da Associação Brasileira da Propriedade Intelectual*, nº 66, set.out/2003, p. 37.

[51] Citam-se apenas as principais autoridades, a fim de evitar uma lista muito extensa: WALD, Arnoldo. "O Novo Código Civil e o solidarismo contratual". *Revista de Direito Bancário, do Mercado de Capitais e da*

a expressão, no âmbito contratual, dos ditames da "justiça social", próprios do Welfare State constitucional. Trata-se do fenômeno referido como a "publicização", "socialização", ou mesmo a "constitucionalização" do Direito Privado, em razão do qual institutos tradicionalmente pertencentes ao Direito Civil – como o contrato, a propriedade – passam a ser orientados por critérios distributivistas inerentes ao Direito Público.[52]

O princípio da função social do contrato é visto, nesse quase-consenso, como uma limitação ao princípio da liberdade contratual (autonomia privada) – de índole tipicamente libertária e burguesa e consagrado nos códigos civis do Século XIX, como o *Code Civil* francês e o *Burgerliches Gesetzbuch* (BGB) –, o qual é considerado individualista e em descompasso com o Estado do Bem-Estar Social. Nesse sentido, a função social do direito contratual garantiria a predominância dos interesses coletivos (ou sociais) sobre os interesses individuais, no âmbito do contrato. Porque a sociedade apresenta enormes desigualdades, os acordos privados as refletiriam. Então, a distribuição de riqueza, através dos contratos, seria injusta se a barganha não fosse regulada de fora do âmbito das partes. Com o propósito de restabelecer a condição de igualdade na sociedade, o Estado deveria proteger a parte mais fraca na relação privada, fazendo-o por meio da regulação dos pactos.

Com efeito, em essência, o aludido modelo implicaria a proteção da parte mais fraca na relação contratual – que, às vezes, não manifestaria sua vontade li-

Arbitragem, vol. 21, p. 35; NERY, Rosa Maria Andrade. "Apontamentos sobre o princípio da solidariedade no sistema do direito privado". *Revista de Direito Privado*, vol. 17, p. 70; DA SILVA, Jorge Cesa Ferreira. "Princípios de direito das obrigações no novo Código Civil". In: *O Novo Código Civil e a Constituição*. SARLET, Ingo (org.). Porto Alegre, Livraria do Advogado, 2003, p. 99; PENTEADO JR, Cássio M.C. "O relativismo da autonomia da vontade e a intervenção estatal nos contratos". *Revista de Direito Bancário, do Mercado de Capitais e da Arbitragem*, vol. 21, p. 211; GOGLIANO, Daisy. "A função social do contrato (causa ou motivo)". In *Revista Jurídica*, nº 334, agosto/2005, p. 09; MARTINS-COSTA, Judith. "Reflexões sobre o princípio da função social dos contratos". In *Revista Direito GV*, vol. 01, p. 41; PACHECO, José da Silva. "Da função social do contrato", In *Revista Advocacia Dinâmica, informativo mensal*, nº 34, 2003, p. 496; SANTOS, Eduardo Sens. "A função social do contrato". In *Revista de Direito Privado*, vol. 13, p. 99; WAMBIER, Teresa Arruda Alvim. "Uma reflexão sobre as 'cláusulas gerais' do Código Civil de 2002 – a função social do contrato". In *Revista dos Tribunais*, vol. 831, janeiro/2005, p. 59; THEODORO DE MELLO, Adriana Mandim. "A função social do contrato e o princípio da boa fé no Novo Código Civil Brasileiro". In *Revista dos Tribunais*, vol. 801, julho/2002, p. 11. Under a little different viewpoint, but reaching practically the same results, SALOMÃO FILHO, Calixto. "Função social do contrato: primeiras anotações". In *Revista dos Tribunais*, vol. 823, mai/2004, p. 67. Salomão Filho enxerga, na função social do contrato, a integração dos interesses difusos e coletivos (teoria dita "institucionalista"). Publicações mais antigas já prenunciavam esse modelo social de contrato. Ver MACEDO, Ronaldo Porto. *Contratos relacionais*. São Paulo, Max Limonad, 1999; LOBO, Paulo Luiz Neto. *O contrato: exigências e concepções atuais*. São Paulo : Saraiva, 1986; GRAU, Eros. "Um novo paradigma de contratos?". In *Revista da Faculdade de Direito da Universidade de São Paulo*, v. 96, p. 423 e ss. MARTINS-COSTA, Judith. "Crise e Modificação da Noção de Contrato no Direito Brasileiro". In *Revista de Direito do Consumidor*. São Paulo: Editora Revista dos Tribunais, vol. 3, pp. 127 a 154; AMARAL NETO, Francisco dos Santos. "A autonomia privada como princípio fundamental da ordem jurídica". In *Revista de Direito Civil*, vol. 47, p. 07. No Direito Comparado, conferir GILMORE, Grant. *The death of contract*. Columbus, Ohio State University Press, 1995. ATIYAH, P. *The rise and fall of the freedom of the contract*. Oxford, Clarendon Press, 1979.

[52] Esta é também a opinião expressa nos principais manuais e tratados, tais como as obras de THEODORO JÚNIOR, Humberto. *O contrato e sua função social*. Rio de Janeiro : Forense, 2003; PEREIRA, Caio Mário da Silva. Rio de Janeiro: Forense, 2004; DINIZ, Maria Helena. *Curso de Direito Civil Brasileiro*. 23 ed. São Paulo: Saraiva, 2006; GOMES, Orlando. *Introdução ao Direito Civil*. 19 ed. Rio de Janeiro: Forense, 2007.

vremente, mas sucumbiria ao maior poder de barganha da parte economicamente mais forte. Assim, o resultado de tal proteção viria a ser uma distribuição mais justa dos benefícios do contrato entre os contratantes. Portanto, trata-se de um modelo que supõe fictícia a liberdade contratual, vez que não há falar em liberdade de contratar se há, de fato, aguda disparidade de poder de barganha entre as partes, sendo mais correto, então, falar em submissão da parte mais fraca. Daí a necessidade de intervenção do Estado objetivando reequilibrar tal relação (seja pelo legislador, seja pelo juiz). Por óbvio, isso requer maior abrangência da supervisão judicial dos pactos, em nome de sua função social.

Nesse sentido, as palavras de Judith Martins Costa são paradigmáticas:

> O princípio da função social, ora acolhido expressamente no Código Civil, constitui, em termos gerais, a expressão da socialidade no Direito Privado, projetando em seus corpos normativos e nas distintas disciplinas jurídicas a diretriz da solidariedade social (Constituição Federal, art. 3º, III, *in fine*). (...) o princípio da função social, (...) indica um caminho a seguir, oposto ao do individualismo predatório.[53]

A difundida opinião sobre a "publicização" do direito privado no Brasil permite ser explicada pelo transplante de modelos europeus trazidos por professores de Direito, cujas teses de doutoramento foram realizadas em países welfaristas da Europa, principalmente em França e Itália, mas, também, na Alemanha, em Espanha e em Portugal, o que supera em muito o número de professores brasileiros que procuram, com o mesmo objetivo, os Estados Unidos (JSD – *Doctor of Juridical Science*).[54] Sem qualquer prejuízo, a referida "publicização" pode ser explicada, também, pelo projeto político esquerdista derivado da tradição dos direitos humanos formada durante o período ditatorial ocorrido no Brasil, e que se tornou a visão predominante nos cursos de pós-graduação nacionais.[55]

O contexto intelectual fundante de tal espécie de paternalismo no direito dos contratos – por mim pesquisado em outro artigo – pode ser identificado com o Marxismo, com a doutrina social-cristã e, acima de tudo, com a sociologia coletivista e solidarista de Comte, Durkheim e Tonnies.[56] Conforme já mencionado, em razão de a "Ciência" do Direito centrar-se em normas (no caso, de direito contratual) e se expressar através do discurso dogmático, as suposições básicas dos modelos quedam-se subjacentes. Não obstante, para fins de efetiva

---

[53] MARTINS-COSTA, Judith. "Reflexões sobre o princípio da função social dos contratos". In *Revista Direito GV*, vol. 01, p. 41.

[54] ENGELMANN, Fabiano. *Estudos no exterior e mediação de modelos institucionais:* O caso dos juristas brasileiros. [S. n. t.]: 2007. (Inédito). Na Europa, o debate sobre o paternalismo no direito contratual prossegue aberto, como evidencia o estudo de CARUSO, Daniela. Contract law and distribution in the age of welfare reform. In: *Arizona Law Review*, vol. 49, 2007, p. 665. Para a mesma discussão na Alemanha, ver CANARIS, Claus-Wilhelm. *Die Vertrauenshaftung im deutschen Privatrecht*. München: C. H. Beck, 1971. No Direito italiano, PERLINGIERI, Pietro. *Profili Del Diritto Civile*. Napoli: Edizioni Scientifiche Italiane 1994. No Direito francês, JAMIN, Christophe. "Plaidoyer pour le solidarisme contractuel". In: *Le contrat au début du XXIe siècle*. Org. Christophe Jamin *et alli*. Paris, LGDJ, 2001, p. 441 e ss.

[55] ENGELMANN, Fabiano. *Sociologia do campo jurídico: juristas e usos do direito*. Porto Alegre: Editora Sergio Antonio Fabris, 2005.

[56] TIMM, Luciano. As origens do contrato no Novo Código Civil: uma introdução à função social, ao welfarismo e ao solidarismo contratual. In *Revista dos Tribunais*, v.844, p. 85-95, 2006.

compreensão, as pressuposições do paradigma – estribadas nas conclusões das *hard social sciences* sobre fatos (o que o contrato é) – devem ser desveladas. O modelo paternalista do direito contratual brasileiro, dessa forma, é embasado na visão coletivista dos contratos. Como defendido por Durkheim, o contrato não é o resultado da vontade das partes, mas um fato social orgânico e a coesão do tecido social nas situações de complexidade e acentuadas diferenças entre indivíduos da mesma comunidade (como meio de "solidariedade orgânica") – tal como o corpo humano, o indivíduo é uma função do sistema social da mesma forma que o contrato é uma função da sociedade.[57]

Quando a solidariedade não brota espontaneamente na sociedade, tem-se a anomia, uma situação a ser corrigida pelo Estado. Assim, o direito contratual identifica-se com a imposição de tal solidariedade, realizada pelo Estado quando ela não se encontrar espontaneamente praticada na ordem social. Não é outra senão esta a razão da existência de direitos sociais no Estado Social, uma vez que nele a cooperação é um dever legal, não moral. O espaço público do mercado, de acordo com este pensamento, é a anarquia, e não a coordenação dos comportamentos sociais.[58] Forte em uma noção ultrapassada da interação entre sociedade e mercado (corrigida posteriormente pela obra de economistas e sociólogos como Parsons,[59] Swedberg,[60] Granoveter,[61] etc.), tal paradigma paternalista entende a função social do direito contratual de modo a colocar o contrato e o mercado em rota de colisão (como se o contrato fosse diferente do mercado; o contrato como um ato de solidariedade e o mercado como a sobrevivência do mais apto). Nesse modelo paternalista, portanto, a função social do contrato significaria promover a solidariedade, *i.e.*, corrigir o desequilíbrio de poder no espaço do contrato e distribuir o resultado econômico do relacionamento entre as partes, que não lograra êxito através da livre barganha, processo em que a parte mais fraca sucumbe diante do mais forte ("justiça social").

Esta é a função típica do Estado Social, isto é, atenuar a linha limítrofe existente entre o Direito Público e o Privado, com o intuito de promover justiça redistributiva, até mesmo no espaço do contrato. Na esteira do paradigma "solidarista" – tendo em vista sua desconfiança no processo de barganha – substitui-se a regulação do contrato feita pelos próprios sujeitos contratuais (autonomia) pela regulação interventiva do Estado (heteronomia), reformulando a divisão do benefício econômico criado pelo pacto. A intervenção estatal na vontade das partes se dá pela via de normas cogentes e pela revisão judicial dos contratos.[62]

---

[57] DURKHEIM, E. *Da divisão do trabalho social*. V. 1. 2ª ed. Lisboa: Editorial Presença, 1980, p. 60.

[58] LUKES, Steven. Bases para a interpretação de Durkheim. In: *Sociologia: para ler os clássicos*. Organizado por COHN, Gabriel. São Paulo, Editora Livros Técnicos e Científicos S.A., 1977, p. 38.

[59] PARSONS, Talcott. *O sistema das sociedades modernas*. São Paulo, Editora Pioneira, p. 15 e ss. Cf. ROCHER, Guy. *Talcott Parsons e a Sociologia Americana*. São Paulo, Editora Francisco Alves, s/d, p. 30.

[60] SWEDBERG, Richard. *Economics and Sociology*. Princeton: Princeton University Press, 1990.

[61] GRANOVETTER, Mark. Economic action and social structure: the problem of social embeddedness. In *American Journal of Sociology*. Vol. 91, nº 03, 1985, p. 481.

[62] CAPELETTI, M. *Giudici legislatori?* Milano: Giuffrè, 1984.

Nessa esteira, a legislação própria do Estado Social é caracterizada por uma maior abstração das normas jurídicas, com linguagem ampla, cujo intento é abarcar imprevistas situações a serem resolvidas na análise de cada caso pelos tribunais.[63] Em vista disso, uma das mais equivocadas e, com freqüência, repetidas assertivas diz sobre a maior liberdade e o livre arbítrio dos juízes da *Common Law*, para criar o Direito, do que os juízes da *Civil Law*. Os juízes brasileiros são controlados apenas pelos recursos às instâncias superiores, sendo impassíveis de vinculação aos julgados anteriores.

Provavelmente seja esta a razão pela qual o diagnóstico (ou mesmo o prognóstico) elaborado por alguns juristas americanos, concernente à morte e à queda do contrato, encontraria mais acolhida no Brasil.[64] Entretanto, esta não é a única semelhança com o debate acadêmico norte-americano. O paradigma paternalista do direito contratual no Brasil ampara algumas asserções básicas do movimento denominado *Critical Legal Studies*, nos Estados Unidos. Em primeiro lugar, coligam-se na descrição da contemporânea ininteligibilidade da fronteira entre o Direito Público e o Privado.[65] Ademais, coadunam-se ao defender uma racionalidade essencialmente material, e não formal. Finalmente, e o mais importante, assemelham-se ao atacar o individualismo.[66] É o que assevera Kennedy, por exemplo:

> Estes são os pontos mais importantes: primeiro, os motivos distributivistas e paternalistas exercem um papel central na explicação das normas dos sistemas do contrato e da responsabilidade contratual no que tange aos pactos. (...) Terceiro, a noção segundo a qual a intervenção paternalista pode ser justificada somente pela "incapacidade" da pessoa a quem o Estado está tentando proteger é equivocada – a base do paternalismo é empatia e amor (...).[67]

Contudo, diferentemente do que ocorre nos Estados Unidos, os argumentos dos paternalistas no Brasil não são claramente apresentados no que toca à ideologia subjacente. Ao reverso, os argumentos são ainda endereçados de forma dogmática, como se possível fosse descrever a função social do direito contratual somente referindo-se à interpretação do Código Civil combinada com o texto constitucional.[68] A clareza do movimento do *Critical Legal Studies* é solar quanto ao que propõe:

> As idéias e as atividades do movimento reagem a uma situação familiar de restrição sobre o viés teórico e o esforço transformador. Esta situação é exemplar: os seus perigos e oportunidades reaparecem em diversas áreas da política e do pensamento contemporâneos. A nossa reação poderá ter,

---

[63] FARIA, José Eduardo. O Judiciário e o desenvolvimento sócio-econômico. In *Direitos Humanos, Direitos Sociais e Justiça*, José Eduardo Faria (org.) São Paulo: Malheiros, 1998. No mesmo livro, ver também LOPES, José Reinaldo de Lima. Crise da norma jurídica e reforma do judiciário. 1998, p. 68 e ss.

[64] GILMORE, citado *supra*.

[65] Ver KENEDDY, Duncan. The stages of the decline of the public-private distinction. In *Pennsylvania Law Review*, vol. 130, 1982, p. 1349.

[66] Idem. "Form and substance in Private Law adjudication". In: *Harvard Law Review*, vol. 89, p. 1685.

[67] Idem. Distributive and Paternalist motives in contract and tort law. In: *Maryland Law Review*, vol 41, 1982, p. 563.

[68] FACHIN, Luiz Edson. *Teoria Crítica do Direito Civil*. Rio de Janeiro: Renovar, 2000.

da mesma forma, um caráter exemplar. Um dos mais importantes deveres que qualquer indivíduo tem em relação ao movimento de que participa é identificar o que deveria representar a sua mais alta auto-imagem coletiva. A minha versão desta imagem do movimento do *Critical Legal Studies* é mais propositiva do que descritiva. Pode ser destoante da posição dos outros membros do movimento. Mas eu prefiro, inequivocamente, o risco do repúdio àquele da indefinição. É nisto, se em nenhum outro ponto, que a minha assertiva vai definir o espírito do nosso movimento. Torna-se mais fácil começar identificando o movimento da *Critical Legal Studies* com a tradição esquerdista do pensamento e da prática jurídica moderna. Duas preocupações centrais marcam tal tradição. A primeira tem sido a crítica ao formalismo e ao objetivismo.[69]

Poder-se-ia argumentar que o modelo paternalista do direito contratual estaria também ligado ao conjunto de idéias acerca do paternalismo e de justiça distributiva e eficiência de Kronman[70] e Ackerman,[71] ao invés do coletivismo do *Critical Legal Studies*. Entretanto, não se pode afirmar que tal proposição estaria correta, vez que Ackerman argumentaria que apenas em algumas situações específicas a aplicação literal das regras dos códigos de habitação que favorecem a parte mais fraca pudesse ser, a um só tempo, eficiente e distributiva. Kronman, por outro lado, argúi que a justiça distributiva é um valor do Direito Privado e, como tal, deveria ser aplicada via contratos, sempre que se mostrasse mais eficiente do que a via tributária. Com efeito, ao que parece, os defensores do modelo paternalista no Brasil não aceitariam o resultados dessas análises com base na eficiência na sociedade. A razão é simples, para que pudessem admitir os argumentos de Kronman e Ackerman, os paternalistas brasileiros teriam de se render à análise econômica e às suas pressuposições.[72]

E quanto à jurisprudência? No Brasil, tal como nos países de tradição romano-germânica em geral, os juízes são fortemente influenciados pela doutrina, que joga papel fundamental na práxis jurídica (especialmente sobre os julgadores do 1º Grau).[73] Portanto, esses ensinamentos doutrinários acabam refluindo para os acórdãos dos tribunais. Cabe ressaltar, por oportuno, que os julgados dos tribunais superiores não são dotados de força vinculante (doutrina do *stare decisis*) no Brasil. Nem mesmo têm o condão de exercer persuasão, como ocorre em alguns países da Europa.

Em um acurado estudo, Pinheiro[74] evidencia que uma das principais preocupações dos magistrados do 1º Grau é com a "justiça social". Segundo a sua

---

[69] UNGER, op. cit., p. 642.

[70] KRONMAN, Anthony. Contract law and distributive justice. In: *Yale Law Journal*, vol. 89, 1980, p. 472 (89 Yale L. J. 472); do mesmo autor, Paternalism and the law of contracts. In: *Yale Law Journal*, vol. 92, 1983, p. 1983.

[71] ACKERMAN, Bruce. Regulating slum housing markets on behalf of the poor: of housing codes, housing subsidies and income redistribution policy. In: *Yale Law Journal,* vol. 80, 1971, p. 1093.

[72] POSNER, Eric. Contract Law in the Welfare State: a defense of the unconscionability doctrine, usury laws and related limitations on the freedom to contract. In: *Journal of Legal Studies*, vol. 24, 1995, p. 283.

[73] Os magistrados no Brasil não são indicados. A seleção é feita por meio de concurso público, somente podendo participar os bacharéis em Direito, como em muitos países europeus.

[74] PINHEIRO, Armando Castelar. Magistrados, judiciário e economia no Brasil. TIMM, Luciano (Org.). *Direito e economia*. São Paulo: Thomson/IOB, 2005, p. 248.

pesquisa, mais de 70% dos juízes entrevistados preferem fazer "justiça social" a aplicar a "letra fria" da lei e do contrato. Isso resulta demonstrado na decisão do Tribunal de Justiça do Estado do Rio Grande do Sul, que concluiu: "A função social do contrato tem por objetivo evitar a imposição de cláusulas onerosas e danosas aos contratantes economicamente mais fracos".[75]

Nesse sentido, com base na função social dos contratos, alguns juízes têm revisado os pactos sob o argumento político de proteger o fraco contra o forte, a coletividade (por exemplo, o mutuário) contra a individualidade (por exemplo, a instituição financeira). Veja-se, exemplificativamente, a ementa de um acórdão do Tribunal de Justiça do Estado do Rio Grande do Sul:

> SISTEMA FINANCEIRO DA HABITAÇÃO. AÇÃO DE REVISÃO CONTRATUAL. PLANO DE COMPROMETIMENTO DE RENDA. TABELA PRICE. CAPITALIZAÇÃO. FUNÇÃO SOCIAL DO CONTRATO. SEGURO.
> Possibilidade de revisão e adequação do contrato, estabelecendo o equilíbrio nas relações negociais existentes entre as partes, dentro daqueles parâmetros que confere o Estado de Direito e a função precípua do Poder Judiciário.
> (...) 6. Afasta-se a incidência iníqua da TABELA *PRICE*, adotando-se o método de cálculo de juros simples, com o intuito de evitar o anatocismo e a progressão geométrica e exponencial dos juros.[76]

No caso em comento, como de praxe em literalmente milhares de outros ocorridos na Justiça gaúcha, o Tribunal de Justiça do Rio Grande do Sul revisou o contrato de financiamento habitacional firmado entre a instituição financeira e o mutuário, para gerar um equilíbrio no contrato. Entendeu o Tribunal que a Tabela *Price* (método de cálculo de juros próprio da matemática financeira), utilizada para calcular os juros, era abusiva, porque geraria a incidência da cobrança de juros sobre juros, isto é, anatocismo, o que, conforme o referido Tribunal, é legalmente vedado.

Nesta esteira, o aludido Tribunal tem proibido a interrupção do fornecimento de água e energia elétrica, bem como todo o relacionado à dignidade da pessoa humana, mesmo que o corte do serviço esteja expressamente permitido nas leis de água e eletricidade e, ainda, nos contratos entabulados pelas partes.[77]

No próprio Superior Tribunal de Justiça (STJ), resultou enfraquecido o direito real de hipoteca de bancos que operavam linhas de crédito em favor de construtoras. Preferiu o STJ, em mais de uma ocasião, proteger os interesses do adquirente do imóvel.[78] Nesses casos, a construtora havia feito financiamento bancário para a construção do prédio (garantido por hipoteca sobre o bem cons-

---

[75] Apelação Cível nº 70011602091, 15ª Câmara Cível do Tribunal de Justiça do Rio Grande do Sul (TJRS), julgado em 08.06.2005.

[76] Apelação Cível nº 70.010.372.027, 9ª Câmara Cível do Tribunal de Justiça do Rio Grande do Sul (TJRS), julgado em 10.08.2005.

[77] Apelação e Reexame Necessário Nº 70005790837, Primeira Câmara Especial Cível, Tribunal de Justiça do Rio Grande do Sul, Relator: Antônio Corrêa Palmeiro da Fontoura, julgado em 25.11.2003.

[78] Superior Tribunal de Justiça, Recurso Especial nº 187.940, Relator Ministro Ruy Rosado de Aguiar Jr., e Recurso Especial nº 316.640, Relatora Ministra Nancy Andrighi.

truído), concomitante ao compromisso de compra e venda do futuro apartamento ao adquirente final (o que não é proibido por lei, diga-se de passagem). Assim, a construtora recebia recursos do banco e dos adquirentes do imóvel, tornando-se mais capitalizada. Ocorre que, nos casos citados, a construtora não efetuou o pagamento ao banco, que acabou por executar a hipoteca imobiliária, que incidia sobre os imóveis comprometidos aos adquirentes.

3. O paradigma rival: a função social do contrato a partir de uma perspectiva de direito e economia

Entende-se aqui que o paradigma conflitante ao solidarismo do direito contratual seja o ponto de vista da análise econômica do Direito, como no debate em voga nos Estados Unidos – entre os paradigmas da *Critical Legal Studies* e de *Law and Economics*. A razão para tanto é que o paradigma de Direito e Economia defende uma noção antagônica, na comparação com a visão paternalista, do que o contrato é e do que o direito contratual (e a sua função) deve ser, vez que parte do individualismo. Além disso, ambos os movimentos são escolas funcionalistas do pensamento e o problema está em interpretar o que vem a ser a função social do direito contratual.[79]

Em uma perspectiva de direito e economia, o contrato, de fato (ou como um fato), não é um elo solidário entre pessoas vivendo em sociedade, mas sim uma transação de mercado na qual cada parte se comporta de acordo com os seus interesses, como se estivessem em um jogo armando as suas estratégias (individualismo). Dessa forma, como evidenciado pela teoria dos jogos, uma parte somente irá cooperar com a outra na medida em que puder desfrutar de algum benefício proporcionado pelo jogo (a menos que o direito contratual ou a moral ditem as regras e estabeleçam o contrário). Esta é uma tradição que começa com o desbravador estudo de Adam Smith, sobre a riqueza das nações.[80]

A existência de interesses coletivos dignos de tutela nas relações contratuais não é desconsiderada pelo paradigma do Direito e Economia. No entanto, o bem-estar social, em uma relação contratual individualizada, somente pode ser identificado na estrutura do mercado subjacente ao contrato que está sendo celebrado e ao processo judicial relacionado ao litígio a ele pertinente. Vale dizer, a sociedade ou a "igualdade" não são representadas pela parte mais fraca de uma específica relação contratual ou por um demandante no litígio, mas sim pelo grupo ou cadeia de pessoas integrante de um específico mercado. Como diz o Professor Cooter, comentando o *leading case* nos EUA sobre abusividade:[81] "os

---

[79] Sobre o funcionalismo, ver GORDON e WEINRIB, citados *supra*.
[80] SMITH, Adam. *Inquérito sobre a natureza e as causas da riqueza das nações*. 2ª ed., Lisboa, Fundação Calouste Gulbenkian, 2 v., 1989.
[81] Williams v. Walker-Thomas Furniture Co., 350 F2d 445 (DC Cir. 1965). *In casu*, a Corte decidiu que é abusiva a cláusula permitindo a utilização de garantia cruzada em diferentes contratos de execução diferida,

advogados preocupam-se com o caso individualizado, ao passo que os economistas preocupam-se com as estatísticas. Estatisticamente, a proteção paternalista da Mrs. Williams (consumidora autora da demanda), pela imposição de restrições legais ao mercado de crédito, inflige elevados custos aos consumidores pobres, vistos enquanto classe".[82]

Metaforicamente, o contrato individualizado é a árvore e o espaço público do mercado (e o conjunto de interações sociais) é a floresta.[83] Nesse sentido, a coletividade em um contrato de financiamento habitacional é representada pela cadeia ou rede de mutuários (e potenciais mutuários), os quais dependem do cumprimento do contrato daquele indivíduo para alimentar o sistema financeiro habitacional, viabilizando novos empréstimos a quem precisa.[84] Assim, se houver quebra na cadeia, com inadimplementos contratuais, o grupo (a coletividade) perderá (fincando sem recursos e terminando por pagar um juro maior). Até mesmo porque, conceitualmente e mesmo na vida real, os bancos não emprestam o seu dinheiro, mas a moeda captada no mercado.

Esse entendimento, da mesma forma, aplica-se aos contratos de seguro. Nesse particular, feliz é a percepção cunhada pelo jurista Ovídio Batista da Silva, a propósito das relações contratuais securitárias e previdenciárias onde subjaz, assim como no sistema financeiro habitacional, uma "relação comunitária de interesses".[85] Nessas operações é necessário gerar um grande número de contratos análogos, a ponto de formar o fundo coletivo que suportará o interesse de todos, cujas satisfação e segurança dependerão, em larga medida, da preservação e do cumprimento dessa rede contratual.

Em assim sendo, não se pode pensar em interesses sociais em uma relação contratual e descurar do ambiente em que esta relação é celebrada – o qual é, indubitavelmente, o mercado.[86] Isso é claramente exposto por Shavell:

> Assumir-se-á que, de modo geral, o objetivo dos tribunais é maximizar o bem-estar social. Isso significa dizer que, não raro, as cortes agem para promover o bem-estar das partes contratantes (...). Se,

firmados entre o consumidor e o fornecedor, significando que diferentes produtos comprados em períodos distintos, parceladamente, serviriam de garantia para qualquer descumprimento de qualquer prestação de qualquer contrato firmado com o fornecedor. Ver o *Uniform Comercial Code*, p.2-302 e o *Restatement (Second) of Contracts*, par. 208.

[82] COOTER & ULEN, "Law and Economics", p. 282. Tradução livre de "lawyers focus on individual cases, whereas economists focus upon statistics. Statistically, the paternalistic protection of Mrs. Williams by legal restrictions on the credit market imposes high costs on poor consumers as a class".

[83] LOPES, José Reinaldo de Lima. Crise da norma jurídica e reforma do judiciário. In: *Direitos Humanos, Direitos Sociais e Justiça*, Eduardo Faria (org.) 1998, p. 82.

[84] Com o que parece concordar LEONARDO, Rodrigo Xavier in "A teoria das redes contratuais e a função social dos contratos: reflexões a partir de uma recente decisão do Superior Tribunal de Justiça". In: *Revista dos Tribunais*, vol. 832, fev/ 2005, p. 100.

[85] Conforme BATISTA DA SILVA, Ovídio Araújo. Palestra em: FORUM DE DIREITO DO SEGURO JOSÉ SOLLERO FILHO, 2., Porto Alegre, 2001. São Paulo: IBDS, 2002. p.82

[86] "(...) o mercado é amplamente aceito como uma ferramenta, não como um inimigo do desenvolvimento econômico e social". Conforme TREBILCOCK, Michael J. "The limits of Freedom of Contract". Cambridge, Harvard University Press, 1993, p. 268.

caso contrário, há outras partes afetadas pelo contrato, então o bem-estar delas, que não participam do pacto, da mesma forma, assumir-se-á serem levadas em consideração pelos tribunais.[87]

Portanto, necessita-se reconhecer a existência do mercado, espaço no qual os contratos ocorrem. O mercado é um espaço público de interação social e coletiva tendente a situações de equilíbrio. Com efeito, o mercado existe como uma instituição social espontânea, vale dizer, como fato.[88] Nas palavras de Coase, o mercado "(...) é a instituição que existe para facilitar a troca de bens e serviços, isto é, existe para que se reduzam os custos de se efetivarem operações de trocas".[89] Até mesmo a Lei de Defesa da Concorrência brasileira reconhece o mercado como um bem público.[90]

Se o mercado enquanto fato não existisse, como explicar que em seguida a uma super safra de soja (e, portanto, de uma grande oferta no mercado), o seu preço tende a baixar? Como negar que o aluguel de imóveis de praia tende a aumentar no verão (chamado de alta temporada), quando justamente aumenta a procura? E quanto às passagens de avião, cujo preço varia de acordo com a estação?

Corolário disso é que o mercado não está separado da sociedade;[91] ele é parte integrante dela. Nesse sentido, como qualquer fato social, ele pode ser regulado pelas regras institucionais, especialmente pelas jurídicas (com maiores ou menores eficácias social e econômica). Portanto, não se pode dizer que o mercado seja algo artificialmente garantido pelo ordenamento jurídico, como querem alguns que atacam a característica espontânea de suas forças.[92]

Nesta realidade que é o mercado, as partes contratantes são e devem ser individualistas (pelo menos em contratos empresariais, talvez não em pactos de família). As partes estão, por óbvio, tentando concretizar um melhor negócio. A teoria dos jogos, para além de explicar o comportamento dos contratantes, contribui para a abordagem normativa do direito contratual e para sustentar a neces-

---

[87] SHAVELL, op. cit., p. 294.
[88] HAYEK, Friedrich A, *The Constitution of liberty*. Chicago: The University of Chicago Press, 1997.
[89] Cf. COASE, Ronald. *The firm, the market and the law*. Chicago: University of Chicago Press, 1988, p. 07.
[90] Lei nº 8.884/94. Art. 1º. *Esta Lei dispõe sobre a prevenção e a repressão às infrações contra a ordem econômica, orientada pelos ditames constitucionais de livre iniciativa, livre concorrência, função social da propriedade, defesa dos consumidores e repressão ao abuso do poder econômico. Parágrafo único. A coletividade é a titular dos bens jurídicos protegidos por esta lei.*
[91] WILLIAMSON, Oliver. *The economic institutions of Capitalism*. Nova Iorque, Free Press, 1985, p. 15 e ss. Mais radical é a posição de GRANOVETTER, Mark. Economic action and social structure: the problem of social embeddedness. In: *American Journal of Sociology*. Vol. 91, nº 03, 1985, p. 481. Interessante, também, é a abordagem de MALLOY, Robin Paul. *Law in a Market Context*. Cambridge, Cambridge University Press, 2004.
[92] Como defendido por IRTI, Natalino. Teoria generale del Diritto e problema del mercato. In: *Rivista di Diritto Civile*, n. 02, jan/mar, 1999, p. 01. Ver, também, do mesmo autor, Persona e mercato. In: *Rivista di Diritto Civile*, n. 03, mai/jun, 1995, p. 289. Na doutrina norte-americana, a idéia de que a lei cria o Mercado aparece em SUSTEIN, Cass. *Free market and social justice*. Oxford: Oxford University Press, 1997, p. 384: "Livre mercados são instrumentos legalmente construídos (...) criados pelos seres humanos na esperança de produzir um bem-sucedido sistema de ordenação social".

sidade de se criar incentivos à cooperação, que tende a gerar um saldo positivo a ser dividido entre as partes.

De acordo com a teoria da barganha, em um jogo cooperativo, como é o acordo privado, as partes irão cooperar na tentativa de direcionar o bem ou o serviço à parte que o valorize mais. Isto ocorrerá contanto que as partes concordem com o montante de saldo positivo a ser divido entre elas. Em relações negociais de curto prazo, as partes tendem a não considerar as diversas conseqüências de suas atitudes (principalmente quando não existirem sanções informais, como à reputação ou lista de devedores). Pelo fato de a outra parte ser capaz de prever esta estratégia dominante (faltosa), ela pode evitar a realização do negócio. O direito contratual pode gerar incentivos à cooperação e assegurar à parte receosa o cumprimento do contrato que espontaneamente não aconteceria pela falta de conseqüências ao inadimplente.[93]

Dessa forma, ao se seguir o paradigma de Direito e Economia, os bens e serviços deverão circular de acordo com a vontade das partes, expressa nos contratos, sendo direcionados à parte que mais os valorize. Uma vez que os indivíduos possuem interesses distintos e sejam suficientemente racionais (no âmbito dos contratos empresariais, pelo menos) para estabelecer uma escala de preferências, estarão, assim, aptos a maximizar a sua utilidade no processo de transação. Isso gerará riqueza na sociedade.

Imagine-se, por hipótese, que Caius queira vender o seu carro; o valor que dá a ele é de 1.000 unidades. Agora imagine que Augustus queira comprar este carro. Augustus o avalia em 2.000 unidades. Se o carro for vendido a 1.500 unidades, dividindo-se o saldo positivo entre Caius e Augustus, tem-se que um valor de 500 unidades foi criado por esta singela transação e ambas as partes estarão em melhor situação. De modo geral, os próprios indivíduos sabem o que seja melhor para eles; e as companhias sabem, com muito mais competência, o que seja melhor para elas.[94]

A pressuposição básica do modelo é que este tipo de organização social não é anárquica. Ao contrário, estabelece a alocação eficiente de recursos escassos, pelo fato de as interações entre indivíduos tenderem a criar uma espontânea situação de equilíbrio geral.[95] As transações no mercado ocorrerão até o ponto em que nenhuma outra alocação alternativa dos recursos se mostre viável de acordo com a análise custo-benefício, ou até o ponto em que alguma parte ganhe sem que para isso alguma outra tenha de perder (eficiência de Pareto),[96] ou, pelo menos,

---

[93] LEE REED, O. Law, the Rule of Law and Property: a foundation for the private market and business study. *In American Business Law Journal,* vol. 38, 2001, p. 441.

[94] SCHWARTZ & SCOTT, 2003, quoted above, p. 568.

[95] COOTER, op. cit., p. 11 e 40. Vale dizer, quando o custo marginal é igual ao benefício marginal, para cada unidade de produto e serviço.

[96] "Diz-se que uma situação específica é Pareto eficiente se for impossível modificá-la de modo a tornar, pelo menos, a posição de uma pessoa melhor (conforme a sua avaliação) sem, em contrapartida, piorar a posição de outra (também conforme a sua avaliação)" Cf. COOTER, op. cit., p. 12. (Tradução livre de "A particular situation is said to be Pareto efficient if it is impossible to change it so as to make at least one person better of (in

até o momento em que o ganho obtido por uma parte possa compensar a perda de outra e, após isso, ainda gerar um saldo positivo (Kaldor-Hicks).[97] Dada a racionalidade das partes, é incorreto supor que elas não irão barganhar a fim de atingir a situação de equilíbrio (pelo menos em contratos empresariais, nos quais as sociedades empresárias são partes contratantes).[98]

O exemplo clássico é o do pecuarista (criador de gado) e do agricultor (produtor de soja). Considerando que as suas propriedades sejam limítrofes, caso o gado escape da propriedade do pecuarista poderá causar danos à messe. A questão que se impõe é: quem deve construir a cerca ao redor da propriedade (se tiver de ser erguida)? Dependendo do que dispõe a lei, as partes poderão barganhar de modo a alcançar um resultado mais eficiente em termos de custo-benefício (assumindo que não existam custos de transação). Admitindo-se que a lei obrigue o agricultor a cercar a sua propriedade e que, no entanto, seria mais barato se o pecuarista cercasse a sua, as partes teriam incentivos para barganhar no sentido de o agricultor pagar ao pecuarista para que este construa a cerca em torno de sua propriedade, contanto que pudessem dividir o saldo positivo; ou, alternativamente, o pecuarista poderá preferir não construir a cerca e pagar perdas e danos ao agricultor (caso seja mais barato).

Agora, passa-se a um exemplo simples, mas real. Considere que o locador Octavius alugue a sua casa ao locatário Gaius. Suponha-se que o locador Octavius recém tenha realizado a locação de sua casa e que na garagem desta ainda esteja estacionado um carro que ele, Octavius, comprara para a sua empresa, a fim de substituí-lo por outro mais antigo, mas ainda em uso. Admite-se, também, que Gaius não tenha carro e que esteja interessado em alugar o carro estacionado na garagem da casa que alugou de Octavius. Contanto que ambas as partes aquiesçam, firmarão um contrato de locação tendo o carro por objeto. Por exemplo, Gaius não irá pagar mais pelo aluguel do carro do que pagaria a uma companhia locadora de automóveis. De outro lado, Octavius não realizaria a locação se re-

---

his own estimation) without making another person worse off (again, in his own estimation)". De acordo com o modelo, cada parte teria poder de veto para bloquear as situações em que se sentisse em posição desfavorável (COOTER, op. cit., p. 44).

[97] "Por outro lado, o critério Pareto superior permite a ocorrência de mudanças nas situações em que haja ganhadores e perdedores, mas requer que o ganho dos que ganharam seja maior do que a perda dos que perderam. Uma vez satisfeita esta condição, os ganhadores poderão, em tese, compensar os perdedores e, ainda assim, se beneficiar de um saldo positivo" Cf. COOTER, op. cit., p. 44. (Tradução livre de "By contrast, a Pareto improvement, allows changes in which there are both gainer and losers, but requires that the gainers gain more than the losers loose. If this condition is satisfied, the gainers can, in principle, compensate the losers, and still have a surplus for themselves".

[98] Segundo Shavell, um "contrato é considerado reciprocamente benéfico ou, na linguagem econômica, Pareto eficiente, se não puder ser modificado a não ser para aumentar o bem-estar – a utilidade esperada – de cada uma das partes. Assumiríamos que os contratos tendessem a ser reciprocamente benéficos: se o contrato puder ser alterado de modo que a alteração elevaria a utilidade esperada de cada parte, consideraríamos que a modificação poderia ocorrer". Cf. SHAVELL, op. cit., p. 293. (Tradução livre de [um] "contract is said to be mutually beneficial or, in the language of economics, Pareto efficient, if the contract cannot be modified so as to raise the well-being – the expected utility – of each parties to it. We would suppose that contracts would tend to be mutually beneficial: if a contract can be altered in a way that this would raise expected utility of each party, we would think that this would be done").

cebesse um preço incapaz de compensar, pelo menos, a depreciação do veículo (assumindo-se que o outro carro ainda seria usado pela empresa de Octavius ou, ainda, que o dinheiro do aluguel compensaria a venda deste outro carro e lhe fosse dada outra destinação). Dividindo-se o saldo positivo em algum ponto próximo à metade, as partes chegariam a um acordo e, assim, gerariam riqueza. Isto poderá soar estranho a um advogado, mas a criação de valor é fácil de ser provada em termos jurídicos: é verdadeiro que se ocorrer a locação do automóvel, um tributo será devido; e não há imposto de renda se não houver percepção de riqueza.

Entretanto, se Julius, vizinho de Octavius, valorizar o carro mais do que Gaius o faz, Julius estará disposto a pagar mais a Octavius pelo aluguel do veículo. E se, em uma simplificação demasiada (tendo em conta que não haja nenhum tipo de sanção informal, como má reputação, etc.), a diferença que Julius pagaria pudesse compensar Gaius, este poderia aceitar terminar o contrato com Octavius e dividir com ele o saldo positivo gerado. Todas estas transações geram riqueza e são, normalmente, tributadas.

O direito contratual (tal como o direito de propriedade) enseja a realização de transações que não ocorreriam sem as suas regras, vez que protege as expectativas das partes e cria obrigações legais que podem ser objetos de barganha, na presença de certos requisitos. Inexistindo o direito dos contratos (que cria deveres legais protegidos pelo Estado), as partes teriam dificuldades em estabelecer relações impessoais (fora do círculo familiar ou de amizade), principalmente aquelas que operam no futuro por meio do crédito e aquelas que necessitam de uma cadeia de relações interconectadas (como os empréstimos para financiar a casa própria e os estudos; seguros; planos de saúde; etc.).[99] A sociedade do mercado, diferentemente das sociedades tribal e feudal, estrutura-se sobre relações impessoais.[100]

Nesse sentido, as palavras de Schwartz & Scott:[101]

> A conseqüência jurídica do descumprimento, em suma, permite às partes fazerem promessas exeqüíveis, quando as sanções à reputação e as privadamente impostas não bastem. (...) A ausência de regras de cumprimento e de tribunais isentos em muitos desses países ("Terceiro Mundo" [102]), entretanto, impede as partes de se compromissar...

Dessa forma, a principal função social do direito contratual é possibilitar a ocorrência dos contratos, o fluxo de trocas no mercado, a alocação de riscos

---

[99] SHAVEL, *op. cit.*, p. 291.

[100] Trebilcock demonstra claramente que a sociedade ocidental contemporânea optou pelo sistema de mercado e determina as suas escolhas com base na eficiência econômica e social. No sistema de mercado, "(...) as decisões sobre a produção e o consumo estão descentralizadas e dependem de uma miríade de decisões individuais de produtores e consumidores, agindo em conseqüência de preferências individuais e incentivos, minimizando, portanto, o papel jogado por convenções sociais e *status*". Cf. TREBILCOCK, "The limits...", p. 268. (Tradução livre de "the decisions on the production and the consumption are de-centralized and depend on a myriad of individual decision by producers and consumers, acting as a consequence of individual preferences and incentives, thus minimizing the role played by social conventions and *status*").

[101] SCHWARTZ & SCOTT, *op. cit.*, p. 12.

[102] Palavras dos autores, não minhas.

pelos agentes econômicos e seu comprometimento em ações futuras até que seja alcançada a situação mais eficiente, isto é, quando ambas as partes recebem os benefícios econômicos da barganha e distribuem o saldo positivo resultante da transação.[103]

Devido a isso, deve-se ter cautela na aplicação da doutrina do *efficient breach*[104] no Brasil.[105] Esta doutrina pode estar correta ao descrever o comportamento racional da parte que descumpre o contrato pelo fato de ter uma alocação alternativa para os seus recursos, podendo, assim, compensar o dano causado ao outro contratante. Entretanto, pode estar errada ao descrever o que o direito contratual é (a teoria nada adiciona do ponto de vista de remédios processuais à parte que descumpre o contrato) e o que deveria ser, porquanto o direito contratual deve ter a capacidade de evitar a ocorrência de processos judiciais, especialmente considerando o caso brasileiro – onde o acesso à justiça é subsidiado pelo governo, o que cria incentivos à litigância, adicionada à regra segundo a qual o vencido paga as custas processuais e os honorários advocatícios ao patrono da parte vencedora e, também, há problemas com a superlotação dos cartórios judiciais.[106] A lentidão na resolução dos conflitos levados a juízo aumenta os custos de transação e cria, por si só, incentivos à quebra contratual. Ademais, tal doutrina enfatiza que um *ex post facto* (melhor oportunidade alocativa) permitiria a quebra de um contrato barganhado *ex ante*. Neste caso, haveria modestos incentivos para se entabular, em primeiro lugar, um pacto diligente.

Com efeito, a falta de implicações legais da doutrina do *efficient breach* torna difícil a avaliação de sua contribuição ao direito dos contratos (a partir de

---

[103] SCHWARTZ, Alan & SCOTT, Robert. Contract Theory and the limits of contract law. *In Yale Law Journal*, vol. 113, 2003, p. 541.

[104] *Efficient breach* significa que um dos contratantes poderá descumprir propositadamente o contrato, caso apareça uma segunda melhor opção, de modo que a parte inadimplente poderia compensar o outro contratante e ainda assim gerar um saldo positivo (Pareto eficiente). Ver ULEN, Thomas. *The efficiency of specific performance: toward a unified theory of contract law. In* Michigan Law Review, vol. 83, p. 341: "O principal avanço foi o reconhecimento, por parte dos economistas, de que há circunstâncias em que pelo menos um contratante poderá melhorar a sua posição sem que, em contrapartida, o outro sofra uma perda, sendo que um contratante descumpriria o contrato, ao invés de cumprir a promessa pactuada. A lei, argumenta-se, não deverá constranger o descumprimento do contrato nas situações em que a quebra gera um resultado Pareto superior". CRASWELL, Richard. Contract remedies, renegotiation and the theory of efficient breach. In: *Southern California Law Review*, vol. 61, 1988, p. 629; POSNER, Eric. What the efficient performance hypothesis means for contract scholarship. In: *Yale Law Journal Pocket Part*, vol. 116, 2007, p. 439.

[105] SCALISE JR., Why no..., p. 721. Juridicamente, seria impraticável o uso da doutrina do "efficient breach" no Brasil, vez que a solução legalmente padronizada, nas situações de quebra contratual, é a tutela específica, ao contrário do direito contratual norte-americano (caso em que a solução padrão é o pagamento de perdas e danos). A doutrina do "efficient breach" interpreta que a melhor solução para a quebra contratual seria indenização, e não tutela específica, porque o resultado desta seria forçar a parte a cumprir o contrato, e não a pagar perdas e danos.

[106] Para uma visão geral acerca da situação na América Latina, ver BUSCAGLIA, Edgardo. A quantitative assessment of the efficiency of the judicial sector in Latin America. In: *International Review of Law and Economics*, vol. 17, 1997, p. 275. Para uma mais minuciosa e precisa avaliação do Poder Judiciario brasileiro, ver *Court Performance around the world: a comparative perspective*, World Bank Technical Paper # 430, WTC430, 1999. Para indicadores estatísticos, ver Relatório do Conselho Nacional de Justiça, *Justiça em Números* (http://www.cnj.gov.br/images/stories/docs_cnj/relatorios/justica_numero_2005.pdf).

uma análise jurídica comparativa, pelo menos). Caso o objetivo da doutrina seja descrever o direito contratual norte-americano e a eficiência de suas regras em relação ao descumprimento contratual, então, cumpre o seu desiderato quando as suas pressuposições são demonstradas na prática. Caso, por outro lado, o objetivo da teoria seja livrar do campo da moral o descumprimento contratual, da mesma forma, não há maiores problemas. O paradigma de Direito e Economia não deveria estribar a quebra contratual em bases morais.

Entretanto, se fosse para a doutrina do *efficent breach* ter implicação normativa, qual seria esta? Seria que a parte que descumpriu o acordo não tivesse de pagar perdas e danos para a parte prejudicada? Provavelmente não. O que faria sentido seria que a referida teoria justifica que a punição para a parte que descumprir o contrato deve ser a indenização da parte prejudicada, não a tutela específica, a saber, a continuação forçada do contrato. Em assim sendo, a doutrina recomendaria uma alteração legislativa em países como o Brasil, nos quais a tutela específica é a regra nesses casos. O problema que se coloca é que a tutela específica é um direito do contratante prejudicado, mas, no Brasil, este poderá sempre requerer ser indenizado, ao invés da continuação do contrato. Ademais, necessitar-se-ia de minuciosa pesquisa empírica a fim de atestar se a tutela específica é mais eficiente do que as perdas e danos (novamente, considerando o caso brasileiro).

Mesmo que se propusesse que os aludidos problemas jurídicos fossem irrelevantes e que se devesse avaliar a doutrina em seus termos teóricos próprios, isto é, se uma melhor alocação alternativa de recursos estivesse disponível, o contratante estaria livre para descumprir o contrato e indenizar a parte prejudicada, ainda assim, persistiriam alguns problemas pragmáticos. Primeiro, na análise custo-benefício, pode-se considerar não apenas as sanções formais da lei, mas as sanções informais, tais como, credibilidade e reputação (que são muito difíceis de mensurar e demonstrar em termos econômicos).[107] Segundo, que a determinação dos danos somente poderá ser realizada em juízo e, destarte, apenas valendo-se de ficção poder-se-ia separar as questões materiais das processuais (portanto, deve-se considerar os aspectos procedimentais quando da avaliação do *efficient breach*). A litigância recrudescerá os custos de transação. Além disso, os tribunais não são dotados de informações completas que os permite determinar perfeitamente os danos, porquanto descumprir o contrato significa pagar os danos emergentes e os lucros cessantes (ou colocar a parte prejudicada na posição que estaria caso o contrato não fosse descumprido). Por fim, se o descumprimento gera um saldo positivo a ser divido entre as partes, a que descumpriu e a que resultou prejudicada, não estaria esta, supostamente racional, propensa a aceitar a solução?

Estes argumentos contribuem para uma forte presunção contra a aplicação da doutrina do *efficient breach*. Outrossim, ensejam favorável presunção acerca da eficiência de cláusulas de liquidação de danos e, de certa forma, da utilização

---

[107] Assumindo que existem outras sanções que não as jurídicas como conseqüências das quebras contratuais, ver SCHWARTZ & SCOTT, Contract Theory..., p. 542.

de razoáveis cláusulas penais, como meio de evitar o embate judicial. Ainda, geram incentivos ao cumprimento do contrato ou à barganha em caso de descumprimento (pelo menos no Brasil).[108] Isso tudo evitaria crescentes custos de transação para a definição dos danos. Os problemas pragmáticos da teoria do *efficient breach* tornam-se mais evidentes quando aplicados ao Direito Internacional Público. Ao se argumentar em favor da doutrina do *efficient breach* poder-se-ia dizer que em um tratado internacional bilateral assinado por dois Estados objetivando a proteção do investimento das companhias de um Estado no território do outro (o que é análogo ao mecanismo contratual), um Estado poderia descumprir contratos com as companhias do outro, entabulados sob as regras do tratado bilateral, caso surgisse uma segunda melhor opção?

Para fins de aplicação no mundo real, passa-se a um exemplo. Considere que Bolívia e Brasil assinaram um tratado internacional bilateral e que a Petrobrás, companhia de petróleo brasileira, tenha investimentos na Bolívia protegidos por um contrato assinado dentro do propósito do tratado bilateral. Se a petrolífera da Venezuela, PDVSA, dirigida por Hugo Chávez oferecesse um melhor acordo à Bolívia, de tal sorte que este país pudesse tomar a Petrobras, pela expropriação de seus ativos, e, ainda, gerar um saldo positivo a ser divido entre Bolívia e Petrobrás, por que a petrolífera brasileira não aceitaria? E qual a razão de o comércio internacional perceber o descumprimento boliviano sob o aspecto negativo?

Nas relações de longo prazo, em que ambas as partes teriam deveres em andamento, a cooperação entre elas tenderia a ser espontânea.[109] Nestes casos, a função do direito contratual seria a de não bloquear a fluidez da relação. Isso se daria com o reconhecimento das práticas das partes, dos usos e costumes do comércio e de ter na boa-fé um razoável padrão de comportamento (uma espécie de *Lex mercatoria*), o que iria evitar dispêndios com pactos detalhados *ex ante*.[110] Em contratos claramente incompletos como estes, o papel do tribunal seria o de completar as cláusulas do contrato de acordo com o seu contexto, seus usos e costumes, e não segundo a discricionária idéia de justiça do magistrado.

Dessa forma, o crescimento da arbitragem no Brasil, o quarto colocado em número de arbitragens no tribunal arbitral da *International Chamber of Commerce* (ICC), não é uma surpresa.[111] Os árbitros parecem melhor preparados para a função de completar complexos contratos, em razão de seu refinado conhecimento, de sua *expertise* na área em questão, o que é muito distante de um magistrado, massacrado com todos os tipos de pleitos.[112]

---

[108] Nesse mesmo sentido, é a opinião de DOGDE, William S. *The case for punitive damages in contracts*. In *Duke Law Journal*, vol. 48, 1999, p. 629. Em sentido oposto, mas com argumentos mais sofisticados TALLEY, Eric. *Contract renegotiation, mechanism design, and the liquidated damages rule*. In *Stanford Law Review*, vol. 46, 1994, p. 1195.

[109] COOTER, *op. cit.*, p. 75.

[110] Cf. Macneil and Macauley, citados *supra*.

[111] De acordo com o *Annual Report of the Arbitration Court of the International Chamber of Commerce, 2006*.

[112] DEZALAY, Yves et al. Global restructuring and the law: studies of the internationalization of legal fields and the creation of transnational arenas. In *Case Western Reserve Law Review*, vol. 44, 1994, p. 407.

Conseqüentemente, através de uma análise econômica, o modelo paternalista de direito contratual não é capacitado para alcançar o seu propósito de bem-estar na sociedade, vez que poderá, aleatoriamente, beneficiar alguns indivíduos, mas, proporcionalmente, prejudicar muitos outros mais. A intensificação da proteção legal de uma das partes (locatários, por exemplo) traz em seu bojo, geralmente, um aumento total de custos ao mercado (locação, no caso). Estes custos terminam sendo repassados aos sujeitos atuantes do lado da demanda (como os exemplos abaixo ilustrarão), os quais pagarão um preço mais alto. Ainda que se considere que nem todos os custos serão repassados, isso não significa um ganho de eficiência (melhoria de bem-estar). E este é o motivo pelo qual, geralmente, os objetivos da justiça redistributiva colidem com os propósitos de eficiência, no direito dos contratos.[113]

Por exemplo, assuma-se que a lei determine que os carros somente poderão ser vendidos se contiverem i-pods e bancos de couro, para a felicidade e segurança dos compradores. Naturalmente, estes custos serão aos compradores repassados, em maior ou menor extensão. Tal medida tenderá a aumentar o preço dos carros, o que pode "conduzir" os compradores para fora do mercado. Em assim sendo, alguns consumidores não comprarão um carro a este nível de preço. A conseqüência disso pode vir a ser muitas pessoas sem carro e poucas pessoas pagando muito para obtê-los. A sociedade realmente estará perdendo nesta hipótese.

Ademais, mesmo o efeito redistributivo é problemático, vez que pode ser aleatório e talvez redistribuir riqueza a partir dos outros compradores e locatários e não, necessariamente, do segmento mais rico (vendedor, locador).

Corolário disso é que a intervenção judicial em favor da parte mais fraca pode ser fonte de externalidades negativas no caso de um contratante que não esteja totalmente pagando (internalizando) pelo benefício proporcionado pela barganha, mas, ao reverso, está sendo beneficiado por uma intervenção *ex post* do Estado na relação contratual (tal como ocorre nos contratos bancários julgados pelo Tribunal de Justiça do Rio Grande do Sul, que limitam a taxa de juros em 12%, devido à remanescente Lei da Usura[114]). Desse modo, a parte protegida está externalizando os custos aos demais devedores para o seu próprio benefício,

---

[113] Sob situações específicas demasiado teóricas (nas quais os tribunais não estariam preparados para resolver), os modelos econômicos podem evidenciar a convergência entre eficiência e redistribuição na seara do direito contratual. O principal ensaio que discute isso é ACKERMAN, Bruce. Regulating slum housing markets on behalf of the poor: of housing codes, housing subsidies and income redistribution policy. In: *Yale Law Journal*, vol. 80, 1971, p. 1093. O seu argumento foi, depois, desenvolvido em outro contexto por CRASWELL, Richard. Passing on the costs of legal rules: efficiency and distribution in buyer-seller relationships. *In Stanford Law Review*, vol. 43, 1991, p. 361.

[114] POSNER faz interessante análise econômica das leis de usura. Sustenta que sejam eficientes em manter os bancos fora do mercado de empréstimos para a população de baixa renda (vez que prevêem que os tribunais não fariam cumprir uma taxa de juros que cobriria os seus riscos de não receber). In POSNER, Eric. *Contract law in the welfare state...*, citado *supra*. Entretanto, o argumento de Posner poderia não ter aplicação ao caso em tela, vez que as pessoas protegidas pelo Judiciário não eram pessoas vivendo (pelo menos diretamente) a expensas do sistema social.

resultando em situação socialmente ineficiente.[115] O mesmo pode se dar nos contratos de seguro, nos casos em que o tribunal pode forçar a companhia seguradora a cobrir um evento não-constante da apólice do segurado, como foi o caso do Furação Katrina, na *Lousiana Circuit Court*,[116] ou em contratos de fornecimento de água e energia elétrica.

Além disso, na prática, o resultado dessas intervenções é o aumento dos custos de transação sem a resolução dos problemas que lubrificariam o mercado em situações de imperfeição – afastando ainda mais as partes da alocação eficiente. Ao elevar os custos de transação, o direito contratual paternalista pode, simplesmente, retirar algumas práticas negociais do mercado (ou, em alguns casos, aumentar o preço de bens e serviços sem que haja, em contrapartida, um benefício proporcional em termos de satisfação social – gerando externalidade nos contratos em cadeia, como o de seguro) e contribui para o verdadeiro decréscimo de riqueza na sociedade.

Ademais, as intervenções ensejam o comportamento oportunista, permitindo que a parte mais fraca, na partição do bolo econômico, fique com o todo e, ainda, goze de todos os benefícios advenientes do contrato. Por exemplo, se o tribunal decidir que a taxa de juro em contratos de financiamento privado deve ser inferior àquela paga pelos títulos do governo (que é considerada de risco zero),[117] ou, ainda, quando o tribunal concede uma liminar dizendo que a companhia de seguro deve cobrir uma cirurgia ou um tratamento não previstos pela apólice, ou, então, quando, via liminar, suspende ou proíbe o corte do fornecimento de energia elétrica, não está criando valor, não está dividindo o saldo positivo entre as partes. Está, na verdade, permitindo que um dos contratantes fique com todos os bônus e, via de conseqüência, cria incentivos para que os ônus, direcionados ao outro contratante, sejam repassados àqueles que não figuravam naquela relação.[118]

---

[115] TALLEY, Eric. *Contract renegotiation, mechanism design, and the liquidated damages rule. In Stanford Law Review*, vol. 46, 1994, p. 1214-5.

[116] In re *Katrina Canal Breaches Consolidated Litigation* in 466 F.Supp.2d 729. Neste caso, a *Circuit Court consolidated litigation*, no episódio Katrina, referente aos casos de seguro, nos quais o segurado tentou recuperar as perdas advenientes da inundação ocorrida em razão do rompimento dos diques que protegiam a cidade de New Orleans, mesmo que não tivesse previsão para tanto na apólice de seguro. Para uma discussão detalhada, ver ANDREWS, W. et all. *Flood of uncertainty: contractual erosion in the wake of hurricane Katrina and the Eastern District of Louisiana's ruling in re Katrina Canal Breaches consolidated Litigation*. In Tulane Law Review, vol. 81, p. 1277 (81 Tul. L. Rev 1277). Curiosamente, o 5th Circuit de Mississipi concluiu o oposto, no caso *Paul Leonard and Julie Leonard v. Nationalwide Mutual Insurance Co* (499 F 3d 419).

[117] No Brasil, o referencial da remuneração dos títulos do governo costumava ser de 17% ao ano e o Tribunal de Justiça do Rio Grande do Sul costumava limitar a taxa de juro dos contratos bancários em 12% (evitando o que chamava de usura, cometida pelos bancos).

[118] O Relatório do Conselho Nacional de Justiça – CNJ – *Justiça em Números*, http://www.cnj.gov.br/images/stories/docs_cnj/relatorios/justica_numero_2005.pdf, é bastante elucidativo neste ponto. O Estado do Rio Grande do Sul é conhecido pela sua posição de proteger a parte mais fraca. A conseqüência é que o Judiciário neste Estado está sobrecarregado, com uma taxa de propositura de novos pleitos muito mais elevada do que em outros Estados brasileiros, nos quais a litigância não foi alimentada com o mesmo nível de intervenção contratual. Ainda, porque os litígios são subsidiados pelo Estado (somente uma pequena parte dos custos do processo é realmente paga pelas partes), o crescimento das novas ações propostas é fonte de outros encargos para os contribuintes.

Mais interessante são algumas decisões proferidas pelo Superior Tribunal de Justiça (STJ) no passado, que dividiam entre as partes contratantes o aumento inesperado do dólar, em 1999, nos contratos de *leasing* de veículos no Brasil, os quais tinham o reajuste das prestações vinculado à cotação da moeda norte-americana. Devido à política governamental, a moeda brasileira (o Real) sofreu desvalorização e, como resultado, as prestações do leasing para os consumidores subiram mais de 150% (porque os contratos com os bancos foram firmados em dólar). Em vista disso, o STJ dividiu a alta da moeda norte-americana entre os litigantes. Este tipo de leasing, conseqüentemente, desapareceu do mercado.

Por óbvio, não se está sustentando aqui que todos os contratos sejam completos e que, por força da eficiência, os tribunais deveriam fazê-los cumprir literalmente.[119] O que se argúi é que os tribunais deveriam evitar a interpretação discricionária das cláusulas do contrato livremente entabulado, fazendo-o em nome de termos muito genéricos como a "justiça social" e a "função social", com a visão da justiça distributiva. Não poderiam agir assim sem levar em conta as conseqüências de uma cadeia de eventos. A razão para tanto é que os tribunais não dispõem de estatísticas para medir quem se está de fato beneficiando e quem está verdadeiramente perdendo. Como já mencionado, em que pese não ser impossível a convergência entre justiça redistributiva e eficiência nos contratos, a baixa probabilidade de os tribunais acertarem a medida correta em cada caso concreto faz exsurgir grande presunção em favor do *pacta sunt servanda*. O sistema tributário seria, presumivelmente, mais eficiente em redistribuir a riqueza produzida na sociedade, enquanto os direitos dos contratos e propriedade são cumpridos.[120]

O próximo ponto a ser discutido é se o mercado é perfeito, isto é, se sempre funciona adequada e eficientemente. E a resposta para esta questão é não. De fato, às vezes as companhias comportam-se inadequadamente e geram externalidades (e.g., práticas nocivas ao meio ambiente e à concorrência). Em assim sendo, há a possibilidade de intervenção ou regulação pelas instituições jurídicas na presença de falhas no mercado (basicamente, a existência de custos de transação, o abuso de poder econômico, a assimetria de informações e as externalidades), o que pode não alcançar a situação mais eficiente para a sociedade.

Trata-se da função social secundária do direito contratual – corrigir as falhas do mercado de modo a permitir que as partes atinjam a utilidade máxima (acréscimo de riqueza na sociedade) – vale dizer, fazer os contratos funcionar como deveriam. O Direito passaria a tomar conta da estrutura do mercado e do ambiente no qual os contratos são realizados, mas a distribuição de riqueza entre

---

[119] Para a discussão acerca do método mais eficiente de interpretação do contrato, ver SHAVELL, op. cit., 301 e ss. Particularmente interessante é a opinião de SCHWARTZ & SCOTT, 2003, citado *supra*, p. 568. Segundo estes autores, os tribunais deveriam dar uma interpretação restrita aos contratos e próxima ao seu significado textual, sem exceder os quatro cantos do documento.

[120] SHAVELL, Steven & KAPLOW, Louis. Why the legal system in less efficient than the income tax in redistributing income. *In Journal of Legal Studies*, vol. 23, 1994, p. 667.

as partes ficaria a estas reservada. O Estado não precisaria intervir na relação contratual para redistribuir o saldo positivo gerado. Bastaria criar regulação a fim de evitar o abuso de poder econômico e para exigir a divulgação de informações (sobre produtos, ações, companhias, etc).[121]

Quando os mercados são imperfeitos, há custos de transação (custos incorridos pela partes para achar com quem contratar, para negociar com os parceiros e fazer cumprir o contrato, e, ainda, proteger os ativos de cada parte).[122] A função do direito privado (especialmente do direito contratual), neste caso, é reduzir estes custos de transação, vale dizer, "lubrificar as transações". Da mesma forma, pode-se asseverar que, pelo menos do ponto de vista econômico, quanto melhor as instituições, mais desenvolvido será o mercado, devido aos baixos custos de transação.[123]

Conforme preconiza Coase, porque existem custos de transação, as regras jurídicas afetam a alocação eficiente dos recursos na sociedade. O direito contratual não deve criar óbices que impeçam a situação de barganha (isto é, a cooperação) que traria a distribuição eficiente de riqueza por consentimento. Nas palavras do Professor Cooter:[124]

> Alguns custos de transação são endógenos ao sistema jurídico, no sentido de que as regras jurídicas podem reduzir os obstáculos à barganha entre as partes. O Teorema de Coase propõe que a lei pode incentivar a barganha pela diminuição dos custos de transação. A diminuição dos custos de transação lubrifica a barganha. (...) Podemos formalizar este princípio como o teorema normativo de Coase: *Estruture a lei de modo a remover os impedimentos aos acordos privados.* (...) Assume-se que as trocas privadas podem alocar eficientemente os direitos. (...) Além de incentivar a barganha, o sistema jurídico tenta minimizar os desajustes e as falhas à cooperação, que são custosas à sociedade. (...) *Estruture a lei de modo a minimizar o dano causado pelas falhas nos acordos privados.*

A análise econômica fornece ferramentas quantitativas para esta funcionalidade social do direito contratual.

---

[121] Segundo SCHWARTZ & SCOTT, 2003, citado *supra*, esta não é propriamente a função do direito contratual, mas sim objeto da regulação sobre valores mobiliários e antitruste e, também, do direito ambiental. Tenho a opinião de que o direito contratual deveria estar pronto para aceitar estas tarefas do direito antitruste e do mercado acionário, vez que práticas nocivas ao mercado podem ocorrer via contratos. Assim, há um ponto de intersecção entre o direito contratual "puro" e as referidas regulações. É o direito contratual que irá considerar nulo e ineficaz um contrato anticoncorrencial (contrário à política pública). O direito antitruste pode permitir isso, mas é mais utilizado para a aplicação de multas ou para a responsabilidade civil.

[122] COASE, Ronald H. *The firm, the market and the law.* The University of Chicago Press, Chicago, 1988, p. 07

[123] Ver NORTH, Douglas. *Institutions, Institutional Change and Economic Performance.* Cambridge, Cambridge University Press, 1990. Ver, também, WILLIAMSON, Oliver. *Por que Direito, Economia e Organizações?*. In "Direito e Economia". ZYLBERSTAJN e SZTAJN (org.). São Paulo, Campus, 2005, p. 16 e ss.

[124] COOTER, op. cit., p. 93 e ss. Tradução livre de "Some transaction costs are endogenous to the legal system in the sense that legal rules can lower obstacles to private bargaining. The Coase Theorem suggests that the law can encourage bargaining by lowering transaction costs. Lowering transaction costs 'lubricates' bargaining. (...) We can formalize this principle as the normative Coase theorem: *Structure the law so as to remove the impediments to private agreements.* (...) It assumes that private exchange can allocate rights efficiently. (...) Besides encouraging bargaining, a legal system tries to minimize disagreements and failures to cooperate, which are costly to society. (...) *Structure the law so as to minimize the harm caused by failures in private agreements*".

Para exemplificar o argumento, veja-se a pesquisa conduzida pelo Instituto PENSA-USP para o caso que se convencionou chamar de "soja verde".[125] Por meio dela, comprovou-se, empiricamente, que a revisão judicial de contratos agrários no Estado de Goiás dificultou o financiamento da safra no ano seguinte para os agricultores daquela localidade, demonstrando que o benefício daqueles que ingressaram com ações na Justiça foi prejudicialmente contrabalançado pelo prejuízo do resto da coletividade que atuava naquele mercado de plantio de soja.[126]

A situação enfrentada lá foi a de que algumas culturas, como a soja, eram financiadas, em muitos casos, com capital privado, ou seja, negociadores (*traders*) faziam a compra antecipada da produção, entregando o pagamento imediatamente ao produtor, que, com isso, se capitalizava para o plantio. E, no ano seguinte, esse agricultor, que já havia computado seu lucro no preço de venda antecipada, entregava o produto.

Entretanto, houve uma inesperada valorização da soja, e alguns produtores ingressaram com ações de revisão judicial dos contratos, alegando imprevisibilidade, enriquecimento injustificado, função social do contrato, para não cumprirem o pactuado, ou seja, a fim de evitar a entrega do produto de seu plantio. Em sede de Primeiro Grau, houve a denegação dos pleitos.

O Tribunal de Justiça do Estado de Goiás, em sede de apelação, estribado na função social do contrato, revisou os pactos e desobrigou os produtores que haviam ingressado com as ações, ditos hipossuficientes, de cumprirem integralmente o que fora ajustado.[127]

A conseqüência (coletiva ou social) disso foi a de que todos os outros agricultores que não haviam ingressado com ações foram prejudicados, pois os *traders* da região não mais queriam seguir fazendo a operação de compra antecipada do produto, diante do flagrante risco de prejuízo, já que, se o preço da soja, no ano seguinte ao contrato, fosse inferior ao pactuado, eles arcariam com a perda e, se o preço fosse mais elevado, os produtores ingressariam com ações para não cumprir o contrato.

O Superior Tribunal de Justiça (cuja competência assemelha-se à da Suprema Corte dos Estados Unidos, no que diz respeito à matéria infraconstitucional) reverteu as decisões do Tribunal de Justiça de Goiás, valendo-se, surpreendentemente, de argumentos econômicos:

> A função social infligida ao contrato não pode desconsiderar seu papel primário e natural, que é o econômico. Ao assegurar a venda de sua colheita futura, é de se esperar que o produtor inclua nos seus cálculos todos os custos em que poderá incorrer, tanto os decorrentes dos próprios termos do contrato, como aqueles derivados das condições da lavoura.[128]

---

[125] Para um diagnóstico do problema, ver *Newsletter Valor Econômico* – Ano 5 – número 990 – Quarta-feira, 15.02.2006. Caderno "Agronegócios".
[126] Conforme divulgado no Seminário do Instituto PENSA, na USP, em 05 de dezembro de 2005.
[127] Apelação Cível nº 79.859-2/188 e Apelação Cível nº 82.254-6/188, ambas julgadas pela Primeira Câmara Cível do Tribunal de Justiça de Goiás.
[128] REsp 803481/GO, Rel. Ministra NANCY ANDRIGHI, TERCEIRA TURMA, julgado em 28.06.2007, DJ 01.08.2007 p. 462; REsp 783404/GO, Rel. Ministra NANCY ANDRIGHI, TERCEIRA TURMA, julgado em 28.06.2007, DJ 13.08.2007 p. 364;

O mesmo STJ reverteu todas as decisões proferidas pelo Tribunal de Justiça do Rio Grande do Sul que haviam limitado a taxa de juros nos contratos de financiamento bancário (empréstimos, habitação, etc), valendo-se de argumentos econômicos:

> Quid, em relação ao argumento, de natureza econômica, de que, numa conjuntura de inflação mensal próxima de zero, os juros que excedam de 1% ao mês são abusivos? Com a devida licença, não há aí racionalidade alguma, muito menos de caráter econômico. Em qualquer atividade comercial ou industrial, o preço de venda do produto não pode ser menor do que o respectivo custo. (...) a taxa de juros está inteiramente desvinculada da inflação. A inflação é baixa, mas o custo do dinheiro é alto (...) e não pode ser reduzido por uma penada judicial. Trata-se de política econômica, ditada por *ato de governo*, infenso ao controle judicial.[129]

Recentemente, o STJ reverteu liminares concedidas pelos tribunais estaduais no sentido de proibir as companhias concessionárias do serviço de fornecimento de água e energia elétrica de cortar o fornecimento destes serviços. No caso do fornecimento de água, o Presidente do STJ usou de argumentos conseqüenciais para permitir a interrupção do fornecimento do serviço aos consumidores inadimplentes:

> O certo é que a leitura dos autos demonstra o agravamento do quadro de inadimplência que afeta a concessionária e a nociva repercussão do contexto sobre a saúde financeira da empresa, o que pode levar, inclusive, ao colapso no abastecimento de água do Município. Dessa forma, não se mostra razoável a proibição de interrupção no fornecimento de água àqueles consumidores que, mesmo após notificados, permanecem inadimplentes (...).[130]

Existem, ainda, interessantes decisões judiciais que, mesmo sem recorrer ao instrumental da análise econômica, intuitivamente perceberam essa função social do contrato em um ambiente de mercado, como nos casos em que se discutiu a possibilidade de um Tribunal Regional Federal limitar a taxa de juros nos contratos de financiamento imobiliário:

> Admitir-se a legalidade do procedimento pretendido pelos requerentes (revisão contratual de contrato de financiamento imobiliário) implicaria o surgimento de perigoso precedente com sérias conseqüências para todo o complexo e rígido sistema de financiamento da habitação, cuja estrutura e mecanismo de funcionamento foi bem exposta por Caio Tácito (...): "ademais, os contratos imobiliários são, no caso, parte integrante de um todo interligado, de um sistema global de financiamento que tem, como outra face, a manutenção da estabilidade de suas fontes de alimentação financeira" (...)[131]

Para além dos custos de transação, há outras imperfeições no mercado: a) pode haver problemas na estrutura concorrencial, o que dificulta a livre concorrência e a livre iniciativa por conta da grande concentração de poder econômico

---

[129] REsp 271214/RS, Rel. Ministro ARI PARGENDLER, Rel. p/ Acórdão Ministro Carlos Alberto Menezes Direito, Segunda Seção, julgado em 12.03.2003, DJ 04.08.2003 p. 216.

[130] Suspensão de Liminar e de Sentença Nº 804 – SP (2007/0295780-7), Ministro Barros Monteiro, STJ, 06 de dezembro de 2007.

[131] Tribunal Regional Federal da 4ª Região. Embargos Infringentes na Apelação Cível nº 17.224, Relator Desembargador Federal Luiz Carlos Lugon.

(como os monopólios e os oligopólios); b) pode haver problemas de assimetria de informações; c) ou de externalidades, entre outros.[132]

Para o primeiro dos problemas aventados, existe, no Brasil, o chamado direito antitruste – Lei nº 8.884/94 –, que cuida da estrutura do mercado e busca coibir o abuso do poder econômico, resultando na criação da agência brasileira de regulação da concorrência: o Conselho Administrativo de Defesa Econômica (CADE). Controlando o poder econômico que possa razoavelmente afetar o mercado – via proibição de abuso de posição dominante e via acordos entre concorrentes, como os cartéis –, estar-se-á indiretamente controlando o desnível de poder entre os contratantes.[133]

Para corrigir o problema de assimetria de informações, existe o Código de Defesa do Consumidor (CDC – Lei nº 8.038/90), que garante, em seu artigo 6º, o mais amplo direito de informação acerca de produtos e serviços negociados no mercado, sob pena inclusive de responsabilidade civil objetiva do fornecedor. Por isso, o direito do consumidor é a cara-metade do direito da concorrência e ambos se completam na regulação do mercado.[134] A regulação do mercado acionário, realizada pela Comissão de Valores Mobiliários (CVM, o equivalente a SEC, nos Estados Unidos), cobrirá os problemas de assimetria de informação no mercado de valores mobiliários. O Código Civil brasileiro e o dever de boa-fé, insculpido em seu artigo 422, podem ser invocados pelos tribunais a fim de exigir a divulgação de informação nos contratos empresariais também.

O problema das extenalidades pode ser objeto da legislação antitruste ou ambiental, e o direito contratual deve estar preparado para as conexões com o corpo de leis, como já mencionado.

Diante desses aspectos, seguindo-se nesta linha de raciocínio, o que o direito contratual pode oferecer ao mercado e qual é a sua função social?[135]

a) Oferecer um marco regulatório previsível e passível de proteção jurídica;

b) Minimizar problemas de comunicação entre as partes;

c) Salvaguardar os ativos de cada um dos agentes;

d) Criar proteção contra o comportamento oportunista;

e) Gerar mecanismos de ressarcimento e de alocação de risco;

f) Facilitar a interação com o direito antitruste, a regulação do mercado acionário, com a proteção ambiental e ao consumidor em casos específicos;

Em síntese, o direito contratual confere segurança e previsibilidade às operações econômicas e sociais, protegendo as expectativas dos agentes econômicos

---

[132] Quanto a isso, ver, detalhadamente, COOTER, Robert e ULEN, Thomas. *Law & Economics*. Boston, Addison Wesley, 2003, p. 10 e ss.

[133] FORGIONI, Paula Ana. *Os Fundamentos do Antitruste*. São Paulo: Revista dos Tribunais, 1998.

[134] MARQUES, Cláudia Lima. "Contratos no Código de Defesa do Consumidor". 2ª ed., São Paulo, Editora Revista dos Tribunais, 1995, p. 27.

[135] Poder-se-ia complexificar a análise do contrato como sistema de regulação que envolve aspectos institucionais, interativos e sociais, mas esse assunto já foi abordado no artigo denominado "A hipercomplexidade do contrato em um sistema econômico de mercado", publicado em Direito e Economia. Luciano Timm (org.). São Paulo, THOMSON/IOB, 2005.

– o que corresponde a um importante papel institucional e social. O sistema tributário providenciará a distribuição de riqueza.

4. Conclusão

Buscou-se demonstrar a posição da doutrina brasileira e do Poder Judiciário nacional em relação ao polêmico artigo 421, do Novo Código Civil brasileiro, que, supostamente, limita a liberdade das partes contratantes à função social dos contratos.

Constatou-se que a maioria dos juristas no Brasil tende a compreender o disposto no referido artigo 421 como uma manifestação da "publicização" do Direito Privado, via Constituição, tendo por critério informador os ditames da justiça social, objetivando beneficiar os menos favorecidos. Este entendimento tem sido utilizado para justificar a posição de alguns tribunais no país favorável à revisão dos contratos, podendo o juiz (Estado) interferir no acordo entabulado entre as partes para anular cláusulas e estabelecer direitos e obrigações por elas não barganhados, vez que o contrato não seria um ambiente de liberdade, mas de opressão, sendo o próprio juiz o responsável por reequilibrar as forças entre os contratantes.

Defendeu-se, neste artigo, que a análise econômica do Direito pode ser empregada para explicar a função social do contrato em um ambiente de mercado. Essa perspectiva permite enxergar a coletividade não na parte mais fraca do contrato, mas na totalidade das pessoas que efetivamente, ou potencialmente, integram um determinado mercado de bens e serviços. Ademais, argumentou-se favoravelmente à utilização da análise econômica do Direito no âmbito dos contratos, para que se alcance um entendimento mais perspicaz acerca das externalidades do contrato, gerando menos prejuízo à coletividade e mais eficiência social.

A conclusão final é a de que existe discrepância entre o contrato (fato) e o direito contratual (regras e princípios). Os contratos são instrumentos para a circulação de bens e serviços na sociedade. Esta é a sua função social. O direito contratual, para a resolução dos problemas gerados pela imperfeição dos mercados, tem por função:

a) Oferecer um marco regulatório previsível e passível de proteção judicial;

b) Minimizar problemas de comunicação entre as partes;

c) Salvaguardar os ativos de cada agente;

d) Criar proteção contra o comportamento oportunista;

e) Gerar mecanismos de ressarcimento e de alocação de risco;

f) Facilitar a interação com o direito antitruste, a regulação do mercado acionário, com a proteção ambiental e ao consumidor em casos específicos;

Last but not least, o sistema tributário e a seguridade social tratarão da distribuição de riqueza para corrigir as desigualdades.

— 4 —
Uma análise económica dos contratos – a abordagem económica, a responsabilidade e a tutela dos interesses contratuais

FERNANDO ARAÚJO

Professor da Faculdade de Direito da Universidade de Lisboa
e do Curso de Direito da Universidade Moderna – Portugal

Sumário: Nota prévia; 1. Introdução; 2. Premissas iniciais. As finalidades da disciplina contratual; 3. Uma abordagem didáctica: Rudimentos da «análise de bem-estar»; 3. a) A justiça nas trocas e a «captura de bem-estar»; 3. b) Falha comutativa e supervisão distributiva; 3. c) O incentivo contratual ao incremento de eficiência; 4. O risco moral; 5. A dimensão da confiança, o «contrato perfeito» e a partilha da informação; 6. Eficiência no cumprimento, internalização, interesse positivo e vinculação óptima; 6. a) Pode esperar-se a racionalidade, e qual?; 7. Onerosidade superveniente e incumprimento eficiente face à tutela do interesse positivo; 8. A tutela do interesse contratual negativo; 8. a) Probabilidade de cumprimento, baixa e elevada confiança; 8. b) O «excesso de confiança»; 8. c) Custos de transacção, supletividade e integração dos contratos; 8. d) Um esboço da indemnização «sofisticada». Assunção eficiente de riscos e «sobre-sofisticação»; 8. e) «Excesso de confiança» e cognoscibilidade; 8. f) O «excesso de confiança» como um pretexto para a «sobre-responsabilização»?; 8. g) A «geração espontânea» da confiança: o Direito como «propiciador descartável»; 9. As reacções ao incumprimento; 9. a) A tutela negativa dos custos de oportunidade; 9. b) Indemnizações e «mapas de indiferença»; 10. Efeitos dinâmicos: alteração das circunstâncias e «terceiro cúmplice»; 10. a) Interesse contratual positivo e «contrato incompleto»; Bibliografia.

Nota Prévia

Quando preparava uma extensa monografia sobre a Teoria Económica do Contrato[1] decidi pôr à prova algumas das ideias fundamentais daquela Teoria, aproveitando para, ao mesmo tempo, explorar alguns recantos teóricos que aquela monografia, dado o seu intuito panorâmico, não permitia versar com muito

---

[1] Araújo, F. (2007).

detalhe. Desse intuito nasceram dois longos artigos,[2] de que aqui se retoma a primeira parte do primeiro deles, entretanto publicado na *Revista de Direito Público da Economia*, por iniciativa do Professor Doutor Egon Bockmann Moreira – um artigo que talvez possa considerar-se uma espécie de «aperitivo» à Teoria do Contrato.

Três observações se impõem:

• mantenho as originais referências ao direito português, crendo que não será difícil ao leitor perceber o alcance dessas referências;

• poderá afigurar-se deslocada a publicação, numa Revista mais vocacionada para os temas do Direito Económico, de uma análise de «*Law and Economics*» centrada na matriz jusprivatística – mas ninguém desconhecerá que o paradigma contratual transcende, com crescente facilidade, essas (e outras) fronteiras dogmáticas;

• muitos problemas que se encontram meramente sugeridos nestes textos encontram o seu desenvolvimento mais amplo na já referida monografia – monografia que lhes é cronologicamente posterior, espelhando ela, por isso, uma visão porventura mais integrada e amadurecida destes temas.

1. Introdução

A Teoria do Contrato está hoje em larga medida dominada pela análise económica.[3] O estudo que se segue pretende ser um contributo para a compreensão de alguns pontos básicos dessa análise, e para a elucidação, através do instrumental analítico que ela faculta, de alguns recantos que se afiguram particularmente obscurecidos pela sedimentação de uma dogmática muito insensível à matriz analítica da moderna ciência económica.

Como o título sugere, pretende-se neste estudo completar uma espécie de políptico, que nos conduzirá da análise da tutela negativa da confiança até à verificação da existência de um «paradoxo da indemnização», e desse «paradoxo» até a algumas soluções susceptíveis de incrementarem a eficiência dos regimes da responsabilidade contratual.

Sejamos claros quanto às premissas de que arrancamos, sublinhando que mais não queremos asseverar do que o facto, aliás facilmente constatável, de que a análise dos contratos fala cada vez mais, intencionalmente ou não, o idioma económico, e que hoje não é possível abordar o tema *a fundo* sem se recorrer a conceitos como o de «custos de transacção», o de «perdas de bem-estar», o de «disposição de pagar», o de «aversão ao risco», o de «optimização», o de «efi-

---

[2] Araújo, F. (2005b); Araújo, F. (2007b).
[3] Posner, E.A. (2003), 829. Cfr. Kaplow, L. & S. Shavell (2001), 1102-1164; Kornhauser, L.A. (1986), 683ss.

ciência», o de «estratégia dominante», o de «incentivo», e alguns outros de boa cepa económica, que tendem a substituir anterior terminologia que, talvez porque desligada do plano térreo dos interesses que se agitam na vida dos contratos, era por demais constritora e vaga.

Não queremos de modo algum afirmar, ou sequer sugerir, que a análise económica seja suficiente para recobrir todas as incidências do regime jurídico dos contratos, para espelhar todos os interesses em jogo, para fundamentar todas as soluções ou para perspectivar todas as evoluções doutrinárias e legislativas – e menos ainda queremos pretender que a abordagem económica do tema seja isenta dos seus próprios riscos, vícios e limitações.[4]

Relativizando um pouco a perspectiva, digamos que o que se trata é de pagar algum tributo à proeminência da terminologia e do quadro de valores da ciência económica, seja no quadro das ciências sociais, seja mais amplamente no quadro das ideologias reinantes – uma proeminência que não nos cabe aqui discutir nem contestar, devendo admitir apenas, sem daí retirar qualquer argumento, que ela pode vir a revelar-se tão transitória como qualquer outra criação humana, ou como qualquer outro filho de Saturno.

2. Premissas iniciais. As finalidades da disciplina contratual

Dado que o propósito dominante é o da *clarificação*, tentaremos partir das mais simples elementaridades, e procuraremos não nos afastar demasiado delas.

Pode dizer-se que as duas questões básicas que se suscitam na análise económica dos contratos são:

1) Que acordos devem ser validados em termos de exigibilidade plena (em termos de deixarem de ser simples obrigações morais ou obrigações naturais)?

2) Quais devem ser os meios de reacção ao incumprimento de contratos válidos?

Que soluções pode fornecer a análise económica nesta sede? Basicamente, a análise económica aponta para o facto de um regime jurídico adequado poder incrementar a disciplina contratual – especificamente colocando-a ao serviço de seis finalidades especialmente relevantes:[5]

1. Promover a cooperação através da conversão de jogos não-cooperativos em jogos cooperativos.

---
[4] Posner, E.A. (2003), 880.
[5] Subscrevamos a enumeração, praticamente «canónica» na *Análise Económica do Direito*, de: Cooter, R. & T. Ulen (2004), 235.

2. Promover a circulação e partilha da informação entre as partes num contrato.

3. Incentivar a vinculação óptima ao contrato.

4. Incentivar o nível óptimo de confiança.

5. Diminuir custos de transacção através da multiplicação de normas supletivas.

6. Fomentar as interdependências duradouras e diminuir a necessidade de estipulações contratuais explícitas.

Tendo esses objectivos presentes, podemos dizer, ainda muito esquematicamente, que as tarefas básicas que a análise económica pretende ver ser assumidas pelo regime jurídico dos contratos são:

1) A fixação do conteúdo substantivo das regras contratuais;

2) A determinação do grau de flexibilidade e supletividade dessas regras;

3) A regulação da margem de renegociação que permita contornar essas regras.[6]

3. Uma abordagem didáctica: Rudimentos da «análise de bem-estar»

A preferência pelo contrato[7] implica que, em regra,[8] só são exigíveis as obrigações assumidas no seio de um acordo consensualmente formado entre duas (ou mais) partes, com declarações de vontade distintamente orientadas no sentido da formação de um vínculo, um vínculo que consista na adstrição, unilateral ou bilateral, a uma obrigação: e por isso com os necessários elementos de 1) proposta, 2) aceitação e de 3) um referencial qualquer para o vínculo assumido (o objecto negocial).

Mesmo que do contrato resulte apenas a adstrição de uma das partes a uma conduta, o contrato só se forma se as partes se incentivarem mutuamente – encaminhando funcionalmente as condutas para a realização das vantagens do negócio –, nem que o façam somente através de um encontro de vontades declaradas, que propicie às partes a percepção dos ganhos totais que resultarão, com elevada

---

[6] Aquilo que pode designar-se respectivamente por «content», «contractibility» e «opting-out». Cfr. Ayres, I. (2003), 897; Bebchuk, L. (1989), 1395ss.

[7] Como aquela que é consagrada no art. 457º do Código Civil. Doravante, as referência normativas são, salvo indicação em contrário, feitas a artigos do Código Civil Português.

[8] Com excepções bem definidas, como as das situações nas quais a idoneidade e a estabilidade das vinculações unilaterais sejam do interesse do próprio declarante (como resulta das situações previstas nos arts. 457º e seguintes).

probabilidade, do cumprimento do contrato, assente na confiança que ambas formarão quanto à idoneidade da intenção revelada pela contraparte.[9]

• Por exemplo, numa compra e venda o comprador tem que evidenciar uma disposição de pagar que permita formar um preço superior à disposição mínima de vender; e o vendedor tem que evidenciar que esta disposição mínima permite a formação de um preço inferior à disposição máxima de pagar do comprador (ambos têm que evidenciar reciprocamente uma certa disposição de acordarem num preço aceitável).[10]

• O comprador incentivará o vendedor demonstrando-lhe que, vendida a coisa que é objecto do negócio, ficará melhor com a quantia monetária recebida do que o estava com a coisa por vender, visto que a quantia monetária representa um valor superior ao da coisa alienada – e que, nas circunstâncias em que a troca se dá, ainda teria sido possível ter a troca livremente ocorrido a um preço inferior (o comprador esforçar-se-á por demonstrar ao vendedor o lucro obtido com a troca, ou seja, a diferença entre o preço pago e a sua disposição mínima de vender).

• O vendedor incentivará o comprador demonstrando-lhe que, após a troca, ficará melhor com a coisa adquirida do que o estava com a quantia monetária que pagou por ela, já que a coisa tinha um valor superior – o que, novamente nas circunstâncias, significa que a troca poderia ter ocorrido livremente ainda a um preço superior (o vendedor tentará convencer o comprador da existência de um «excedente do consumidor», de uma diferença entre o preço pago e a sua disposição máxima de pagar).[11]

• Bastará, para efeitos desse incentivo mútuo, que as partes reciprocamente se convençam de que, dadas as circunstâncias, os termos da troca poderiam ter sido ainda piores? Bastará, por outras palavras, que haja a consolação do mal menor?

• Talvez sim, visto que, descontada a margem de artifício negocial com que as partes eventualmente procurem tirar vantagem estratégica das assimetrias informativas e das suas habilidades persuasivas, a fria ponderação de vantagens permitirá às partes discernir que a transacção só se dará dentro de uma faixa *do possível*:

a) o comprador bem poderá tentar retorquir que, se podia ter pago um preço mais elevado, podia também ter pago um preço inferior – porque se verá forçado a reconhecer que existe um *limite mínimo de preço*, abaixo do qual ele de bom grado compraria, mas abaixo do qual a contraparte em circuns-

---

[9] Sobre os pressupostos analíticos, e validade, da abordagem que se segue, cfr. Kaplow, L. & S. Shavell (2001), 961ss.

[10] Sobre o conceito de «diposição de pagar» no âmbito da «revelação de preferências», cfr. Araújo, F. (2005), 213ss.

[11] Sobre o conceito de «excedente do consumidor», cfr. Araújo, F. (2005), 2166ss.

tâncias normais já não venderia, um preço abaixo do qual a transacção ficaria, pois, frustrada;

b) o vendedor bem pode lamentar-se de o preço não ter sido mais elevado ainda, e tentar rejeitar como falacioso o argumento consolador de que o preço poderia ter sido mais baixo do que o foi – porque terá de admitir que, acima de um certo nível de preços, ele estaria disposto a vender mas a contraparte deixaria de estar disposta a comprar, e por isso a transacção não teria lugar.[12]

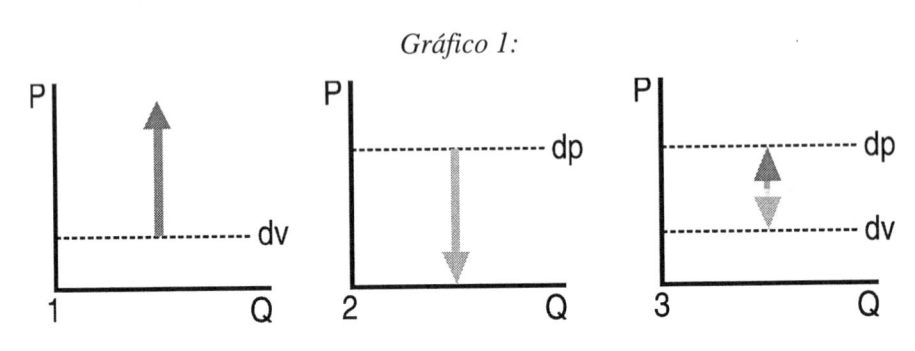

Gráfico 1:

P- preço
Q- quantidade
dv- disposição mínima de vender
dp- disposição máxima de pagar
1- o vendedor aceita qualquer preço acima de dv
2- o comprador aceita qualquer preço abaixo de dp
3- qualquer preço de equilíbrio entre dv e dp é aceitável para ambas as partes

Comecemos com um exemplo numérico:

• Suponha-se que um livreiro, A, tem 20 exemplares do recém-publicado livro X, e que está disposto a vender 19 exemplares de X (o 20º guarda-o para si mesmo, dado que também é um ávido leitor; se só lhe restasse um exemplar, não o venderia, ou não o venderia imediatamente, ou não o venderia em primeira mão, ou só o venderia se o preço que lhe oferecessem por ele excedesse manifestamente o custo em que incorreria na busca de um exemplar noutras livrarias).

• Feitas as contas, somados todos os custos de aquisição dos livros, de conservação dos livros, de manutenção da livraria, etc., o livreiro conclui que não terá prejuízo se vender cada um dos 19 exemplares ao preço único de 20 euros (embora ele admita subir esse preço, seja se se aperceber que existe intensa procura do livro, seja quando só restarem 2 ou 3 exemplares na livraria, se porventura essa procura intensa se mantiver). A sua disposição mínima de vender é, pois,

---
[12] Araújo, F. (2005), 110ss., 228ss.

de 20 euros, e qualquer preço acima de 20 euros lhe é favorável (se alguém der 1000 euros por um exemplar do livro, tanto melhor).

• Suponha-se que B é um leitor muito interessado na compra do livro X; aguardava impacientemente a respectiva publicação e sente que estaria disposto a «exceder-se» para ser o primeiro a adquirir um exemplar do livro. Se de facto só existisse um exemplar, ele estaria disposto a pagar 100 euros pelo livro (suponhamos que mais do que isso implicaria, para B, o sacrifício de outras necessidades que são prioritárias em relação à leitura do livro). A sua disposição máxima de pagar é, pois, de 100 euros, e qualquer preço abaixo dos 100 euros lhe é favorável (se o livreiro lhe doar o livro, tanto melhor).

• Sabemos já, neste contexto, que:

1) qualquer preço entre os 20 e os 100 euros é susceptível de ser aceite por ambas as partes;

2) um preço acima dos 100 euros seria óptimo para A, mas inaceitável para B;

3) um preço abaixo dos 20 euros seria óptimo para B, mas inaceitável para A;

4) se houver troca, seja qual for o preço (entre os 20 e os 100 euros), o bem-estar total (a soma do lucro do lado da oferta e do «excedente do consumidor» do lado da procura) gerado pela troca será sempre de 80 euros.

Ilustremos graficamente estes rudimentos de «análise de bem-estar»:

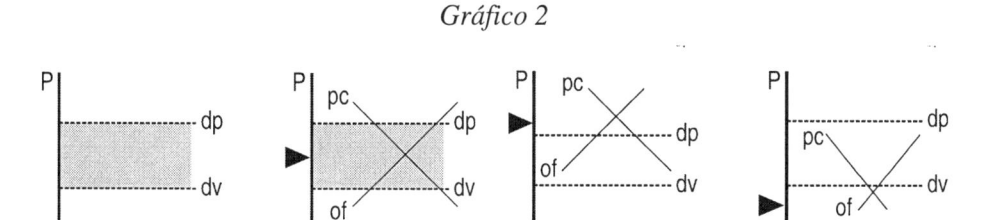

Gráfico 2

P - preço
Q - quantidade
dv - disposição mínima de vender
dp - disposição máxima de pagar
pc - curva da procura (demanda)
of - curva da oferta

1 - Área de contrato: *qualquer* preço no intervalo entre dv e dp traz benefícios a ambas as partes
2 - Um preço *dentro* da área de contrato permite que a transacção se realize
3, 4 - Um preço de equilíbrio acima ou abaixo da área de contrato impede que a transacção se realize (provocando uma «perda absoluta de bem-estar»)

3. a) A justiça nas trocas e a «captura de bem-estar»

Todavia, o facto de as partes se incentivarem mutuamente no sentido de facultarem a percepção recíproca da amplitude de ganhos totais resultantes do cumprimento contratual nada significa, como é óbvio, em termos de garantia de justiça nas transacções (entendida essa «justiça» *prima facie* como uma qualquer medida de equilíbrio na repartição do «bem-estar total» entre as partes).

Se as partes têm tudo a ganhar com a atitude de se incentivarem a contratar, já não têm tanto a ganhar com a adstrição prévia a uma atitude de perfeita conformidade com as expectativas geradas com a contratação – especificamente com a vinculação a um padrão qualquer de repartição entre elas dos ganhos totais resultantes da troca, seja o padrão de equilíbrio na onerosidade, seja o padrão do desequilíbrio na gratuitidade, seja todo o contínuo de soluções intermédias.

Com efeito, gerado um total de ganhos numa troca, esse total não é afectado pelas «capturas de bem-estar» a que as partes procedam no seu «braço-de-ferro negocial»:[13] que uma parte obtenha a maior parte do «bolo total» dos ganhos da troca em seu proveito e em detrimento da contraparte – que o vendedor consiga obter um preço próximo da disposição máxima de pagar do comprador, ou que este consiga o preço mais baixo possível, ou seja, o mais próximo da disposição mínima de vender – eis um resultado que, se não extravasar das fronteiras impostas pelas «disposições» (de pagar e de aceitar) das partes, e por isso não destruir a própria troca, não interferirá na eficiência económica do contrato; devendo lembrar-se que, nos termos do Gráfico 2, qualquer preço, *baixo ou alto*, que caia na «área de contrato» será, *ipso facto*, maximizador da eficiência.

Efectivamente, essa eficiência será total se o contrato promover a transferência de um bem económico das mãos de alguém que lhe dá menos valor para as mãos de alguém que lhe dá maior valor (das mãos de alguém que lhe atribui um valor inferior ao do preço de equilíbrio para as mãos de alguém que lhe atribui um valor superior ao do preço de equilíbrio). Pode por isso o preço afigurar-se objectivamente injusto, revelando um marcado desequilíbrio na repartição, entre as partes, das vantagens totais advenientes da transacção; mas, enquanto nenhuma das partes reagir contra essa «injustiça» – por exemplo, modificando a sua disposição de pagar ou de aceitar por forma a excluir «preços injustos» –, a troca dar-se-á e, no pressuposto de que não ocorreram faltas ou vícios de vontade, ela representará vantagem *objectiva para ambas as partes* (mesmo que uma vantagem desequilibrada).[14]

---

[13] Araújo, F. (2005), 48ss.
[14] Idem, 228ss.

Gráfico 3

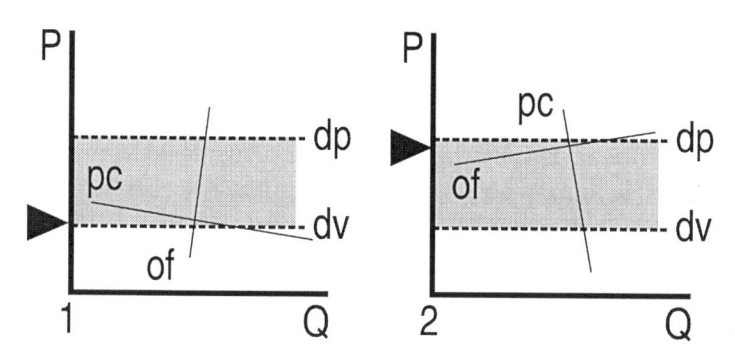

P- preço
Q- quantidade
dv- disposição mínima de vender
dp- disposição máxima de pagar
pc- curva da procura (demanda)
of- curva da oferta
1: preço eficiente (injustamente baixo?)
2: preço eficiente (injustamente elevado?)

Voltando ao exemplo numérico do livro:

• O bem-estar total gerado pela troca (antes de as partes, ou um supervisor externo, tentarem rectificar os respectivos termos em nome da «justiça») era de 80 euros, a diferença entre a disposição mínima de vender (de A) e a disposição máxima de pagar (de B).

• Esses 80 euros de bem-estar total poderão ser desigualmente repartidos, no «jogo de soma zero» que é a «captura de bem-estar» entre as partes. Por exemplo:

• se o preço for de 60 euros, cada uma das partes obterá uma quota-parte de bem-estar de 40 euros (no caso de A, 40=60-20; no caso de B, 40=100-60);

• se o preço for de 21 euros, A terá lucro de 1 euro (=21-20), B terá um «excedente do consumidor» de 79 euros (=100-21);

• se o preço for de 95 euros, A terá lucro de 75 euros (=95-20), B terá o seu «excedente de consumidor» reduzido a 5 euros (=100-95).

• Nestes casos de repartição desigual, se a troca se fizer ainda, a sua eficiência não é afectada pois ela continua a gerar sempre o mesmo montante de bem-estar total (40+40=1+79=75+5=80).

Se quisermos pôr-nos em consonância com os pressupostos utilitaristas e maximizadores desta «análise de bem-estar», será difícil, sem resvalarmos no paternalismo, interferirmos na liberdade das trocas em nome da justiça, visto que, mesmo que admitamos a proeminência de uma *avaliação subjectiva* quanto à justiça contratual, deveremos respeitar a posição daquele que, apesar de se considerar *relativamente* desfavorecido, faz prevalecer na ponderação as vantagens *absolutas* que lhe advirão do facto de prosseguir a transacção: aquele que recusa uma transacção porque ela geraria para ele um excedente de bem-estar de *apenas* 5 euros, quando ele julgava legítimo um ganho mínimo de 40 euros, é inteiramente livre de não contratar – mas não pode escamotear o facto de perder 5 euros com essa sua atitude de recusa.[15]

Com efeito, poderemos perfeitamente admitir, em termos gerais, que as partes «estreitem» as suas disposições de transaccionarem em função de uma «banda de preços» central, revendo as suas atitudes iniciais em pura reacção contra aquilo que percebam ser uma vantagem injusta da contraparte, destruindo até, no limite, o incentivo recíproco a contratarem (preferindo a perda de eficiência à injustiça do resultado).[16]

Assim, se porventura o vendedor subir a sua disposição mínima de aceitar um preço a ponto de ultrapassar a disposição máxima de pagar do comprador, ou este baixar aquela disposição máxima para um nível inferior ao da disposição de vender da contraparte, ou ambos modificarem, do mesmo passo e dessa maneira, as suas «disposições contratuais», a ponto de deixar de haver qualquer preço que satisfaça simultaneamente as duas partes, a transacção deixará pura e simplesmente de ter lugar: podendo então concluir-se, sem muito escândalo da nossa sensibilidade jurídica, que, com esse estreitamento das disposições de transaccionar, é a eficiência das trocas que é parcial ou totalmente sacrificada ao sentido de justiça de que as partes vinham munidas.

---

[15] Para não complicarmos imediatamente esta tão rudimentar abordagem do tema, ignoraremos por ora as vantagens estratégicas que podem estar conexas a uma recusa de contratar, ou a invocações de «justiça».
[16] Isso corresponde aos resultados apurados na experimentação com o «Jogo do Ultimato»: cfr. Araújo, F. (2005), 871ss.

Gráfico 4

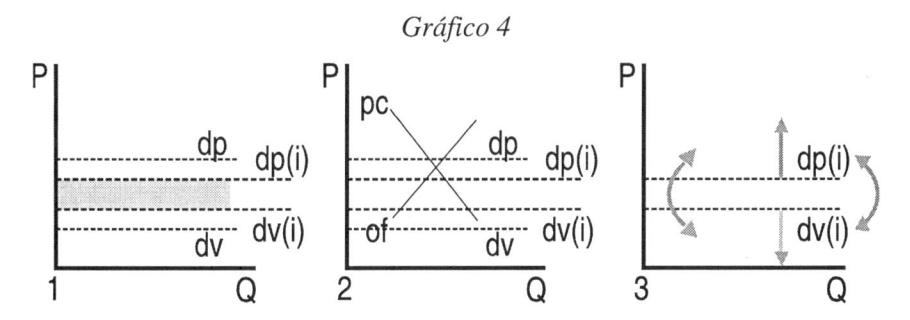

P- preço
Q- quantidade
dv- disposição mínima de vender
dp- disposição máxima de pagar
dv(j)- disposição mínima de vender (revista por imperativos de justiça)
dp(j)- disposição máxima de pagar (revista por imperativos de justiça)
pc- curva da procura (demanda)
of- curva da oferta
1- «Estreitamento» da área de contrato
2- Um preço de equilíbrio que caia na área de contrato já não serve às partes (nomeadamente, ao comprador)
3- A disposição mínima de vender coloca-se a nível superior à disposição máxima de pagar: nenhuma transacção é possível entre *aquelas* partes, seja a que preço for

Ainda com o exemplo do livreiro:

• Suponha-se que, reagindo a uma proposta inicial que considera muito elevada, o comprador B rejeita qualquer preço acima dos 80 euros (por exemplo, ele passa a afastar a possibilidade de ir até aos 100 euros mesmo em condições mais extremas, por considerar que nessas condições mais extremas seria «injusto» deixar-se ser «vítima» da situação de necessidade e de rigidez em que se veria colocado); na prática, a sua disposição máxima de pagar reduziu-se para os 80 euros.

• Um preço de 95 euros asseguraria anteriormente a transacção, com um bem-estar total de 80 euros: mas o comprador prefere rejeitar o benefício de 5 euros que ainda lhe caberia, por não suportar a «injustiça» que para ele representaria o lucro de 75 euros alcançado pelo livreiro – e o resultado prático pode ser o de que, não baixando o preço, a transacção não se fará, não se transferirá o bem de A para B, não se gerará qualquer ganho imediato para qualquer das partes.[17]

• Uma situação simétrica ocorrerá se o livreiro passar a rejeitar, por razões de «justiça», qualquer preço inferior a 30 euros, por exemplo.

---

[17] Embora obviamente haja ganhos no desvio de recursos para empregos alternativos em relação àquele – ou seja, o «efeito de substituição», que permitirá que a ineficiência superveniente de uma transacção se transforme na eficiência (superveniente) de uma transacção que inicialmente seria sucedânea daquela.

• Suponhamos até que esse «estreitamento» das disposições de contratar ocorre bilateralmente, e com os valores que acabámos de indicar: nesse caso, as trocas só passariam a ter lugar caso se se chegasse a um preço entre os 30 e os 80 euros, e de antemão ficávamos a saber que, com mais ou menos equilíbrio na repartição do bem-estar entre as partes, passaria a haver menos bem-estar total para repartir, visto que este bem-estar total ficaria limitado aos 50 euros, a diferença entre a nova disposição máxima de pagar e a nova disposição mínima de vender.

• Em suma, ficávamos a saber que, em relação à situação inicial, as preocupações de «justiça» tinham já causado uma perda absoluta de 30 euros.[18]

• Como indicámos (3ª possibilidade no Gráfico 4), pode até ocorrer que a disposição máxima de pagar passe a ser inferior à disposição mínima de vender: por exemplo, A não aceitar menos de 60 euros, e B não achar justo pagar mais de 50 euros pelo livro – caso em que não haverá obviamente qualquer hipótese de ocorrer a transacção.

3. b) Falha comutativa e supervisão distributiva

Mesmo nestes termos tão simples e esquemáticos, poderá começar a vislumbrar-se já qual o principal inconveniente de uma supervisão «justiceira» sobre os contratos. É que mesmo que fosse possível a um supervisor aferir correctamente os interesses e valores em presença, mesmo que fosse possível dispor da informação com que as partes mutuamente se incentivam a contratar – ou estrategicamente ocultam informação uma à outra para maximizarem a sua própria «captura de bem-estar» sobre o contrato concluído –, mesmo que fosse admitida pelas partes a possibilidade de o supervisor se lhes substituir na aferição e fixação de um «preço justo», ou «intervalo de preços justos», possivelmente uma bissectriz entre as «disposições reveladas» pelas partes, mesmo que tudo isso pudesse alcançar-se a um custo razoável, ainda assim é fácil de perceber que esse «estreitamento» administrativo do preço justo reduziria necessariamente – e reduz sempre que ocorre – o espaço de possibilidade de transacções, a «área de contrato» dentro da qual pode haver transacção eficiente, ou poderá mesmo, colocando o preço acima da disposição máxima de pagar ou abaixo da disposição mínima de vender, inviabilizar imediatamente qualquer possibilidade de transacção: custos elevados, ou mesmo custos extremos, em termos de perdas de eficiência.[19]

Quererá isso dizer que toda a supervisão, toda a interferência «justiceira» no equilíbrio comutativo dos contratos, com o seu rasto de «esterilização do bem-estar» nas margens da disponibilidade das partes, é economicamente injustificável? Decerto que não:

---

[18] «Perda absoluta» no sentido de ninguém beneficiar imediatamente com ela, visto ela bloquear transacções que seriam ainda possíveis nas «margens» da inicial «área de contrato» – isto abstraindo, mais uma vez, de considerações estratégicas.

[19] Sobre o conceito de «perda absoluta de bem-estar», cfr. Araújo, F. (2005), 237ss.

a) seja porque, em certas circunstâncias, é só pelos resultados injustos que pode determinar-se que algo viciou a própria formação do contrato, destruindo o pressuposto de ausência de vício ou falta de vontade ou de liberdade, ou mais ambiciosamente o pressuposto de um contrato perfeito celebrado com plena racionalidade e com custos de transacção despiciendos – o pressuposto em que assenta a conclusão de que as transacções *livres* são veículos de promoção da eficiência colectiva[20] (como quando há interesses grave e ostensivamente lesados, quando ocorre uma «lesão enorme» que fere a consciência do julgador, permitindo gerar-se nele a convicção de que as partes não teriam aquelas disposições de transaccionar *se soubessem o que ele sabe*[21]);

b) seja porque a própria repetição de desequilíbrios nos ganhos advenientes das trocas pode agudizar a *desigualdade* a ponto de inviabilizar a continuação das trocas, prejudicando a própria parte «cronicamente ganhadora» com essa dissolução do ambiente contratual por cumulação de efeitos de «insustentabilidade míope» – um pouco como se espera que a «sofreguidão parasitária», destruindo o hospedeiro, acabe por revelar-se uma estratégia insustentável, suicidária, para o próprio parasita (poderia sintetizar-se, mais solenemente, que a acumulação de injustiças nas trocas acaba por revelar-se globalmente ineficiente, ao baixar a frequência das transacções);[22]

c) seja ainda porque, em caso de incumprimento, é preciso suprir a ausência do resultado esperado através de uma reconstrução contrafactual que – desapoiada obviamente nos factos – tem que alcançar, até em nome da preservação da confiança no instrumento jurídico contratual, e por isso também em nome da eficiência económica, um nível qualquer de reparação particular e de prevenção geral que deve assentar fundamentalmente numa avaliação que deixou de estar na disponibilidade das partes (mormente quando não se quadra já numa disposição de renegociar de uma delas, ou de ambas).

Em contrapartida, isso quer dizer, inequivocamente, que qualquer supervisão «justiceira» tem custos sociais não negligenciáveis: que não há nenhuma solução eficiente que seja universalmente tida por justa, e que em contrapartida não há justiça distributiva gratuita, não há justiça distributiva que não demova e inviabilize algumas transacções, que não trave a promoção livre e espontânea de riqueza, que não diminua o volume de transacções, que não empobreça.[23]

---

[20] Sobre os equívocos em torno do conceito de «custos de transacção» e respectivo impacto na «teoria do contrato», cfr. Posner, E.A. (2003), 829ss., 846ss.

[21] Daí a doutrina da «*unconscionability*» nos países de *Common Law*, uma doutrina que tem sido criticada, nos domínios da «*law and economics*», pelos seus pressupostos paternalistas e pelas suas consequências perversas, nomeadamente em matéria de racionamento de crédito aos consumidores, se se limitar, nos contratos, o recurso a estipulações aparentemente lesivas com a alegação de que são usurárias – cfr. Epstein, R. (1975), 293ss.

[22] Sobre as Teorias da Justiça, cfr. Araújo, F. (2005), 494ss.

[23] Sobre a tensão «eficiência – justiça», cfr. Araújo, F. (2005), 504-505.

É essa mesma razão de eficiência que explica também a preferência da teoria económica pela informalidade e consensualidade dos contratos: pela relevância jurídica do mero encontro de vontades que, representando-se as vantagens totais resultantes das transacções, se incentivam mutuamente a assumirem os compromissos relativos à formação e cumprimento dos contratos – um corolário mais da defesa da *liberdade económica*,[24] tida agora, se não como a única, ao menos como a mais segura e inequívoca fonte daquela *justiça* que satisfaz os pontos de vista (opostos e complementares) das partes que contratam, e que ao contratarem depositaram nesse acordo a esperança de que ele fosse o veículo privilegiado da promoção desse valor.[25]

3. c) O incentivo contratual ao incremento de eficiência

O tempo que medeia entre a formação e conclusão dos contratos, por um lado, e a verificação do seu cabal cumprimento, ou incumprimento, por outro, faz aumentar proporcionalmente os riscos – seja as contingências internas e externas susceptíveis de perturbarem o relacionamento das partes, seja os riscos de degeneração oportunista da conduta devida por cada uma das partes à outra – e daí que a juridicidade do vínculo contratual, a exigibilidade judicial do comportamento devido, a susceptibilidade de indemnização por frustração do crédito, estejam correlacionados com a duração dos contratos e com a sedimentação, através deles, dos nexos de interdependência económica.[26]

Ora, como a história tem copiosamente demonstrado, a *liberdade* dos mercados não é, nem pode ser, *a-jurídica*: bem pelo contrário, ela está contingentemente dependente de um quadro jurídico estrito e sólido que não apenas facilite a interdependência induzindo uma normalidade de condutas e um ponto focal das expectativas (mormente aí onde essas características não ocorram espontaneamente por falta de conhecimento personalizado entre as partes envolvidas nas trocas – como se esperará que suceda em ambientes de generalizada impessoalidade e de massificação da interdependência),[27] mas forneça ainda normas supletivas que reduzam os custos de negociação de regimes e os ganhos de retenção estratégica de informação privativa, apresentando às partes tentadas pelo seu próprio oportunismo um quadro sancionatório que facilite o alinhamento da sua conduta pelos interesses que sejam objecto das suas estipulações.[28]

Numa linguagem que já usámos, a plena força jurídica das obrigações emergentes do contrato, reduzindo o risco, faz aumentar as «disposições de transaccionar» de ambas as partes, aumentando o volume das trocas e a eficiência do

---

[24] Eisenberg, M.A. (1995), 211ss.; Eisenberg, M.A. (1982), 741ss.; Trebilcock, M.J. (1993).
[25] Craswell, R. (1991), 361ss.; Craswell, R. (2003), 910-911; Coleman, J.L. (1980), 550ss.; Jolls, C. (2000), 223ss.
[26] Sobre o tema da «tutela da confiança» no seio das relações contratuais duradouras, cfr. Frada, M.A.C.P.C. (2004), 559ss.
[27] Araújo, F. (2005), 51ss., 112-113.
[28] Craswell, R. (1989), 489ss.

mercado na generalização de ganhos para *todos* os envolvidos. A menos que predomine uma avidez muito míope, qualquer pessoa que queira vincular-se livremente através de um contrato terá todo o interesse em que o Direito reforce *objectivamente* a seriedade do seu compromisso – em especial, insistamos, perante aqueles que, não dispondo de um conhecimento directo das suas qualidades pessoais, não o diferenciando de um pano de fundo de anonimato massificado, não podem contar com a fiabilidade do seu carácter ou com a profundidade moral dos seus protestos de boa fé.[29]

O apelo ao Direito faz, pois, parte do incentivo mútuo às trocas que decorre entre pessoas que querem obter, de modo impessoal e *objectivo*, vantagens mútuas em contextos mutáveis de interdependência, tanto mais arriscados quanto mais alongados no tempo.

Voltemos ao exemplo do livreiro:

• Suponhamos agora que o comprador B encarrega o livreiro A de procurar um livro raro, Y, e imaginemos que, em atenção à raridade, os valores se alteraram um pouco, e que agora a disposição mínima de aceitar o encargo é de 100 euros, e a disposição máxima de pagar pelo livro Y é de 200 euros.

• Suponhamos ainda que A exige de B a entrega prévia de 150 euros, em pagamento do total – prefigurando-se assim a possibilidade de uma transacção que gerará equilibradamente 50 euros de «excedente de bem-estar» para cada uma das partes.

• Abramos duas hipóteses:

Ausência de um contrato válido.[30]

• Se B deve confiar em A mas sabe que nada alicerça exteriormente a sua confiança, o mais natural é que B recuse a entrega desses 150 euros, e que por isso a transacção não tenha lugar (perdendo-se, pois, a hipótese de se gerar 100 euros de bem-estar).

• Porquê essa recusa? É que B, analisando as possibilidades de actuação de A, facilmente descobre que A tem uma vantagem estratégica em não cumprir, apropriando-se dos 150 euros – solução que, fora de quaisquer outras considerações,[31] lhe traz mais vantagens do que os 50 euros com que ficaria caso colaborasse.

• Assim sendo, B, por sua parte, passa a ter vantagem em não entregar o dinheiro a A, visto que é desse modo que minimiza as suas perdas: ainda que fosse

---

[29] A percepção relativa ao acatamento generalizado do Direito fornece assim às partes, a baixo custo, uma informação que, de outro modo, poderia ser substituída por outro tipo de informação de baixo custo, a «estigmatização» que discriminaria, com maior margem objectiva de arbitrariedade, entre potenciais parceiros contratuais. Cfr. Araújo, F. (2005), 412ss., 472ss.

[30] Por falta de forma, por exemplo, ou por corrupção total do sistema judiciário que torne praticamente inexigíveis as prestações devidas.

[31] Novamente os ganhos e perdas relativos a relações contratuais longas – as estratégias complexíssimas de jogos «com aprendizagem» e com lances múltiplos.

a mesma a probabilidade de A entregar e não entregar o livro Y, a probabilidade de ganhos de 50 euros não compensaria a probabilidade de perdas de 150 euros – restando pois, a A, equilibrar perdas e ganhos através da opção da não entrega do dinheiro (opção que lhe garante que nada ganhará mas também nada perderá).

• Se esse «jogo de confiança» for de um só lance, a estratégia dominante aponta, pois, para a não-transacção:[32]

B \ A	Cumprir	Fugir com o dinheiro
Entregar o dinheiro	50 \ 50	-150 \ 150
Não entregar o dinheiro	0 \ 0	0 \ 0

• Como a estratégia dominante de A é «fugir com o dinheiro» caso B lho entregue – desfazendo pois a equiprobabilidade de cumprir e não cumprir –, a estratégia dominante de B passa a ser a de «não entregar o dinheiro», não se dando assim a transacção – apesar de a transacção, insista-se, ser a solução mais *eficiente*, já que geraria um bem-estar total de 100 euros (=50+50), enquanto que a solução da fuga com o dinheiro geraria um bem-estar total de 0 euros (=150-150), o mesmo que é assegurado com a «não-transacção».

Existência de um contrato válido.

• Se B sabe que pode recorrer à protecção jurídica para reagir ao incumprimento (no óbvio pressuposto de que esse recurso não será demasiado oneroso em termos de tempo e de recursos), é mais natural que aceite entregar os 150 euros a A, e que por isso a transacção tenha lugar.

• É que, no caso de o cumprimento ser plenamente exigível, tanto no plano jurídico como no plano dos factos:

• se B entregar os 150 euros e A cumprir, B receberá o livro Y, pelo qual estava disposto a pagar um máximo de 200 euros, averbando assim um excedente do consumidor de 50 euros, e A terá recebido 150 euros por se desincumbir de uma tarefa que teria igualmente desempenhado por 100 euros, averbando assim um lucro de 50 euros;

• se B entregar os 150 euros e A não cumprir, B deverá ser colocado na posição em que estaria se A tivesse cumprido, seja pela entrega de Y, seja pela entrega de uma quantia que seja reparadora da ausência de Y no património de B – por um mecanismo de indemnização que, *prima facie*, será perfeito na medida em que coloque *objectivamente* B numa posição de indiferença entre o cumprimento e o não-cumprimento de A, de certo modo *imunizando-o* contra as opções de A.[33]

---

[32] Sobre «estratégia dominante» e «jogo de lance único», cfr. Araújo, F. (2005), 372ss., 381ss.

[33] «Objectivamente» e «de certo modo» porque, para simplificarmos, não consideramos aqui factores psicológicos determinantes, de «aversão ao risco», de «efeito de dotação», etc., que levaremos em conta adiante.

• Nesses termos, e caso não promova a reconstituição natural a expensas suas, A deverá restituir os 150 euros, e indemnizar B em 50 euros, o «excedente de consumidor» que teria resultado, para B, do cumprimento.

• Se esse «jogo do contrato» for de um só lance, a estratégia dominante passa a apontar, pois, para a transacção, para a colaboração das partes no cumprimento dos vínculos assumidos:

B \ A	Cumprir	Não cumprir
Contratar	50 \ 50	50 \ -50
Não contratar	0 \ 0	0 \ 0

• Passando a estratégia dominante de A a ser a de cumprir, se tal suceder A obterá um lucro de 50 euros (os 150 euros recebidos de B, deduzidos dos 100 euros da sua disposição mínima de aceitar), sendo que, se não cumprir, sofrerá um prejuízo de 50 euros (os 50 euros de indemnização que entregará a B, a acrescer à devolução dos 150 euros recebidos);

• Como a estratégia dominante de A é agora a de «cumprir», a estratégia dominante de B passa a ser a de «contratar», e por isso a transacção dá-se e gera um excedente total de 100 euros (=50+50), no caso igualitariamente repartidos entre A e B.

Vemos assim como o Direito tem a virtualidade de promover as transacções eficientes, convertendo um jogo não-cooperativo num jogo cooperativo, por simples alteração do quadro de incentivos disponíveis para as partes.[34]

Repare-se ainda que, nos dois quadros, só a solução cooperativa era de «soma positiva», sendo todas as outras opções de «soma zero». Poderíamos assim concluir que a promoção de eficiência consistiu no desvio de uma estratégia de soma zero em direcção a uma solução de soma positiva – de soluções improdutivas ou meramente redistributivas para a única solução produtiva, que é a da cooperação contratual.

"Julgamos ter tornado claro aquilo que inicialmente designámos como a 1ª finalidade económica para a disciplina contratual: *promover a cooperação através da conversão de jogos não-cooperativos em jogos cooperativos*".

4. O risco moral

Nas relações contratuais duradouras, no domínio dos contratos «relacionais»,[35] a assimetria informativa – o facto de as partes disporem de informação

---

[34] Podendo acrescentar-se que, se o faz nos próprios jogos de um único lance, também o incentivará nos «jogos» de lances repetidos. Sobre os «jogos com aprendizagem», cfr. Araújo, F. (2005), 385ss.
[35] Macneil, I.R. (1978), 856-861, 886-899, 902-905; Macneil, I.R. (1974), 735-744; Williamson, O.E. (1985), 68-72; Williamson, O.E. (1996), 395-396.

privativa, não-partilhada, que é relevante para o cumprimento das obrigações geradas pelo contrato – dá origem a uma «disfunção oportunista», que consiste essencialmente no facto de uma das partes, ou até ambas reciprocamente, poderem fazer degenerar a prometida conduta de cooperação numa conduta de apropriação de ganhos à custa dos interesses e expectativas da contraparte, sendo que:

• cooperar permitiria alcançar em pleno os objectivos de maximização dos ganhos totais visados através do contrato;

• não cooperar, ou «capturar» ganhos, será uma conduta de escopo redistributivo que na melhor das hipóteses antecipa a distribuição de «excedentes de bem-estar» que se conseguiria através da modulação final do preço, e que na pior das hipóteses se alcança à custa dos ganhos totais, ou seja, com ganhos «predatórios» que não contrabalançam as perdas mais extensas que são abusivamente causadas à contraparte.[36]

O problema costuma ser analisado nos termos da «Teoria da Agência», que se centra na análise da interdependência estratégica entre uma parte contratual que comete tarefas ou valores a outra, e por isso tem que confiar (o comitente, o «principal», o mandante, o patrão, o cliente, de certo modo todo o credor), e a contraparte que, protegida por uma assimetria informativa que a beneficia – e que por isso pode dificultar a detecção de abusos ou a reacção a eles – é tentada a defraudar, em proveito próprio, o crédito que nela é depositado, violando a confiança (o comissário, o «agente», o mandatário, o trabalhador, o profissional, até certo ponto todo e qualquer devedor).[37]

Aproximando a abordagem do tema da matriz mais geral da Teoria dos Jogos, dir-se-á que, no contexto de uma relação contratual duradoura, a adstrição a uma conduta devida – o dever ou compromisso contratual – evolui em tensão, e contradição, com a oportunidade de ganho não-cooperativo à custa dos interesses e expectativas da contraparte, em especial na medida em que essa contraparte esteja prisioneira do confinamento da sua informação ou de um entendimento muito estrito (ou «sagrado») da assunção dos seus deveres, ou na medida em que essa contraparte esteja «anestesiada» pela confiança no sistema jurídico ou na espontaneidade do cumprimento das obrigações emergentes do contrato.

Mas como constatámos que é a seriedade do compromisso que evidencia à contraparte as vantagens da cooperação e lhe fornece o decisivo incentivo para contratar, a parte que beneficiaria com o crédito que outrem nela depositasse tem um interesse crucial em desfazer equívocos quanto à sua fiabilidade, quanto à estabilidade e previsibilidade da sua conduta, quanto à seriedade das suas decla-

---

[36] O que significa, como vimos, que a não-cooperação pode redundar, no final, num improdutivo «jogo de soma zero», de mera transferência, em que os ganhos do «abusador» são as perdas da parte inocente, mas pode também redundar num «jogo de soma negativa» em que as partes retraem a sua «disposição» de negociarem e contratarem, «indispondo-se» a cooperarem a alguns dos possíveis preços de equilíbrio, ou a todos os preços – destruindo as vantagens do «predador» que não sobrevive à própria «vítima».

[37] Araújo, F. (2005), 426ss.

rações e intenções – sob pena de se ver privado de oportunidades de participar em transacções incrementadoras do seu próprio bem-estar.

Essa a razão pela qual essa parte presta garantias de cumprimento, constituindo-se refém delas, procurando por essa via sinalizar que, agravados com o seu consentimento os termos do jogo – reduzidos ou eliminados os ganhos de um abuso oportunista, de uma «captura», da sua parte –, a quebra do compromisso será muito evidente e penalizada.

E essa também a razão pela qual o oportunismo, o abuso – o «risco moral»[38] – no cumprimento dos contratos dependem crucialmente de assimetrias informativas que tornam indetectáveis essas patologias (em termos técnicos, o problema da «inobservabilidade»), ou tornam difícil a reacção contra aquelas que sejam detectadas (em termos técnicos, o problema da «inverificabilidade»).

Entre pessoas que se desconhecem e no entanto necessitam de cooperar, as marcas ostensivas da *boa fé* são um requisito «sinalizador» de credibilidade.[39] E assim diremos que, para que se forme uma relação contratual duradoura susceptível de gerar benefícios bilaterais, a vontade contratual «jurígena» deve orientar-se, do modo menos equívoco possível, para a formação de uma *obrigação*, de um vínculo credível de adstrição a um compromisso – de modo a vencer a desconfiança da parte que ficará duradouramente exposta à predação oportunista no seio do próprio contrato; de modo, em suma, a vencer a não-cooperação como estratégia dominante (e, diríamos, como «estratégia contagiante»).

A existência de assimetria informativa e de «barreiras à transparência» no seio dos contratos explica-se em larga medida pela natureza de «bem público» que amiúde é assumida pela informação:[40] por exemplo, o escrupuloso vendedor de carros que avisa os seus clientes de que os veículos que vende são mais perigosos do que aquilo que eles julgam não só não pode internalizar os benefícios da informação que presta (nenhum cliente lhe pagará por essa informação depois de a ter obtido) como suportará os custos adicionais das vendas perdidas – no fundo, externalizando positivamente também para os vendedores concorrentes, incluindo nestes aqueles que omitem, nas suas negociações contratuais, as informações que ele forneceu[41] – não parecendo que, ao contrário do que sugerem as doutrinas de defesa do consumidor, aqui jogue um grande papel o poder de mercado de que o vendedor disponha.

Isto não é aduzido, note-se, como argumento favorável à supervisão paternalista, até porque, quanto ao impacto do erro na configuração dos negócios, não se vê razão para se subestimar a capacidade das partes para racionalmente estipularem entre elas um clausulado que bilateralmente minimize os efeitos de qualquer erro: sabendo elas que podem cometer erros que podem tornar o cumpri-

---

[38] Sobre «risco moral», cfr. Araújo, F. (2005), 309ss.
[39] Sobre a «sinalização», cfr. Araújo, F. (2005), 418ss.
[40] Araújo, F. (2005), 412ss.
[41] Beales, H., R. Craswell & S.C. Salop (1981), 505-508.

mento mais custoso para o devedor ou menos valioso para o credor,[42] admitir-se-á que possam recobrir muitas das contingências por uma adequada distribuição de riscos, embora em contrapartida se possa admitir que há contingências que elas não são capazes de prever porque, se previssem, não teriam contratado – os erros que atingem pontos «essenciais», a «base do negócio» –, e se deva admitir que os custos de transacção podem ser tão elevados que na prática as partes acabam por se resignar a só resolverem *ex post* essas margens de erro.[43]

Isso reforça a noção de que o erro negocial é passível de uma gestão estratégica,[44] seja a do devedor que gere o seu conhecimento privilegiado sobre a probabilidade de cumprimento,[45] seja o das partes que mutuamente investigam, *ex ante*, as capacidades de cumprimento das potenciais contrapartes contratuais.[46]

Regressando agora ao nosso exemplo quantificado:

• Mesmo num contexto de fragilidade dos compromissos contratuais, na ausência de um contrato válido (pelas razões já aduzidas), o livreiro A pode aceitar uma antecipação de pagamento que seja ostensivamente inferior aos lucros que lhe adviriam do cumprimento – mesmo que isso o exponha agora à conduta oportunista da parte do comprador B, visto que passa a existir a possibilidade de B se recusar a entregar o restante da quantia devida, provocando danos a A.

• Suponhamos que A aceita receber 25 euros, do total de 150 euros que são convencionados – e deixemos para mais tarde as complicações resultantes de atitudes oportunistas de B.

• Nesse caso, e mesmo na ausência de um contrato válido – e portanto na ausência de regras determinadas quanto ao regime a que obedeceria a devolução do «sinal» –, a estratégia dominante de A é a de cumprir o acordo, e a de B será a de entregar a antecipação do pagamento.

B \ A	*Cumprir*	Fugir com o dinheiro
Entregar 25 agora, 125 depois	50 \ 50	-25 \ 25
Não entregar 25 agora	0 \ 0	0 \ 0

---

[42] Tendo consciência dos riscos semânticos do emprego das expressões «credor» e «devedor» no âmbito dos contratos bilaterais – nos quais por definição cada uma das partes ocupa simultaneamente as duas posições –, mesmo assim corremo-los por interesse de simplicidade, seguindo aliás aquilo que o legislador fez já no próprio Código Civil Português.

[43] Na verdade, nesta segunda hipótese, não tanto um erro mas um intencional «desleixo regulatório», uma variante privatística da «ignorância racional» hoje tão proeminente na análise económica dos fenómenos eleitorais. Especificamente, o que as partes admitem é que o custo para o devedor ultrapassa o valor para o credor (caso em que haverá interesse bilateral na desvinculação), ou que o preço ultrapassa o valor (caso em que interessa ao credor desvincular-se), ou que o custo ultrapassa o preço (caso em que interessa ao devedor desvincular-se). Cfr. Rasmusen, E. & I. Ayres (1993), 315-332; Araújo, F. (2005), 617ss.

[44] Aghion, P. & B. Hermalin (1990), 381ss.

[45] Craswell, R. (1989b), 365ss.; Shavell, S. (1994), 20ss.

[46] Craswell, R. (1988b), 401ss.; Diamond, P.A. & E. Maskin (1979), 282ss.

• É que, nesta nova situação, A ganhará 25 euros se fugir com o dinheiro, mas ganhará 50 euros se cumprir (recebendo de B um total de 150 euros, dos quais deduzirá os 100 euros da sua disposição mínima de aceitar um preço).

• A estratégia dominante de A passa a ser a de cumprir; e, na medida em que se aperceba disso, B também terá por estratégia dominante entregar os 25 euros em antecipação do pagamento, e mais tarde os restantes 125 euros.

• Mesmo sem um contrato válido a vinculá-las, as partes alcançam já, com esse expediente de pagamento, uma via para a cooperação.

O quadro ficará mais claro ainda se passarmos para a hipótese de um contrato válido, por exemplo com uma regra de restituição em dobro da quantia antecipadamente entregue (como a regra do art. 442º, 2).

Nesse caso, se A não cumprir terá que devolver a B a quantia recebida e indemnizá-lo noutro tanto, ficando portanto a perder 25 euros, e B a ganhar 25 euros; em contrapartida, já sabemos que se A cumprir tanto ele como B verão o seu bem-estar aumentar em 50 euros cada um – sendo portanto a opção de contratar e cumprir a estratégia claramente dominante.

B \ A	*Cumprir*	Não cumprir
Contratar	50 \ 50	25 \ -25
Não contratar	0 \ 0	0 \ 0

5. A dimensão da confiança, o «contrato perfeito» e a partilha da informação

Mais do que constituir, nalgumas circunstâncias, uma estratégia dominante para ambas as partes, o compromisso ainda se afigura mais crucial se ponderarmos o facto de a interdependência contratual ser meramente *instrumental* face à prossecução de finalidades económicas prosseguidas independentemente por cada uma das partes – pelo que cada uma delas pode fazer múltiplas actividades, interesses, projectos, finalidades, dependerem da satisfação dos seus créditos, da verificação das expectativas que depositou *naquela* contraparte (mesmo que inicialmente se tenha limitado a depositar confiança impessoalmente nos mecanismos do comércio e nas salvaguardas do Direito).

• Por exemplo, o comprador B pode depender da entrega do livro para concluir um relatório contra o qual lhe será atribuída uma bolsa de investigação, e contando com o cumprimento de A recusou a oferta de C, que se comprometia a encontrar o livro Y até num prazo mais curto do que aquele a que A se encontrava vinculado.

• Por seu lado, o livreiro A aceitou receber apenas 25 euros para dar início à sua busca do livro Y, mas quando o encontra e o adquire já incorreu em 100 euros de despesas, e se porventura B não cumpre a sua parte – facto apesar de tudo pouco provável, já que não corresponde à estratégia dominante *ex ante*[47] – o livreiro averbará um prejuízo de 125 euros (os 150 euros que deveria receber no total, deduzidos dos 25 euros já entregues).

Esta dimensão da «confiança», do desenvolvimento de planos de realização económica assentes na pressuposição de que o contrato será cumprido e de que os respectivos efeitos poderão integrar-se naquele desenvolvimento – afinal, a tradução pragmática daquela crença num estado de coisas, numa representação da realidade[48] que constituiu a «mola impulsora» da vontade contratual, o incentivo básico para as transacções –, reforça especialmente a necessidade de cuidado na formação dos contratos, e em especial, como já referimos, no esforço de emitir os sinais adequados, os mais idóneos e inequívocos, os mais reveladores da partilha de intenções e de entendimentos quanto aos objectivos prosseguidos através do contrato.

Como é evidente, nem todos os esforços dirigidos à erradicação de vícios e faltas de vontade aquando da formação do contrato impedirão a eclosão de atitudes oportunistas de «captura de bem-estar» e até de «destruição de bem-estar», seja por força de uma bem sucedida sonegação, durante as negociações, de informação estrategicamente relevante,[49] seja por alteração das circunstâncias, seja por exploração das clareiras e interstícios que resultam do quadro legal ou das estipulações convencionadas, neste último caso por força da inevitável margem de incompletude contratual – uma incompletude que deriva do facto de as negociações contratuais não poderem eternizar-se, e deverem concluir-se quando não podem estar ainda previstas ou recobertas todas as contingências futuras susceptíveis de interferirem com o cumprimento.

Quanto a este último ponto, adiantemos que, para a teoria económica, um *contrato perfeito* seria aquele que preenchesse dois requisitos:

1) ser *completo*, no sentido de recobrir *ex ante* todas as contingências, e de promover a total partilha de informação e a transparente distribuição do risco contratual entre as partes;

2) ser *eficiente*, no sentido, já nosso conhecido, de permitir a maximização de bem-estar pela transferência de recursos da parte que lhes atribua menos valor para a parte que lhes atribua maior valor, e pela distribuição

---

[47] B perderia 25 euros a troco de nada, houvesse ou não contrato válido. O quadro não será o mesmo se entretanto se verificar uma alteração das circunstâncias que, modificando a matriz de ganhos e perdas para cada uma das partes, possa destruir *ex post* os incentivos para o cumprimento. Voltaremos de seguida a este ponto.

[48] Frada, M.A.C.P.C. (2004), 592.

[49] Uma parte não revela à outra a totalidade dos seus intuitos contratuais, por exemplo a plenitude da sua «disposição» de aceitar termos contratuais eventualmente favoráveis à contraparte, as suas expectativas quanto ao risco ou à duração da relação contratual, ou ainda a sua definição do que seja o núcleo essencial de deveres de cujo cumprimento faz depender, quer a sua satisfação creditícia, quer a sua caracterização do resultado como incumprimento ou como cumprimento defeituoso.

do risco em função da facilidade de qualquer das partes tenha em suportar esse risco.[50]

Já que a «confiança» que pode emergir no seio das relações contratuais depende da distribuição da informação no seio de um contrato, sublinhemos a esse respeito alguns pontos adicionais:

• a eficiência reclama que a informação e o controlo dos bens convirjam, aos menores custos (de transacção), nos mesmos agentes, tornando-se por isso prioritário que, seja por aquisição de informação pela parte menos informada seja por transmissão dos bens para a parte mais informada, o resultado contratual esbata as assimetrias informativas;

• por essa mesma razão, tende a ser eficiente a supervisão, e a repressão exógena, de tudo aquilo que, no seio de uma relação contratual, cause o afastamento da informação face ao controlo, nomeadamente situações inquinadas pelo erro (unilateral ou bilateral), pelo dolo, ou pela reserva mental;[51]

• é mais eficiente a partilha de informação «produtiva», isto é, daquela informação que é susceptível de incrementar os valores totais do bem-estar em jogo numa troca económica, aproximando entre eles sujeitos com «disposições negociais» compatíveis, revelando as «disposições» máximas e mínimas entre partes que negoceiam, ou seja a amplitude total da «área de contrato» que se converterá, consumada a transacção, em «bem-estar total» – admitindo-se que exista, na circulação deste tipo de informação, até uma componente «de mérito», ou de «externalização positiva»,[52] visto que se trata da geração de «oportunidades de negócio», de fomento das trocas –;

• é menos eficiente (mas ainda é eficiente) a partilha de informação meramente «redistributiva», isto é, daquela que se limita a influir na formação de um preço mais elevado ou mais baixo dentro do «braço-de-ferro» que é a «captura de bem-estar» entre partes que estão empenhadas em transaccionar maximizando o seu próprio bem-estar à custa da minimização do bem-estar da contraparte – admitindo-se também que nem mesmo razões de justiça imponham uma padrão muito restritivo de simetria informativa numa área «redistributiva» em que se consente uma margem de exploração estratégica das assimetrias entre as partes (como é espelhado no art. 253º, 2);[53]

---

[50] Posner, E.A. (2003), 829ss.; Ayres, I. (2003), 881ss.; Craswell, R. (2003), 903ss.

[51] Rasmusen, E. & I. Ayres (1993), 309ss.; Kronman, A.T. (1978), 1ss.

[52] Araújo, F. (2005), 459ss.

[53] Assim, por exemplo, por razões de eficiência deveria ser incentivada a partilha de informação sobre uma inovação tecnológica que reduzirá os custos de cumprimento, por cada uma das partes, das suas obrigações contratuais; mas nenhuma razão de eficiência imporá que uma parte revele à outra uma informação que lhe permita alcançar, à custa da outra, meras vantagens especulativas. Todavia, a fronteira esbater-se-á se considerarmos múltiplos exemplos de utilização perversa (por exemplo, de utilização especulativa) de informação «produtiva» publicamente revelada – por absurdo, deverá impor-se, por razões de eficiência, que as partes no contrato disponham precisamente do mesmo grau de informação relativamente à tecnologia disponível? Será justo que se imponha a uma das partes a obrigação de partilhar com a outra informação que, habilitando essa outra a desem-

• a eficiência impõe ainda a partilha de informação «de segurança», isto é, daquela que manifestamente contribui para a diminuição da probabilidade de lesão dos interesses das partes, tanto os interesses contratuais como até os interesses extra-contratuais que se adensem pelo adensamento da interdependência negocial.

Tudo razões, pois, para o Direito se afadigar na disponibilização de meios que facultem a formação e partilha de informação no momento de formação dos contratos. "Sendo esta, como inicialmente referimos, a 2ª finalidade económica para a disciplina contratual: *promover a circulação e partilha da informação entre as partes num contrato*".

6. Eficiência no cumprimento, internalização, interesse positivo e vinculação óptima

Como vimos já, a existência ou inexistência de um contrato válido e de obrigações perfeitas emergentes de um tal contrato faz toda a diferença em termos de incentivos à cooperação – ao menos, insistamos, no que respeita à cooperação entre partes não ligadas por nexos de confiança pessoal –.

Por isso, um dos objectivos económicos do Direito é o da promoção da eficiência através do incentivo à «vinculação óptima» dos devedores – entendendo-se por «vinculação óptima» aquela que maximiza as probabilidades de cumprimento das obrigações contratuais. "Lembremos ser esta a 3ª finalidade económica que inicialmente apontámos para a disciplina contratual: *incentivar a vinculação óptima ao contrato*".

Se as duas partes não se conheciam antes de encetarem contactos negociais, se não têm conhecimentos comuns (que possam mediar nas negociações ou possam arbitrar os litígios) nem estão sujeitas aos efeitos disciplinadores da pertença a uma «rede de influências» ou da actuação numa pequena comunidade fechada (nas quais possam imperar eficazmente normas extra-jurídicas),[54] e se não tencionam rever-se uma vez terminada a duração prevista para a relação contratual, é natural que encarem a estratégia da sua relação em termos mais limitados, seja quanto à extensão temporal, seja quanto à multiplicação e adensamento de sucessivos lances em que decorre o seu «jogo».

Podem até, no extremo – sobretudo se a relação contratual não for duradoura – comportar-se de acordo com o paradigma do «jogo de lance único», agindo sem grande consideração estratégica e com visível indiferença pelo quadro de reacções que as suas próprias acções podem provocar na contraparte.

---

penhar as mesmas funções com o mesmo grau de eficiência, em última análise dispensa a divisão de trabalho, faz colapsar a complementaridade e destrói as trocas? Cfr. Cooter, R. & T. Ulen (2004), 281ss.

[54] Araújo, F. (2005), 436ss.

E no entanto, não é realista ocultar-se o peso que as sanções extra-jurídicas podem ter no condicionamento da conduta das partes, desde o primeiro momento, e mesmo nos «jogos de lance único»[55] – pelo que se afigura demasiado restritiva, a maior parte das vezes, a insistência no «*quid pro quo*» das atribuições patrimoniais, na «*consideration*» que complementaria, como um «título» e um «modo»,[56] a eficácia meramente obrigacional de alguns contratos – porque há-de convir-se que a primeira motivação de qualquer das partes pode muito bem ser reportada a valores exteriores ao contrato, seja a sua reputação no seu meio ou no seu «mundo dos negócios», seja apenas a exigência moral de ver respeitada a sua vontade de vinculação séria a deveres jurídicos.

Numa situação «de lance único» (seja ela real, seja ela meramente distorcida pela «miopia estratégica» de uma das partes, ou de ambas) é de admitir que o devedor não leve em consideração senão o «custo directo» do incumprimento, o montante indemnizatório que sobre ele recairá, ponderando-o com o custo do cumprimento – e abstraindo de tudo o resto, como por exemplo dos custos que para ele podem decorrer da reacção da contraparte ao seu incumprimento, dos custos advenientes da perda de reputação (da degradação da sinalização de idoneidade), dos custos de oportunidade conexos com a estigmatização subsequente à reacção jurídica ou à ostracização social (o peso das sanções extra-jurídicas), etc.[57]

Nessa forma mais elementar e esquemática do devedor egoísta e «imediatista» num contexto «de lance único», de baixa «densidade estratégica», é de esperar como conduta racional:

A1) o *cumprimento*, se o valor da indemnização por incumprimento for superior aos custos do cumprimento;

A2) o *incumprimento*, se o valor da indemnização por incumprimento for inferior aos custos do cumprimento.

Independentemente de considerações de justiça, de segurança, de tutela de expectativas, e outras, que necessariamente condicionariam uma análise mais panorâmica do tema, e não deixariam de ditar o critério último da racionalidade económica nas transacções, é possível, ainda a um nível mais «imediatista» e olhando-se agora para os valores em presença de ambos os lados da relação contratual, avaliar as condições daquilo que possa entender-se por «cumprimento eficiente» das obrigações emergentes dos contratos, considerando-se que:

B1) o cumprimento será *eficiente* se os custos para o devedor forem inferiores aos benefícios para o credor;

B2) o cumprimento será *ineficiente* (e o *incumprimento eficiente*) se os custos para o devedor forem superiores aos benefícios para o credor.

---

[55] Goetz, C. & R. Scott (1981), 1149-1150.
[56] Leitão, L.M.T.M. (2003), 198n391; Leitão, L.M.T.M. (2002b), 21ss.
[57] Sobre a relevância dessas considerações num relacionamento longo em que podem adensar-se oportunidades de retaliação, cfr. Araújo, F. (2005), 375ss.

Da combinação das proposições precedentes, concluir-se-á que elas serão equivalentes (A1 e B1, A2 e B2) no caso de a indemnização por incumprimento ser igual ao valor dos benefícios que o credor obteria e deixou de obter por força desse incumprimento.

De novo muito esquematicamente, podemos sintetizar:

C1) ocorrerá um *cumprimento eficiente* se os correspondentes custos para o devedor forem inferiores:

a) ao valor da indemnização por incumprimento;

b) aos benefícios que, para o credor, adviriam do cumprimento;

C2) ocorrerá um *incumprimento eficiente* se os custos do cumprimento para o devedor forem superiores:

a) ao valor da indemnização por incumprimento;

b) aos benefícios que, para o credor, adviriam do cumprimento.

A conclusão que de imediato parece impor-se é a de que, para se incentivar sempre o cumprimento e o incumprimento eficientes, bastará fixar-se o valor da indemnização por incumprimento com base no cálculo do «excedente de bem-estar» que, do cumprimento, resultaria para o credor, a contraparte «inocente». A ser assim, o cumprimento e o incumprimento eficientes seriam sempre assegurados por um cálculo de indemnização que se limitasse a assegurar a «internalização» dos custos imediatos do incumprimento para ambas as partes no contrato.[58-59]

Em termos um pouco mais técnicos, a eficiência reclamará uma indemnização calculada de acordo com o *interesse contratual positivo*, o interesse que o credor terá em ser colocado na posição em que estaria se a obrigação contratual tivesse sido cumprida, ou em receber um equivalente económico dessa posição: "*a situação que existiria, se não se tivesse verificado o evento que obriga à reparação*", nos termos do art. 562º,[60] uma reconstrução hipotética temperada pelos juízos de probabilidade impostos pelo art. 563º.[61]

A eficiência reclamará, pois, seja a reconstituição natural, seja um equivalente monetário que incorpore o «incremento de bem-estar» que resultaria 1) da transacção e 2) de uma «captura de bem-estar» entre as partes que redistribuísse o bem-estar total entre elas – sendo que o resultado dessa captura pode já estar fixado no momento do incumprimento, se porventura já existe um preço acordado entre as partes, tendo que admitir-se, no caso de não estar fixado, que a re-

---

[58] Excluindo-se aqui, por razões de simplificação, os efeitos sobre terceiros.

[59] Sobre a «óptica pigouviana» da «internalização», cfr. Araújo, F. (2005), 547ss.

[60] Leitão, L.M.T.M. (2003), 401ss.; Leitão, L.M.T.M. (2002), 246-247.

[61] O argumento da superior eficiência da regra da indemnização do interesse contratual positivo, depois tantas vezes retomado, terá sido formulado pela primeira vez em: Barton, J.H. (1972), 277ss. Cfr. Goetz, C. & R. Scott (1979), 323ss.; Shavell, S. (1980), 466ss.

constituição hipotética dos danos, de acordo com a «Teoria da Diferença»,[62] deva equitativamente reconhecer a possibilidade de o inadimplente ter tido um grau de sucesso nessa «captura».[63]

Recordemos o quadro já utilizado para caracterizar o «jogo» num contrato válido e gerador de obrigações perfeitas:

• Sublinhemos agora que já aí se subentendia que a indemnização se pautaria pelo interesse contratual positivo, colocando o comprador B numa situação de plena indiferença (económica) perante as atitudes do livreiro A, obtendo em ambos os casos um «excedente» de 50 euros;

• Esse resultado só seria possível porque A se veria forçado a «internalizar» completamente os custos do não cumprimento, tendo que devolver o preço de 150 euros e tendo que indemnizar em 50 euros, precisamente a quantia correspondente à «perda de bem-estar» registada por B com o incumprimento.

B \ A	Cumprir	Não cumprir
Contratar	50 \ 50	50 \ -50
Não contratar	0 \ 0	0 \ 0

Assentemos, pois, no princípio geral de que uma indemnização que *internalize perfeitamente* os custos do incumprimento no património do devedor incentiva esse devedor a assumir o compromisso contratual eficiente – especificamente, incentiva-o a cumprir quando o cumprimento é economicamente eficiente, e *incentiva-o a não cumprir* no caso oposto.

Incentiva-o a não cumprir – sublinhemos.

Mas é porque pode incentivar o devedor a não cumprir que a indemnização pelo interesse contratual positivo pode não bastar para promover a cooperação das partes e o cumprimento dos contratos em todos os casos – mormente nos casos em que essa cooperação e esse cumprimento devam pautar-se pela consideração de valores que alegadamente sejam mais sólidos do que os que resultam da mera consideração dos ganhos imediatos de eficiência: casos como aqueles que veremos de seguida, em que a indemnização se centra na consideração do interesse contratual negativo, na consideração do «dano de confiança».[64]

---

[62] Sobre a «Teoria da Diferença», cfr. Leitão, L.M.T.M. (2003), 402-403.

[63] Daí não apenas a solução equitativa que é reclamada pelo nº 3 do art. 566º, mas também a indicação, no nº 1 do mesmo artigo, de que o sucedâneo monetário pode ser mais justo do que uma reconstituição natural que seja excessivamente onerosa para o devedor (e não apenas porque se tenha supervenientemente tornado mais onerosa).

[64] Para uma abordagem genérica, do prisma civilístico (não-económico) das relações entre dano «de confiança», interesse «de cumprimento» e tutela «positiva» e «negativa» dos valores em causa no inadimplemento contratual, cfr. Frada, M.A.C.P.C. (2004), 662ss., 673ss.

6. a) Pode esperar-se a racionalidade, e qual?

Antes de prosseguirmos, e antes de nos tornarmos suspeitos de demasiada ingenuidade quanto à esperança depositada na «Teoria dos Jogos» ou em paradigmas que atribuem impecável racionalidade às partes contratuais, advirtamos que a análise económica é hoje suficientemente sofisticada para ter absorvido em pleno as implicações da irracionalidade e da «racionalidade limitada», só não as submetendo a uma incorporação explícita em *todos* os seus esquematismos por simples necessidade de simplificação analítica.[65]

Um exemplo bastará para ilustrarmos este ponto, o do jogo do «concurso de beleza»:[66]

• Suponha-se que se propõe a cada pessoa, dentro de um grupo, que escolha um número entre 0 e 100 que corresponda a 2/3 da média da escolha de todos os outros, atribuindo-se um prémio à pessoa (ou pessoas) que acertar nesse número.

• Se toda a gente usasse de uma racionalidade impecável e ilimitada, todos escolheriam o zero (2/3 de zero é ainda zero); se todos escolhessem o zero, todos ganhariam o prémio nesse «equilíbrio de Nash», do qual ninguém teria um incentivo para se desviar.[67]

• Acontece, porém, que muita gente escolhe números superiores ao zero, seja por irracionalidade, seja por não perceber bem a estrutura do jogo, seja por imaginar a possibilidade de aumento de probabilidades através de um desvio face à «estratégia dominante».

• Nesse caso – e é aqui que o problema ganha uma enorme complexidade –, o que deve uma pessoa *racional* fazer? O que é que a *racionalidade* ditará?

• Escolher o zero como se ainda existisse um equilíbrio de Nash, o que no caso não lhe garantirá a vitória no jogo (pelo contrário, garantir-lhe-á a perda)?

• Escolher um número superior a zero assente numa percepção da distribuição de racionalidade limitada entre os demais jogadores (fugir do próprio «equilíbrio de Nash»)?

Vê-se como o problema pode ser complicado, intratável até, fugindo a qualquer solução directa e esquemática, como as que associaríamos a uma versão pouco sofisticada da «Teoria dos Jogos».

---

[65] Araújo, F. (2005), 31ss.
[66] Kreps, D.M. (1998), 168ss.; Posner, E.A. (2003), 875ss.
[67] Todos os outros números seriam «desequilibrados»: começando por imaginar, por exemplo, que a média dos números escolhidos é 50, cada pessoa escolheria indicar 2/3 desse número, ou seja 34; só que se todo o mundo indicasse o número 34, ganharia aquele que indicasse 2/3 de 34, ou seja 23, e assim sucessivamente até se chegar ao zero. Cfr. Baird, D.G., R.H. Gertner & R.C. Picker (1994), 19-23. Cfr. ainda, sobre o «equilíbrio de Nash», Araújo, F. (2005), 362-363.

7. Onerosidade superveniente e incumprimento eficiente face à tutela do interesse positivo

Poderá causar estranheza que se considere a ponderação dos custos de cumprimento e de incumprimento separadamente do momento inicial de legitimação do compromisso contratual, que é o da própria negociação e estipulação contratual – podendo admitir-se a concepção «absolutista» de que a autonomia contratual só ganha verdadeiro sentido se ela recobrir todas as contingências do cumprimento, constituindo-se em garantia inamovível das expectativas das partes quanto à vinculabilidade das obrigações contratuais, numa sacralização do «*pacta sunt servanda*».

Todavia, um mínimo tributo ao realismo ditará a necessidade de reconhecimento do peso que a alteração das circunstâncias tem no conteúdo *económico* das prestações devidas – ainda quando outros valores do Direito sobrelevem e venham impor a desconsideração jurídica da maior parte dessas variações de conteúdo económico, ao menos em termos de poderem relevar como *justificações* para o incumprimento.[68]

E o mesmo mínimo de realismo levará a reconhecer-se a já aludida incompletude dos contratos, a circunstância que deriva da inviabilidade (temporal, económica) de prolongar indefinidamente as negociações e as estipulações na vã esperança de recobrir *ex ante* todas as contingências futuras – no caso, aquelas que ditem variações sensíveis nos custos do cumprimento das obrigações contratuais –: uma incompletude que torna possíveis considerações estratégicas nos relacionamentos contratuais duradouros,[69] seja no já referido sentido de exploração de interstícios na regulação contratual para aí insinuar margens de «risco moral», seja agora no mais imediato e fundamental sentido de levar uma das partes, ou ambas, a ponderar *ex post* os custos e benefícios do cumprimento e do incumprimento das obrigações emergentes do contrato.[70-71]

Para lá das lacunas não-intencionais no clausulado contratual, também há lacunas intencionais, dir-se-á mesmo lacunas racionais – ainda dentro da mesma

---

[68] Cfr. Frada, M.A.C.P.C. (2004), 670-672.

[69] O contrato pode ser incompleto não apenas por causa dos custos de transacção ou por razões estratégicas de exploração de assimetrias informativas e de assimetrias de poder económico – a incompletude pode resultar também da baixa probabilidade das circunstâncias que podem interferir no cumprimento, e obviamente também da densidade do regime legal supletivo ou da eficiência dos mecanismos arbitrais e judiciais de adjudicação *ex post*. Cfr. Posner, E.A. (2003), 833.

[70] Como é óbvio, o problema agudiza-se se a incompletude do contrato não for contrabalançada por uma qualquer forma de legitimação que assegure a uma das partes a prerrogativa de ir preenchendo supervenientemente as lacunas da estipulação inicial – como sucede, seja com as regras do direito de propriedade no seio dos fenómenos empresariais, nos quais os proprietários (ou os que por eles são legitimados) vão preenchendo no dia a dia as lacunas das estipulações constitutivas (no caso, lacunas em grande parte intencionais), seja nas cláusulas de arbitragem com as quais se abreviam as negociações de contratos complexos, remetendo para a afectação *ex post* a maior parte dos riscos e custos associáveis ao contrato.

[71] Parecem ter escapado à fina análise de Carneiro da Frada a verdadeira dimensão e implicações dessa figura do «contrato incompleto», pois daí faz decorrer muitas das acesas críticas que dirige à Análise Económica do Direito. Cfr. Frada, M.A.C.P.C. (2004), 547n574.

lógica, sempre que os custos de transacção inerentes ao preenchimento de uma lacuna (a afectação dos riscos *ex ante* entre as partes) forem superiores à esperança subjectiva das perdas (ou seja, aos custos de transacção das perdas *ex post* entre as partes, ponderados pela probabilidade de tais perdas ocorrerem). Há, insistimos, um momento óptimo de interrupção das negociações, aquele em que os benefícios marginais de afectação *ex ante* de recursos, de distribuição de riscos, de partilha de informação, de disputa de preços, deixam de ultrapassar os custos marginais advenientes da não-conclusão, os custos de oportunidade do «não-contrato».[72-73]

Por tudo isso, é inevitável encarar-se uma relação contratual duradoura como uma fonte de incertezas e riscos, que atingem a onerosidade e até a bilateralidade dos nexos obrigacionais, reclamando das partes supervisão mútua, reajustamentos, reforço de garantias, revisão de expectativas ou de índices de realização ou de satisfação, eventualmente até renegociação da base contratual – tudo perturbações que o limite ideal do «contrato completo» teria evitado *a um determinado custo*.[74]

Voltemos ao «jogo comitente / comissário» na ausência de um contrato válido:[75]

• Introduzamos agora uma complicação – uma alteração de circunstâncias que torna elevados os custos de cumprimento do acordo: por exemplo, o livreiro A teve agora, da parte de C, um terceiro, uma proposta de compra do livro Y por 300 euros, compra que asseguraria um bem-estar – um lucro – de 200 euros para A, sendo portanto de 150 euros (=50-200) o custo de oportunidade de cumprir o seu acordo com B).

• O aliciamento por C vem supervenientemente perturbar o quadro de incentivos de A, que passa a ter como estratégia dominante não cumprir – e até, numa óptica maximizadora, fugir com o dinheiro que lhe tenha sido já entregue por B.[76]

---

[72] Note-se, com atenção, que se trata de comparar *exclusivamente* custos de transacção da solução *ex ante* e *ex post*, visto que se presume que o momento da solução não impedirá a ocorrência dos danos. Claro que se a solução *ex ante* induzir comportamentos de cautela susceptíveis de reduzir a probabilidade ou o montante do dano, os termos da ponderação ficam alterados, e passa a haver ganhos adicionais de estipulação e de alongamento das negociações.

[73] É preciso ainda levar em conta a taxa de desconto: a opção não é apenas entre assumir custos de transacção certos para se distribuir riscos *ex ante* e assumir uma mera probabilidade de custos de transacção futuros na repartição *ex post* dos danos, mas é também a opção entre custos de transacção *actuais* e custos de transacção *futuros* – não sendo de excluir que as partes se revelem insensíveis a elevados, ou muito prováveis, custos de transacção resultantes de lacunas no contrato apenas por considerarem muito remotos tais custos – muito insignificantes por comparação com a «impaciência pelo presente». Cfr. Araújo, F. (2005), 259ss.

[74] Sobre «contrato completo», cfr. Araújo, F. (2005), 601ss.

[75] Recordemos que o quadro de cumprimento sem custos era o seguinte:

B \ A	Cumprir
Entregar o dinheiro	50 \ 50
Não entregar o dinheiro	0 \ 0

[76] Na ausência de sanção, isso significaria, para ele, receber 150 euros de B e 300 euros de C, tudo pelo mesmo livro!

B \ A	Cumprir (com custo)	*Fugir com o dinheiro*
Entregar o dinheiro	50 \ -150	-150 \ *150*
Não entregar o dinheiro	0 \ 0	0 \ 0

- Lembremos que, se não houvesse custos de cumprimento e na ausência de um contrato válido gerador de obrigações perfeitas, a estratégia dominante de A seria já a de fugir com o dinheiro *apesar de não ser essa a solução mais eficiente*.

- Agora, admitindo-se que o custo de cumprir é de 150 euros, a estratégia dominante continua a ser a de fugir com o dinheiro (maximiza-lhe o bem-estar, deixando nas suas mãos 150 euros a troco de nada).

- Mas o que há de novo agora é que *essa passa também a ser a solução mais eficiente* entre A e B: «fugir com o dinheiro» gera um bem-estar total de 0 euros (=150-150), enquanto que cumprir passa a gerar um bem-estar total negativo, de -100 (50-150).

Numa situação dessas, a estratégia de incumprimento não apenas é a dominante como também conduz à *solução eficiente* – devendo relevar-se como evidente que a conclusão seria outra se os valores fossem outros também.[77] Mas o que mais interessa no caso é que, na ausência de uma disciplina contratual estrita, a solução do «jogo» é novamente a de não entregar o dinheiro, a de não cooperar.

Passemos agora à hipótese da existência de contrato válido e gerador de obrigações perfeitas (isto é, susceptível de promover uma completa internalização através da indemnização do interesse contratual positivo):

- Admitindo novamente que A recebeu entretanto uma tentadora proposta de vender o livro Y a C por 300 euros, passamos a ter um quadro em que, graças à internalização dos custos do incumprimento, A deixa de obter ganhos directos com o incumprimento – mas continua a averbar custos mais elevados na situação de cumprimento do que na situação de incumprimento:

B \ A	Cumprir (com custo)	*Não cumprir*
Contratar	50 \ -150	50 \ *-50*
Não contratar	0 \ 0	0 \ 0

- Neste caso e com estes valores, não só a *estratégia dominante* é não cumprir (minimiza as perdas de A a 50 euros, sendo essas perdas elevadas a 150 euros

---

[77] Se C oferecesse apenas 150 euros pelo livro, nada se alteraria em relação ao quadro inicial: seria dominante, para A, a estratégia de fugir com o dinheiro, mas a solução seria ineficiente face à opção da venda a B ou a C (ser-lhe-ia indiferente vender a um ou a outro). Se C oferecesse 200 euros, o custo de oportunidade do cumprimento passaria a ser, para A, de 50 euros, pelo que a opção de fugir com o dinheiro, ainda dominante, passaria a ser tão eficiente, em termos de bem-estar total, como a opção de cumprir (fugir com o dinheiro = 150-150; cumprir = 50-50).

se cumprisse), como não cumprir é a solução *eficiente* (gera um bem-estar total de 0 euros quando o cumprimento geraria um bem-estar total negativo, de -100 euros).

• Na medida em que B se aperceba da estratégia dominante de A, a sua estratégia dominante será a de não contratar – mais por aversão ao risco, decerto, porque em abstracto a indemnização perfeita do seu interesse contratual positivo faz com que receba 50 euros, quer A cumpra, quer A não cumpra (veja-se as duas colunas do quadro *supra*), e desse modo, imunizando-o às consequências do incumprimento, deveria torná-lo indiferente a qualquer estratégia.

É uma coincidência entre *estratégia dominante* e *eficiência* que esperávamos já, quando realçámos que a indemnização do interesse contratual positivo incentiva indiferentemente o cumprimento e o incumprimento, na medida em que um ou outro sejam as soluções eficientes em cada caso.[78]

Temos, assim, que é sempre a eficiência que predomina na tutela do interesse contratual positivo, e essa tutela desincentiva a celebração de contratos que promovam soluções ineficientes: insistamos que, conhecidos *ex ante* tais custos de cumprimento para A, a estratégia dominante para B será a de «não contratar».

Se a indemnização do interesse contratual positivo tende a promover a eficiência,[79] podemos retirar como corolários imediatos o de que, se não se conceder nada acima desse limiar, não se desencorajará o incumprimento eficiente; e o de que se se conceder menos, se encorajará o incumprimento ineficiente.[80] Ilustremo-lo com um outro exemplo:

• Suponhamos que O se compromete a redecorar o restaurante de P por 100 mil euros, mas vem a descobrir que, a esse preço, perderá 5 mil euros com o cumprimento. P, por seu lado, nada investiu ainda *por conta* da redecoração do restaurante, e apenas sabe que, se O não cumprir, terá que recorrer aos serviços do decorador Q, que lhe cobrará 115 mil euros pelo mesmo serviço.

---

[78] Aditemos ainda as seguintes sub-hipóteses no quadro de um contrato válido:

1) Se C oferecesse apenas 150 euros, para A a estratégia dominante seria a de *cumprir*, visto que o cumprimento se faria a custo de oportunidade zero (receberia tanto de C como recebe de B), e por isso com o lucro de 0 euros, enquanto que a opção do não-cumprimento representaria para A a perda de bem-estar de 50 euros; e essa seria a solução mais eficiente, geradora de um bem-estar total de 50 euros (= 50+0), por comparação com a solução do incumprimento, geradora de um bem-estar de zero (= 50-50).

2) Se C oferecesse 200 euros pelo livro Y, o próprio A deixaria de ter uma estratégia dominante, visto que cumprir e não cumprir representariam para ele exactamente o mesmo prejuízo (de 50 euros); e, como seria de esperar, cumprir e não cumprir teriam também exactamente a mesma eficiência económica nesse caso-limite, gerando em ambos os casos um bem-estar total de zero euros (= 50-50).

[79] De certo modo, é como se o sistema eficiente fosse aquele que permite o mais fiel reflexo, nos preços, do risco das transferências que resultam das obrigações contratuais – sendo que a melhoria no funcionamento desse instrumental de preços pode considerar-se «paretiana», ou positiva num sentido Kaldor-Hicks. Cfr. Posner, E.A. (2003), 833n8.

[80] A eficiência pode ser igualmente assegurada, com diferentes efeitos na repartição de bem-estar, pela regra da realização coactiva da prestação – descontadas as diferenças em termos de custos de transacção. Cfr. Macneil, I.R. (1982), 947.

- Como nada foi investido por P, se só houvesse a indemnizar o interesse negativo aparentemente nada haveria a indemnizar, e por isso seria mais vantajoso, para O, incumprir.
- Só que essa não é a solução eficiente, dado que O pode cumprir, por 105 mil euros, aquilo que P só poderá obter, de outro modo, por 115 mil euros.
- Assim, se O tiver que indemnizar o interesse positivo entregando 15 mil euros a P, por forma a permitir-lhe obter o serviço junto de Q, para O a indemnização será ainda mais custosa do que o cumprimento, e por isso ele será incentivado a cumprir, gerando um cumprimento eficiente – um cumprimento com o custo de 105 mil euros, susceptível de gerar um valor de 115 mil euros.
- Se porventura fosse possível recorrer aos serviços do decorador R que cobraria 102 mil euros a P, então a mesma regra de indemnização do interesse positivo passaria a incentivar o incumprimento eficiente da parte de O, que em vez de suportar os custos adicionais de 5 mil euros com o seu próprio cumprimento, não cumpriria e indemnizaria P em 2 mil euros, recobrindo os custos do cumprimento por R (mormente por via do regime do art. 828º).

Podemos agora concluir que as partes que queiram celebrar contratos maximizadores da eficiência, e que queiram cingir-se a esse objectivo, deverão fixar-se na tutela indemnizatória do interesse contratual positivo, como a solução jurídica susceptível de assegurar-lhes a obtenção da sua quota-parte de bem-estar, haja ou não cumprimento da contraparte – a solução susceptível, em suma, de isolá-los da «externalização negativa» que resultará do incumprimento.[81]

Isto sem embargo de se reconhecer que uma grande distância pode separar a solução abstracta da sua aplicação judicial – bastando pensar-se na dificuldade ínsita na determinação e medição de duas variáveis essenciais:

1) na aferição precisa de danos emergentes e lucros cessantes que razoavelmente podem ser associados à reconstrução contra-factual da situação que existiria se não tivesse ocorrido o incumprimento – e daí a imposição de juízos de probabilidade no cálculo dos danos, pelo art. 563º, e a opção pela solução equitativa, nos termos do nº 3 do art. 566º;

2) na medição do «excedente de bem-estar» que do cumprimento do contrato resultaria para cada uma das partes, em especial para a parte adquirente – porque se a diferença entre preço e custos permite uma aproximação ao valor objectivo do bem-estar, do lucro, do fornecedor (do vendedor, do prestador de serviços), é muito mais difusa e equívoca a determinação de um valor objectivo para o bem-estar do adquirente (do comprador, do utente), já que há que comparar o preço com uma «disposição máxima de pagar» de que nem o próprio adquirente muitas vezes terá a mais remota percepção (lembremos que muitas vezes a

---

[81] Sobre externalidades negativas, cfr. Araújo, F. (2005), 541ss.

única percepção do adquirente é a de que poderia ter pago menos, não a de que poderia ter pago *mais ainda*).[82-83]

Presentes essas dificuldades, retenhamos, por ora, que a indemnização que recobre o interesse contratual positivo cria um nível de cooperação contratual, um nível de vinculação contratual, que é *óptimo* do ponto de vista da eficiência: *nem mais, nem menos*.

• *Mais indemnização* deixará os devedores «amarrados» a contratos cujo cumprimento pode ser demasiado oneroso, desincentivando-os de contratarem;
• *Menos indemnização* deixará os credores expostos a demasiado incumprimento, desincentivando-os de contratarem.

Ora o desincentivo à contratação causará perdas absolutas de bem-estar, causará desperdício de oportunidades de negócio – sem a mínima contrapartida no benefício de quem quer que seja –, e dificultará a circulação de recursos económicos em direcção àqueles que mais disposição de pagar revelem, gerando globalmente um problema de ineficiência «alocativa», de desperdício na afectação colectiva de recursos.

A modulação do regime indemnizatório, repercutindo-se no plano dos incentivos à contratação, revela-se, deste modo, crucial para a promoção de um nível de «vinculação contratual óptima», maximamente *eficiente* para cada conjunto de partes envolvidas em cada relação contratual, e *eficiente*, por essa via, para a promoção do nível óptimo de transacções dentro de um mercado.

Chegado o momento de vencimento das obrigações emergentes do contrato, a determinação e qualificação precisas daquilo que frustra o crédito – a confiança e as expectativas do credor – pode ser crucial para a distribuição do risco entre as partes, devendo lembrar-se que podem ocorrer tanto situações de impossibilidade casual (arts. 790º e seguintes) como situações de impossibilidade culposa (arts. 798º e 801º), estas equiparadas ao incumprimento definitivo (arts. 798º e 808º):

• Quando o devedor evidencie maior aversão ao risco do que o credor,[84] ou quando o credor tenha mais facilidade em resguardar-se contra o risco do que o devedor, o regime da impossibilidade poderá contribuir para uma reafectação eficiente do risco, já que exonera o devedor, parcial ou totalmente, da sua obrigação[85] – embora também aqui seja de ponderar se esses valores são de fácil

---

[82] Uma forma mais intuitiva de nos referirmos à questão será a de dizermos que o que está em causa é a determinação do *valor de uso* do objecto transaccionado, para o adquirente, na medida em que, para adquirir, esse *valor de uso* tem que ser superior ao *valor de troca* que encontrou expressão no preço de equilíbrio. Mas aí transparece ainda mais a complexidade da tarefa – pois como poderá o julgador fixar *objectivamente* esse «valor de uso» sem ficar refém das declarações do próprio adquirente, com toda a possível margem de insinceridade oportunista que pode insinuar-se nessas declarações?

[83] O ponto prende-se com a teoria económica dos leilões, tomados estes por mecanismos eficientes de revelação de disposições máximas de pagar. Cfr. Araújo, F. (2005), 219ss.

[84] Sobre «aversão ao risco», cfr. Araújo, F. (2005), 302ss.

[85] Posner, R.A. & A.M. Rosenfield (1977), 83ss.

determinação para o julgador, e se portanto é praticável uma aplicação «óptima» do regime da impossibilidade.[86]

• Mesmo assim, pode não ser eficiente uma completa transferência do risco de um devedor avesso ao risco para um credor indiferente a esse risco – porque, ao colocar-se o devedor numa situação de indiferença entre cumprimento e incumprimento, se lhe destrói o principal incentivo para cumprir, sem que possa dizer-se que estivesse vedado às partes regularem *ex ante* a distribuição do risco que se reporta às contingências que podem tornar economicamente impossível o cumprimento.[87-88]

8. A tutela do interesse contratual negativo

A celebração e o cumprimento do contrato implicam investimento das partes: seja o investimento necessário ao cumprimento dos deveres contratuais por parte de quem esteja a eles adstrito, sejam os diversos investimentos que qualquer das partes pode fazer confiando no cumprimento do contrato pela outra, dessa forma *instrumentalizando* o contrato como um meio que propicia o atingir de finalidades de realização económica que vão para lá dos interesses objecto *daquele* contrato.

De uma forma mais simples, diríamos que um contrato envolve investimento (e custos) da parte daquele que está obrigado a cumprir, mas pode também envolver investimento (e custos) da parte daquele que é credor da obrigação contratual: neste segundo caso, investimento e custos *por conta* da confiança em que o contrato será cumprido – iniciativas, esforços, actividades, dinheiro, oportunidades perdidas que dependem da adstrição à conduta prometida, e que por isso não teriam tido lugar se existissem dúvidas quanto à efectivação do cumprimento.

Esquematicamente, poderemos dizer que, do prisma da análise económica da «*reliance*», um contrato é antes de mais uma forma de «seguro recíproco» entre partes que querem investir num projecto mutuamente benéfico, predomine ou não o egoísmo nas motivações de cada uma[89] – um seguro contra a possibilidade de o devedor, observando o investimento feito pelo credor *por conta* do cumprimento do contrato e tomando o credor por refém desse investimento *específico* (parcial ou totalmente irrecuperável através do mercado[90]), proceder a um «hol-

---

[86] White, M.J. (1988), 360ss.
[87] Sykes, A.O. (1990), 48ss.; White, M.J. (1988), 375; Goldberg, V.P. (1988), 100ss.; Polinsky, A.M. (1983), 427ss.; Triantis, G.G. (1992), 450ss.
[88] Isto já para não falarmos da dúvida, certamente legítima, quanto à possibilidade de serem os sistemas jurídico e judiciário a repararem aquilo que o mecanismo de mercado dos seguros não seja capaz de espontaneamente prevenir ou reparar, a solicitação das partes nos contratos. Cfr. Posner, E.A. (2003), 849.
[89] Posner, E.A. (1997), 567ss.
[90] Araújo, F. (2005), 464ss., 704ss.

dup», subindo o preço ou impondo condições ou onerações suplementares por forma a «capturar» o máximo daquele bem-estar que, com o preço de equilíbrio, adviria para o credor.[91]

Enquanto que com a protecção positiva da sua confiança o credor vê ressarcida a frustração das suas expectativas quanto ao cumprimento – e portanto recai sobre o inadimplente o encargo de indemnizar tudo aquilo que medeia entre a situação criada e a situação hipotética que provavelmente corresponderia à «captura de bem-estar» por parte do credor –, com a protecção negativa da sua confiança o credor recuperará os custos em que incorreu por ter adoptado uma certa conduta cuja realização plena depende do cumprimento pelo devedor, visando-se essencialmente a reconstituição do estado de coisas anterior ao contrato – recaindo portanto sobre o inadimplente o encargo de recobrir as despesas em que o credor incorreu, e em que não teria provavelmente incorrido se não fosse a confiança depositada na eventualidade do cumprimento do contrato.[92]

Como se presume que, por uma elementar lógica de «captura de bem-estar», a parte credora não investirá mais do que aquilo que espera receber com o cumprimento – sob pena de destruir os seus próprios incentivos económicos –, em princípio, salva a patologia do «excesso de confiança», o «interesse negativo» será sempre inferior ao «interesse positivo»; e inferior, portanto, a correspondente indemnização.

Voltando ainda ao nosso exemplo:

• Há coisas que o comprador B poderá fazer e alcançar se A cumprir as suas obrigações e lhe fizer chegar o livro prometido, e coisas que pode ir fazendo em antecipação da entrega do livro (por exemplo, prometer a um terceiro que entregará dentro de um certo prazo um relatório que depende da consulta desse livro);

• Há coisas que o vendedor A poderá já ir fazendo, planeando ou combinando por confiar que, uma vez desincumbido do seu dever, a contraparte honrará os seus próprios compromissos, pagando a quantia devida (por exemplo, pode encomendar mais uma remessa de livros no valor de 150 euros, contando dispor dessa quantia a breve trecho).

Por outras palavras, a «confiança» é uma espécie de efeito dinâmico induzido pelo contrato, correspondendo a uma modificação da posição do credor que faz aumentar, para esse credor, o valor do cumprimento – visto que desencadeia nele uma reacção que o faz colaborar na produção dos efeitos do cumprimento, propiciando meios para amplificar esses efeitos: recorrendo ao exemplo acabado de dar, a pessoa que, contando com a entrega do livro, inicia uma actividade para a qual a consulta do livro será crucial, está a aumentar para ela própria a utilidade

---

[91] Polinsky, A.M. (1983), 427ss.
[92] Frada, M.A.C.P.C. (2004), 41-44.

do livro, e é nesse sentido que pode dizer-se que procedeu a um «investimento de confiança».

Os exemplos de tais investimentos multiplicar-se-ão facilmente se pensarmos no encadeamento da sub-contratação, podendo múltiplos níveis de sub-contratação apoiar-se em confiança cumulativa a partir do incremento de confiança num primeiro contrato. Socorrendo-nos das indicações de Carneiro da Frada, acrescentemos quatro exemplos previstos no Código Civil Português:[93]

1) O da indemnização das "*legítimas expectativas da outra parte*" por aquele que revoga uma limitação voluntária (e legal) dos seus direitos de personalidade (art. 81º, 2);

2) O da indemnização a pagar pelo mandante ao mandatário em caso de revogação súbita de um mandato oneroso conferido por certo tempo ou para determinado assunto, ou o da indemnização a pagar pelo mandatário ao mandante, também em caso de revogação súbita (alíneas c) e d) do art. 1172º);

3) O da indemnização do empreiteiro pelo dono da obra, cobrindo o trabalho executado e as despesas realizadas, em caso de impossibilidade de execução da obra (art. 1227º);

4) O da indemnização das despesas e obrigações contraídas na previsão do casamento, em caso de ruptura da promessa de casamento (art. 1594º, 1).

Mas falar de «investimento de confiança» é reconhecer que aumenta o potencial de dano à medida que aumenta a confiança no cumprimento: quanto mais o credor confia e mais investe no pressuposto de que tudo correrá bem, mais perderá se tudo corre mal e vê a sua expectativa ser frustrada – em especial se esses investimentos que fez são irrecuperáveis, por serem específicos daquele contrato e serem inaproveitáveis noutros contextos –. Quanto mais alto sobe na ilusão das suas convicções, no crédito que concede, na confiança que deposita, nos investimentos que faz por conta da representação que faz da normalidade do desfecho contratual, de mais alto cai com a sua desilusão.

Adiantemos por ora que, se a «confiança» faz «subir a parada» dos valores em jogo no contrato – por um lado, do potencial de geração de bem-estar total, por outro, dos danos resultantes do incumprimento – então podemos admitir que outra das funções da disciplina jurídica dos contratos seja a de assegurar um nível óptimo de confiança, facultando à parte «vítima» do incumprimento uma reparação que a compense dos custos em que incorreu por ter confiado, que a coloque na situação em que estaria se não tivesse sido celebrado o contrato e se não tivesse incorrido em custos por causa dele: que tutele, em suma, o interesse contratual negativo, sem deixar em contrapartida que esse interesse negativo seja empolado e se converta num factor de patologias dentro do comércio jurídico. "Esta, aliás,

---

[93] Frada, M.A.C.P.C. (2004), 670n728, 835ss.

a 4ª das finalidades económicas inicialmente apontadas para a disciplina contratual: *incentivar o nível óptimo de confiança"*.

Os ganhos esperados a que se reporta a «confiança» equivalem ao aumento de valor do cumprimento para o credor, ponderado pela probabilidade do cumprimento.

Voltando uma última vez ao exemplo do livreiro:

• Suponha-se que B adquiriu uma vitrine para expor o livro Y (uma vitrine com as dimensões precisas do livro, e que não servirá para guardar outro): o ganho que advém dessa aquisição equivale ao aumento de bem-estar que para ele resultará da possibilidade de expor o livro Y dentro daquela vitrine, multiplicado pela probabilidade de que A cumpra a sua obrigação.

• Diremos assim, em contrapartida, que a expectativa de danos «de confiança» corresponderá agora à perda do valor do livro e do valor da vitrine, multiplicado pela probabilidade do incumprimento.[94]

8. a) Probabilidade de cumprimento, baixa e elevada confiança

A «confiança eficiente» será aquela que se verifica quando os ganhos esperados ultrapassam as perdas esperadas – seja pelo facto de o adicional de bem-estar proporcionado pela confiança ser muito elevado por comparação com o estado de «não-confiança», seja pelo facto de o cumprimento da contraparte ser mais provável do que o incumprimento.

O princípio básico e racional será o de que, enquanto as ganhos esperados ultrapassarem as perdas esperadas, é eficiente *confiar mais*, sendo eficiente *confiar menos* quando se verifica o inverso. Tudo se joga, portanto, na *probabilidade* do cumprimento, sendo de esperar que o sistema jurídico, no seu desígnio de promoção do «nível óptimo de confiança», procure assegurar um «nível óptimo» para aquela probabilidade.

Avancemos com um novo exemplo quantificado.

• Suponha-se que F, dono de um bar, contrata E, pianista, para actuar no próximo fim-de-semana, pagando-lhe 1000 euros.

• O pianista já estaria disposto a actuar por 500 euros apenas, pelo que o preço estipulado representa para ele um lucro de 500 euros.

• O dono do bar calcula que, mesmo sem publicidade à actuação do pianista, a sua presença é capaz de gerar receitas que permitiriam ter-lhe pago até 2000 euros, pelo que para ele, ao preço estipulado, o cumprimento representará um acréscimo de bem-estar de 1000 euros.

---

[94] Sublinhemos em especial que a situação se agrava porque o «investimento de confiança» poderá revelar-se agora um custo irrecuperável, se por exemplo já não for possível encontrar mais nenhum exemplar do livro Y para substituir aquele que deveria ter sido entregue por A, ou se não for possível revender a vitrine a um possuidor de outro exemplar do livro Y.

• Comecemos pela hipótese de não haver um contrato válido gerador de obrigações perfeitas, e distingamos 2 situações *depois de F entregar o dinheiro a E* (deixando já para trás, portanto, a solução, aliás dominante, de F *não entregar o dinheiro* por estrategicamente perceber que a estratégia dominante de E será, nesse caso, a de não actuar e fugir com o dinheiro):

a) a situação de *baixa confiança*, em que F paga mas não incorre em mais despesas, ficando a aguardar passivamente o cumprimento do acordo por parte de E;

b) a situação de *elevada confiança*, em que F, depois de pagar a E, incorre em despesas adicionais que ao mesmo tempo aumentam o valor do cumprimento do acordo: por exemplo, o dono do bar, tendo a convicção de que a publicidade à actuação do pianista aumentará muito as receitas, gerando um adicional de bem-estar de 2000 euros (a somar aos 1000 euros que já contava obter sem publicidade[95]), manda imprimir cartazes, investindo 1000 euros nessa publicidade.

• Nesta situação sem contrato válido, temos pois que:

• A *baixa confiança* associa um bem-estar total de 1500 euros (=1000+500) à hipótese de cumprimento do acordo, e um bem-estar total de zero euros (=1000-1000) à hipótese da «fuga com o dinheiro»;

• A *elevada confiança* associa um bem-estar total de 3500 euros (=3000+500) à hipótese de cumprimento, e um bem-estar total de -1000 euros (=1000-2000) à hipótese da «fuga com o dinheiro».[96]

F \ E	Cumprir	Fugir com o dinheiro
Baixa confiança	1000 \ 500	-1000 \ 1000
Elevada confiança	3000 \ 500	-2000 \ 1000

Dados estes valores, a solução mais eficiente, em termos absolutos, é a do cumprimento em situação de *elevada confiança*, na qual o bem-estar total é máximo (3500 euros).

Contudo, se, como dissemos, tivermos que comparar os ganhos do cumprimento com as perdas resultantes do incumprimento, ambos ponderados pela respectiva probabilidade, então a nossa conclusão terá que ser recontextualizada, e podemos desde já concluir que:

• se o cumprimento for *altamente provável*, então a elevada confiança é *óptima*, assegurando o resultado mais eficiente; mas

---

[95] E portanto, esclareçamos, uma receita bruta de 4000 euros, a ser deduzida dos 1000 euros pagos a E.

[96] Note-se que estamos aqui a ser, por escopo de simplificação, muito restritivos no cômputo das perdas averbadas por F, admitindo que, na ausência de vínculo contratual e em termos de restituição por enriquecimento sem causa, o máximo que seria de exigir a E seria a devolução dos 1000 euros pagos e a compensação dos 1000 euros investidos em publicidade.

• se o cumprimento for *muito improvável*, então passa a ser *óptima* a baixa confiança, por assegurar o resultado mais eficiente (o menos mau, o que minimiza as perdas).

Em que *nível de probabilidade* (*p*) é que deve passar-se da baixa para a elevada confiança, e vice-versa?

1) No caso da baixa confiança, o somatório de ganhos e perdas esperados é:
[p(1000+500)] + [(1-p) (1000-1000)]

2) No caso da elevada confiança, o somatório de ganhos e perdas esperados é:
[p(3000+500)] + [(1-p) (1000-2000)]

3) Qual é o valor de *p* em os dois somatórios se nivelam?
[p(1000+500)] + [(1-p) (1000-1000)] = [p(3000+500)] + [(1-p) (1000-2000)] => p=33,3%

4) Podemos assim concluir que, em termos de confiança óptima, neste caso e com estes valores:[97-98]

a) A elevada confiança é óptima se a probabilidade de cumprir ultrapassa os 33,3%;

b) A baixa confiança é óptima se a probabilidade de fugir com o dinheiro ultrapassa os 66,6%.

Fica assim ilustrado o princípio de que, para se promover a confiança óptima, bastará ao sistema jurídico garantir uma adequada probabilidade de cumprimento.

---

[97] Claro que, se os valores em jogo fossem diferentes, essa probabilidade que faz fronteira entre as áreas de baixa e elevada confiança também se alteraria. Por exemplo, se os valores de cumprimento com elevada confiança fossem, não (3000 \ 500), mas (2000 \ 500), o valor de *p* seria de 50%; se fossem de (1500 \ 500), o valor de *p* passaria para 66,6%. E se os valores do incumprimento com elevada confiança fossem, não (-2000 \ 1000), mas (-1500 \ 1000), o valor de *p* passaria a ser de 20%; e se fossem (-1250 / 1000), o valor de *p* passaria a ser de 11,1%.

[98] No caso-limite de os valores de cumprimento com elevada confiança serem (1000 \ 500), sendo portanto iguais aos da baixa confiança, o valor de *p* será obviamente igual a 100%, denotando que *nunca* é eficiente a elevada confiança – ou mais simplesmente que desaparece o problema da confiança, e que o «investimento de confiança» realizado por F foi, por isso, inteiramente inútil, não aumentando, para F, o valor do cumprimento por parte de E. Também no caso limite de os valores de incumprimento com elevada confiança serem (-1000 \ 1000), sendo portanto iguais aos da baixa confiança, o valor de *p* é zero, significando isso que *nunca* é eficiente a baixa confiança – na prática porque F nada tem a perder por aumentar o bem-estar que associa ao cumprimento do acordo.

Gráfico 5

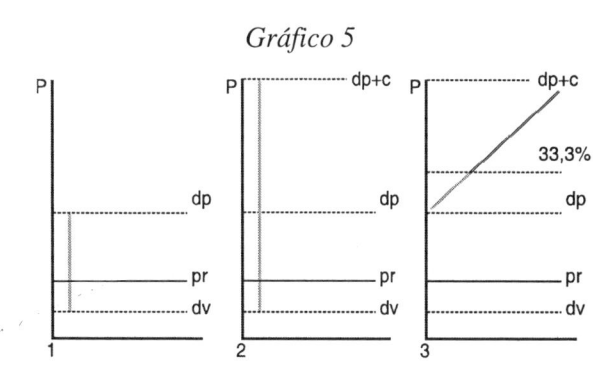

P- nível de preços
pr- preço de equilíbrio (efectivamente pago)
dv- disposição mínima de vender
dp- disposição máxima de pagar
dp+c- disposição máxima de pagar aumentada pela «confiança»
1: bem-estar total antes do «investimento de confiança»
2: bem-estar total depois do «investimento de confiança» e antes de ponderada a probabilidade de cumprimento
3: Ponderação da «confiança óptima» em função da probabilidade de cumprimento

8. b) O «excesso de confiança»

Procuremos agora ilustrar o fenómeno do «excesso de confiança». Trata-se de um facto há muito conhecido, embora contra-intuitivo, e que consiste no facto de a indemnização *completa* do interesse contratual positivo, provocando a total internalização do dano junto do inadimplente e imunizando a parte «inocente» dos efeitos do incumprimento, poder converter-se numa solução sub-óptima na medida em que gera uma propensão para o sobre-investimento (que é o *«excesso de confiança»*) da parte deste credor «inocente» face à probabilidade do incumprimento[99] – já que é a confiança que, ampliando o bem-estar esperado do cumprimento, acabará por ditar o montante da indemnização.

Em última análise, não será sequer de excluir a conduta oportunista, mas racional, do credor que, confiado na regra da indemnização plena do interesse contratual positivo, faz investimentos extraordinários com o único fito de, aumentando a fasquia do «excedente de bem-estar» que presumivelmente resultaria das trocas, «capturar bem-estar» através da indemnização que tudo recobrirá, obtendo através dela, afinal, mais do que aquilo que podia esperar obter através do cumprimento espontâneo do contrato.[100-101]

---

[99] Shavell, S. (1980), 472ss.; Rogerson, W.P. (1984), 41ss.

[100] Mais uma vez, um exemplo de «risco moral», ou, em bom rigor, de «duplo risco moral». Cfr. Araújo, F. (2005), 309ss.

[101] Se quiséssemos mudar do registo da *eficiência* para colocar mais ênfase no *justiça*, diríamos que se trata aqui de evitar abusos como aqueles que são bloqueados pela não-ressarcibilidade das benfeitorias voluptuárias

O remédio óbvio para tal «excesso» afigura-se ser o de se limitar a indemnização a um nível inferior ao da indemnização plena do «interesse de cumprimento», o nível que devesse entender-se correspondente a uma «confiança óptima».[102]

Voltando ao exemplo do pianista e do dono do bar, passemos agora à hipótese de existir um contrato válido e gerador de obrigações perfeitas:

• Imaginemos que, no seio do contrato, o dono do bar, F, paga 1000 euros ao pianista, E, e nada mais, esperando um retorno de 2000 euros.

• Se E não cumprir, as regras de indemnização do interesse contratual positivo imporão que E devolva os 1000 euros e que pague outros 1000 euros, de forma a colocar F na posição em que se presume que estaria se o contrato tivesse sido cumprido.

• Imaginemos agora que o dono do bar, F, paga 1000 euros ao pianista, E, e investe ainda 1000 euros em publicidade, contando com isso gerar um excedente de bem-estar de 3000 euros. Caso E não cumpra, terá agora que devolver os 1000 euros, e terá que indemnizar ainda outros 3000 euros – digamos que 1000 euros por conta das despesas de publicidade em que F incorreu, e outros 2000 euros para acabar de colocar F na posição de bem-estar em que F *confiava* ficar colocado com o cumprimento. O quadro passa a ser o seguinte:

F \ E	Cumprir	Não cumprir
Baixa confiança	1000 \ 500	1000 \ -1000
Elevada confiança	3000 \ 500	3000 \ -4000

• Mas *confiava* deveras, ou foi *induzido a confiar* pelas próprias regras da indemnização?

• Repare-se que, com uma indemnização estritamente calculada em termos de interesse contratual positivo, em termos de pura internalização junto do inadimplente, o dono do bar, F, recebe sempre 1000 euros em situações de baixa confiança, e recebe sempre 3000 euros em casos de elevada confiança, faça o devedor o que fizer, *e independentemente da probabilidade do incumprimento*.

Face ao que já sabemos, esse incentivo ao aumento da confiança não será sempre eficiente; sê-lo-á apenas quando a probabilidade de cumprimento do contrato seja superior a um determinado limiar – no contexto e com os valores escolhidos para o exemplo que temos seguido, quando a probabilidade do cumprimento seja superior a 33,3% (o que equivale a dizer: quando a probabilidade do incumprimento for inferior a 66,6%).

(art. 1273º), ou pela limitação da indemnização aos danos emergentes, com exclusão de lucros cessantes e de despesas voluptuárias, na venda de bens alheios ou de bens onerados sem má fé (arts. 899º e 909º).

[102] Cooter, R. (1985), 1-2; Cooter, R. & M.A. Eisenberg (1985), 1464ss.

Como resolver este problema de excesso de confiança (*overreliance*) – sobretudo se levarmos em conta, como já referimos, que *"o lesado não pode por princípio pretender ficar colocado em melhor posição do que aquela que lhe assistiria se as suas expectativas se tivessem vindo a verificar"*?[103]

8. c) *Custos de transacção, supletividade e integração dos contratos*

A solução, praticamente consensual na Análise Económica do Direito e que já designámos genericamente, é a de que há que fornecer às partes algumas regras supletivas que ajudem a «focalizar» as suas condutas em torno de expectativas objectivamente adequadas, dados os valores em presença, às probabilidades de cumprimento, incentivando a convergência para um ponto de «confiança óptima» que não destrua, pela via da indemnização, o equilíbrio de bem-estar que provavelmente seria alcançado através do cumprimento espontâneo do contrato.

Complementarmente, sustenta-se que compete ao legislador – ou, em alternativa, ao aplicador do Direito – a substituição de regras supletivas ineficientes por regras supletivas eficientes, de modo a evitar as ineficiências contratuais a custo mínimo, poupando às partes os custos de transacção em que elas incorreriam para prevenirem ou contornarem essas ineficiências se conseguissem discernir adequadamente todo o risco envolvido no contratualmente estipulado[104] – por forma a preservar assim, ou a aumentar, o bem-estar gerado pelos contratos,[105] em corolário daquilo que poderá considerar-se como uma formulação *normativa* do «Teorema de Coase».[106-107] "O que nos traz até à 5ª finalidade económica inicialmente assinalada para a disciplina contratual: *diminuir custos de transacção através da multiplicação de normas supletivas"*.

Não pode subestimar-se o impacto dos custos de transacção no âmbito contratual:

• seja porque eles interferem directamente no cômputo do bem-estar gerado pelas trocas, podendo chegar a inviabilizar trocas pela elementar razão de excederem em valor absoluto o bem-estar total que as trocas gerariam (o caso de todas as «barreiras naturais ao comércio»);

• seja porque, na cooperação que mesmo assim *vale a pena*, os custos de transacção introduzem as mais variadas distorções, bastando referirmos o já aludido problema genérico do «contrato incompleto», o problema da interrupção das negociações a um nível de incompletude que pode vir a revelar-se prematuro (as partes que, para não perderem tempo, se contentam com uma estipulação «minimalista» que pouco ou nada previne quanto a danos *ex post*, e quando mui-

---

[103] Frada, M.A.C.P.C. (2004), 520.
[104] Sobre «custos de transacção», cfr. Araújo, F. (2005), 22ss.
[105] Ayres, I. & R. Gertner (1992), 729ss.; Goetz, C. & R. Scott (1985), 261ss.; Johnston, J.S. (1990), 615ss.
[106] Cooter, R. & T. Ulen (2004), 212.
[107] Sobre o "Teorema de Coase", cfr. Araújo, F. (2005), 557ss.

to se cinge a estabelecer os meios *adjectivos* de dirimir conflitos e de integrar lacunas);

• ou a limitação das partes a posições de ignorância racional (a parte que repousa na sua credulidade ou nos seus preconceitos estigmatizadores porque não está para empenhar-se numa dispendiosa busca de informação ulterior[108]), susceptíveis de amplificar grandemente os efeitos das assimetrias informativas, das falhas de coordenação e das atitudes oportunistas.

Aliás, o apelo à vontade conjectural das partes, no seio da interpretação dos contratos, não é mera reconstrução psicológica que se limite a reiterar os erros e impasses a que a vontade real conduziu, é já uma reconstrução rectificadora que tenta *ex post* uma distribuição de bem-estar e de riscos que acrescente, ou até complete, aquilo que as partes, dados os custos de transacção, as irracionalidades e deficiências informativas comuns (a miopia partilhada), as assimetrias informativas, as perturbações deliberadas no processo negocial ou as imperfeições de mercado, deixaram em aberto na sua negociação[109] – sendo por isso que as normas supletivas que servem de «ponto focal» às negociações, mais do que servirem de atalho susceptível de minimizar os «atritos transaccionais», podem servir de pontos de referência para o completamento dos contratos, naquelas áreas deixadas em aberto – intencionalmente ou não.

E é também essa a razão pela qual tantas vezes a interpretação e a integração de lacunas nas estipulações contratuais recorre à formulação de princípios gerais, cláusulas e conceitos indeterminados que têm a pretensão de espelhar aquilo que se entende como normal ou predominante em negociações que tenham tido por objecto aqueles pontos que ficaram em branco – a chamadas «*majoritarian default rules*», espécie de sedimentação de «hábitos jurígenas» pelo intermédio de cláusulas gerais, e que encontra eco na regra do art. 239º – no fundo, a esperança de que se possa traçar uma bissectriz nos «costumes do mercado» e com isso se reduzam os custos de transacção,[110] o que, em alternativa,[111] poderia porventura ser alcançado, seja por recurso a «regras penalizadoras» de interpretação *contra proferentum* (e certas presunções norteadas pela defesa do consumidor ou do trabalhador) que fizessem corresponder às ambiguidades e omissões um custo incentivador da internalização do esforço de explicitação dos interesses, reduzindo ao mesmo tempo a margem de oportunismo de retenção estratégica de informação assimétrica,[112] seja pelo recurso ao «literalismo» na interpretação dos clausulados contratuais – o postulado da «*plain meaning rule*»,[113] com a alegação de que a escolha de regras supletivas pelo julgador é uma tarefa pesada e inefi-

---

[108] Araújo, F. (2005), 617ss.
[109] Charny, D. (1991), 1815ss.
[110] Goetz, C. & R. Scott (1985), 321.
[111] Schwartz, A. (1992), 271ss.
[112] Ayres, I. & R. Gertner (1989), 95-101.
[113] Cohen, G.M. (1994), 1235-1236; Corbin, A.L. (1919), 741ss.; Zamir, E. (1997), 1728-1733.

ciente, dadas as limitações informativas do julgador face ao nível informativo imediatamente disponível para as partes contratantes.[114]

• Antes de prosseguirmos, observemos que a ênfase na «moldagem prévia» de regimes supletivos gera crescentemente a ideia de que não é a liberdade de conformação que predomina nos domínios contratuais, mas antes a «adesão» ao «*prêt-à-porter*» de normas ancoradas na lei, por ela fornecidas tipificadamente como uma alternativa de baixos custos de transacção à hipótese de negociação detalhada de contratos completos.[115]

• A prevalecer este entendimento, o direito dos contratos deixaria de ser um mero «disciplinador» para passar a ser sobretudo um «propiciador» de cooperação a baixos custos de transacção, com uma crescente flexibilidade e «sensibilidade casuística»[116] – mesmo por se reconhecer à tipicidade uma mera eficiência *média*, admitindo-se que não se dá sempre o caso de a regra supletiva representar a alternativa de mais baixos custos de transacção, e de poder discernir-se aí não mais do que uma *tendência*.[117]

• A escolha de regras supletivas devidamente adaptadas aos pontos salientes dos interesses em jogo, facilitando o conhecimento pelas partes e fornecendo-lhe «pontos focais» de coordenação, poderia assim garantir, sem lesão da autonomia contratual, os ganhos de eficiência normalmente associados ao «*numerus clausus*» dos direitos reais.[118]

• Como a complexidade dos contratos tem aumentado à medida do desenvolvimento económico, os «pontos focais» da boa fé, da razoabilidade, da «lesão», seriam supletivamente introduzidos a baixo custo nesses «figurinos contratuais», como forma de se evitar as patologias mais comuns dentro do relacionamento contratual, desde os excessos de confiança até aos «efeitos de boleia», desde o dolo até à litigância frívola.[119]

8. d) Um esboço da indemnização «sofisticada». Assunção eficiente de riscos e «sobre-sofisticação»

É dentro desse entendimento de regulação supletiva que, em nome da promoção da eficiência, tem sido proposta, por alguns economistas, uma revisão das regras de indemnização por incumprimento contratual, tornando-as mais sofisticadas – no sentido específico de se tornarem menos susceptíveis de induzirem o excesso de confiança, sem no entanto perderem inteiramente o seu papel de tutela

---

[114] Schwartz, A. (1993), 416ss.; Schwartz, A. (1998), 280; Scott, R.E. (2000), 875ss.
[115] Gordley, J. (1991), 158-160; Orth, J.V. (1998), 51-53; Isaacs, N. (1917), 34-37; Kostritsky, J.P. (2004), 323ss.
[116] Rakoff, T.D. (1995), 198-199; Rakoff, T.D. (1993), 27-28.
[117] Charny, D. (1991), 1842-1844.
[118] Dagan, H. (2003), 1565-1570; Merrill, T.W. & H.E. Smith (2000), 1ss.
[119] Kreitner, R. (2004), 452-453; Frada, M.A.C.P.C. (2004), 431ss.

do interesse contratual do credor, sem abandonarem totalmente o seu alcance internalizador e disciplinador junto do inadimplente.

No exemplo que temos agora seguido, uma regra sofisticada de indemnização poderia apresentar-se do seguinte modo:

F \ E	Cumprir	Não cumprir
Baixa confiança	1000 \ 500	1000 \ -1000
Elevada confiança	3000 \ 500	-2000 \ -1000

• Neste caso, F seria imunizado face às consequências do incumprimento no caso de se comportar no contrato de acordo com o paradigma da baixa confiança (receberia sempre 1000 euros, houvesse ou não cumprimento), sendo penalizado se evidenciasse excesso de confiança, comportando-se num ambiente de baixa probabilidade de cumprimento como se essa probabilidade estivesse acima do limiar indicado (podendo nesse caso averbar uma perda de bem-estar de 2000 euros no caso de ter confiado *a mais* e de E não ter cumprido).

• Por seu lado, E não sofreria os efeitos do excesso de confiança de F, pois seja qual fosse o nível de confiança a indemnização que lhe seria exigida pelo incumprimento seria sempre a mesma (1000 euros, a somar aos 1000 euros que teria que devolver a F caso o preço tivesse já sido pago).

• Note-se também que, se a baixa confiança for óptima (porque, no exemplo dado, a probabilidade de cumprimento é inferior a 33,3%), F é incentivado a não se exceder na sua confiança. Mas na medida em que a probabilidade de cumprimento vá aumentando, ultrapasse os 33,3% e nitidamente se afaste deles, menos provável se torna a verificação do quadro negativo do incumprimento que corresponde à elevada confiança, e por isso os ganhos de bem-estar do cumprimento vão sobrelevando, devolvendo a F o incentivo para uma elevada confiança – mas moderada, sem excesso.

Em suma, a abordagem sofisticada limita-se a retirar os incentivos ao excesso de confiança que resultariam da possibilidade de se converter a tutela do interesse contratual positivo numa espécie de prémio ao investimento irrestrito do credor *por conta* do contrato.

Ressalvemos, todavia, que esta «sofisticação» não pode manifestar-se em detrimento da regra de eficiência que faz o risco recair principalmente sobre a parte que é capaz de prevenir ou suportar os danos a mais baixo custo[120] – regra atenuada pela presunção do «mercado eficiente», isto é, a presunção de que, dado um nível informativo minimamente satisfatório e na ausência de outras distorções à formação da vontade contratual, o preço de equilíbrio reflecte já a distribuição de risco entre as partes.[121]

---

[120] A «regra do Juiz Learned Hand», tão proeminente nas considerações de eficiência em matéria de responsabilidade aquiliana.

[121] Sobre o conceito de «mercado eficiente», cfr. Araújo, F. (2005), 286ss.

• Suponha-se que um transportador sabe que existe uma probabilidade de 20% de o preço dos combustíveis nos próximos meses aumentar de tal forma que os custos de cumprir um determinado contrato de entrega de tijolos a um construtor se tornarão proibitivos, subindo por exemplo de 10.000 euros para 15.000 euros, facto que é inteiramente desconhecido pelo construtor, que na sua actividade profissional não tem que estar tão atento às tendências de preço no mercado de combustíveis.

• Se o transportador puder fazer um seguro contra esse risco (por exemplo, pagar 100 euros para cobrir o risco, que é de 1000 euros [= 20%(15.000-10.000)]), será ele obviamente a parte que suporta mais eficientemente os riscos, visto que a outra parte é capaz de nem se aperceber deles e nada fazer, por isso, para se prevenir contra eles – caso em que se dirá que o suporte do incumprimento devido a riscos desconhecidos pelo construtor deveria recair sobretudo, ou mesmo exclusivamente, sobre o transportador; presumindo-se em contrapartida que, no jogo da captura de bem-estar, o preço de equilíbrio reflectirá já o valor do seguro, que por essa via será repercutido pelo transportador sobre o bem-estar do construtor, parcial ou totalmente.

E que esse perigo de «sobre-sofisticação» existe, prova-o a circunstância de qualquer regra de indemnização condicionar a «disposição» de contratar das partes, demarcando-lhes as fronteiras dos seus ganhos de bem-estar e incentivando-os à «captura de bem-estar» na negociação do preço.[122]

O incentivo à confiança óptima é, pois, uma espécie de compromisso entre o estímulo ao cumprimento e a repressão da «captura» do devedor pelo credor – reconhecendo-se sofisticadamente que algumas perversões se podem insinuar até na mais estrita e aparentemente rigorosa tutela das expectativas das partes, e que todas essas perversões podem redundar numa diminuição do volume das transacções que acabará por traduzir-se numa perda absoluta de bem-estar, ou seja, num prejuízo para todos – até para aqueles que se satisfaçam com a vitória transitória e pírrica do ganho predatório num número limitado de contratos.

Mas, assim sendo, perguntar-se-á: como definiremos agora, em termos económicos, a indemnização óptima?

Dir-se-á que é aquela que coloca o credor na posição em que estaria se o contrato tivesse sido cumprido, no pressuposto de que confiou optimamente nesse cumprimento – e que portanto se procura tutelar o interesse contratual positivo daquele que não se excedeu na representação do seu próprio interesse contratual negativo.

Na prática, dir-se-á que a regra óptima é a da limitação da responsabilidade contratual – sacrificando a indemnização completa do interesse contratual positi-

---

[122] Basta olharmos para o exemplo de regra indemnizatória que demos: se, para pouparmos E aos efeitos de «excesso de confiança» de F, nivelarmos a sua responsabilidade nas situações baixa e de elevada confiança, não estaremos nós a irresponsabilizar E da sua quota-parte na criação de condições que induzem F em «excesso de confiança», mormente a margem de «risco moral» na sua conduta de devedor? Cabe sublinhar ainda, acompanhando Carneiro da Frada, que as expectativas de uma das partes podem referir-se a condutas não-comunicativas da contraparte – cfr. Frada, M.A.C.P.C. (2004), 216.

vo (e o objectivo da internalização eficiente) quando se perceba que esse interesse positivo foi «empolado» por um «excesso de confiança».

8. e) «Excesso de confiança» e cognoscibilidade

Vistas as coisas deste prisma, dir-se-á, em suma, que o problema já está difusamente abordado e tratado em todas as soluções jurídicas que limitam os montantes indemnizatórios por incumprimento contratual, vedando a internalização, pelo devedor, dos custos do excesso de confiança do credor, ao menos para lá do limite da cognoscibilidade e da previsibilidade pelo próprio devedor – uma forma de incentivar o credor a gerir prudentemente a sua confiança, forçando-o a assumir uma conduta diligente que se mantenha dentro das fronteiras da «razoabilidade» que possa ser abarcada no conhecimento ou na previsão da contraparte.

No fundo, remeteríamos neste ponto para aquele universo de soluções que permitem a fixação ou flexibilização do contrato e do cumprimento das obrigações contratuais em função da partilha de informação entre as partes, informação reportada ao objecto contratual e ao núcleo dos deveres essenciais assumidos por cada um: seja a *"essencialidade"* ou a *"base do negócio"*, ou as *"circunstâncias em que as partes fundaram a decisão de contratar"* que permitem a ponderação do erro sobre os motivos (art. 252º, 1 e 2) ou a necessidade de resolução ou modificação do vínculo (art. 437º, 1), ou a própria perda do interesse do credor na prestação (art. 808º, 1 e 2).

Apenas para ilustrarmos a conexão de modo trivial e com exemplos de escola, diríamos que:

• Se uma mulher encomenda um vestido de noiva para si mesma, indicando um prazo definido, o devedor poderá imaginar que o sucesso da cerimónia do casamento depende crucialmente da entrega do vestido dentro do prazo, sendo assim cognoscível e previsível um valor elevado que, em nome da confiança, é acrescentado ao simples interesse contratual positivo;

• Se um homem entra numa loja e encomenda uma gravata para ser entregue uma semana depois, não pode pedir uma indemnização elevada em nome da tutela da confiança, com a simples alegação de que o incumprimento do contrato comprometeu gravemente o sucesso da sua própria cerimónia de casamento – não sendo razoável presumir-se a cognoscibilidade ou previsibilidade, pelo devedor, da «margem de confiança» acrescentada pelo credor ao simples interesse contratual positivo.

Dir-se-á assim que o entendimento básico é o de que o «excesso de confiança», para lá da sua dimensão *objectiva*, repostada ao sobre-investimento em condições de baixa probabilidade de cumprimento da contraparte, tem uma dimensão *subjectiva* que se afere pela não-correspondência com as expectativas da própria parte inadimplente, com o quadro de valores que ela pode minimamente representar-se como estando em jogo com a sua atitude de incumprimento, a menos que essa expectativa tenha sido modificada por informação para esse efeito prestada pela parte credora – algo que de alguma forma tenha feito sentir ao devedor a especial essencialidade do cumprimento, o valor acrescido que ele passou a representar para o credor –, pois de outro modo deverá sustentar-se que a responsabilidade contratual do incumpridor deve abarcar apenas aquilo que ele poderia razoavelmente assumir com a sua adstrição obrigacional, sendo que todos os custos que excedem esse quadro de cognoscibilidade ou de previsibilidade devem correr por conta do credor (do credor que, insista-se, não notificou o devedor da intensificação da «margem de confiança»).[123-124]

Em contrapartida, a dissuasão do «excesso de confiança» não deve ser interpretado como comprovação da inutilidade desse valor da «confiança», o que parece ficar demonstrado com o facto de a tutela da confiança se estender até às simples promessas de liberalidades – entendendo-se que a promessa é exigível se o credor dessas liberalidades incorreu em despesas ou prescindiu de condutas lucrativas por confiar no cumprimento da promessa, e na medida em que fosse cognoscível ou previsível, da parte do promitente, que a promessa iria induzir uma tal conduta onerosa no promissário.[125]

Na verdade, o que mais parece ressaltar dessa abordagem do «excesso de confiança» é a constatação de que a tutela do interesse positivo pode tornar-se sub-óptima em função da assimetria informativa, nomeadamente em todas aquelas situações em que se suscitem problemas de conhecimento reportados à essencialidade dos interesses lesados[126] – casos em que tal assimetria pode gerar colapsos de «selecção adversa»:[127]

• se o credor revela a importância do interesse, arrisca-se a que o preço do bem ou serviço seja aumentado, visto que revela à contraparte uma sua mais elevada disposição de pagar;

• mas se não revela, arrisca-se a que a indemnização não seja completa caso ocorra o incumprimento;

---

[123] Isso corresponde à regra de *common law* de Hadley v. Baxendale (de 1854), em torno da qual se têm desenvolvido os principais contributos analíticos da doutrina norte-americana nesta matéria. Cfr. Scott, R.E. & D.L. Leslie (1993); Barnett, R.E. (1995); Dawson, J.P., W.B. Harvey & S.D. Henderson (1998); Frada, M.A.C.P.C. (2004), 318n306-320n308; Fuller, L.L. & M.A. Eisenberg (1996).

[124] Também se pode considerar que a solução é um aflorramento da regra que faz recair a responsabilidade na parte que, em condições de assimetria informativa, reteve informação privativa e assim dificultou a cooperação de que teria emergido o cumprimento contratual – a regra das *«penalty default rules»*. Cfr. Ayres, I. & R. Gertner (1989), 87ss.

[125] A doutrina norte-americana, na qual precisamente se coloca mais em dúvida a tutela da confiança por causa das patologias da *«overreliance»*, chega à admissão da tutela da confiança nas liberalidades através da extensão dos princípios da *«detrimental reliance»* e do *«promissory estoppel»*; todavia, não se perde de vista que no caso das promessas de liberalidades existem problemas específicos de imponderação que podem onerar o promitente muito para lá da sua expectativa, caso se tornem exigíveis todas as suas promessas, mesmo as mais imponderadas. Cfr. Posner, R.A. (1977), 411ss.; Eisenberg, M.A. (1979), 1ss.; Goetz, C. & R. Scott (1980), 1261ss.; Shavell, S. (1991), 401ss.; Kull, A. (1992), 39ss.

[126] Posner, E.A. (2003), 836ss.

[127] Sobre a «selecção adversa», cfr. Araújo, F. (2005), 304ss.

- em contrapartida, o credor que associa um baixo valor ao cumprimento tem interesse em revelar esse facto à contraparte, pois de outro modo arrisca-se a ter que pagar um preço médio que para ele é desnecessariamente elevado, pois corresponde à cobertura (ponderada pelos riscos) de uma indemnização que excederia muito o dano, caso o incumprimento se verifique;

- só que, a ser assim, o devedor poderá inferir que aqueles que revelam um valor baixo estão de certo modo a exonerá-lo do risco do cumprimento, e que, *a contrario*, aqueles que nada dizem estão a revelar um valor elevado, devendo por isso o preço ser para eles especialmente elevado.

Mas isso por seu lado significa que, na presença de uma maioria de credores que atribuem baixo valor ao cumprimento, a conexão da lesão à *"essencialidade"*, à *"base do negócio"* ou às *"circunstâncias em que as partes fundaram a decisão de contratar"* (arts. 252º, 1 e 2, 437º, 1 e 808º, 1 e 2) pode ter por efeito perverso o agravamento drástico dos custos de transacção (de renegociação, de prevenção dos danos da selecção adversa), e por isso ser sub-óptima – afigurando-se que a invocação da «essencialidade dos bens lesados» é preferível, em termos de eficiência, apenas no caso em que existe uma minoria de credores que atribuam ao cumprimento valores muito superiores à média.[128]

8. f) O «excesso de confiança» como um pretexto para a «sobre-responsabilização»?

Como voltaremos a ver com mais detalhe, hoje tende a relativizar-se a questão do «excesso de confiança» em função da diversidade de contextos contratuais e de investimentos envolvidos,[129] reformulando-a, pois, essencialmente como um problema de inadequação dos regimes indemnizatórios face à eficiência ou ineficiência do cumprimento, um problema no qual ainda avultam os interesses de limitar as «perdas de confiança» ou as situações de exposição das partes ao «*holdup*» contratual,[130] mas conjugados agora com considerações relativas à inércia ou dinamismo das partes na sua forma de se livrarem de situações contratuais potencialmente lesivas, ou de predisporem *ex ante* os pontos de apoio (os «*threat points*») para a renegociação dos vínculos contratuais quando se torne eficiente o litígio ou a reafectação de onerações e recursos.[131]

---

[128] Adler, B.E. (1999), 1547ss.; Bebchuk, L. & S. Shavell (1999), 1627ss.; Ayres, I. & R. Gertner (1989), 87ss.; Ayres, I. & R. Gertner (1992), 729ss.; Bebchuk, L. & S. Shavell (1991), 284ss.; Goetz, C. & R. Scott (1980), 1299-1300; Johnston, J.S. (1990), 615ss.; Wolcher, L.E. (1989), 9ss.

[129] Aghion, P., M. Dewatripont & P. Rey (1994), 257ss.; Che, Y.-K. & T.-Y. Chung (1999), 84ss.; Che, Y.-K. & D.B. Hausch (1999), 125ss.; Chung, T.-Y. (1991), 1031ss.; MacLeod, W.B. & J.M. Malcomson (1993), 811ss.

[130] Edlin, A.S. (1996), 98ss.; Edlin, A.S. & S. Reichelstein (1996), 478ss.

[131] Curiosamente, de certo modo invertendo os termos do Teorema de Coase, na medida em que, insistindo na necessidade de «remédio externo» para o problema do «excesso de confiança», presumem que (por razões de inverificabilidade, de «viscosidade», ou outras) mesmo a baixos custos de transacção a atribuição inicial de direitos, e até a introdução de normas imperativas, pode constituir um insubstituível incentivo de eficiência. Cfr. Ayres, I. (2003), 895; Ayres, I. & R. Gertner (1992), 762ss.; Ayres, I. & R. Gertner (1999), 1598ss.

Deve notar-se, a propósito, que tem sido objecto de preocupação a expansão da responsabilidade contratual, na medida em que se veja nessa extensão um desvirtuamento da matriz privatística e consensual dos contratos,[132] e a sua progressiva substituição por uma proliferação de regras que parecem tender irresistivelmente para a imperatividade,[133] e para a expansão irrestrita para todos os recantos e minúcias de condições e contingências não previstas pelas partes,[134] para a «releitura» dos termos explicitamente acordados pelas partes,[135] para a ponderação indiferenciada de factores supervenientes e «relacionais» não inicialmente cobertos pelo acordo,[136] para fazerem alastrar a matriz contratual à responsabilidade pré-contratual[137] – tudo expressões, aparentemente, de desconsideração pelo elemento consensual.

Mas o facto é que, mesmo da perspectiva da análise económica, se afigura necessário que o regime contratual extravase amplamente da área restrita da consensualidade explícita – pois senão cairíamos num formalismo com consequências indesejáveis, por exemplo em matéria de restrição drástica da extensão da responsabilidade contratual, numa atitude de reacção àquilo que os formalistas tenderam a caracterizar como o «socialização» da disciplina dos contratos, por sobre-extensão da responsabilidade,[138] ou por «contaminação ideológica» de propósitos de redistribuição ou de «justiça substantiva», alegadamente dissolutores das «fronteiras do contrato».[139]

No fundo, trata-se de uma reacção paralela àquela que leva a abordagem formalista a opor-se à integração de contratos lacunares[140] (alegando que não há referências voluntariamente partilhadas numa contraposição objectiva de interesses[141]); em ambos os casos, a visão formalista sustenta que, sendo as partes livres para distribuírem entre elas o risco da transacção, nenhuma delas é obrigada a promover os interesses da outra, ou a sacrificar a ela os seus próprios interesses – e que qualquer modificação desse equilíbrio pressuposto remete para os domínios do extra-contratual quando prescinde da atribuição à vontade explícita ou implícita das partes:[142] razão pela qual se dirá que um aprofundamento da responsabilidade contratual começa por pressupor um estreitamento dessa responsabilidade, o seu confinamento à pura relatividade obrigacional.[143]

---

[132] Kreitner, R. (2004), 429ss.
[133] Schwartz, A. (1993), 390-391; Schwartz, A. & R.E. Scott (2003), 547.
[134] Kull, A. (1991), 2ss.
[135] Scott, R.E. (2000), 848.
[136] Bernstein, L. (1999), 710-712.
[137] Benson, P. (2001), 118; Barnett, R.E. (2001), 1ss.
[138] Kennedy, D. (2000), 108ss.; DiMatteo, L.A. (1999), 267ss.
[139] Weinrib, E.J. (1995), 22-25, opondo-se a: Unger, R. (1983), 571ss.
[140] Gergen, M.P. (1992), 1081ss.; Goetz, C. & R. Scott (1981), 1149-1150; Goetz, C. & R. Scott (1983), 969-970.
[141] Benson, P. (1995b), 317.
[142] Benson, P. (1995b), 329-332; Coleman, J.L. (1992), 164-173; Barnett, R.E. (1992), 821ss.; Barnett, R.E. (1992b), 783ss.
[143] Eisenberg, M.A. (2002), 654-676; Kreitner, R. (2004), 436.

• Acrescentemos, a propósito, que mesmo numa forma mitigada, «instrumentalista», o formalismo insiste na interpretação literal do clausulado dos contratos,[144] e se opõe à integração dos contratos e à multiplicação de normas supletivas – salvo quando estas correspondam já à «despromoção» de regras imperativas,[145] insistindo-se muito nos custos em que as partes se verão forçadas a incorrer para se esquivarem a normas imperativas e supletivas que não correspondam aos seus interesses, ou na margem de «risco moral» que pode florescer à sombra de quaisquer «balizas involuntárias» que sejam introduzidas no regime contratual, tendendo a desincentivar as partes do seu esforço de auto-regulação,[146] em alegado prejuízo da segurança e da previsibilidade da conduta no comércio jurídico.[147]

• É fundamentalmente isso que faz com que o formalismo se tenha tornado no principal adversário da «Análise Económica» e da proeminência das ponderações de eficiência – no fundo, por argumentar que a «análise» destrói o objecto analisado, desconsiderando as relações típicas que se desenvolvem no seu seio e privilegiando outras que legitimam a «supervisão externa» das relações contratuais,[148] um argumento aliás muito consonante com a tendência que o formalismo constantemente evidencia, mormente na sua vertente mais dogmática, que é a tendência para ver os grandes princípios do Direito em jogo, ou sob ameaça, em todas as soluções que interfiram numa visão «contratualista» do próprio contrato.[149]

8. g) A «geração espontânea» da confiança: o Direito como «propiciador descartável»

Além do que ficou dito, algum do problema da confiança, e da respectiva tutela, esbate-se nas relações contratuais longas, nos termos hoje esquematizados na teoria dos «jogos com aprendizagem»,[150] ou representados pelo paradigma etológico da «evolução da cooperação»[151] – e que, no contexto mais restrito de que nos ocupamos agora, poderíamos referir como a tendência para o alinhamento da conduta do comissário «agente» pelos interesses do comitente «principal»:

• por multiplicação das oportunidades de partilha de informação, por um lado;

• por multiplicação, por outro, das ocasiões para o comitente retaliar contra o oportunismo «capturador», contra o «risco moral», do comissário;

---

[144] Schwartz, A. & R.E. Scott (2003), 547; Scott, R.E. (2000), 866ss.; Scott, R.E. (2000b), 162-163.
[145] Scott, R.E. (2003), 1691ss.; Schwartz, A. & R.E. Scott (2003), 618-619.
[146] Schwartz, A. & R.E. Scott (2003), 594-608; Scott, R.E. (2000b), 161; Scott, R.E. (2003), 1645ss.
[147] Kreitner, R. (2004), 437; Scott, R.E. (2000), 869-871.
[148] Weinrib, E.J. (1995), 48-49; Benson, P. (1995b), 309-311.
[149] Weinrib, E.J. (2003), 83-84; Pildes, R.H. (1999), 607ss.; Schauer, F. (1988), 521, 533.
[150] Araújo, F. (2005), 385ss.
[151] Idem, 106ss.

• por outro lado ainda, por aumento das possibilidades de se desfazerem os equívocos em que pode assentar o excesso de confiança.

Isto por se ter por injustificável que, com a passagem do tempo e com a multiplicação dos contactos, o credor não saiba aquilo com que pode contar da parte do devedor, e crescentemente implausível que o devedor não faça uma ideia dos interesses em jogo que passaram a estar dependentes do cumprimento das obrigações a que ele está adstrito.[152]

De certo modo, os frutos da interdependência estável são um remédio ao oportunismo dos jogos de lance único (que, lembremo-lo, tornam a não-cooperação uma estratégia *dominante*, ainda que essa não-cooperação tenha uma solução ineficiente), porventura tão eficaz como a disciplina dos contratos válidos e geradores de obrigações perfeitas, se não mesmo mais eficaz: propiciando o aumento do conhecimento partilhado e abrindo caminho ao instrumento dissuasor da retaliação, a interdependência induz ao empenho das partes mesmo na ausência de uma protecção formal como aquela que é facultada pela celebração de um contrato válido – podendo admitir-se que o que o contrato faz é:

• permitir a cooperação instantânea mesmo entre pessoas que não tiveram tempo de formar laços de interdependência ou nem sequer tencionam vir a formá-los;

• sustentar a continuação da cooperação em contextos de elevados custos de transacção, nos quais pudesse perspectivar-se a ponderação do interesse em prosseguir no contrato;

• evitar atitudes oportunistas em situações terminais de cooperação, nas quais, antevendo-se a dissolução dos elos de confiança e das oportunidades de partilha e de retaliação, as partes podem aproveitar para regressar às estratégias predatórias dominantes nos jogos de um único lance.[153]

Retenhamos, contudo, que, à medida que se alongam no tempo as oportunidades e efeitos da interdependência cooperativa, menos necessária se torna a tutela jurídica dos contratos e mais necessário se torna que o Direito abra espaço ao desenvolvimento dos mecanismos espontâneos de interacção – não raro privilegiando soluções equitativas e pacificadoras mais do que soluções de estrita justiça que provocassem a dissolução do cimento de confiança entre as partes nessas relações longas em favor de uma exacerbação artificial da litigiosidade, e mais soluções subsidiárias da disciplina espontânea do que soluções imperativas de adjudicação que deferem e indeferem interesses sem especial escopo conciliador. "E esta, afinal, a 6ª, e última, das finalidades económicas que inicialmente

---

[152] O economista diria porventura, mais sinteticamente, que a passagem do tempo aumenta a *elasticidade* das partes, tornando-as mais sensíveis à reciprocidade das atitudes e flexibilizando-lhes as respostas. Cfr. Araújo, F. (2005), 174ss., 184ss.

[153] O chamado «*endgame problem*», traduzido no «salve-se quem puder», ou no «quem vier atrás que feche a porta», próprio das situações de colapso iminente. Um exemplo dessa «estratégia de últimos lances» é o «*sniping*» nos leilões sujeitos a uma limitação temporal das licitações: cfr. Araújo, F. (2005), 219ss.

associámos à disciplina contratual: *fomentar as interdependências duradouras e diminuir a necessidade de estipulações contratuais explícitas*".

9. As reacções ao incumprimento

Dado tudo o que já vimos sobre a produtividade da cooperação, do empenho credível das partes, da criação de níveis eficientes de expectativa e de confiança a baixos custos de transacção, não custa a concluir que o regime indemnizatório por incumprimento deve ser configurado como incentivo à cooperação e à interdependência, e que as soluções óptimas serão as que asseguram um alinhamento de interesses e condutas entre as partes por forma a maximizar-se, contrato a contrato, os resultados nos momentos da negociação, da formação de deveres e de direitos, e do cumprimento desses deveres e de satisfação desses direitos de crédito.

Tudo isto sem se perder de vista que essas soluções respondem a um momento patológico na vida do contrato, e que por isso elas devem ser configuradas como complementos apenas do esforço de interpretação, de integração e de regulação da disciplina contratual – do esforço de expurgação de ambiguidades, lacunas ou iniquidades que possam interferir numa saudável e frutífera cooperação económica (ponto no qual a análise económica pode aliar-se, para efeitos de fazer ressaltar os interesses subjacentes e a lógica basilar dos negócios, a diversas «teorias interpretativas»[154] que se concentram na exegese, a partir do «ponto de vista interno» ou «formalista»,[155] da terminologia contratual dominante num determinado espaço socio-político[156]).

Isso explica também que tenda a dar-se preferência às reacções especificamente previstas no clausulado contratual (por exemplo, as cláusulas penais), embora possamos já esperar que as razões para a incompletude dos contratos determinem igualmente uma cobertura sancionatória explícita muito escassa e lacunar.

Mesmo a lenta sedimentação de contratos-tipo e de cláusulas contratuais gerais consegue erradicar apenas uma margem de contingência futura que ultrapassa o âmbito sancionatório, e isso torna inevitável o recurso à via litigiosa, seja no sentido de se chegar à realização coactiva da prestação ou à execução específica, seja no sentido de se encontrar uma reparação, por reconstituição natural ou por sucedâneo pecuniário, para os danos resultantes do incumprimento (ou do cumprimento defeituoso) – uma alternativa muito frequentemente ponderada

---

[154] Patterson, D. (1993), 235ss.; Benson, P. (2001), 118; Smith, S.A. (2000), 111ss. Do lado da responsabilidade civil, estas correntes encontram um paralelo em: Coleman, J.L. (2001); Coleman, J.L. (1992), 7-12.
[155] Weinrib, E.J. (1993), 592ss.
[156] Eisenberg, M.A. (2001), 213-222.

em puros termos de possibilidade circunstancial (veja-se a formulação do nº 1 do art. 566º), embora sugeríssemos já que ela pode também, ou deve talvez, ser ponderada também em termos de *eficiência*, e até nos termos dinâmicos de poder converter-se num referencial sancionatório que sirva de incentivo à conduta das partes – por exemplo, à adopção de atitudes preventivas de danos.

Como vimos já, o incumprimento pode gerar uma indemnização do interesse contratual positivo, o interesse *no cumprimento*, o interesse que a parte «inocente» terá em ser colocada na posição de vantagem, nos valores de bem-estar, que resultariam do cumprimento espontâneo – ou seja, em termos económicos, uma indemnização que propicie ao credor o ganho específico que ele espera do cumprimento ou um ganho equivalente («indiferente», em sentido económico) àquele, por forma a «isolar» o credor dos efeitos negativos do incumprimento imputável ao devedor – o que significa que avulta nesta forma de indemnização a consideração pelos «lucros cessantes», e mais precisamente os «lucros» que o credor obteria com a mera satisfação do seu crédito, o factor «positivo» na interesse contratual *positivo*, e que deverão considerar-se irrestritamente abarcados (ao menos no pressuposto de que não se está a lidar com uma patologia de «excesso de confiança») no conceito de "*benefícios que o lesado deixou de obter em consequência da lesão*", nos termos do nº 1 do art. 564º.

Neste caso, há a distinguir, no cálculo da indemnização:

• a situação em que o lesado tem a possibilidade de mitigar alguns dos danos através de uma substituição da prestação prometida por uma vantagem económica sucedânea – caso em que a verdadeira indemnização deverá limitar-se ao custo que essa substituição representou para o lesado, no caso de a substituição ser perfeita (o que poderá suceder, por exemplo, se a satisfação do interesse do credor pode alcançar-se através do recurso a bens fungíveis e homogéneos), ou deverá incidir sobre a diferença entre os níveis de satisfação esperados e alcançados, deduzidos estes dos custos inerentes –;

• a situação em que o lesado não tem à sua disposição meios de alcançar uma satisfação sucedânea, caso em que a indemnização deverá abarcar toda a extensão da desvalorização do objecto infungível do contrato, seja ela parcial (caso em que poderá admitir-se um mero cumprimento defeituoso), seja ela total (caso em que haverá incumprimento e a indemnização pode abarcar a totalidade do bem-estar que o cumprimento geraria para a parte «inocente», sem haver lugar a qualquer dedução).

9. a) *A tutela negativa dos custos de oportunidade*

Se passarmos ao interesse contratual negativo, do que se trata agora é, lembremo-lo, de colocar a parte «inocente» na posição de «bem-estar» em que estaria se não tivesse confiado no cumprimento do contrato, se não tivesse incorrido em despesas *por conta* do contrato – ou seja, em termos económicos, trata-se de indemnizar de forma a que o lesado acabe por ficar numa posição de «indiferença» entre incumprimento e inexistência do contrato, avultando por isso nesta forma de indemnização a consideração pelos «danos emergentes», e especificamente os «danos» que o credor não teria experimentado se precisamente não tivesse sido induzido a colocar-se nessa posição de credor, de «confiante».

Se perfilharmos este entendimento, diremos que são também danos emergentes, mais do que lucros cessantes, as oportunidades perdidas por força da confiança depositada no cumprimento (podendo adoptar-se uma noção mais restritiva de «lucros cessantes», cingida ao adicional de bem-estar que resultaria da satisfação, pelo cumprimento, do interesse contratual positivo), querendo com isso sugerir-se que as «perdas de oportunidades», na dimensão do contra-factual, devem estar sujeitas à lógica, e aos limites, da «tutela da confiança».[157]

Só que, no entendimento de alguns, a consideração destes custos de oportunidade para efeitos indemnizatórios remete para uma terceira solução, que é a de se colocar a parte «inocente» na posição de bem-estar que para ela resultaria de ter celebrado o contrato que constituía a melhor alternativa ao contrato que celebrou, pressupondo-se que esse contrato «segundo melhor» teria sido cumprido – ou seja, em termos económicos, colocando o lesado numa posição de «indiferença» entre incumprimento do contrato «óptimo» e cumprimento do contrato «sub-óptimo».

Deveremos, pois, incluir ou excluir os custos de oportunidade na tutela negativa dos «danos de confiança»? Tudo parece sugerir que sim, que devemos inclui-los, mas nada obsta a que, por razões didácticas de mera clarificação, refiramos separadamente esses «lucros cessantes». Como o ponto é algo mais complexo, e se enreda com considerações relativas ao tipo de mercado que estejamos a considerar, deixaremos uma indagação mais cabal para mais tarde.

Num quadro, sintetizaríamos os três tipos de indemnização:

Tipo de indemnização	Objectivo de «indiferença» entre
Do incumprimento	Incumprimento e cumprimento
Da confiança	Incumprimento e inexistência do contrato
Do custo de oportunidade	Incumprimento e cumprimento do contrato sucedâneo

Aplicaremos de seguida essa noção de «indiferença», provinda da «teoria do consumidor» na moderna ciência económica,[158] para analisarmos o impacto desses vários tipos de indemnização.

Note-se, entretanto, que se a diferença entre interesse contratual positivo e negativo, para efeitos indemnizatórios, se cinge à questão dos lucros cessantes, isso se esbate por força da *indeterminabilidade* desses lucros cessantes – o que

---
[157] Sobre «custos de oportunidade», cfr. Araújo, F. (2005), 30ss., 41ss.
[158] Araújo, F. (2005), 248ss.

leva até vários autores a sugerirem que contrafactualmente se presuma que, a não ter ocorrido o incumprimento, os projectos da parte inocente teriam conduzido meramente a uma situação de «*break-even*», sem lucro nem prejuízo:[159-160] solução que, adequada à perspectiva concorrencial de longo prazo, levaria a que as indemnizações de «*expectations*» e de «*reliance*» passassem a coincidir necessariamente, por definição.[161-162]

Esse entendimento é aliás representativo também de uma outra insensibilidade, esta relativa à incompreensão do que sejam «danos patrimoniais puros», de acordo com uma tutela de posições incompletamente «tituladas», a qual reclama uma sofisticação económica de que os ordenamentos positivos, e muito frequentemente a doutrina, se afiguram arredados.[163]

E observe-se ainda que, dessa perspectiva pragmática de simples alcance probatório, essa solução é equivalente a outras que não envolvem a invocação da tutela da «confiança»: por exemplo, um abrandamento dos requisitos de prova quanto ao interesse positivo, ou o estabelecimento de presunções na quantificação dos lucros cessantes – ou mais simplesmente a generalização do recurso a cláusulas penais ou à realização coactiva da prestação, soluções que subalternizam o problema da determinação precisa do montante do interesse positivo.

Note-se, de passagem, que se a realização coactiva da prestação parece ser a via preferível de reacção ao incumprimento naqueles casos em que os cálculos do dano sejam especialmente complexos – pense-se no caso de um bem ou serviço infungível[164] –, havendo em contrapartida quem observe que o cálculo dos danos nunca deixa de ser complexo, e que por isso a premissa é irrelevante, havendo sobretudo quem argumente que deve presumir-se a racionalidade das partes na configuração do equilíbrio patrimonial óptimo através do contrato que aceitaram celebrar – o que fará da realização coactiva da prestação, não um expediente a ser usado por mera falência do cálculo do dano, mas antes a via reparadora principal, a via da reconstituição natural, preferível a remédios sucedâneos que as partes podem não ter ponderado no horizonte das suas finalidades contratuais.[165]

---

[159] Birmingham, R. (1985), 229-232; Farnsworth, E.A. (1990), 846; Kelly, M.B. (1992), 1811-1825. O mesmo tem sido defendido até para o enriquecimento sem causa: Kull, A. (1995), 1206-1207.

[160] Sobre o conceito de de «*break-even*», cfr. Araújo, F. (2005), 321ss.

[161] Para uma panorâmica dos problemas resultantes das dificuldades de medição do interesse que é objecto da protecção *negativa* da confiança, cfr. Frada, M.A.C.P.C. (2004), 75.

[162] A tutela da confiança afigurar-se-á, deste prisma, um sucedâneo, uma salvaguarda para que algumas expectativas não sejam defraudadas, quando não seja de todo possível atribuir um valor ao desfecho que não chegou a ocorrer. Por exemplo, alguém vê ser retirada uma promessa de emprego ou de negócio – mas quanto ganharia com elas? E seria de esperar que as aceitasse no pressuposto de que não atingiria sequer o «*break-even*»? Nestes casos, a indemnização da «confiança» serviria para empolar o montante indemnizatório – que contrafactualmente teria que se concluir que seria nulo, se não fosse colocada uma tal ênfase no «interesse negativo».

[163] Sobre este ponto, cfr. Frada, M.A.C.P.C. (2004), 238ss., 250-251.

[164] Kronman, A.T. (1978b), 351ss.

[165] Schwartz, A. (1979), 271ss.; Ulen, T. (1984), 341ss.

9. b) Indemnizações e «mapas de indiferença»

Antes de prosseguirmos, sublinhemos ainda um traço característico da análise económica, um expediente que ela usa para fazer ressaltar os elementos de pura racionalidade no comportamento dos agentes, que é o de deixar de lado quaisquer juízos morais para, neste caso, se aferir o que seja o cumprimento eficiente e o incumprimento eficiente, admitindo que ambos constituam opções racionalmente equivalentes:

• assim, aquele que indemniza *perfeitamente* deve ser livre de cumprir ou não cumprir, se o que pretendemos alcançar é o máximo de eficiência nas transacções;

• se um devedor consegue internalizar completamente no seu património os custos do seu próprio incumprimento e ainda lhe sobra uma margem de acréscimo de bem-estar por fazê-lo, ditará a eficiência (que aqui designaremos adequadamente como «eficiência de Pareto»[166]) que o faça – se bem que pacificamente se possa admitir que prevaleça no seu espírito a solução mais justa de evitar danos mesmo quando possa repará-los completamente, uma solução porventura mais justa de que haverá sempre, em todo o caso, que sublinhar a ineficiência relativa, o custo.

Vamos a um novo exemplo para ilustrarmos a análise económica dos vários tipos de indemnização:[167]

• Suponhamos que F, proprietário de uma baixela de prata de que 50% das peças apresentam defeitos, contrata a respectiva reparação com G, que lhe assegura o resultado de uma reparação a 100%, preferindo-o a H, que lhe garantiria uma reparação de apenas 85% das peças.

• E suponhamos agora que G comete um erro na reparação, submetendo as peças a uma limpeza que, tendo efeitos corrosivos inesperados, acaba por inutilizar 75% dessas peças (deixando-as, pois, num «estado de reparação» de 25%).

• F considera que foi vítima de um dano incalculável, dado que se tratava de uma baixela adquirida por um seu tetravô, e sempre mantida na família, e que o preço convencionado para a reparação de 50% das peças nada tem a ver com o valor dessas peças, mormente com o valor perdido na destruição dessas peças.

---

[166] Araújo, F. (2005), 235ss.
[167] Vamos escolher um exemplo que, reportando-se a bens com valor «estimativo» muito elevado, e portanto com uma elevada disparidade entre valor de uso e valor de troca, poderíamos considerar na margem entre danos patrimoniais e danos não-patrimoniais (abarcando num sentido amplíssimo deste conceito de «não-patrimonialidade» todos aqueles danos que não são computáveis por valores de troca, por preços correntes no mercado, em larga medida apenas porque são infungíveis).

• Lembremos que os vários tipos de indemnização visam colocar o lesado em situações de «indiferença», e por isso comecemos por desenhar um «mapa de indiferença»[168] com os valores em causa:[169]

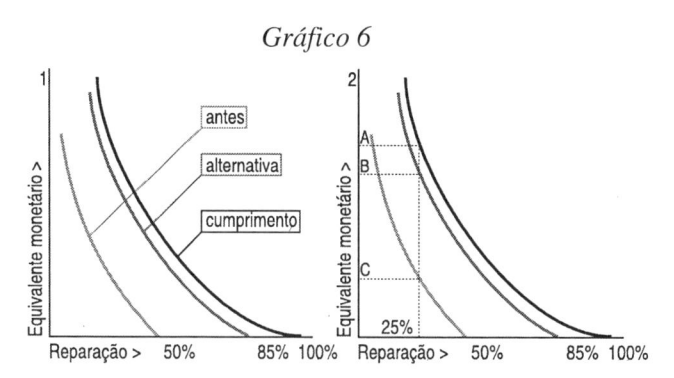

Gráfico 6

1, 2: Curvas de indiferença dos vários tipos de indemnização – do interesse contratual negativo (C- reparação de 50%), do custo de oportunidade (B- reparação de 85%) e do interesse contratual positivo (A- reparação de 100%).

O dano provocado por G, deixando a baixela num estado de conservação de 25%, significa para F que ele terá que receber:

• a indemnização de A para ficar numa posição monetariamente equivalente («indiferente») à do cumprimento perfeito do contrato por G;

• a indemnização de B para ficar numa posição monetariamente equivalente à do cumprimento do contrato sucedâneo por H;

• a indemnização de C para ficar numa posição monetariamente equivalente à da inexistência do contrato com G (e com H).

Trata-se de um conjunto de indemnizações *perfeitas*, no sentido de que qualquer delas visa deixar o lesado, com a lesão e com a compensação monetária, numa posição equivalente, em termos de bem-estar, àquela em que ele estaria sem a lesão e sem a compensação monetária.

---

[168] Um mapa de indiferença é um conjunto de curvas de indiferença, cada uma representando um contínuo de pontos que representam o mesmo grau de bem-estar, pontos entre os quais se pode transitar por uma determinada taxa marginal de substituição (no caso, cada ponto representa uma combinação possível de reparação efectiva, «em espécie», e de compensação monetária – admitindo-se que mais reparação específica implique menos reparação monetária, e vice-versa, de acordo com uma determinada taxa marginal de substituição que representa as preferências do sujeito). Cfr. Araújo, F. (2005), 248ss.

[169] Sublinhemos ainda que é porque se prevê que certas pessoas demonstrem instabilidade nas suas preferências, revelando incongruência na ordenação das suas curvas de indiferença, que o Direito estabelece condições de *incapacidade negocial*, temporária ou permanente. E note-se que o princípio do «*least-cost avoider*», subjacente à solução do Juiz Learned Hand, justifica, em termos de *pura eficiência*, a especial responsabilidade que recai sobre a contraparte nos contratos celebrados com incapazes – já que se presume que é a contraparte que, estando mais próxima da situação negocial, mais facilmente detecta a incapacidade – essa incongruência na ordenação das curvas de indiferença – e mais eficientemente previne os seus efeitos.

Para esclarecermos um pouco mais as implicações do quadro indemnizatório, notemos, num novo gráfico, que:

• se G tivesse deixado a baixela exactamente no estado em que a encontrou, não haveria lesão da confiança (estamos a pressupor que não ocorreu nenhum «investimento de confiança» por parte de F), mas haveria ainda lugar à indemnização do interesse contratual positivo (x), ou à indemnização do custo de oportunidade (y).

• se G tivesse deixado a baixela num estado de reparação de 85%, não haveria indemnização da confiança ou do custo de oportunidade, subsistindo apenas uma indemnização pelo interesse contratual positivo (z).

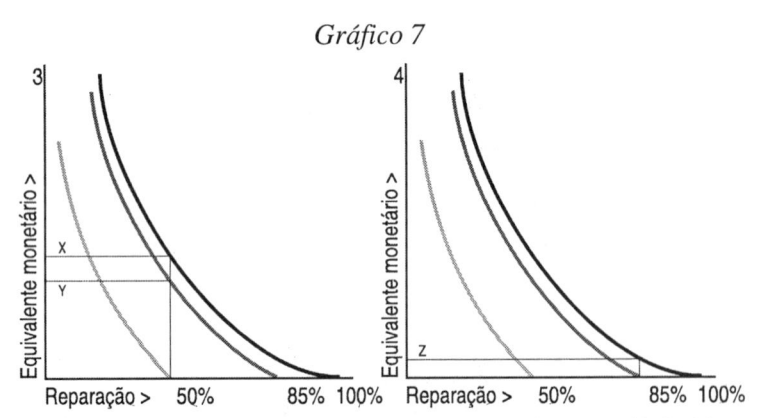

Gráfico 7

3: Indemnização do dano contratual positivo (x) *e* do custo de oportunidade (y)
4: Pura indemnização do dano contratual positivo (z)

Vimos no gráfico que A > B > C, ou seja que a indemnização do interesse contratual positivo é normalmente superior à indemnização pelo custo de oportunidade, e que esta é geralmente superior à indemnização do interesse contratual negativo.

Isso tenderá a ser assim (salvo alguma patologia ou «excesso») porque temos que pressupor a racionalidade das partes:

• aquele que celebra um contrato procurará encontrar através dele a solução maximizadora do seu bem-estar, deixando para segundo lugar um contrato que não seja maximizador; por outras palavras, entre dois contratos possíveis escolherá aquele que apresenta menor custo de oportunidade em termos de maximização de bem-estar;[170]

• qualquer dos dois contratos, o «óptimo» e o «sub-óptimo», são desejados porque incrementam o bem-estar por comparação com a opção do «não-contra-

---
[170] Na verdade, em concorrência perfeita a atomicidade e a fluidez deveriam permitir a perfeita fungibilidade de parceiros e de termos negociais, pelo que se esbateria essa diferença entre «óptimo» e «sub-óptimo». Mas como essa situação-limite é improvável, a amplitude dos custos de oportunidade variará na proporção da falta de atomicidade e de fluidez nos mercados. Sobre atomicidade e fluidez, cfr. Araújo, F. (2005), 142ss., 145ss.

to», não sendo razoável que alguém se dê ao trabalho de contratar e que incorra nos inerentes custos de transacção se não for para alcançar ganhos superiores aos que lhe adviriam de nada fazer.

Contudo, isso não impede de modo algum que essa ordem seja alterada, mormente pelas já referidas patologias na conduta das partes, a reclamarem limitações à atribuição litigiosa de montantes indemnizatórios.

Voltando ao nosso exemplo:

• Suponhamos que os tribunais, por limitação legal ou por juízo de equidade, se recusam a atribuir uma indemnização pelo interesse contratual positivo que eles considerem alicerçados em danos não-patrimoniais, ou em valores diversos do preço corrente no mercado.

• Suponha-se ainda que F, que atribui à baixela um elevadíssimo valor «de estimação» (de uso), incorreu em 15.000 euros de despesa para reparar os móveis em que instala a baixela de prata e em 15.000 euros de despesa na organização de uma festa de apresentação da baixela reparada, sendo que o tribunal determina afinal que, atendendo aos preços de mercado, a baixela inteiramente reparada não valeria mais do que 25.000 euros, sendo esse o limite máximo da indemnização do interesse contratual positivo (limite que nem chega a ser atingido visto que os danos representam apenas 75% do valor da baixela).

• Nesse caso, a reacção limitadora do sistema jurídico aos «excessos» de F faria com que os danos «de confiança» ultrapassassem os danos «de cumprimento».

Quatro notas ainda sobre esta hipótese:

1) Por um lado, abstraímos da possibilidade de existir uma cláusula penal – quer se admita ou não que o montante possa exceder os danos que efectivamente se verificarão, isto é, quer se admita ou não que haja uma função punitiva e dissuasora combinada com o simples escopo indemnizatório[171-172] –, e desconsiderámos igualmente as incidências de um eventual pacto arbitral.

2) Por outro lado, desta feita deixámos de fora da hipótese a questão do preço pago pelo serviço prestado por G a F, porque nos interessava apenas o

---

[171] Sendo que a função punitiva pode ser especialmente eficiente se ela constituir uma espécie de seguro estabelecido pelo devedor em favor do credor, e se o credor for a pessoa susceptível de evitar ou suportar os danos com o mais baixo custo (o «*least-cost avoider*»); sendo por isso que essa função punitiva pode revelar-se também muito eficiente na prevenção e repressão do incumprimento intencional, fraudulento. Cfr. Goetz, C. & R. Scott (1977), 554ss.; Dodge, W.S. (1999), 629ss.

[172] Não pode menosprezar-se ainda o efeito *sinalizador* que advém do facto de se estabelecer cláusulas penais elevadas, eventualmente a troco de um preço igualmente elevado (o que indicia que se está na verdade a pagar um prémio de seguro): é que isso pode servir de atestado da credibilidade, da fiabilidade, do devedor. Além disso, a limitação da cláusula penal ao montante do dano efectivamente gerado pelo incumprimento (defendido, por razões «coaseanas», em Talley, E.L. (1995), 1195ss.) pode ser um gesto inútil, já que o mesmo efeito sinalizador e incentivador pode ser alcançado pelo estabelecimento, entre as partes, de prémios ao cumprimento – como se tem generalizado nos contratos de empreitada. Cfr. Katz, A. (1990), 215ss.

cômputo dos danos sem nos ocuparmos, como fizemos já anteriormente, da avaliação do bem-estar total gerado pela transacção, ou dos efeitos da «captura» desse bem-estar pelas partes – é que essa desconsideração do preço poupa-nos às complicações relativas à restituição do que tenha já sido prestado pelas partes em antecipação do cumprimento, embora possamos admitir que normalmente o valor dessas prestações será inferior aos valores, seja do cumprimento, seja do custo de oportunidade, seja mesmo da estrita «confiança» (o valor dos «investimentos *por conta* do cumprimento»), não se afigurando racional que suceda de modo diverso.

3) Por outro lado ainda, presumimos que, até por força do objecto contratual, G assumia perante F uma atitude declarativa fortemente indutora de confiança, aquilo que tradicionalmente se designaria por uma *obrigação de resultado* (embora não uma *obrigação de garantia* que cobrisse ilimitadamente qualquer incremento de confiança de F).[173] A situação seria diversa se G tivesse assumido perante F aquilo que tradicionalmente se designaria como uma mera *obrigação de meios*, o compromisso de fazer o seu melhor, sem fornecer balizas precisas para a aferição da sua diligência de devedor e sem incentivar qualquer anormal incremento de confiança por parte de F; mas mesmo aí não faltariam modos de se alcançar alguma precisão no balizamento de montantes indemnizatórios – por exemplo, olhando para a culpa em concreto, para o distanciamento entre a diligência demonstrada naquela transacção e a diligência habitual do devedor –, além de restarem sempre as salvaguardas do «não locupletamento indevido».[174]

4) As curvas de indiferença implicam também *literalmente* que é indiferente a F que, verificado o dano, G seja compelido a realizar coactivamente a prestação ou a indemnizar por reconstituição natural (no eixo «reparação»), ou por outro lado a indemnizar por pagamento de um montante sucedâneo (no eixo «equivalente monetário»).

• Isso não significa que não intervenham complicações em sede de infungibilidade no cumprimento,[175] ou ao contrário complicações relativas à perda de confiança de F na conduta de G (dando origem ao direito à resolução previsto no art. 801º, 2).

---

[173] Estas expressões parecem ter caído em desuso na civilística. Cfr. Leitão, L.M.T.M. (2003), 140-141.

[174] Farnsworth, E.A. (1985), 1339ss.; Cooter, R. & B.J. Freedman (1991), 1045ss.

[175] Pense-se novamente no problema de «holdup» contratual, a situação em que uma das partes no contrato, ou ambas, fazem investimentos específicos em função daquele contrato, investimentos «de confiança», por conta da expectativa de cumprimento – investimentos que são *específicos* porque são em larga medida irrecuperáveis, irreconvertíveis para o contexto de uma oportunidade contratual alternativa (exemplos, o jogador de futebol que se tornou indispensável à táctica da sua equipa, e por isso tenta renegociar ameaçando desleixar a sua conduta; a empresa de *software* que fornece um programa insubstituível e agora pressiona os clientes no sentido de um aumento de preço, sob a ameaça de deixar de prestar assistência ou de deixar de fornecer actualizações; os pilotos de uma companhia aérea que ameaçam com greve num período de máxima actividade). O problema não é muito diverso do das «falhas de mercado» resultantes de situações de monopólio, com reflexos próximos em matéria contratual, mormente am tema de contratos de adesão e de cláusulas contratuais gerais – cfr. Kessler, F. (1943), 629ss.

• Apenas significa que se supõe que essas circunstâncias se encontram já reflectidas na forma peculiar das curvas de indiferença – que, como é sabido, pode assumir as mais diversas formas, em função precisamente das preferências subjectivas (no caso, as do lesado) das quais dependa a maior infungibilidade (Gráfico 8.5) ou maior fungibilidade (Gráfico 8.6) do cumprimento, a maior ou menor disposição de aceitar uma indemnização por compensação monetária.

• E isso não significa também que, em casos em que se perceba que existe uma grande disparidade entre o valor «de estimação» e o valor de mercado, entre valor de uso e valor de troca, a lei ou os tribunais, em vez de se aterem a estes últimos, tentem evitar envolver-se nessa aferição de sucedâneos (se é que os há) e prefiram o caminho menos equívoco da simples reconstituição natural do objecto lesado (e daí o carácter sucedâneo da indemnização pecuniária, como resulta do art. 566º, 1).

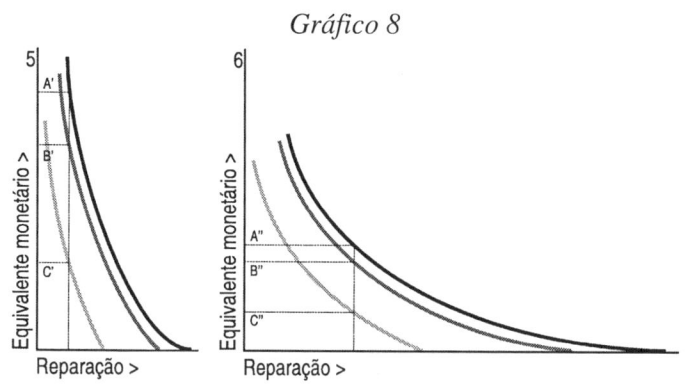

Gráfico 8

Curvas de indiferença representando as preferências distintas de dois credores lesados: um mais disposto a aceitar a realização coactiva ou a reconstituição natural (5), outro menos disposto a aceitá-las (6)

10. Efeitos dinâmicos: alteração das circunstâncias e «terceiro cúmplice».

Regressemos um pouco atrás, para nos concentrarmos agora particularmente na questão dos incentivos criados pelo sistema jurídico à conduta estratégica das partes.

Recapitulemos que, entre os inúmeros efeitos que o regime jurídico do incumprimento pode ter na conduta das partes, são especialmente relevantes, para a presente análise, os que dizem respeito às condições de eficiência para o cumprimento e para o incumprimento, por um lado; e por outro, os efeitos relativos aos níveis de investimento que o devedor faz *para* cumprir e que o credor faz *por conta* do cumprimento em que confia.[176]

Aludimos já às condições do incumprimento eficiente, que é aquele que ocorrerá sempre que os custos do cumprimento excedam o bem-estar total, o somatório dos benefícios para ambas as partes – o que normalmente resultará, seja de um erro na avaliação dos custos no momento da conclusão do contrato (o erro sobre a base do negócio, previsto no art. 252º, 2), seja da superveniência, na pendência do contrato, de uma alteração das circunstâncias que torna mais valioso um emprego alternativo dos recursos necessários para o cumprimento daquele contrato (a situação regulada pelo art. 437º):[177] em ambos os casos, porque as partes tiveram por altamente provável que o cumprimento envolvesse custos baixos, e excluíram como negligenciável a probabilidade de elevados custos de cumprimento.

Podemos aqui discernir duas situações distintas:

• aquela em que o devedor (o comissário, o «agente») vê os custos directos do cumprimento agravarem-se a ponto de ser preferível limitar as perdas deixando de cumprir e reorientando os recursos disponíveis para outras finalidades que inicialmente eram tidas por inferiores à do cumprimento daquele contrato, geradoras, pois, de menos bem-estar total (o livreiro que não entrega o livro raro porque o exemplar que obtivera foi destruído durante o transporte, e não há agora mais nenhum exemplar à venda no mercado, ou à venda por um preço *aceitável*);

• aquela em que surge ao devedor a possibilidade de obter ganhos de bem-estar superiores numa outra transacção que não aquela que o liga ao credor (o comitente, o «principal»), tornando por isso vantajoso para ele não cumprir – visto que o cumprimento passa a ter, para ele, um custo de oportunidade superior ao de uma alternativa contratual (o livreiro que não entrega o livro raro porque entretanto foi aliciado a não cumprir por uma oferta irresistível de um coleccionador milionário).

Voltemos ao exemplo do livreiro:

• Lembremos que o livreiro A fora encarregado pelo comprador B de procurar um livro raro, Y, e revender-lho – o que A aceitaria fazer por um mínimo de 100 euros, estando B disposto a pagar um máximo de 200 euros, mas que ambos acabaram por convencionar que se faria por um preço de 150 euros (logo, com um excedente de bem-estar de 50 euros para cada uma das partes).

---

[176] É evidente que existem muitos outros efeitos: por exemplo, uma disciplina jurídica «fraca» do incumprimento levará à busca de parceiros das trocas dentro de um universo mais restrito, por exemplo dentro de uma «rede de influências», ou de uma «comunidade empresarial», nas quais seja possível compensar a frouxidão das sanções jurídicas com a severidade de sanções extra-jurídicas; e levará à elaboração de contratos mais completos com mais estritas e pesadas cláusulas penais, com regimes mais detalhados quanto à resolução alternativa de litígios, etc.

[177] Leitão, L.M.T.M. (2002), 174ss.

• Suponha-se agora que sucedeu uma de duas coisas:

1°) ou o livreiro A viu destruído o exemplar de que dispunha, e custar-lhe-á agora 300 euros adquirir um novo exemplar para entregá-lo a B;

2°) ou o livreiro A teve, da parte de um terceiro, uma proposta de compra do livro por 300 euros.

•No primeiro caso, A incorrerá no custo directo de 300 euros, que gerará um prejuízo líquido de 150 euros (= 300-150); no segundo caso, A registará um custo de oportunidade de 150 euros por cumprir o seu acordo com B (= 300-150).

•1ª hipótese – o livreiro viu destruído o exemplar de que dispunha

Mais uma vez, comecemos pela matriz de perdas e ganhos na situação em que *não existe contrato válido*, um contrato gerador de obrigações perfeitas. O quadro passará a ser o seguinte:

B \ A	Cumprir (sem custo)	Cumprir (com custo)	Fugir com o dinheiro
Entregar o dinheiro	50 \ 50	50 \ -150	-150 \ 150
Não entregar o dinheiro	0 \ 0	0 \ 0	0 \ 0

Vemos que, dado o montante dos custos envolvidos no cumprimento, as estratégias dominantes (respectivamente «fugir com o dinheiro», para A, e «não entregar o dinheiro», para B) levam à inexistência da transacção, haja ou não custos adicionais no cumprimento.

Passemos para a situação em que *existe um contrato válido*, gerador de obrigações perfeitas e de uma indemnização que internaliza perfeitamente o dano provocado ao interesse contratual positivo:

B \ A	Cumprir (sem custo)	Cumprir (com custo)	Não cumprir
Contratar	50 \ 50	50 \ -150	50 \ -50
Não contratar	0 \ 0	0 \ 0	0 \ 0

Neste caso, a estratégia dominante (e a solução eficiente) será a de *cumprir* quando não haja custos, mas passará a ser a de *não cumprir* ao nível indicado de custos adicionais.

• Dada a indemnização perfeita, B receberá sempre o mesmo no caso de decidir contratar, e será sempre mais do que se decidir não contratar – sendo, pois, que para ele a opção racional será inequivocamente a de contratar.

• Mas para A, contratar só será a opção racional se, no momento da celebração, não forem cognoscíveis ou previsíveis os custos adicionais, visto que com a ocorrência destes e na vigência do contrato a opção entre cumprir e não cumprir passa a ser uma opção entre dois males, dois prejuízos, sendo racional que escolha o mal menor – que é não cumprir.

Isso não significa que o incumprimento, e o pagamento da correspondente indemnização, sejam uma inevitabilidade numa situação dessas, mas apenas que eles passam a ser a solução racional e eficiente, a menos lesiva para o bem-estar total, a menos desincentivadora para a prossecução de condutas contratuais e para a multiplicação das trocas.

O devedor poderá ainda cumprir:

• espontaneamente, seja por motivos irracionais, seja por razões exteriores ao clausulado contratual e ao regime jurídico (por exemplo, tem muito a ganhar, no seu meio empresarial ou na sua «rede de influências», com a reputação de que cumpre os contratos *em todas as circunstâncias*, e de que os compromissos que assume são sempre – para ainda recorrermos à obsoleta mas sugestiva designação – *obrigações de garantia*);[178]

• forçadamente, por lhe ser juridicamente imposta a realização coactiva da prestação (nos termos dos arts. 817º e seguintes, e 827º): ou seja, que A entregue um exemplar do livro Y a B, ou que custeie a sua entrega por um terceiro, ou que haja entrega judicial (execução específica) independentemente de se saber se se trata de incorrer em novas despesas de 300 euros porque o livro inicialmente prometido se destruiu, ou se trata apenas de gorar o negócio mediante o qual A se propunha vender a preço mais elevado a um terceiro, sendo que o exemplar do livro está intacto.

De facto, a solução da realização coactiva da prestação surge aqui não apenas como *menos eficiente* do que a da indemnização, *impondo o cumprimento ineficiente*, mas ainda como propiciadora de uma ulterior captura de bem-estar pelo lado do credor, que poderá tentar convencer o devedor a renegociar sob a ameaça dessa realização coactiva, explorando o diferencial de valores, para o devedor, entre a indemnização e o cumprimento coagido: no caso, um diferencial de 100 euros, que B poderá tentar «redistribuir» ameaçando A – propondo-lhe, por exemplo, uma indemnização adicional de 50 euros, a troco de prescindir da acção de cumprimento e execução.

Trata-se de uma solução renegociada que, por mais chocante ou abusiva que possa parecer (sobretudo a quem não esteja familiarizado com a lógica «coaseana»[179]), é ainda mais eficiente do que a da realização coactiva da prestação (gera um bem-estar total de zero, contra uma perda de bem-estar de 100 euros) e é estrategicamente superior para A (reduzindo-lhe a perda de bem-estar de 150 para 100 euros).

Esse tipo de cálculo tem levado, de resto, à revisão do papel a atribuir à cláusula penal na promoção «dinâmica» da eficiência, abandonando-se a noção elementar de que ela tende apenas a aumentar custos e a entravar a eficiência

---

[178] É claro que os efeitos sinalizadores dessa atitude «de garantia» podem ser alcançados por meios alternativos – pense-se, por exemplo, no recurso às «cartas de conforto». Cfr. Frada, M.A.C.P.C. (2004), 527ss.

[179] Araújo, F. (2005), 552ss.

alocativa (a impedir que os bens cheguem aos adquirentes com mais elevadas disposições máximas de pagar), em favor de um entendimento que encara as cláusulas penais, mesmo as muito elevadas, como «alavancas» no jogo de «captura de bem-estar» que podem propiciar ao comércio jurídico visíveis incrementos de bem-estar – bastando pensar-se:

• No efeito dissuasor da cláusula penal que, elevando a «fasquia» indemnizatória, eleva também a «disposição mínima de revender» a um terceiro por parte do devedor inadimplente[180], e com isso baixa o custo de oportunidade (e logo a «disposição mínima») de vender ao credor inicial.[181-182]

• No efeito incentivador interno em termos de «sinalização», transmitindo cada uma das partes à outra a seriedade do seu compromisso através da aceitação de uma indemnização especialmente pesada, de que o cumprimento dos seus deveres ficará «refém», uma sinalização que furtará as partes aos efeitos corrosivos da selecção adversa,[183] a algum do risco moral emergente da deficiente partilha de informação privada – razão pela qual têm sido encontradas até algumas justificações para o fortalecimento da rigidez do regime contratual, ao arrepio das propostas flexibilizadoras, que são predominantes.[184]

Aliás, recorrendo ainda à lógica «coaseana», poderemos adiantar que, na ausência de custos de transacção que entravem a renegociação, esta renegociação chegará à solução eficiente, à mais eficiente das soluções possíveis, independentemente da solução indemnizatória que comece por ser inicialmente imposta. Com efeito, se compararmos as situações de «realização coactiva», com bem-estar total negativo, e de «renegociação» e de «indemnização», ambas com bem-estar total de zero, concluiremos que estas duas situações são precisamente equivalentes em termos de eficiência – que não em termos de redistribuição – e que são ambas as situações *mais eficientes*:

Realização Coactiva	Renegociação	Indemnização
50 \ -150	100 \ -100	50 \ -50

O que em suma se aduzirá é que, se a indemnização do interesse contratual positivo é *sempre* eficiente, induzindo *sempre* o comportamento maximizador, seja ele o cumprimento, seja o incumprimento, já a realização coactiva da prestação tende a ser ineficiente nestas situações de agravamento de custos do cum-

---

[180] Spier, K.E. & M.D. Whinston (1995), 180ss.; Edlin, A.S. (1998), 174.

[181] Chung, T.-Y. (1992), 282-283; Spier, K.E. & M.D. Whinston (1995), 182-183.

[182] Pode retirar-se daqui, de resto, um argumento suplementar a favor da manutenção invariável da «fasquia» da indemnização do interesse contratual positivo, subaltermnizando os riscos da indução de «excesso de confiança». Cfr. Chung, T.-Y. (1998), 1057ss.

[183] Aghion, P. & B. Hermalin (1990), 381; Rothschild, M. & J. Stiglitz (1976), 629ss.; Ayres, I. (1991), 387ss.; Rea Jr., S.A. (1984), 188ss.

[184] Bishop, W. (1983), 253ss.; Goetz, C. & R. Scott (1980), 1299-1300.

primento, e só não o será na medida em que induza as partes a renegociarem (a baixos custos de transacção).

• Note-se que, se os custos de cumprimento ultrapassarem o valor subjectivo que o credor coloca nesse cumprimento, uma indemnização igual àqueles custos de cumprimento seria superior ao interesse contratual positivo, deixando o credor numa situação melhor do que aquela que seria assegurada pelo cumprimento espontâneo[185] – razão pela qual se entenderá que, num caso desses, a atribuição do recurso à realização coactiva da prestação serve sobretudo, não para consumar uma injustiça (e ineficiência), mas serve antes e sobretudo para conferir ao credor um poder negocial forte, no sentido de lhe propiciar que obtenha do devedor a indemnização integral do interesse contratual positivo – uma quantia inferior ainda ao custo de cumprimento, e que por isso gerará, a ser paga, um novo «excedente de bem-estar» entre as partes, pela diferença entre aquilo que foi pago com a indemnização e aquilo que teria que ser pago pelo cumprimento.[186-187]

• A própria solução da «restituição» apresenta, nestes termos, a sua vertente «punitiva»,[188] nos casos em que à «parte inocente» é dada a opção entre a indemnização por incumprimento e a resolução com indemnização da confiança – como parece resultar, ainda que de modo não inequívoco, do regime do art. 801º, 2.[189] É que não se pode perder de vista que a definição dos parâmetros valorativos da «restituição» é sumamente problemática, mesmo que saibamos balizá-la pelos parâmetros do enriquecimento sem causa (como estabelece o art. 759º) e não hesitemos em associar-lhe efeitos retroactivos (como decorre dos arts. 289º, 433º e 434º):

• Suponhamos que um dono da obra desiste da empreitada quando já está edificado 50% de um prédio urbano – que pode o empreiteiro pedir a título de restituição:

a) a mais-valia para o terreno resultante de ter agora sobre ele um prédio urbano edificado a 50%?

b) o preço corrente que o dono da obra pagará a outro empreiteiro para concluir o prédio?

c) metade do preço total que inicialmente foi acordado para a conclusão das obras?

---

[185] Muris, T.J. (1983), 379ss.

[186] Idem. (1982), 1063ss.

[187] Isso não quer dizer que a realização coactiva da prestação não seja a maior parte das vezes favorável ao incumpridor, seja porque ela se desvaloriza com aquela passagem do tempo que é implicada na resolução judicial (e até arbitral) dos litígios, seja porque ela, se é deixada como alternativa ao inadimplente, pode servir muito frequentemente – já o dissemos – como «moeda de troca» para este forçar a contraparte à aceitação de uma indemnização mitigada.

[188] Andersen, E.G. (1994), 15-32; Childres, R. & J. Garamella (1969), 433ss.; Cohen, A.B. (1997), 65ss.; Kull, A. (1994), 1465ss.; Mather, H. (1982), 14ss.; Gegan, B.E. (1984), 723ss.

[189] Tratar-se-á de uma alternativa exclusiva, ou uma solução cumulativa? Veja-se a síntese em Leitão, L.M.T.M. (2002), 258-259.

d) como é sugerido na solução do art. 1229º, o «investimento de confiança», os custos em que o empreiteiro incorreu para concluir esses 50% do prédio?[190]

• Dependendo das condições iniciais do contrato e das condições supervenientes do mercado, qualquer destas soluções pode conduzir a valores muito diversos, pelo que a simples indicação desse «interesse» nada nos diz quanto à verdadeira natureza da «restituição», quanto ao seu montante – nem sequer se ela é ou não inferior à indemnização do interesse positivo, pois pode excedê-la e converter-se, como alegámos, em veículo «punitivo».[191]

• 2ª hipótese – o livreiro A teve, da parte de um terceiro, uma proposta de compra do livro por 300 euros

Já não se afigurará tão chocante, mesmo a pessoas não versadas na lógica «coaseana», que o credor possa exercer a ameaça da realização coactiva da prestação, ou possa mesmo recorrer directamente a esta solução extrema, no caso em que o devedor lucra com o incumprimento – pois por essa via se redistribuirá a favor do credor algum do adicional de bem-estar gerado por essa contingência superveniente.[192]

• Sabíamos que A atribuía ao livro Y o valor de 100 euros, e que B atribuía ao mesmo livro o valor de 200 euros,[193] e que por isso o preço intermédio de 150 euros era vantajoso para ambos, propiciando a troca – que, também já sabíamos, geraria um bem-estar total de 100 euros, a distribuir entre as partes.

• Suponhamos agora que C atribui àquele livro o valor de 500 euros, e por isso oferece 300 euros por ele: a realizar-se esta transacção em detrimento da primeira, gerar-se-á um bem-estar total de 400 euros (200 euros para A, 200 euros para C).

• Se considerarmos o universo destes três agentes económicos, fácil se tornará concluir que a transacção entre A e C é geradora de muito mais bem-estar do que a transacção entre A e B, e que por isso, em termos de pura eficiência na afectação de recursos entre A, B e C – aquilo que já designámos por «eficiência alocativa» –, é aquela transacção, e não esta, que deve prevalecer: porque, por outro prisma, é aquela que directamente assegura que o livro Y irá parar às mãos de quem lhe atribui mais valor.[194]

---

[190] Dobbs, D.B. (1993), 797-798; Palmer, G.E. (1978), 396ss. Já nos referimos anteriormente à solução do art. 1227º, para o caso da impossibilidade superveniente.

[191] Dawson, J.P. (1981), 563; Kull, A. (1995), 1204-1210; Laycock, D. (1989), 1277ss.; Craswell, R. (2000), 142ss.

[192] Afinal, a solução também não soará tão estranha porque ela se aproxima da do «*commodum*» de representação, em caso de impossibilidade superveniente (art. 794º).

[193] Estamos a simplificar, como é óbvio, porque não se trata de «valores», mas sim de meras «disposições» (de pagar, de aceitar) tal como elas são *objectivamente* reveladas *nas trocas* – evitando-se assim atribuições subjectivas mais recônditas e indetermináveis, susceptíveis de perturbar a análise com excessos de sofisticação. Sobre este ponto, cfr. Araújo, F. (2005), 110ss.

[194] Claro que o mesmo efeito se alcançará indirectamente através da venda de A a B, seguida da revenda de B a C – se forem nulos os custos de transacção.

• Antes de haver contrato entre A e B, e se nada tiver sido prestado por B a A em antecipação de pagamento, e ainda se não houver lugar a responsabilidade pré-contratual – se, portanto, A estiver ainda livre de escolher entre B e C, obviamente que ele preferirá, *ceteris paribus*, contratar com C, gerando o bem-estar total de 400 euros (a solução mais eficiente face à que geraria um total de 100 euros), e para si um lucro de 200 euros (a estratégia dominante face àquela que lhe traria 50 euros de lucro).

• Suponhamos agora que já há contrato entre A e B, mas que A é aliciado por C a incumprir com a seguinte argumentação:

  • dado que o acordo A-C gera um muito maior excedente de bem-estar do que o acordo A-B, é possível a A indemnizar B e ainda ficar com um apreciável lucro;

  • especificamente, se a regra for a da indemnização perfeita do interesse contratual positivo, a regra da perfeita internalização, A pagará 50 euros a B (além dos 150 euros que deverá restituir-lhe, caso já tenha havido pagamento) e ficará ainda com um lucro de 150 euros;

  • a ser assim, A e C lucram, B não é prejudicado (lembremos que pressupomos a indemnização *perfeita*), e o livro vai parar às mãos de C: há uma clara melhoria «paretiana», um inequívoco incremento de eficiência.

• Ora, num caso destes, a própria realização coactiva da prestação é susceptível de promover uma redistribuição de bem-estar, nomeadamente entre A e B, que poderá não afectar em nada a eficiência «paretiana» das transacções nesse universo de A, B e C.

• Se prevalecer essa opção, A será obrigado a vender a B por 150 euros, gerando um bem-estar de 50 euros para si mesmo e de outros 50 euros para B; por sua vez, B será livre de revender a C, e suponhamos que o faz pelos 300 euros a que A venderia, e sem mais custos de transacção: caso em que obterá 100 euros de lucro pela revenda (a diferença entre o preço obtido de C e o valor que ele próprio, B, atribui ao livro Y), a acrescerem aos 50 euros que alcançara já, num total de 150 euros. Vamos supor que o bem-estar de C não é afectado, sendo-lhe indiferente comprar a A ou a B, desde que o preço seja o mesmo.

Ora, como podemos conferir do quadro *infra*, relativo aos efeitos dos dois regimes no bem-estar, nesta situação ambos podem promover o mesmo bem-estar total (400 euros) e a mesma afectação de recursos (o bem vai parar às mãos de C), apenas se verificando uma redistribuição de bem-estar entre A e B conforme o regime que seja adoptado:

  • A ficará com 150 euros de excedente de bem-estar no caso da indemnização, 50 euros no caso da realização coactiva da prestação;

  • B ficará com 50 euros de excedente de bem-estar no caso da indemnização, 150 euros no caso da realização coactiva da prestação.

	Valor	Acordo A-B	Acordo A-C	Indemnização	Execução
A	100	50	200	150	50
B	200	50	0	50	150
C	500	0	200	200	200
Totais	----	100	400	400	400

Quatro notas ainda:

1) Trata-se, nesta situação, de mais uma confirmação do Teorema de Coase, já que, a custos de transacção nulos, os regimes jurídicos alternativos têm efeitos redistributivos mas não afectam a eficiência global.

2) A redistribuição operada pelos regimes jurídicos alternativos (favorecendo o devedor no caso da indemnização, favorecendo o credor no caso da realização coactiva da prestação) abre um espaço de negociação entre as partes: por exemplo, ameaçado com a perspectiva da realização coactiva da prestação, A pode propor a B o aumento da indemnização para 100 euros, permitindo-lhe entrar na partilha das vantagens resultantes do acordo A-C. Ilustremo-lo acrescentando uma coluna ao quadro anterior:

	Indemnização	Execução	Negociação?
A	150	50	100?
B	50	150	100?
C	200	200	200
Totais	400	400	400

3) Deve ainda sublinhar-se que o próprio Teorema de Coase implica, *a contrario*, que se existirem custos de transacção a solução jurídica adoptada já não será neutra do próprio ponto de vista da eficiência – e que em princípio se afigura como mais susceptível de maximizar a eficiência a solução da mera indemnização do interesse contratual positivo, pois é ela que evita a intermediação do credor «vítima» do incumprimento na compra e revenda do bem que chegará àquele que mais valor lhe atribui (no caso, faz o livro Y transitar de A para C sem a intermediação de B, impedindo que os «custos de transacção» dessa intermediação repercutam no preço final a pagar por C, agravando-o).

4) Em contrapartida, a realização coactiva da prestação, favorecendo a negociação entre as partes no primeiro contrato, pode vencer muitas das dificuldades que um intérprete e aplicador da lei enfrentará – por exemplo, no cálculo da disposição máxima de pagar de B,[195] um cálculo que apesar das dificuldades é imprescindível para verdadeiramente se aquilatar a extensão dos ganhos e perdas de bem-estar do lado do credor. Quando a solução é a da realização coactiva da

---

[195] Pelas razões já referidas, relativas à aferição de qual seja a «disposição máxima de pagar» e do que seja, consequentemente, o montante exacto do «excedente do consumidor».

prestação, o que está em jogo é o cumprimento pelo preço querido pelas partes, e não fica excluído que a solução abra caminho, pelas razões já referidas, a uma renegociação na qual o equilíbrio fica entregue à disponibilidade das partes, e não ao critério aferidor dos tribunais.[196]

10. a) Interesse contratual positivo e «contrato incompleto»

Explorando um pouco mais esta questão, observar-se-á que a preferência tradicional pela tutela do interesse contratual positivo resultou do facto de se considerar que seria óptima a regra indemnizatória que maximizasse o valor *ex ante* do contrato;[197] contudo, essa perspectiva:

• subestima a capacidade das partes para renegociarem na pendência do contrato, mormente se os inerentes custos forem baixos;[198]

• subestima a capacidade das partes para estipularem um nível indemnizatório eficiente;

• mais importante ainda, e como temos repetidamente sublinhado, desconta completamente os efeitos colaterais nos incentivos das partes, em especial no «excesso de confiança» induzido pela cobertura integral da indemnização do interesse positivo,[199] a aconselhar aquelas formas mais sofisticadas de limitação da responsabilidade a que já aludimos.[200]

O esclarecimento deste ponto pode ser especialmente facilitado pelo recurso à abordagem do «contrato incompleto», que é algo divergente face à perspectiva «canónica» da *law and economics*», visto que aquela incide essencialmente na natureza das transacções privadas e na capacidade destas para gerarem as soluções queridas pelas partes, mais do que propriamente na solução de direito positivo ou nos impactos que esta solução normativa possa ter sobre as várias formas contratuais escolhidas pelos sujeitos económicos – a perspectiva do «contrato incompleto» mais no processo interactivo e na fertilidade das soluções estipuladas (e omitidas) no «desenho» do contrato,[201] a perspectiva da «*law and economics*» mais no quadro normativo.[202-203]

De acordo com a perspectiva paradigmática do «contrato incompleto», a presença de custos de transacção pode ainda implicar que a dimensão dos inte-

---

[196] Afigura-se assim que o recurso à solução da realização coactiva da prestação, mesmo que se assuma que serve apenas como incentivo à renegociação, deveria ser encarado com especial simpatia em momentos de crise de justiça e de congestionamento do recurso aos tribunais. Cfr. Ulen, T. (1984), 358ss.

[197] Barton, J.H. (1972), 277ss.; Birmingham, R. (1970), 273ss.

[198] Posner, E.A. (2003), 835.

[199] Rogerson, W.P. (1984), 39ss.; Shavell, S. (1984), 121ss.

[200] Cooter, R. (1985), 14.

[201] Edlin, A.S. & S. Reichelstein (1996), 495ss.

[202] Hart, O. & J. Moore (1988), 755ss., com raízes em: Williamson, O.E. (1975).

[203] Por isso se poderá também dizer que a teoria do «contrato incompleto» é mais tributária da «Economia Industrial» do que propriamente da Análise Económica do Direito. Cfr. Posner, E.A. (2003), 859.

resses em presença (ganhos de bem-estar, investimentos, expectativas de resultados)[204] não seja rigorosamente aquilatável senão no confinamento da relatividade das partes, não sendo de esperar que haja um sucedâneo perfeito, vindo de fora desse âmbito de relatividade, para a cobertura integral das contingências através de estipulação discriminada.[205]

Como se enfatiza na abordagem do «contrato incompleto», a superveniência de contingências parece poder ser sempre eficientemente mitigada, no seu impacto sobre o «interesse negativo», através de estipulações que, entre outros efeitos, habilitem o credor a fixar ou a rever o preço no momento do cumprimento (nos termos do art. 911°, por exemplo), com a possibilidade de rejeição pelo devedor, optando-se nesse caso pela indemnização pré-fixada.[206]

No fundo, um tal expediente atribui à parte que «investe em confiança» o poder de fixar o preço e, através dessa fixação, confere-lhe o poder de recuperar um pouco a sua posição esperada na «captura de bem-estar» – fornecendo, pois, a essa parte os adequados incentivos para investir, promovendo afinal uma cooperação através da qual é dada simultaneamente a oportunidade ao credor de aumentar o valor subjectivo da transacção, e ao devedor a ocasião de reduzir os custos do seu cumprimento.[207]

Em suma, tudo se reconduz a algumas consequências paradoxais que podem decorrer do tradicional figurino indemnizatório que apoia a disciplina contratual. Examiná-las-emos no próximo artigo.

Bibliografia

ADLER, Barry E. "The Questionable Ascent of *Hadley v. Baxendale*". In: *Stanford Law Review*, 51, 1999.

AGHION, Philippe & HERMALIN, Benjamin. "Legal Restrictions on Private Contracts Can Enhance Efficiency". In: *Journal of Law, Economics and Organization*, 6, 1990.

——; DEWATRIPONT, M. & REY, Patrick. "Renegotiation Design with Unverifiable Information". In: *Econometrica*, 62, 1994.

ANDERSEN, Eric G. "The Restoration Interest and Damages for Breach of Contract". In: *Maryland Law Review*, 53, 1994.

ARAÚJO, Fernando. *Introdução à Economia*. 3ª ed. Coimbra: Almedina, 2005.

---

[204] Posner, E.A. (2003), 857.

[205] Segal, I. (1999), 72-73.

[206] Hermalin, B.E. & M.L. Katz (1993), 230ss.

[207] Na prática, expedientes «integrativos do contrato», como este que descrevemos, conduzem a uma progressiva imunização do contrato às contingências externas que podem afectar-lhe o valor para o credor e o custo para o devedor, criando «válvulas de escape» para todas as situações em que o custo ultrapasse o valor – ou seja, nos termos já empregues, situações em que a disposição mínima de vender fique colocada acima da disposição máxima de pagar, e por isso deixe de haver «bem-estar total» gerado pelo cumprimento do contrato. Cfr. Aghion, P., M. Dewatripont & P. Rey (1994), 257ss.; Chung, T.-Y. (1991), 1031ss.; Schmidt, K.M. (1998), 432; Che, Y.-K. & D.B. Hausch (1999), 125ss.

——. "Da Tutela Negativa da Confiança ao «Paradoxo da Indemnização»: Uma Análise Económica dos Contratos". *In* MIRANDA, Jorge; PINHEIRO, Luís de Lima e VICENTE, Dário Moura (orgs.). *Estudos em Memória do Professor Doutor António Marques dos Santos*, Coimbra: Almedina, 2005.

——. *Teoria Económica do Contrato*. Coimbra: Almedina, 2007.

——. "A Eficiência do «Anti-Seguro» e da «Responsabilidade Decrescente»: Uma Análise Económica dos Contratos – II". *in* CUNHA, Paulo de Pitta e (org.). *Estudos em Memória do Professor Doutor António de Sousa Franco*. Coimbra: Almedina, 2007.

AYRES, Ian & Robert Gertner (1989), "Filling Gaps in Incomplete Contracts. An Economic Theory of Default Rules", *Yale Law Journal*, 99

——. "Strategic Contractual Inefficiency and the Optimal Choice of Legal Rules", *Yale Law Journal*, 101, 1992.

——. "Majoritarian vs. Minoritarian Defaults", *Stanford Law Review*, 51, 1999.

——. "The Possibility of Inefficient Corporate Contracts", *Cincinnati Law Review*, 60, 1991.

——. "Valuing Modern Contract Scholarship", *Yale Law Journal*, 112, 2003.

BAIRD, Douglas G.; GERTNER, Robert H. e PICKER, Randal C. *Game Theory and the Law*. Cambridge MA: Harvard University Press, 1994.

BARNETT, Randy E. "The Sound of Silence: Default Rules and Contractual Consent". *Virginia Law Review*, 78, 1992.

——. "Rational Bargaining Theory and Contract: Default Rules, Hypothetical Consent, the Duty to Disclose, and Fraud". In: *Harvard Journal of Law and Public Policy*, 15, 1992.

——.*Contracts: Cases and Doctrine*, Boston, Little Brown, 1995.

——. "Foreword: Is Reliance Still Dead?". In: *San Diego Law Review*, 38, 2001.

BARTON, John H. "The Economic Basis of Damages for Breach of Contract". In: *Journal of Legal Studies*, 1, 1972.

BEALES, Howard; CRASWELL, Richard e SALOP, Steven C. "The Efficient Regulation of Consumer Information". In: *Journal of Law and Economics*, 24, 1981.

BEBCHUK, Lucian & SHAVELL, Steven. "Information and the Scope of Liability for Breach of Contract. The Rule of *Hadley v. Baxendale*". In: *Journal of Law, Economics and Organization*, 7, 1991.

——. "Reconsidering Contractual Liability and the Incentive To Reveal Information". In: *Stanford Law Review*, 51, 1999.

——. "The Debate on Contractual Freedom in Corporate Law". In: *Columbia Law Review*, 89, 1989.

BENSON, Peter. "The Idea of a Public Basis of Justification for Contract". In: *Osgoode Hall Law Journal*, 33, 1995.

——. "The Unity of Contract Law". *In* BENSON, Peter (org.). *The Theory of Contract Law. New Essays*, Cambridge, Cambridge University Press, 2001.

BERNSTEIN, Lisa. "The Questionable Empirical Basis of Article 2's Incorporation Strategy: A Preliminary Study". In: *University of Chicago Law Review*, 66, 1999.

BIRMINGHAM, Robert. "Breach of Contract, Damage Measures, and Economic Efficiency". In: *Rutgers Law Review*, 24, 1970.

——. "Notes on the Reliance Interest". In: *Washington Law Review*, 60, 1985.

BISHOP, William. "The Contract-Tort Boundary and the Economics of Insurance". In: *Journal of Legal Studies*, 12, 1983.

CHARNY, David. "Hypothetical Bargains. The Normative Structure of Contract Interpretation". In: *Michigan Law Review*, 89, 1991.

CHE, Yeon-Koo & Hausch, Donald B. "Cooperative Investments and the Value of Contracting". In: *American Economic Review*, 89, 1999.

—— & CHUNG, Tai-Yeong. "Contract Damages and Cooperative Investments". In: *Rand Journal of Economics*, 30, 1999.

CHILDRES, Robert & GARAMELLA, Jack. "The Law of Restitution and the Reliance Interest in Contract". In: *Northwestern University Law Review*, 64, 1969.

CHUNG, Tai-Yeong. "Incomplete Contracts, Specific Investments, and Risk Sharing". In: *Review of Economic Studies*, 58, 1991.

——. "On the Social Optimality of Liquidated Damage Clauses: An Economic Analysis", *Journal of Law, Economics and Organization*, 8, 1992.

——. "Commitment Through Specific Investment in Contractual Relationships". In: *Canadian Journal of Economics*, 31, 1989.

COHEN, Amy B. "Reviving *Jacob and Youngs, Inc. v. Kent*. Material Breach Doctrine Reconsidered". In: *Villanova Law Review*, 42, 1997.

COHEN, George M. "The Fault Lines in Contract Damages". In: *Virginia Law Review*, 80, 1984.

COLEMAN, Jules L. "Efficiency, Utility, and Wealth Maximization". In: *Hofstra Law Review*, 8, 1980.
——. *Risks and Wrongs*. Cambridge: Cambridge University Press, 1992.
——. *The Practice of Principle: In Defence of a Pragmatist Approach to Legal Theory*. Oxford: Oxford University Press, 2001.
COOTER, Robert & FREEDMAN, Bradley J. "The Fiduciary Relationship. Its Economic Character and Legal Consequences". In: *New York University Law Review*, 66, 1991.
—— & EISENBERG, Melvin Aron. "Damages for Breach of Contract". In: *California Law Review*, 73, 1985.
—— & ULEN, Thomas. *Law and Economics*. 4ª ed. Boston: Pearson / Addison Wesley, 2004.
——. "Unity in Tort, Contract, and Property: The Model of Precaution". In: *California Law Review*, 73, 1985.
CORBIN, Arthur L. "Conditions in the Law of Contract". *Yale Law Journal*, 28, 1919.
CRASWELL, Richard. "Precontractual Investigation as an Optimal Precaution Problem". In: *Journal of Legal Studies*, 17, 1988.
——. "Contract Law, Default Rules, and the Philosophy of Promising". In: *Michigan Law Review*, 88, 1989.
——. "Performance, Reliance, and One-Sided Information". In: *Journal of Legal Studies*, 18, 1989.
——. "Passing on the Costs of Legal Rules: Efficiency and Distribution in Buyer-Seller Relationships". In: *Stanford Law Review*, 43, 1991.
——. "Against Fuller and Perdue". In: *University of Chicago Law Review*, 67, 2000.
——. "In that Case What Is the Question? Economics and the Demands of Contract Theory". In: *Yale Law Journal*, 112, 2003.
DAGAN, Hanoch. "The Craft of Property". In: *California Law Review*, 91, 2003.
DAWSON, John P. "Restitution Without Enrichment". In: *Boston University Law Review*, 61, 1981.
——, HARVEY, William Burnett & HENDERSON, Stanley D. *Contracts: Cases and Comment*. 7ª ed. New York: Foundation, 1998.
DIAMOND, Peter A. & MASKIN, Eric. "An Equilibrium Analysis of Search and Breach of Contract, I- Steady States". In: *Bell Journal of Economics*, 10, 1979.
DIMATTEO, Larry A. "Equity's Modification of Contract: An Analysis of the Twentieth Century's Equitable Reformation of Contract Law". In: *New England Law Review*, 33, 1999.
DOBBS, Dan B. *Law of Remedies: Damages, Equity, Restitution*. 2ª ed. St. Paul MN: West, 1993.
DODGE, William S. "The Case for Punitive Damages in Contracts". In: *Duke Law Journal*, 48, 1999.
EDLIN, Aaron S. & Reichelstein, Stefan. "Holdups, Standard Breach Remedies, and Optimal Investment". In: *American Economic Review*, 86, 1996.
——. "Cadillac Contracts and Up-Front Payments: Efficient Investment Under Expectation Damages". In: *Journal of Law, Economics and Organization*, 12, 1996.
——. "Breach Remedies". *In* Newman, Peter (org.). *The New Palgrave Dictionary of Economics and the Law*. London: Macmillan, I, 1998.
EISENBERG, Melvin Aron. "Donative Promises". In: *University of Chicago Law Review*, 47, 1979.
——. "The Bargain Principle and Its Limits", *Harvard Law Review*, 95, 1982.
——. "The Limits of Cognition and the Limits of Contract". In: *Stanford Law Review*, 47, 1995.
——. "The Theory of Contracts". *In* Benson, Peter (org.). *The Theory of Contract Law. New Essays*. Cambridge: Cambridge University Press, 2001.
——. "The Duty to Rescue in Contract Law". In: *Fordham Law Review*, 71, 2002.
EPSTEIN, Richard. "Unconscionability. A Critical Reappraisal". In: *Journal of Law and Economics*, 18, 1975.
FARNSWORTH, E. Allan. "Your Loss or My Gain? The Dilemma of the Disgorgement Principle in Contract Damages". In: *Yale Law Journal*, 94, 1985.
——. *Contracts*. 2ª ed. Boston: Little Brown, 1990.
FRADA, Manuel António de Castro Portugal Carneiro da. *Teoria da Confiança e Responsabilidade Civil*. Coimbra: Almedina, 2004.
FULLER, Lon L. & EISENBERG, Melvin Aron. *Basic Contract Law*. 6ª ed. St. Paul MN: West, 1996.
GEGAN, Bernard E. "In Defense of Restitution: A Comment on Mather". In: *Southern California Law Review*, 57, 1984.
GERGEN, Mark P. "The Use of Open Terms in Contract". In: *Columbia Law Review*, 92, 1992.
GOETZ, Charles & SCOTT, Robert. "Liquidated Damages, Penalties and the Just Compensation Principle: Some Notes on an Enforcement Model and a Theory of Efficient Breach". In: *Columbia Law Review*, 77, 1997.

———. "Measuring Sellers' Damages. The Lost-Profits Puzzle". In: *Stanford Law Review*, 31, 1979.
———. "Enforcing Promises. An Examination of the Basis of Contract", *Yale Law Journal*, 89, 1980.
———. "Principles of Relational Contracts", *Virginia Law Review*, 67, 1981.
———. "The Mitigation Principle: Toward a General Theory of Contractual Obligation", *Virginia Law Review*, 69, 1983.
———. "The Limits of Expanded Choice. An Analysis of the Interactions between Express and Implied Contract Terms", *California Law Review*, 75, 1985.
GOLDBERG, Victor P. "Impossibility and Related Excuses", *Journal of Institutional and Theoretical Economics*, 144, 1988.
GORDLEY, James. *The Philosophical Origins of Modern Contract Doctrine*. Oxford: Clarendon, 1991.
HART, Oliver & MOORE, John. "Incomplete Contracts and Renegotiation". *Econometrica*, 56, 1988.
HERMALIN, Benjamin E. & KATZ, Michael L. "Judicial Modification of Contracts Between Sophisticated Parties: A More Complete View of Incomplete Contracts and Their Breach". In: *Journal of Law, Economics and Organization*, 9, 1993.
ISAACS, Nathan. "The Standardizing of Contracts", *Yale Law Journal*, 27, 1917.
JOHNSTON, Jason Scott. "Strategic Bargaining and the Economic Theory of Contract Default Rules". In: *Yale Law Journal*, 100, 1990.
JOLLS, Christine. "Accommodation Mandates". In: *Stanford Law Review*, 53, 2000.
KAPLOW, Louis & SHAVELL, Steven. "Fairness Versus Welfare". In: *Harvard Law Review*, 114, 2001.
KATZ, Avery. "The Strategic Structure of Offer and Acceptance. Game Theory and the Law of Contract Formation". In: *Michigan Law Review*, 89, 1990.
KELLY, Michael B. "The Phantom Reliance Interest in Contract Damages". In: *Wisconsin Law Review*, 1992.
KENNEDY, Duncan. "From the Will Theory to the Principle of Private Autonomy: Lon Fuller's «Consideration and Form»". In: *Columbia Law Review*, 100, 2000.
KESSLER, Friedrich. "Contracts of Adhesion. Some Thoughts about Freedom of Contract". In: *Columbia Law Review*, 43, 1943.
KORNHAUSER, Lewis A. "An Introduction to the Economic Analysis of Contract Remedies". In: *University of Colorado Law Review*, 57, 1986.
KOSTRITSKY, Juliet P. "Taxonomy for Justifying Legal Intervention in an Imperfect World: What To Do When Parties Have Not Achieved Bargains or Have Drafted Incomplete Contracts". In: *Wisconsin Law Review*, 2004.
KREITNER, Roy. "Fear of Contract". In: *Wisconsin Law Review*, 2004.
KREPS, David M. "Bounded Rationality". *In* Newman, Peter (org.). *The New Palgrave Dictionary of Economics and the Law*. London: Macmillan, I, 1998.
KRONMAN, Anthony T. "Mistake, Disclosure, Information and the Law of Contracts". In: *Journal of Legal Studies*, 7, 1978.
———. "Specific Performance". In: *University of Chicago Law Review*, 45, 1978.
KULL, Andrew. "Mistake, Frustration, and the Windfall Principle of Contract Remedies", *Hastings Law Journal*, 43, 1991.
———. "Reconsidering Gratuitous Promises". In: *Journal of Legal Studies*, 21, 1992.
———. "Restitution as a Remedy for Breach of Contract". In: *Southern California Law Review*, 67, 1994.
———. "Rationalizing Restitution". In: *California Law Review*, 83, 1995.
LAYCOCK, Douglas. "The Scope and Significance of Restitution". In: *Texas Law Review*, 67, 1989.
LEITÃO, Luis Manuel Teles de Menezes. *Direito das Obrigações. II- Transmissão e Extinção das Obrigações. Não Cumprimento e Garantias do Crédito*. Coimbra: Almedina, 2002.
———. *Direito das Obrigações. III- Contratos em Especial. Dos Contratos de Alienação. Do Contrato de Sociedade*. Coimbra: Almedina, 2002.
———. *Direito das Obrigações. I- Introdução. Da Constituição das Obrigações*. 3ª ed. Coimbra: Almedina, 2003.
MACLEOD, W. Bentley & MALCOMSON, James M. "Investments, Holdup and the Form of Market Contracts". In: *American Economic Review*, 83, 1993.
MACNEIL, Ian R. "The Many Futures of Contracts". In: *Southern California Law Review*, 47, 1974.
———. "Contracts: Adjustments of Long-Term Economic Relations Under Classical, Neoclassical, and Relational Contract Law". In: *Northwestern University Law Review*, 72, 1978.
———. "Efficient Breaches of Contract: Circles in the Sky". In: *Virginia Law Review*, 68, 1982.
MATHER, Henry. "Restitution as a Remedy for Breach: The Case of the Partially Performing Seller". In: *Yale Law Journal*, 92, 1982.
MERRILL, Thomas W. & SMITH, Henry E. "Optimal Standardization in the Law of Property: The Numerus Clausus Principle". In: *Yale Law Journal*, 110, 2000.

MURIS, Timothy J. "The Costs of Freely Granting Specific Performance". In: *Duke Law Journal*, 1982.
———. "Cost of Completion or Diminution in Market Value: The Relevance of Subjective Value". In: *Journal of Legal Studies*, 12, 1983.
ORTH, John V. "Contract and the Common Law". *In* Scheiber, Harry N. (org.). *The State and Freedom of Contract*. Stanford CA: Stanford University Press, 1998.
PALMER, George E. *The Law of Restitution*. Boston: Little Brown, 1978.
PATTERSON, Dennis. "The Pseudo-Debate over Default Rules in Contract Law". In: *Southern California Interdisciplinary Law Journal*, 3, 1993.
PILDES, Richard H. "Forms of Formalism". In: *University of Chicago Law Review*, 66, 1999.
POLINSKY, A. Mitchell. "Risk Sharing Through Breach of Contract Remedies". In: *Journal of Legal Studies*, 12, 1983.
POSNER, Eric A. "Altruism, Status, and Trust in the Law of Gifts and Gratuitous Promises". In: *Wisconsin Law Review*, 1997.
———. "Economic Analysis of Contract Law After Three Decades: Success or Failure?". In: *Yale Law Journal*, 112, 2003.
POSNER, Richard A. & ROSENFIELD, Andrew M. "Impossibility and Related Doctrines in Contract Law: An Economic Analysis". In; *Journal of Legal Studies*, 6, 1977.
———. "Gratuitous Promises in Economics and Law". In: *Journal of Legal Studies*, 6, 1977.
RAKOFF, Todd D. "Social Structure, Legal Structure, and Default Rules: A Comment". In: *Southern California Interdisciplinary Law Journal*, 3, 1993.
———. "The Implied Terms of Contracts: Of «Default Rules» and «Situation Sense»". *In* BEATSON, Jack & FRIEDMANN, Daniel (orgs.). *Good Faith and Fault in Contract Law*, Oxford: Clarendon, 1995.
RASMUSEN, Eric & AYRES, Ian. "Mutual and Unilateral Mistake in Contract Law". In: *Journal of Legal Studies*, 22, 1993.
REA Jr., Samuel A. "Efficiency Implications of Penalties and Liquidated Damages". In: *Journal of Legal Studies*, 13/1, 1984.
ROGERSON, William P. "Efficient Reliance and Damage Measures for Breach of Contract". In: *Rand Journal of Economics*, 15, 1984.
ROTHSCHILD, Michael & STIGLITZ, Joseph. "Equilibrium in Competitive Insurance Markets: An Essay on the Economics of Imperfect Information". In: *Quarterly Journal of Economics*, 90, 1976.
SCHAUER, Frederick. "Formalism". In: *Yale Law Journal*, 97, 1988.
SCHMIDT, Klaus M. "Contract Renegotiation and Option Contracts". *In* NEWMAN, Peter (org.). *The New Palgrave Dictionary of Economics and the Law*. London: Macmillan, I, 1998.
SCHWARTZ, Alan & SCOTT, Robert E. "Contract Theory and the Limits of Contract Law". In: *Yale Law Journal*, 113, 2003.
———. "The Case for Specific Performance", *Yale Law Journal*, 89, 1979.
———. "Relational Contracts in the Courts: An Analysis of Incomplete Agreements and Judicial Strategies", *Journal of Legal Studies*, 21, 1992.
———. "The Default Rule Paradigm and the Limits of Contract Law", *Southern California Interdisciplinary Law Journal*, 3, 1993.
———. "Incomplete Contracts", *in* Newman, Peter (org.), *The New Palgrave Dictionary of Economics and the Law*, London, Macmillan, II, 1998.
SCOTT, Robert E. & LESLIE, Douglas L. *Contract Law and Theory*. 2ª ed. Charlottesville VA: Michie, 1993.
———. "The Case for Formalism in Relational Contract". In: *Northwestern University Law Review*, 94, 2000.
———. "The Uniformity Norm in Commercial Law: A Comparative Analysis of Common Law and Code Methodologies". *In* Kraus, Jody S. & Steven D. Walt (orgs.). *The Jurisprudential Foundations of Corporate and Commercial Law*, Cambridge, Cambridge University Press, 2000.
———. "A Theory of Self-Enforcing Indefinite Agreements", *Columbia Law Review*, 103, 2003.
SEGAL, Ilya. "Complexity and Renegotiation: A Foundation for Incomplete Contracts". In: *Review of Economic Studies*, 66, 1999.
SHAVELL, Steven. "Damage Measures for Breach of Contract". In: *Bell Journal of Economics*, 11, 1980.
———. "The Design of Contracts and Remedies for Breach". In: *Quarterly Journal of Economics*, 99, 1984.
———. "An Economic Analysis of Altruism and Deferred Gifts". In: *Journal of Legal Studies*, 20, 1991.
———. "Acquisition and Disclosure of Information Prior to Sale". In: *Rand Journal of Economics*, 25, 1994.
SMITH, Stephen A. "Towards a Theory of Contract". *In* Horder, Jeremy (org.). *Oxford Essays in Jurisprudence: Fourth Series*. Oxford: Oxford University Press, 2000.

SPIER, Kathryn E. & WHINSTON, Michael D. "On the Efficiency of Privately Stipulated Damages for Breach of Contract: Entry Barriers, Reliance, and Renegotiation". In: *Rand Journal of Economics*, 26, 1995.

SYKES, Alan O. "The Doctrine of Commercial Impracticability in a Second-Best World". In: *Journal of Legal Studies*, 19, 1990.

TALLEY, Eric L. "Contract Renegotiation, Mechanism Design, and the Liquidated Damages Rule". In: *Stanford Law Review*, 46, 1995.

TREBILCOCK, Michael J. *The Limits of Freedom of Contract.* Cambridge MA: Harvard University Press, 1993.

TRIANTIS, George G. "Contractual Allocations of Unknown Risks: A Critique of the Doctrine of Commercial Impracticability". In: *University of Toronto Law Journal*, 42, 1992.

ULEN, Thomas. "The Efficiency of Specific Performance. Toward a Unified Theory of Contract Remedies". In: *Michigan Law Review*, 83, 1984.

UNGER, Roberto. "The Critical Legal Studies Movement". In: *Harvard Law Review*, 96, 1983.

WEINRIB, Ernest J. "The Jurisprudence of Legal Formalism". In: *Harvard Journal of Law and Public Policy*, 16, 1993.

———. *The Idea of Private Law.* Cambridge MA: Harvard University Press, 1995.

———. "Punishment and Disgorgement as Contract Remedies", *Chicago-Kent Law Review*, 78, 2003.

WHITE, Michelle J. (1988), "Contract Breach and Contract Discharge Due to Impossibility: A Unified Theory". In: *Journal of Legal Studies*, 17, 1998.

WILLIAMSON, Oliver E. *Markets and Hierarchies. Analysis and Antitrust Implications. A Study in the Economics of Internal Organization.* New York: Free Press, 1975.

———. *The Economic Institutions of Capitalism. Firms, Markets, Relational Contracting.* New York: Free Press, 1985.

———. "Revisiting Legal Realism: The Law, Economics, and Organization Perspective". In: *Industrial and Corporate Change*, 5, 1996.

WOLCHER, Louis E. "Price Discrimination and Inefficient Risk Allocation Under the Rule of *Hadley v. Baxendale*". In Zerbe, Richard O. (org.). *Research in Law and Economics – XII*, Greenwich CN, JAI, 1989.

ZAMIR, Eyal. "The Inverted Hierarchy of Contract Interpretation and Supplementation", *Columbia Law Review*, 97, 1997.

— 5 —
Critérios de quantificação dos danos extrapatrimoniais dotados pelos Tribunais brasileiros e análise econômica do Direito

FABIANO KOFF COULON

Especialista e mestre em Direito pela UFRGS, professor do Centro Universitário Ritter dos Reis e do Centro Universitário Feevale. Pesquisador do Grupo de Pesquisa em Direito e Economia do Centro Universitário Ritter dos Reis. Membro-fundador da Associação Brasileira de Direito e Economia. Advogado em Porto Alegre.

Sumário: 1. Introdução; 2. Danos extrapatrimoniais e critérios para sua quantificação; A) Critérios de quantificação expressos na legislação; B) Critérios estabelecidos pela jurisprudência; 3. Contribuição da análise econômica do direito; A) Pressupostos: agente racional e bem-estar social; B) O custo social total; 4. Conclusão.

1. Introdução

O amplo reconhecimento da possibilidade de indenização do dano extrapatrimonial ou moral[1] no direito brasileiro[2] implica tratar de uma questão inquietante: de que forma proceder à quantificação deste tipo de dano?

Tal pergunta se impõe tendo em vista o fato de que a espécie comumente abrange as ofensas a bens ou interesses[3] jurídicos que, ao contrário do que normalmente ocorre com os chamados "danos patrimoniais", não são suscetíveis de

---

[1] De ora em diante, a expressão "danos extrapatrimoniais" será utilizada em preferência à consagrada (pelo uso) "danos morais", por seu caráter mais abrangente, ressaltado, entre outros, por SEVERO, Sérgio. *Os danos extrapatrimoniais*. São Paulo: Saraiva, 1996. p. 35-37, e MARTINS-COSTA, Judith. *Comentários ao novo código civil*: do inadimplemento das obrigações. v. V, t. II. Rio de Janeiro: Forense, 2003. p. 349.

[2] Para um panorama bastante elucidativo sobre a consagração do reconhecimento da indenizabilidade dos danos extrapatrimoniais pela doutrina e jurisprudência brasileiras a partir da Constituição Federal de 1988, tema que não pode ser aqui tratado na extensão que mereceria, ver SEVERO, Sérgio. *Os danos extrapatrimoniais*. São Paulo: Saraiva, 1996. p. 60-117.

[3] Sobre a diferença entre "bens" e "interesses" como objeto de tutela via responsabilidade civil, vide FERREIRA DA SILVA, Jorge Cesa. *Inadimplemento das obrigações*. São Paulo: Revista dos Tribunais, 2007. p. 150-152.

substituição por outros similares ou mesmo de avaliação via sistema de preços, e, portanto, apresentam dificuldades para serem estimados de forma mais precisa.[4]

O fato de que estes prejuízos encontram uma dificuldade óbvia de serem compostos através de avaliação pecuniária levou muitos analistas a reconhecer uma limitação da tradicional função reparatória na espécie, pelo que veio a ganhar força, principalmente na seara jurisprudencial, o entendimento de que a indenização de tais tipos de danos deve atender naturalmente a uma função punitiva, principalmente voltada a fazer com que o agente causador do dano (e quaisquer outros que possam se encontrar em situações análogas) não torne a praticar uma conduta similar.

O objetivo do presente trabalho reside em observar os critérios mais comumente utilizados para a efetivação da tarefa de quantificação dos danos extrapatrimoniais sob as lentes da análise econômica do direito, com a finalidade específica de indagar de que forma este movimento pode contribuir para a elucidação da complexa atribuição de um efeito dissuasório às indenizações na responsabilidade civil.

Para tanto, inicialmente serão expostos os sistemas legislativo e jurisprudencial de quantificação desses danos, conforme configurados no direito brasileiro, para então, em um segundo momento, proceder-se ao exame dos critérios efetivamente consagrados mediante a utilização da metodologia típica da análise econômica da responsabilidade civil.

2. Danos extrapatrimoniais e critérios para sua quantificação

A) Critérios de quantificação expressos na legislação

Com efeito, a quantificação dos danos extrapatrimoniais no direito brasileiro não restou isenta de tentativas de fixação legislativa. Já no Código Civil de 1916 podem ser identificadas algumas tentativas de fornecer critérios para sua configuração em situações específicas, como no caso dos artigos 1.538 (casos de ferimento ou outra ofensa à saúde),[5] 1.543 (prejuízo de afeição),[6]

---

[4] Sobre os possíveis conceitos de dano extrapatrimonial e suas abordagens negativa e positiva, ver CAVALIERI FILHO, Sergio. *Programa de responsabilidade civil*. 7 ed.São Paulo: Atlas, 2007. p. 76-78, MENEZES DIREITO, Carlos Alberto, e CAVALIERI FILHO, Sergio, *Comentários ao novo código civil*. v. XIII. Rio de Janeiro: Forense, 2004. p. 99-103, e MORAES, Maria Celina Bodin de. *Danos à pessoa humana:* uma leitura civil-constitucional dos danos morais. Rio de Janeiro: Renovar, 2003. p. 129-134.

[5] Art. 1.538. No caso de ferimento ou outra ofensa à saúde, o ofensor indenizará o ofendido das despesas do tratamento e dos lucros cessantes até o fim da convalescença, além de lhe pagar a importância da multa no grau médio da pena criminal correspondente.
§ 1º Esta soma será duplicada, se do ferimento resultar aleijão ou deformidade.
§ 2º Se o ofendido, aleijado ou deformado, for mulher solteira ou viúva, ainda capaz de casar, a indenização consistirá em dotá-la, segundo as posses do ofensor, as circunstâncias do ofendido e a gravidade do defeito.

[6] Art. 1.543. Para se restituir o equivalente, quando não exista a própria coisa (art. 1.541), estimar-se-á ela pelo seu preço ordinário e pelo de afeição, contanto que este não se avantaje àquele.

1.547 (injúria ou calúnia),[7] 1.548 (agravo à honra da mulher)[8] e 1.550 (ofensa à liberdade pessoal).[9-10]

Da mesma forma, também em leis especiais encontra-se configurada a preocupação com o estabelecimento de padrões para a afirmação de um *quantum* para os casos dos danos aqui tratados, como nas hipóteses reguladas pelo Código Brasileiro de Telecomunicações,[11] no qual se dispôs, nos arts. 81 a 88, sobre a possibilidade de indenização por danos extrapatrimoniais, adotando-se critérios específicos para sua quantificação no art. 84.[12]

Também o Código Eleitoral de 1965[13] apresenta um dispositivo, qual seja, o art. 243, §2.º,[14] que, ao fazer referência aos arts. 81 a 88 do Código Brasileiro das

---

[7] Art. 1.547. A indenização por injúria ou calúnia consistirá na reparação do dano que delas resulte ao ofendido.

Parágrafo único. Se este não puder provar prejuízo material, pagar-lhe-á o ofensor o dobro da multa no grau máximo da pena criminal respectiva (art. 1.550).

[8] Art. 1.548. A mulher agravada em sua honra tem direito a exigir do ofensor, se este não puder ou não quiser reparar o mal pelo casamento, um dote correspondente à sua própria condição e estado:

I - se, virgem e menor, for deflorada.

II - se, mulher honesta, for violentada, ou aterrada por ameaças.

III - se for seduzida com promessas de casamento.

IV - se for raptada.

[9] Art. 1.550. A indenização por ofensa à liberdade pessoal consistirá no pagamento das perdas e danos que sobrevierem ao ofendido, e no de uma soma calculada nos termos do parágrafo único do art. 1.547.

[10] Sobre este rol, ver SEVERO, Sérgio. *Os danos extrapatrimoniais*. São Paulo: Saraiva, 1996. p. 80-82 e MORAES, Maria Celina Bodin de. *Danos à pessoa humana:* uma leitura civil-constitucional dos danos morais. Rio de Janeiro: Renovar, 2003. p. 280.

[11] Lei n.º 4.117/62, cujos dispositivos acima relacionados encontram-se revogados pelo Decreto-Lei n.º 236/67.

[12] Art. 84 Na estimação do dano moral, o Juiz terá em conta, notadamente, a posição social ou política do ofendido, a situação econômica do ofensor, a intensidade do ânimo de ofender, a gravidade e repercussão da ofensa.

§ 1º O montante da reparação terá o mínimo de 5 (cinco) e o máximo de 100 (cem) vezes o maior salário-mínimo vigente no País.

§ 2º O valor da indenização será elevado ao dobro quando comprovada a reincidência do ofensor em ilícito contra a honra, seja por que meio for.

§ 3º A mesma agravação ocorrerá no caso de ser o ilícito contra a honra praticado no interesse de grupos econômicos ou visando a objetivos antinacionais.

[13] Lei n.º 4.737/65.

[14] Art. 243. Não será tolerada propaganda:

I - de guerra, de processos violentos para subverter o regime, a ordem política e social ou de preconceitos de raça ou de classes;

II - que provoque animosidade entre as forças armadas ou contra elas, ou delas contra as classes e instituições civis;

III - de incitamento de atentado contra pessoa ou bens;

IV - de instigação à desobediência coletiva ao cumprimento da lei de ordem pública;

V - que implique em oferecimento, promessa ou solicitação de dinheiro, dádiva, rifa, sorteio ou vantagem de qualquer natureza;

VI - que perturbe o sossego público, com algazarra ou abusos de instrumentos sonoros ou sinais acústicos;

Telecomunicações, visa estabelecer padrões para a indenização do dano extrapatrimonial causado por propaganda partidária.

A Lei de Imprensa[15] igualmente trouxe previsão de reparação desta espécie de danos, consagrando, em seus artigos 51 a 53, os parâmetros a serem utilizados pelo aplicador na averiguação do montante indenizatório. Os dois primeiros artigos referidos, 51[16] e 52,[17] apresentam uma hipótese de tarifação legislativa dos danos extrapatrimoniais observados em virtude da atividade da imprensa, os quais poderiam, no caso de aplicação em grau máximo, alcançar o patamar de 200 salários mínimos nacionais.

Tal possibilidade, no entanto, não vem sendo aplicada pelos tribunais brasileiros, os quais entendem que a tarifação legislativa contraria o art. 5º, incisos V e X,[18] da Constituição Federal, em que estaria consagrada a regra da mais ampla

---

VII - por meio de impressos ou de objeto que pessoa inexperiente ou rústica possa confundir com moeda;

VIII - que prejudique a higiene e a estética urbana ou contravenha a posturas municipais ou a outra qualquer restrição de direito;

IX - que caluniar, difamar ou injuriar quaisquer pessoas, bem como órgãos ou entidades que exerçam autoridade pública.

§ 1º O ofendido por calúnia, difamação ou injúria, sem prejuízo e independentemente da ação penal competente, poderá demandar, no Juízo Civil a reparação do dano moral respondendo por êste o ofensor e, solidariamente, o partido político dêste, quando responsável por ação ou omissão a quem que favorecido pelo crime, haja de qualquer modo contribuído para êle.

§ 2º No que couber aplicar-se-ão na reparação do dano moral, referido no parágrafo anterior, os artigos. 81 a 88 da Lei nº 4117, de 27/08/1962.

§ 3º É assegurado o direito de resposta a quem fôr, injuriado difamado ou caluniado através da imprensa rádio, televisão, ou alto-falante, aplicando-se, no que couber, os artigos. 90 e 96 da Lei nº 4117, de 27/08/1962.

[15] Lei nº 5.250/67.

[16] Art. 51. A responsabilidade civil do jornalista profissional que concorre para o dano por negligência, imperícia ou imprudência, é limitada, em cada escrito, transmissão ou notícia:

I - a 2 salários-mínimos da região, no caso de publicação ou transmissão de notícia falsa, ou divulgação de fato verdadeiro truncado ou deturpado (art. 16, ns. II e IV).

II - a cinco salários-mínimos da região, nos casos de publicação ou transmissão que ofenda a dignidade ou decôro de alguém;

III - a 10 salários-mínimos da região, nos casos de imputação de fato ofensivo à reputação de alguém;

IV - a 20 salários-mínimos da região, nos casos de falsa imputação de crime a alguém, ou de imputação de crime verdadeiro, nos casos em que a lei não admite a exceção da verdade (art. 49, § 1º).

Parágrafo único. Consideram-se jornalistas profissionais, para os efeitos dêste artigo:

a) os jornalistas que mantêm relações de emprêgo com a emprêsa que explora o meio de informação ou divulgação ou que produz programas de radiodifusão;

b) os que, embora sem relação de emprêgo, produzem regularmente artigos ou programas publicados ou transmitidos;

c) o redator, o diretor ou redator-chefe do jornal ou periódico, a editor ou produtor de programa e o diretor referido na letra b, nº III, do artigo 9º, do permissionário ou concessionário de serviço de radiodifusão; e o gerente e o diretor da agência noticiosa.

[17] Art. 52. A responsabilidade civil da emprêsa que explora o meio de informação ou divulgação é limitada a dez vêzes as importâncias referidas no artigo anterior, se resulta de ato culposo de algumas das pessoas referidas no art. 50.

[18] Art. 5º Todos são iguais perante a lei, sem distinção de qualquer natureza, garantindo-se aos brasileiros e aos estrangeiros residentes no País a inviolabilidade do direito à vida, à liberdade, à igualdade, à segurança e à propriedade, nos termos seguintes:

reparabilidade dos danos materiais e morais.[19] Esta orientação foi reforçada pelo advento da Súmula 281 do Superior Tribunal de Justiça, que dispõe: "A indenização por dano moral não está sujeita à tarifação prevista na Lei de Imprensa",[20] o que parece demonstrar uma tendência à não-aceitação da fixação legislativa do valor dos danos extrapatrimoniais por parte da jurisprudência.[21]

[...]

V - é assegurado o direito de resposta, proporcional ao agravo, além da indenização por dano material, moral ou à imagem;

[...]

X - são invioláveis a intimidade, a vida privada, a honra e a imagem das pessoas, assegurado o direito a indenização pelo dano material ou moral decorrente de sua violação.

[19] Exemplo: "Recurso Especial. Dano moral. Lei de Imprensa. Limite da indenização. Prova do dano. Prequestionamento.

1. O dano moral e o efeito não patrimonial da lesão de direito, recebendo da CF/1988, na perspectiva do Relator, um tratamento proprio que afasta a reparação dos estreitos limites da lei especial que regula a liberdade de manifestação do pensamento e de informação. De fato, não teria sentido pretender que a regra constitucional que protege amplamente os direitos subjetivos privados nascesse limitada pela lei especial anterior ou, pior ainda, que a regra constitucional autorizasse um tratamento discriminatorio.

2. No presente caso, o acórdão recorrido considerou que o ato foi praticado maliciosamente, de forma insidiosa, por interesses mesquinhos, com o que a limitação do invocado art. 52 da Lei de Imprensa não se aplica, na linha de precedente da corte.

3. Os paradigmas apresentados para enfrentar o acórdão recorrido conflitam, sob todas as luzes, com a assentada jurisprudencia da corte, que confina a prova do dano moral puro ao ato praticado, no caso, a publicação da noticia.

4. A verba honoraria, no combate da empresa recorrente, não foi enfrentada pelo acórdão recorrido, não conhecido pelo tribunal estadual o adesivo interposto. Falta, portanto, o imperativo prequestionamento.

5. O valor da indenização deve moldar-se pelo prudente arbitrio do juiz, adotada a tecnica do "quantum" fixo, não havendo qualquer violação ao art. 1.547 do CC nem, muito menos, ao art. 49 do CP, diante do criterio adotado pelo acordão recorrido.

6. Recurso especial da empresa conhecido, em parte, mas, improvido; recurso especial do autor não conhecido." (REsp 52842/RJ, Rel. Ministro Carlos Alberto Menezes Direito, Terceira Turma, julgado em 16.09.1997, DJ 27.10.1997, p. 54786).

[20] Segunda Seção, julgado em 28.04.2004, DJ 13.05.2004, p. 200.

[21] Outro exemplo desta tendência pode ser encontrado no entendimento, também amplamente adotado, segundo o qual a fixação legal prevista na Convenção de Varsóvia (nos casos de danos decorrentes da atividade de transporte aéreo) não se aplica à hipótese do dano moral:

"Processo civil. Agravo de instrumento. Transporte aéreo.

Cancelamento de vôo. Danos morais. Convenção de Varsóvia. Limites indenizatórios. Inaplicabilidade. Alteração do valor da indenização em sede de recurso especial. Ausência de fundamentos capazes de ilidir a decisão agravada.

- A Segunda Seção do STJ fixou o entendimento de que a prestação defeituosa do serviço de transporte aéreo, ocorrida após a vigência do CDC, não se subordina aos limites indenizatórios instituídos pela Convenção de Varsóvia.

- A alteração dos valores arbitrados a título de reparação de danos extrapatrimoniais somente é possível, em sede de recurso especial, nos casos em que o valor fixado destoa daqueles arbitrados em outros julgados recentes desta Corte ou revela-se irrisório ou exagerado.

- Ausentes argumentos capazes de ilidir a decisão agravada, esta se mantém por seus próprios fundamentos. Agravo não provido." (AgRg no AgRg no Ag 667.472/RJ, Rel. Ministra NANCY ANDRIGHI, Terceira Turma, julgado em 16.11.2006, DJ 04.12.2006, p. 298).

Já o art. 53[22] da Lei de Imprensa apresenta alguns dos critérios que vêm sendo observados até hoje pela jurisprudência, tais como: a gravidade da ofensa, a posição social e política do ofendido, o grau de culpa do agente causador do dano, sua situação econômica, etc. Contudo, tal norma não é referida com freqüência pelos tribunais quando da fixação dos danos extrapatrimoniais, podendo-se dizer que praticamente não encontra aplicação sequer nas demandas relativas à atividade dos meios de comunicação.

Em relação ao tema, o Código Civil de 2002 não trouxe critérios definitivos, pelo que se optou por deixar ao julgador uma maior margem de discricionariedade na fixação do montante indenizatório, como se depreende dos artigos 944,[23] 953[24] e 954,[25] os quais fazem referência ao arbitramento judicial com base em juízo de eqüidade.

Desta forma, podemos afirmar que, na fixação das indenizações por danos extrapatrimoniais no direito brasileiro, não se usa recorrer aos padrões legislativamente estabelecidos; como visto, os parâmetros legais ou não se encontram vigentes (caso das normas do Código Brasileiro de Telecomunicações), ou freqüentemente se entendem como não recepcionados pelo ordenamento constitucional em vigor (caso dos arts. 51 e 52 da Lei de Imprensa e da tarifação prevista na Convenção de Varsóvia), ou ainda não costumam ser referidos expressamente na fundamentação das decisões (o que se observa em relação ao art. 53 da Lei de Imprensa[26]), ou, por fim, contém previsões de caráter genérico que, no mais das

---

[22] Art. 53. No arbitramento da indenização em reparação do dano moral, o juiz terá em conta, notadamente:
I - a intensidade do sofrimento do ofendido, a gravidade, a natureza e repercussão da ofensa e a posição social e política do ofendido;
II - a intensidade do dolo ou o grau da culpa do responsável, sua situação econômica e sua condenação anterior em ação criminal ou cível fundada em abuso no exercício da liberdade de manifestação do pensamento e informação;
III - a retratação espontânea e cabal, antes da propositura da ação penal ou cível, a publicação ou transmissão da resposta ou pedido de retificação, nos prazos previstos na lei e independentemente de intervenção judicial, e a extensão da reparação por êsse meio obtida pelo ofendido.

[23] Art. 944. A indenização mede-se pela extensão do dano.
Parágrafo único. Se houver excessiva desproporção entre a gravidade da culpa e o dano, poderá o juiz reduzir, eqüitativamente, a indenização.

[24] Art. 953. A indenização por injúria, difamação ou calúnia consistirá na reparação do dano que delas resulte ao ofendido.
Parágrafo único. Se o ofendido não puder provar prejuízo material, caberá ao juiz fixar, eqüitativamente, o valor da indenização, na conformidade das circunstâncias do caso.

[25] Art. 954. A indenização por ofensa à liberdade pessoal consistirá no pagamento das perdas e danos que sobrevierem ao ofendido, e se este não puder provar prejuízo, tem aplicação o disposto no parágrafo único do artigo antecedente.
Parágrafo único. Consideram-se ofensivos da liberdade pessoal:
I - o cárcere privado;
II - a prisão por queixa ou denúncia falsa e de má-fé;
III - a prisão ilegal.

[26] Arrola-se aqui uma exceção, extraída da jurisprudência do Superior Tribunal de Justiça:
"IMPRENSA. Dano extrapatrimonial. Indenização. Art. 53 da Lei de Imprensa. Recurso especial. Art. 159 do CCivil.

vezes, reconduzem a questão ao arbítrio do julgador (como nas disposições do novo Código Civil acima referidas).

Assim, os danos extrapatrimoniais, nas ações de responsabilidade civil, encontram sua quantificação primordialmente através do arbitramento judicial, seguindo a fórmula constante no revogado art. 1.553 do Código Civil de 1916,[27] cuja orientação tornou-se prática corrente nos tribunais brasileiros.[28]

B) Critérios estabelecidos pela jurisprudência

Dentre a grande variedade de critérios estabelecidos pela jurisprudência nacional na quantificação dos danos extrapatrimoniais, podem ser destacados como mais freqüentemente utilizados:[29]

- o grau de culpa do ofensor;
- a situação econômica do ofensor;
- a natureza, a gravidade e a repercussão da ofensa (amplitude do dano);
- as condições pessoais da vítima (posição social e econômica);
- a intensidade do sofrimento da vítima.

O primeiro parâmetro parece indicar, como nota Maria Celina Bodin de Moraes,[30] que se está diante de um juízo muito mais de reprovabilidade da conduta do agente, ligado a um aspecto punitivo no sentido *retributivo*, do que propriamente de reparação do dano causado; com efeito, caso a medida da indenização fosse apenas o dano em si, ou seja, levando-se em consideração uma finalidade tão-somente reparatória, não faria muito sentido atentar-se para o grau de culpa-

---

- A indicação de violação ao art. 159 do CCivil permite o conhecimento do recurso para o fim de aumentar ou reduzir o valor da indenização, quando evidentemente exagerado ou irrisório.
- Os critérios estabelecidos no art. 53 da Lei de Imprensa servem de útil orientação para a definição do valor da indenização pelo dano extrapatrimonial.

Recurso conhecido em parte e parcialmente provido." (REsp 277.407/RJ, Rel. Ministro Ruy Rosado de Aguiar, Quarta Turma, julgado em 28.11.2000, DJ 12.02.2001, p. 125).

[27] Art. 1.553. Nos casos não previstos neste Capítulo, se fixará por arbitramento a indenização.

[28] Cf. CAVALIERI FILHO, Sergio. *Programa de responsabilidade civil*. 7 ed. São Paulo: Atlas, 2007. p. 88: "Não há, realmente, outro meio mais eficiente para se fixar o dano moral a não ser pelo arbitramento judicial. Cabe ao juiz, de acordo com o seu prudente arbítrio, atentando para a repercussão do dano e a possibilidade econômica do ofensor, estimar uma quantia a título de reparação pelo dano moral." Também segundo GONÇALVES, Carlos Roberto. *Comentários ao código civil*. v. 11. São Paulo: Saraiva, 2003. p. 361, o atual Código Civil segue, em seu art. 946 (cujo texto dispõe: "Se a obrigação for indeterminada, e não houver na lei ou no contrato disposição fixando a indenização devida pelo inadimplente, apurar-se-á o valor das perdas e danos na forma que a lei processual determinar"), a fórmula do revogado art. 1.553.

[29] Segundo MORAES, Maria Celina Bodin de. *Danos à pessoa humana: uma leitura civil-constitucional dos danos morais*. Rio de Janeiro: Renovar, 2003. p. 295-296. Para uma compilação com resultado muito similar a aqui utilizada, ver GONÇALVES, Carlos Roberto. *Comentários ao código civil*. v. 11. São Paulo: Saraiva, 2003. p. 367.

[30] MORAES, Maria Celina Bodin de. *Danos à pessoa humana: uma leitura civil-constitucional dos danos morais*. Rio de Janeiro: Renovar, 2003. p. 296.

bilidade do agente, o qual, na reparação, deve recompor o interesse lesado ainda que tenha agido com culpa em grau levíssimo.[31-32]

Sobre o segundo critério acima arrolado, qual seja, a situação econômica do ofensor como medida da indenização no caso, aqui também parece viger uma lógica propriamente afeita não tanto à simples reparação do dano, mas a uma razão também punitiva, todavia com ênfase no aspecto *dissuasório* da punição, orientação comumente enunciada na jurisprudência do Superior Tribunal de Justiça.[33]

A adoção de tais critérios pela jurisprudência nacional revela que, embora inexista disposição legislativa genérica que reconheça expressamente a possibilidade de elevação do *quantum* indenizatório em atendimento a uma função punitiva de forma ampla,[34] ainda assim a utilização da responsabilidade civil para

---

[31] De certa forma, esta separação entre as finalidades reparatória e retributiva parece estar presente no novo Código Civil brasileiro, através da relação entre as normas constantes do art. 944, *caput*, e do parágrafo único do mesmo artigo, que dispõem: "Art. 944. A indenização mede-se pela extensão do dano. Parágrafo único. Se houver excessiva desproporção entre a gravidade da culpa e o dano, poderá o juiz reduzir, eqüitativamente, a indenização". Para um entendimento segundo o qual o parágrafo único presta-se a mitigar a regra contida no *caput*, ver MENEZES DIREITO, Carlos Alberto, e CAVALIERI FILHO, Sergio, *Comentários ao novo código civil*. v. XIII. Rio de Janeiro: Forense, 2004. p. 333 e ss. Para uma compreensão do parágrafo único como expressão do princípio da proporcionalidade, ver MARTINS-COSTA, Judith. *Comentários ao novo código civil: do inadimplemento das obrigações*. v. V, t. II. Rio de Janeiro: Forense, 2003. p. 75.

[32] Para um exemplo da consideração deste critério (e de outros elencados acima) na aferição da indenização dos danos extrapatrimoniais:
"PROCESSO CIVIL - AGRAVO REGIMENTAL - RESPONSABILIDADE CIVIL - INSCRIÇÃO INDEVIDA EM ÓRGÃOS DE PROTEÇÃO AO CRÉDITO - JULGAMENTO ANTECIPADO DA LIDE - REEXAME DE PROVAS - SÚMULA 7/STJ - DANOS MORAIS - *QUANTUM* - RAZOABILIDADE - DESPROVIMENTO.
1 - Tendo o e. Tribunal a quo, após detida análise das provas constantes dos autos, concluído que a lide poderia ser julgada antecipadamente, em razão de estarem presentes as hipóteses do art. 330, incisos I e II, do CPC, é inviável a esta Corte, em sede de recurso especial, rever tal entendimento. Incidência da Súmula 7/STJ.
2 - Analisar a ocorrência de danos ao agravado pela inscrição indevida do seu nome em órgãos de proteção ao crédito igualmente demandaria o reexame fático-probatório, o que é vedado no recurso especial.
3 - Como cediço, o valor da indenização sujeita-se ao controle do Superior Tribunal de Justiça, sendo certo que, na sua fixação, recomendável que o arbitramento seja feito com moderação, proporcionalmente ao *grau de culpa*, ao nível socioeconômico dos autores e, ainda, ao porte econômico dos réus, orientando-se o juiz pelos critérios sugeridos pela doutrina e pela jurisprudência, com razoabilidade, valendo-se de sua experiência e do bom senso, atento à realidade da vida e às peculiaridades de cada caso. In casu, o quantum fixado pelo Tribunal a quo, a título de reparação de danos morais, mostra-se razoável, limitando-se à compensação do sofrimento advindo do evento danoso.
4 - Agravo regimental desprovido." (AgRg no Ag 657.289/BA, Rel. Ministro JORGE SCARTEZZINI, QUARTA TURMA, julgado em 28.11.2006, DJ 05.02.2007 p. 242) (grifos meus). Ver, ainda, os seguintes julgados: AgRg no REsp 749.410/RJ, Rel. Ministro LUIZ FUX, PRIMEIRA TURMA, julgado em 12.06.2007, DJ 09.08.2007 p. 311; AgRg no REsp 800.485/RR, Rel. Ministro LUIZ FUX, PRIMEIRA TURMA, julgado em 03.05.2007, DJ 31.05.2007 p. 355; REsp 745.710/RJ, Rel. Ministro CESAR ASFOR ROCHA, Rel. p/ Acórdão Ministro JORGE SCARTEZZINI, QUARTA TURMA, julgado em 05.12.2006, DJ 09.04.2007 p. 254.

[33] Como exemplos: REsp 768992/PB, Rel. Ministra ELIANA CALMON, SEGUNDA TURMA, julgado em 23.05.2006, DJ 28.06.2006 p. 247; e REsp 348388/RJ, Rel. Ministro FERNANDO GONÇALVES, QUARTA TURMA, julgado em 07.10.2004, DJ 08.11.2004 p. 232.

[34] Lembremos que o parágrafo único do art. 944 do Código Civil, acima citado (nota 31), refere expressamente apenas a possibilidade de diminuição da indenização, e não seu aumento.

atendimento a esta função já restou incorporada às decisões judiciais,[35] principalmente através de um expediente interpretativo consistente em considerá-la como, de certa forma, "natural" ou "inerente" às hipóteses de indenização de danos extrapatrimoniais, tendo em vista a evidente dificuldade em pensar no papel que a função reparatória desempenha na avaliação desta espécie de danos.[36]

Contudo, ao adotar o critério da apreciação das condições econômicas do agente causador do dano para a medição do valor da indenização como um meio apto a que se alcance a finalidade de dissuasão da prática do ato danoso (pelo ofensor ou mesmo pelos demais agentes que podem vir a incorrer na mesma conduta – caso em que se pode falar também no caráter de exemplaridade da punição[37]), pode-se pensar que os tribunais brasileiros estariam fazendo uso de uma lógica econômica (ou seja, no sentido de uma teoria dos incentivos) para levar a cabo a tarefa de evitar a ocorrência de certos tipos de eventos danosos na sociedade; do contrário, pouco sentido haveria em anunciar que o instituto da responsabilidade civil (na forma do estabelecimento de uma obrigação de transferência de uma quantia de dinheiro de uma parte para a outra) deve ser utilizado para fazer com que o agente se abstenha de praticar uma determinada conduta.

---

[35] Para abordagens críticas extremamente elucidativas da utilização da função punitiva na responsabilidade civil no direito brasileiro, ver MORAES, Maria Celina Bodin de. *Danos à pessoa humana:* uma leitura civil-constitucional dos danos morais. Rio de Janeiro: Renovar, 2003, e MARTINS-COSTA, Judith, e PARGENDLER, Mariana Souza. *Usos e abusos da função punitiva* (punitive damages *e o direito brasileiro).* Disponível em: http://www.cjf.gov.br/revista/numero28/artigo02.pdf, acesso em 07/09/07. Também para uma interessante abordagem da questão das "funções" da responsabilidade civil, ver PÜSCHEL, Flavia Portella. *Funções e princípios justificadores da responsabilidade civil e o art. 927, parágrafo único, do código civil.* Disponível em: http://www.direitogv.com.br/interna.aspx?PagId=JOJCRNOP&ID=102&IDCategory=2, acesso em 07/09/2007.

[36] Para uma visão de como o princípio da reparação integral atua no caso dos danos extrapatrimoniais, ver SANSEVERINO, Paulo de Tarso Vieira. *Responsabilidade civil no código do consumidor e a defesa do fornecedor.* São Paulo: Saraiva, 2002. p. 224 e ss. Para uma tentativa de sistematização das funções da responsabilidade civil com base na distinção entre formalismo e funcionalismo formulada por Ernest Weinrib, ver COULON, Fabiano Koff. *A responsabilidade civil entre funcionalismo e formalismo:* o art. 944, caput, do código civil brasileiro. Dissertação de Mestrado apresentada perante o Programa de Pós-Graduação em Direito da Universidade Federal do Rio Grande do Sul. Julho de 2007. Não Publicada.

[37] Saliente-se a utilização reiterada da expressão "caráter pedagógico" em referência à indenização dos danos extrapatrimoniais por parte do Tribunal de Justiça do Rio Grande do Sul, como no exemplo: "AÇÃO DE INDENIZAÇÃO. CONDOMÍNIO. COBRANÇA VEXATÓRIA. FIXAÇÃO, NOS LOCAIS DE CIRCULAÇÃO, DE CARTAZES E AVISOS DANDO PUBLICIDADE DA DÍVIDA CONDOMINIAL COM O NÍTIDO INTUITO DE CONSTRANGER A CONDÔMINA INADIMPLENTE. DANO MORAL CARACTERIZADO. Ainda que seja confessa a inadimplência da autora, não pode, o requerido, utilizar-se de cartazes e avisos afixados nas áreas de circulação do prédio como forma de buscar seu crédito. Exposição pública que se revela abusiva e configura verdadeira represália ao inadimplemento, atingindo a honra da demandante. Abalo moral sofrido que autoriza a indenização. Que, no caso, tem efeito reparador para atenuar o mal sofrido e servir como *efeito pedagógico* ao ofensor. VALOR DA INDENIZAÇÃO. MAJORAÇÃO. DESCABIMENTO. Condenação que bem atenta ao *caráter punitivo-pedagógico*. Manutenção do valor arbitrado em sentença (R$ 1.000,00 ¿ um mil reais). Sentença mantida, inclusive quanto à verba honorária. APELOS DESPROVIDOS". (Apelação Cível nº 70018755082, Vigésima Câmara Cível, Tribunal de Justiça do RS, Relator: José Aquino Flores de Camargo, Julgado em 15/08/2007) (Grifos meus). Ver, ainda, entre outras: Apelação Cível N° 70018808683, Décima Segunda Câmara Cível, Tribunal de Justiça do RS, Relator: Dálvio Leite Dias Teixeira, Julgado em 16/08/2007; Apelação Cível N° 70020675310, Nona Câmara Cível, Tribunal de Justiça do RS, Relator: Tasso Caubi Soares Delabary, Julgado em 15/08/2007; Apelação Cível N° 70020256525, Quinta Câmara Cível, Tribunal de Justiça do RS, Relator: Umberto Guaspari Sudbrack, Julgado em 01/08/2007.

Nesta hipótese, seria pouco razoável afirmar que a análise econômica do direito não possa trazer subsídios importantes para a pesquisa acerca da adequação da forma com que os danos extrapatrimoniais vêm sendo quantificados pela jurisprudência brasileira. Com efeito, ao tomar como objeto de análise o comportamento dos indivíduos submetidos a incentivos (tais como preços e sanções[38]), a análise econômica apresenta um conjunto de ferramentas teóricas que podem ajudar a iluminar as questões envolvidas na estimação de uma quantia adequada, a título de indenização por danos extrapatrimoniais, a fazer com que uma pessoa venha a adotar um rumo de ação diverso daquele que resultou em um determinado evento danoso.

3. Contribuição da análise econômica do direito

A) Pressupostos: agente racional e bem-estar social

Inicialmente, a economia contribui com o debate através do desenvolvimento de dois pressupostos de análise que parecem estar contidos ou que, no mínimo, mostram-se compatíveis com a lógica adotada pelos tribunais brasileiros ao eleger, como objetivo da assinalação de indenizações por danos extrapatrimoniais, o desestímulo à prática de uma determinada conduta, e como meio para realizá-lo, a observação da condição econômica do causador do dano. São eles: a concepção econômica de agente racional e a noção de bem-estar social.[39-40]

Segundo a concepção de racionalidade mais comumente delineada na teoria microeconômica, o agente racional é aquele que adota um comportamento maximizador nas variadas áreas de sua vida; ou seja, quando confrontado com a necessidade de uma tomada de decisão, o indivíduo elege a conduta tendente a maximizar seus benefícios e minimizar eventuais custos.[41-42]

Uma implicação desta concepção de agente racional é a assunção de que este agente reage a certos tipos de *incentivos*: ao aumentarmos os benefícios possivelmente decorrentes da adoção de uma dada conduta, podemos prever que o

---

[38] COOTER, Robert. Prices and sanctions. *Columbia Law Review*, v. 84, n. 6, oct. 1984, p. 1523-1560.

[39] Tais pressupostos são utilizados, entre outros, por POLINSKY, A. Mitchell e SHAVELL, Steven. Punitive damages: an economic analysis. *Harvard Law Review*, v. 111, n. 4, fev. 1998, p. 869-962.

[40] Ao arrolar ambos estes pressupostos, não estou afirmando que seriam os únicos a desempenhar um papel fundamental na análise econômica, e tampouco deixando de reconhecer que ambos são bastante discutidos entre os próprios economistas. Uma abordagem mais aprofundada da ampla bibliografia acerca da metodologia da análise econômica, contudo, seria aqui impraticável, dados os limites do presente trabalho.

[41] Ver COOTER, Robert, e ULEN, Thomas. *Law and economics*. 4 ed. S. l.: Pearson Addison Wesley, 2004. p. 15, e POSNER, Richard. *Economic analysis of law*. 6 ed. New York: Aspen Publishers, 2003. p. 3.

[42] A idéia de agente racional não guarda necessariamente uma similitude com a de "pessoa razoável" comumente adotada como *standard* de avaliação de conduta no direito. O agente racional violaria a norma jurídica quando os benefícios de violá-la excedessem os custos, ao contrário da "pessoa razoável". Ver COOTER, Robert. Punitive damages for deterrence: when and how much? *Alabama Law Review*, v. 40, 1989, 1143. p. 1150.

indivíduo tenderia efetivamente a adotá-la; já se o incremento ocorre no montante dos prováveis custos, a previsão seria no sentido de que o agente racional deixaria de seguir determinada linha de ação.[43]

O segundo pressuposto de análise a ser adotado consiste na noção de bem-estar social (*social welfare*), conforme exposta por Polinsky e Shavell:

> O bem-estar social é determinado pelo bem-estar dos indivíduos. Assim, o bem-estar social geralmente aumenta se o bem-estar dos indivíduos aumenta, e diminui se o bem-estar dos indivíduos diminui. Em particular, o bem-estar social reflete o objetivo de desestímulo das indenizações punitivas, pois a prevenção de danos preserva o bem-estar das pessoas; [...].[44]

Assim, a hipótese que se coloca é a de que, ao imputar aos agentes causadores de dano uma quantia acima do que seria destinado a meramente reparar ou "compensar" os danos sofridos pelas vítimas dos eventos danosos, anunciando expressamente que tal prática vai ao encontro do objetivo de desestimular a prática de determinadas condutas consideradas danosos no meio social, os tribunais brasileiros estariam (ainda que intuitivamente) adotando uma lógica perfeitamente compatível com os pressupostos acima elencados, pois estariam confiando que a imposição de um custo adicional faria o agente desistir de praticar uma determinada conduta, considerada socialmente indesejável.

Contudo, esta aplicação de uma parcela a título de desestímulo não é usualmente acompanhada da investigação de outras variáveis fundamentais para que o raciocínio possa ser considerado efetivamente coerente com as premissas elencadas acima, o que pode levar a conseqüências também socialmente indesejáveis, quais sejam, os efeitos derivados da situação de imposição de uma dose insuficiente ou mesmo excessiva de tal elemento de desestímulo. Para podermos perceber como tais resultados indesejáveis podem ocorrer e quais seus efeitos, será preciso introduzir outras noções comumente encontradas na literatura sobre a análise econômica da responsabilidade civil.

B) O custo social total

Para avaliar a questão da eficiência na alocação das externalidades em contextos próprios da responsabilidade civil extracontratual, na análise econômica do direito costuma ser invocada a noção de *custo social total*. Normalmente, ao tratar de tal questão, os juristas costumam atentar para apenas um tipo de custo: o

---

[43] Segundo COOTER e ULEN: "Economics prided a scientific theory to predict the effects of legal sanctions on behavior. To economists, sanctions look like prices, and presumably, people respond to these sanctions much as they respond to prices. People respond to higher prices by consuming less of the more expensive good, so presumably people respond to heavier legal sanction by doing less of the sanctioned activity." (COOTER, Robert, e ULEN, Thomas. *Law and economics*. 4 ed. S. l.: Pearson Addison Wesley, 2004. p. 3).

[44] POLINSKY, A. Mitchell e SHAVELL, Steven. Punitive damages: an economic analysis. *Harvard Law Review*, v. 111, n. 4, fev. 1998, p. 873, nota de rodapé 6, em tradução livre da seguinte passagem: "Social welfare is determined by the well-being of individuals. Thus, social welfare generally rises if individuals' well-being rises, and falls if individuals' well-being falls. In particular, social welfare reflects the deterrence objective of punitive damages, for the avoidance of harm preserves the well-being of persons; [...]."

do próprio dano, uma vez ocorrido. Contudo, o valor dos danos não corresponde ao único custo que pode surgir em casos de responsabilidade civil (em algumas situações, sequer seria o maior). Um dos méritos da análise econômica da responsabilidade civil é chamar a atenção para o fato de que existem também *custos de precaução*[45] que devem ser levados em conta.[46]

Os custos de precaução (ou seja, os investimentos que as partes realizam para tentar evitar a ocorrência de eventos danosos) relacionam-se com a probabilidade de efetivação de tais eventos (em princípio) de forma decrescente, ou seja, mais investimentos em precaução importariam, *prima facie*, em uma menor ocorrência de acidentes.[47] Assim, estas três variáveis (custos de precaução, probabilidade de ocorrência de danos e valor dos danos efetivos) devem ser compostas de forma a revelar o custo social total esperado. Tal composição, para Cooter e Ulen, teria a seguinte formulação: $SC = wx + p(x)A$, na qual SC corresponderia ao custo social total, wx seria a quantia total investida em precauções, e $p(x)A$ significaria a probabilidade de ocorrência de danos multiplicada pelo valor dos danos efetivos.[48] Ou, conforme exposto graficamente:[49]

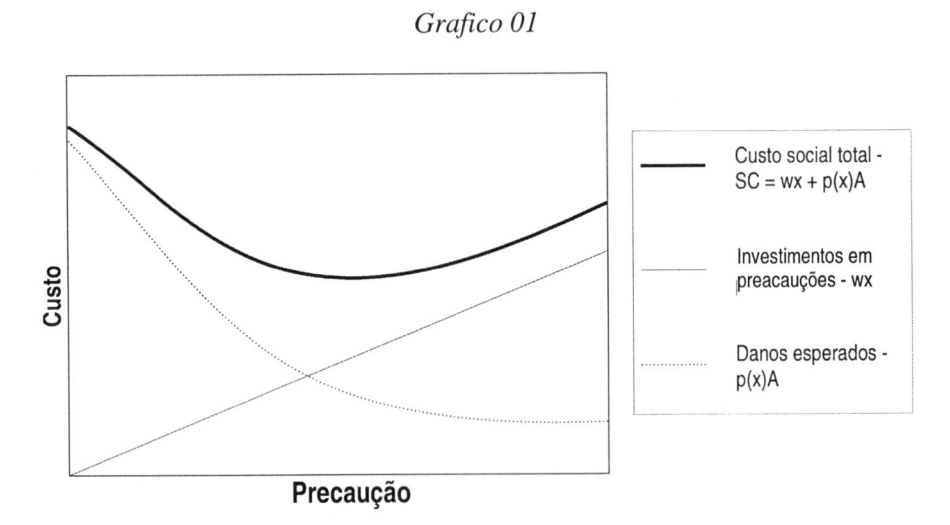

Grafico 01

[45] Adotamos aqui um sentido amplo do termo precaução, como encontrado em POLINSKY, A. Mitchell e SHAVELL, Steven. Punitive damages: an economic analysis. *Harvard Law Review*, v. 111, n. 4, fev. 1998, p. 879: *"Any action that reduces the risk or the level of harm constitutes a precaution under our interpretation"*.

[46] Evidentemente, podem existir vários outros tipos de custos, mas no presente trabalho procurei me concentrar na questão dos custos de precaução.

[47] Cf. COOTER, Robert, e ULEN, Thomas. *Law and economics*. 4 ed. S. l.: Pearson Addison Wesley, 2004. p. 320.

[48] Cf. COOTER, Robert, e ULEN, Thomas. *Law and economics*. 4 ed. S. l.: Pearson Addison Wesley, 2004. p. 320-321.

[49] O gráfico acima foi inspirado nos existentes em COOTER, Robert, e ULEN, Thomas. *Law and economics*. 4 ed. S. l.: Pearson Addison Wesley, 2004. p. 321, e em COOTER, Robert. Punitive damages for deterrence: when and how much? *Alabama Law Review*, v. 40, 1989, 1143. p. 1162.

O gráfico acima permite uma melhor percepção de uma série de situações: em primeiro lugar, o formato em "U" da linha contínua mais grossa, localizada na parte de cima do modelo, a qual representa o custo social total, mostra que, em certos casos, um incremento nos custos de precaução não significa necessariamente um resultado eficiente (e nem socialmente desejável, como será adiante exposto). Ou seja, além do ponto em que podemos observar um resultado ótimo (o qual corresponderia ao local em que a curva atinge seu ponto mais baixo), qualquer investimento realizado na tomada de precauções (representado pela linha contínua mais fraca, cujo crescimento é constante para representar um aumento constante de investimentos) significaria um aumento no custo social total.

Em segundo lugar, podemos também perceber, através da visualização da linha pontilhada representando o montante de danos esperados, que investimentos crescentes a título de prevenção não implicam necessariamente, a partir de um dado momento e em certos casos, em uma redução da probabilidade de ocorrência de eventos danosos em níveis iguais a zero.[50] Ou seja, em que pese a magnitude das quantias investidas em equipamentos de segurança no trânsito, na atividade laboral, bem como de cautela na confecção de produtos, de cuidado na prática profissional etc., a redução dos acidentes em cada uma dessas atividades usualmente vai observar um padrão acima do resultado ideal, que seria o da absoluta inocorrência de eventos danosos.

O modelo ainda pode levar a uma terceira conclusão, que interessa diretamente ao tema do presente trabalho: sem uma pesquisa minimamente adequada acerca das variáveis envolvidas no cálculo do custo social total, fica dificultada a tarefa de acessar a adequação do montante indenizatório a ser fixado pelos tribunais a título de desestímulo.[51] Ora, sem que se tenha uma idéia das quantias investidas, ou que seria possível ser investidas, pelas partes, para a redução dos eventos danosos, qual a base que teríamos para concluir pela necessidade de atribuição de uma penalidade e mesmo pelo montante a ser fixado a título de "incentivo" para que o causador do dano venha a adotar uma maior dose de cautela?

Imaginemos as seguintes situações: (a) o agente causador do dano poderia ter realizado um investimento na adoção de medidas de segurança, mas não o fez, pois sabe que, caso venha a causar um dano e ser condenado (aqui também entra o cálculo das probabilidades), o valor da eventual condenação vai provavelmente ficar abaixo do custo de tais medidas. Desta forma, o agente economicamente ra-

---

[50] POLINSKY, A. Mitchell e SHAVELL, Steven. Punitive damages: an economic analysis. *Harvard Law Review*, v. 111, n. 4, fev. 1998, p. 880-881.

[51] Isso não implica dizer que esta pesquisa deva levar necessariamente à imposição de indenizações com caráter especificamente dissuasório. A própria literatura da análise econômica da responsabilidade civil enfatiza que, sob certas condições, o efeito dissuasório é alcançado simplesmente com uma indenização de caráter meramente reparatório dos danos efetivamente observados. Ver POLINSKY, A. Mitchell e SHAVELL, Steven. Punitive damages: an economic analysis. *Harvard Law Review*, v. 111, n. 4, fev. 1998; COOTER, Robert. Punitive damages for deterrence: when and how much? *Alabama Law Review*, v. 40, 1989, 1143; COOTER, Robert. Punitive damages, social norms and economic analysis. *Law and Contemporary Problems*, v. 60, 1997, 73. FRIEDMAN, David. An economic explanation of punitive damages. *Alabama Law Review*, v. 40, 1989, 1125.

cional provavelmente optará por não investir nas cautelas; (b) o agente causador do dano realiza todo o investimento que lhe é possível em medidas de segurança, reduzindo ao máximo a probabilidade da ocorrência de acidentes, mas ainda assim, dadas certas características de sua atividade, alguns eventos danosos ainda vêm a ocorrer. Qual o sentido de lhe impor um valor indenizatório extracompensatório a título de "incentivo" para a adoção das cautelas adequadas? Parece que um conhecimento mínimo acerca dos custos de precaução mostra-se fundamental para evitar a efetiva ocorrência de ambas as hipóteses descritas.

O argumento que aqui se coloca pode também tomar a seguinte forma: sem uma noção ao menos aproximada dos custos de precaução,[52] fica bastante dificultada uma estimação mais precisa do *quantum* indenizatório adequado a evitar duas situações:[53] a de desestímulo[54] abaixo do nível desejado (incentivos insuficientes) e a de imposição de incentivos em exagero para o investimento em precauções.[55]

No primeiro caso, qual seja, da assinalação de uma quantia insuficiente para a adoção de cautelas por parte dos potenciais causadores de dano, os resultados socialmente perniciosos parecem claros. Incentivos inadequados tendem a levar os agentes a adotar um menor investimento em cautelas e, portanto, a incrementar a probabilidade de ocorrência de eventos danosos. Tal estado de coisas, em princípio, é considerado indesejável em nossa sociedade,[56] do contrário não teríamos indenizações com parcelas de desestímulo à ocorrência de tais eventos, abertamente enunciadas por nossos tribunais.

Já na segunda situação, correspondente à imposição de incentivos para a adoção de um nível de precauções exagerado (o que, no gráfico, podemos localizar no campo bem à direita do ponto considerado socialmente ótimo), também podem ser produzidos resultados socialmente danosos. Inicialmente, refira-se que tal situação leva a um estado de ineficiência econômica, ou seja, recursos que poderiam estar sendo investidos em outras finalidades estariam provavelmente sendo desperdiçados. Tal fato torna-se menos justificável na medida em

---

[52] O qual, recorde-se, é apenas uma das variáveis envolvidas na equação.

[53] Esta afirmação não implica dizer que o conhecimento adequado destes custos resultaria necessariamente na solução do problema; tal informação seria, nesse caso, uma condição necessária, porém não suficiente, para a determinação de indenizações com parcela de desestímulo autônoma, uma vez que outras variáveis que aqui não são discutidas por razões de espaço (tais como a probabilidade do agente causador do dano escapar da responsabilização, os custos de litigar no Poder Judiciário e o fato das partes serem avessas ao risco ou não) podem também determinar conclusões diversas. Também não implica dizer que tal conhecimento autoriza as indenizações punitivas em todos os casos. Ver, por todos, POLINSKY, A. Mitchell e SHAVELL, Steven. Punitive damages: an economic analysis. *Harvard Law Review*, v. 111, n. 4, fev. 1998, e COOTER, Robert. Punitive damages for deterrence: when and how much? *Alabama Law Review*, v. 40, 1989, 1143.

[54] *"Underdeterrence"*, cf. POLINSKY, A. Mitchell e SHAVELL, Steven. Punitive damages: an economic analysis. *Harvard Law Review*, v. 111, n. 4, fev. 1998, p. 873.

[55] Ou *"overdeterrence"*, cf. POLINSKY, A. Mitchell e SHAVELL, Steven. Punitive damages: an economic analysis. *Harvard Law Review*, v. 111, n. 4, fev. 1998, p. 890.

[56] Além de poderem também gerar ineficiência, o que se demonstra pela observância dos pontos à esquerda daquele em que a curva dos custos sociais totais atinge seu nível mais baixo, no gráfico supra.

que a probabilidade de ocorrência de danos passa a um ponto no qual um maior investimento em recursos não a afeta substancialmente, quando então cada real investido serviria apenas para incrementar o custo social total.[57-58]

Em segundo lugar, o exagero na imposição do fator de desestímulo pode fazer com que os agentes venham a se engajar com menor freqüência em atividades consideradas, em si, socialmente desejáveis, bem como, em casos extremos, a interromper a prática de tais atividades.[59] Por exemplo, um jornal que, embora adote certas cautelas no momento da publicação de determinadas notícias (checagem de informações por parte dos jornalistas, cuidados no uso da linguagem, objetividade na descrição dos fatos), pode ser levado, pela imposição de uma indenização de caráter dissuasório em nível excessivo, a não mais publicar os nomes ou fotografias de assaltantes perigosos, quando poderia ser desejável que assim o fizesse, para maior informação dos indivíduos que compõem a sociedade, ou a diminuir o espaço das notícias naturalmente mais sensíveis (páginas policiais, por exemplo).

Finalmente, em certos casos, a imposição de uma parcela de desestímulo em situações nas quais esta medida se mostra excessiva, porque a parte já investe adequadamente em precauções, pode fazer com que estes agentes busquem externalizar este custo adicional através da elevação dos preços que praticam, fazendo com que os consumidores venham a arcar com a alocação ineficiente (e ineficaz) de recursos. Tal situação pode ocorrer, em tese, em casos de responsabilidade profissional e das empresas, por exemplo.[60]

Uma vez reconhecida a perniciosidade dos efeitos decorrentes do subestímulo e do exagero na aplicação dos incentivos, a análise econômica da responsabilidade civil pode também fornecer um critério para a avaliação da necessidade

---

[57] Cf. POLINSKY, A. Mitchell e SHAVELL, Steven. Punitive damages: an economic analysis. *Harvard Law Review*, v. 111, n. 4, fev. 1998, p. 879-881.

[58] Tal constatação pode causar estranheza, pois nosso senso comum demanda que façamos todos os investimentos necessários para evitar a causação de eventos danosos. Calabresi, no entanto, mostra que apesar de nossas intuições, é no mínimo altamente controverso afirmar que nossa sociedade está disposta a evitar a causação de certos tipos de danos a qualquer custo: *"Our society is not commited to preserving life at any costs. In its broadest sense, the rather unpleasant notion that we are willing to destroy lives should be obvious. Wars are fought. The University of Mississippi is integrated at the risk of losing lives. But what is more pertinent to the study of accident law, though perhaps equally obvious, is that lives are spent not only when the quid pro quo is some great moral principle, but also when it is a matter of convenience. Thus we build a tunnel under Mont Blanc because it is essential to the Common Market and cuts down the traveling time from Rome to Paris, though we know that about one man per kilometer of tunnel will die. We take planes and cars when safer, slower means of travel. And perhaps more telling, we use relatively safe equipment rather than the safest imaginable because – and it is not a bad reason – the safest costs too much."* (CALABRESI, Guido. *The costs of accidents*: a legal and economic analysis. New Haven: Yale University Press, 1970. p. 17-18).

[59] POLINSKY, A. Mitchell e SHAVELL, Steven. Punitive damages: an economic analysis. *Harvard Law Review*, v. 111, n. 4, fev. 1998, p. 882.

[60] POLINSKY, A. Mitchell e SHAVELL, Steven. Punitive damages: an economic analysis. *Harvard Law Review*, v. 111, n. 4, fev. 1998, p. 873. Refira-se que estas situações elencadas não esgotam necessariamente o espectro de conseqüências perniciosas advindas das situações de falta ou excesso de incentivos nos custos de precaução. Ver SCHWARTZ, Gary T. Deterrence and punishment in the common law of punitive damages: a comment. *South Carolina Law Review*, v. 56 (1982), p. 135.

de imposição de uma indenização de caráter dissuasório, justamente levando-se em conta os custos de precaução: seria através da utilização da "regra de Hand" (*Hand rule*), a qual, trabalhando com as variáveis em questão: nível de cuidado (ou investimento em precauções – *wx*), probabilidade de ocorrência dos acidentes (*p(x)* e danos efetivos (*A*), estabelece que o agente causador do dano será responsabilizado toda a vez que $wx < p(x)A$.[61] Ou seja, toda vez que o nível de cuidado for menor do que a probabilidade de ocorrência dos danos multiplicada pelos danos esperados, o agente arcaria com a responsabilidade.[62]

A regra de Hand é usualmente utilizada pelos autores vinculados à análise econômica para estabelecer um padrão de cuidado devido para a imputação da responsabilidade, uma vez que sua utilização normalmente leva a resultados eficientes;[63] nossos tribunais, no entanto, não estabelecem o *standard* de conduta com base no ponto ótimo de eficiência, mas em normas tradicionalmente consagradas, tais como a noção de culpa. O que se pretende afirmar aqui é que, à parte toda a discussão acerca da viabilidade ou desejabilidade da adoção da *Hand rule* como padrão de conduta devido para fins de imposição do dever de indenizar,[64] a fórmula poderia servir para a avaliação da necessidade de imposição de uma indenização de caráter dissuasório nos casos em que o investimento em precauções por parte do agente causador do dano afasta-se em demasia da região próxima ao ponto mais eficiente (hipóteses nas quais *wx* representaria um valor muito menor do que *p(x)A* ou exageradamente maior); caso este exame possa ser procedido, poderia também ser possível identificar as situações nas quais tendem a surgir problemas relativos aos incentivos, a fim de evitá-los.[65]

Por fim, a análise econômica da responsabilidade civil pode, ainda, iluminar a questão relativa à conveniência do estabelecimento de indenizações via técnicas de tarifação legislativa, as quais, como exposto acima, tendem a não encontrar muita receptividade em nossa jurisprudência na atualidade; a questão a ser enfrentada nesse caso seria: quem estaria em melhor posição para acessar os números por trás das variáveis envolvidas na estimação dos acidentes?[66] Se o Judiciário mostra-se, em certos casos, mais apto a estimar o valor dos investimentos necessários em precaução, a probabilidade de ocorrência de acidentes e os da-

---

[61] A formulação original seria $B < pL$. No texto, mantivemos a notação utilizada por Cooter, já utilizada no gráfico supra.

[62] Para uma boa explanação sobre a regra de Hand, ver COOTER, Robert, e ULEN, Thomas. *Law and economics*. 4 ed. S. l.: Pearson Addison Wesley, 2004. p. 334.

[63] Cf. COOTER, Robert. Punitive damages for deterrence: when and how much? *Alabama Law Review*, v. 40, 1989, 1143. p. 1163.

[64] O que não implica dizer que tal discussão não seja meritória.

[65] Para a utilização da *Hand rule* para a quantificação das indenizações, ver COOTER, Robert. Hand rule damages for incompensable losses. *San Diego Law Review*, v. 40 (2003), 1097.

[66] O argumento pode ser encontrado em COOTER, Robert, e ULEN, Thomas. *Law and economics*. 4 ed. S. l.: Pearson Addison Wesley, 2004. p. 336: *"Liability law should take into account who is in the best position to obtain information about accidents. If courts can obtain accurate information about accidents at moderate cost, this fact favors case-by-case adjudication. Alternatively, if a legislature or regulator can obtain accurate information about accidents at moderate cost, this fact favors a system of public law for accidents [...]"*.

nos efetivos a custos menores do que o Poder Legislativo, então talvez seja o caso de efetivamente abandonar-se a possibilidade de tarifação legal nestas hipóteses; caso contrário, sua aceitação talvez devesse ser repensada em nosso direito.[67]

4. Conclusão

Ao longo do presente trabalho, partiu-se do pressuposto de que os tribunais brasileiros, ao estabelecer como objetivo da responsabilidade civil o estabelecimento de um desestímulo à prática de determinadas condutas consideradas socialmente indesejáveis não estariam apenas adotando o que se poderia denominar de uma "teoria expressiva" acerca do direito, segundo a qual a função mais importante do Poder Judiciário seria meramente a de expressar valores morais subjacentes ao ordenamento jurídico.[68]

A partir deste pressuposto, seguiu-se a tentativa de demonstrar como a análise econômica da responsabilidade civil poderia, senão trazer respostas definitivas às complexas questões envolvidas na quantificação dos danos patrimoniais, ao menos ajudar a revelar percepções até então carentes de uma formulação mais precisa, o que se faz necessário caso queiramos efetivamente levar a enunciada função de desestímulo para além de um simples caráter expressivo.

---

[67] Uma terceira possibilidade a ser pesquisada seria alguma espécie de mistura entre o estabelecimento de critérios legislativos e jurisprudenciais, encarregando-se o legislador, por exemplo, de estabelecer regras sobre investimentos em precaução e estimando a possibilidade de redução de danos em decorrência destes investimentos e deixando aos juízes a tarefa de estimação da extensão dos danos efetivos em cada caso.

[68] Cf. COOTER, Robert. Punitive damages, social norms and economic analysis. *Law and Contemporary Problems*, v. 60, 1997, 73. p 86. Sobre a utilidade simbólica de ações expressivas, ver NOZICK, Robert. *The nature of rationality*. Princeton: Princeton University Press, 1993. p. 26-35.

— 6 —
Análise econômica do Direito: uma análise exclusiva ou complementar?

RAFAEL DE FREITAS VALLE DRESCH

Advogado, doutorando em direito na PUCRS, mestre em direito privado pela UFRGS, especialista em contratos e responsabilidade civil pela UFRGS, professor dos cursos de direito do Centro Universitário FEEVALE e do Centro Universitário Metodista – IPA.

Sumário: Introdução; 1. O Funcionalismo Econômico; 2. A Crítica Centrada na Justiça Corretiva; Conclusão; Referências bibliográficas.

Introdução

Como explicitado na primeira obra *Direito e Economia*,[1] a controvérsia jurídica sobre o direito privado está polarizada no debate mundial, basicamente, por duas concepções[2] conflitantes.[3] O formalismo,[4][5] que compreende o fenôme-

---

[1] DRESCH, Rafael F. V. A influência da economia na responsabilidade civil. Direito e Economia, TIMM, Luciano B. *Direito e Economia*, São Paulo : IOB – Thomsom, 2005, p. 121-140.

[2] Quanto à diferença entre concepção e conceito ver HART p. 174, RAWLS p. 6 e, BARZOTTO p. 10 que assim ensina: "A distinção entre conceito e concepção difundiu-se na filosofia prática contemporânea por obra do filósofo norte-americano John Rawls... Cada concepção de justiça irá propor diferentes esquemas de direito e deveres e de pretensões legítimas dos membros da comunidade, mas toda concepção de justiça deverá acolher aquilo que é próprio do conceito de justiça, a saber, a recusa de distinções arbitrárias e a busca do equilíbrio entre as diferentes pretensões às vantagens da vida social". Nesse sentido, ainda, DWORKIN p. 87: "O contraste entre conceito e concepção é aqui um contratse entre níveis de abstração nos quais se pode estudar a interpretação da prática. No primeiro nível, o acordo tem por base idéias distintas que são incontestavelmente utilizadas em todas as interpretações; no segundo, a controvésia latente nessa abstração é identificada e assumida".

[3] Nesse sentido, importante é a análise de Richard W. Wright no artigo *Right, Justice and Tort Law*: "There are two principal types of moral teories. The first 'corporate welfare' types identifies the good with the corporate or aggregate welfare of the community or society as a whole, while the second 'equal individual freedom' type identifies the good with the equal freedom of each individual in the community or society" (WRIGHT, Richard W. Right, justice and tort law. In: PHILOSOPHICAL Foundations of Tort Law. Oxford: Oxford University, 2001, p.161).

[4] A expressão *formalismo* é a utilizada por WEINRIB, *The idea of private law*, p. 22: "I want to elucidate the theory appropriate for understanding this internal dimension. The theory goes under the currently discredited name of legal formalism".

[5] Convém esclarecer, desde já, que o que aqui se entende por formalismo – na mesma linha adotada por WEINRIB (Idem, Ibidem. p. 27) – está vinculado à forma (causa formal) como compreendida no pensamento aristotélico-tomista. Assim, o formalismo jurídico busca compreender a forma do direito privado.

no jusprivatista com fundamento no sentido de justiça corretiva apresentado por Aristóteles.[6] O direito privado, nessa concepção, tem sua racionalidade explicitada por uma *forma* (causa formal) fundada no sentido de justiça corretiva e de direito em termos kantianos.[7] Contudo, uma concepção contraposta do direito privado, centrada numa visão funcional, é a desenvolvida pela importante análise econômico do direito,[8] que apresenta o direito em função da economia. O direito privado, assim como seus institutos, são considerados instrumentos na obtenção de eficiência econômica.

Nesse sentido, o presente estudo busca traçar sumariamente, no primeiro capítulo, as linhas gerais da análise econômica do direito com base em autores como Richard Posner, Guido Calabresi, Louis Kaplow e Steven Shavell e, posteriormente, no segundo capítulo, as críticas formalistas – baseadas na justiça corretiva – de Ernest Weinrib e Jules Coleman. Ao final, o objetivo consiste em avaliar se a análise econômica do direito deve fornecer o fundamento central de compreensão do direito privado ou um fundamento complementar.

1. O Funcionalismo Econômico

O direito privado, na concepção funcionalista da análise econômica do direito, é um instrumento para a obtenção de eficiência econômica. A sua principal característica é a de servir como uma ferramenta para um fim dado externamente pela economia. Ademais, por este fim ser externo, é independente do direito privado. O direito privado não tem alcance sobre a fixação, ou mesmo compreensão de seu fim e, dessa maneira, se torna um conhecimento subsidiário, alterável e, por vezes, descartável.[9]

Nesta esteira, o caráter instrumental é nítido a medida que o conhecimento jusprivatista é secundário em relação ao conhecimento econômico. A economia estudaria e definiria a eficiência econômica, e o instrumental direito privado e seus institutos deveriam, de forma subsidiária, se conformar e se estruturar de

---

[6] O sentido de justiça corretiva apresentado por ARISTÓTELES no livro V , 4 da Ética a Nicômaco: *O que resta é a justiça corretiva, a qual está presente nas transações privadas, tanto voluntárias quanto involuntárias.*

[7] A forma da justiça corretiva, segundo o formalismo, é desenvolvida por KANT através do conceito de direito exposto na sua obra A Metafísica dos Costumes, p. 38: "El concepto de derecho, en tanto que se refiere a una obligatión que lo corresponde (es decir, el concepto moral del mismo), afecta, en primer lugar, sólo la relación externa y ciertamente práctica de una persona con otra, en tanto que sus acciones, como hechos, pueden influirse entre sí...".

[8] O termo funcionalismo é o empregado por WEINRIB, *The idea of private law*, p. 3: "That one comprehends law through its goals – anotion we may call functionalism – is particularly well entrenched in America legal scholarship". Também entre nós MICHELON, p. 102: "A concepção rival, chamemo-la, segundo WEINRIB, de concepção funcionalista, concebe todas as instituições do direito privado como sendo instrumentos para a persecussão de um objetivo socialmente desejável".

[9] Nesse sentido, o importante estudo de POSNER: *Overcoming Law*. Cambrigde, Mass., Harvard University Press.

maneira a alcançar essa eficiência. Nesse sentido, cabe destacar as palavras de Shavell e Kaplow:

> We concluded that this result, combined with other considerations going outside our model, suggests that normative economic analysis of legal rules should focus on their efficiency.[10]

Com efeito, a análise econômica do direito tem por origem o pensamento mais abrangente do utilitarismo de David Hume[11], Jeremy Bentham, John Stuart Mill, Sidgwick[12], mas também é defendida como uma análise kantiana por alguns de seus defensores mais atentos às dificuldades do pensamento utilitarista.[13]

Um dos teóricos mais destacados da análise econômica é Richard Posner. Segundo Posner, tratando do instituto da responsabilidade civil exemplificativamente, o método do direito busca determinar responsabilidades entre as pessoas participantes de interações de modo a maximizar o valor total de bens e serviços[14] e só de tal maneira o direito pode ser considerado justo.[15]

Posner esclarece seu conceito de "wealth maximization"[16] como o objetivo de tentar maximizar o valor[17] de todos os bens e serviços colocados ou não no mercado.

Nesse contexto, o instituto da responsabilidade civil tem por finalidade a distribuição eficiente dos custos decorrentes dos prejuízos oriundos de um acidente, dos custos de prevenção e, dos custos com processos para determinar estes custos. O princípio geral da responsabilidade civil nessa análise, portanto, é de que os custos sejam suportados pela parte que poderia evitar ou minimizar os riscos dos referidos acidentes, sempre com vistas a maximizar o valor comum de bens e serviços, ou seja, garantir eficiência econômica.[18]

---

[10] KAPLOW, Louis. SHAVELL, Steven. Should Legal Rules Favor The Poor? Clarifying the Role of Legal Rules and the Income Tax in Redistributing Income. *Journal of Legal Studies*, Vol. 29, No. 2, junho de 2000, p. 821-835.

[11] Vide, Uma investigação sobre os princípios da moral, p. 41/42: "Portanto, as regras da eqüidade e da justiça dependem inteiramente do estado e situação particulares em que os homens se encontram, e devem sua origem e existência à utilidade que proporcionam ao público pela sua observância estrita e regular."

[12] Quanto a evolução do utilitarismo ver a análise de MACINTYRE, Depois da Virtude, p. 115/121.

[13] No sentido da fundamentação kantiana da análise econômica do direito veja: POSNER, Richard. *The Ethical and Political Basis of the Efficiency Norm in Common Law Adjudication*, 8 HOFSTRA L. REV. 1980, p. 488-97. Posner entende que se a eficiência é tomada nos termos da Superioridade de Pareto, ela seria sempre a solução racional, pois ninguém é prejudicado e pelo menos uma pessoa é favorecida, devendo, por conseguinte, ser compreendida como o conteúdo da vontade autônoma kantiana e, assim, objeto da participação de todo o ser racional.

[14] POSNER, *Economic Analysis of Law*, p. 181.

[15] Salienta, CAMPBELL, um ponto importante ao destacar que a tese de Posner defende a visão de que o critério para determinar se certos atos são justos ou bons está em saber se maximizam a riqueza da sociedade, vide p. 141.

[16] Posner, Wealth Maximization and Tort Law: *A Philosophical Inquiry*, p. 99, assim ensina: "Wealth is the total value of all economic and non-economic goods and services and is maximized when all goods and services are, so far as is feasible, allocated to their most valuable uses.".

[17] Posner, ibidem, p. 99, determina o que entende por valor: "Value is determined by what the owner of the good or service would demands to part with it or what a non-owner would be willing to pay to obtain it.".

[18] POSNER, Wealth Maximization and Tort Law: *A Philosophical Inquiry*, p. 100.

No mesmo sentir, Guido Calabresi que, apesar de ressalvar a justiça (fair),[19] entende que o objetivo da responsabilidade civil, seria o de reduzir a soma dos custos dos acidentes mais os custos de precaução, a fim de reduzir: (i) quantidade e gravidade dos acidentes; (ii) custos sociais desses acidente e; (iii) custos com a administração dos acidentes. Assim ensina um dos precursores da análise econômica:

> Además de la justicia, el objectivo principal del derecho de los accidentes es reducir la suma del costo de los accidentes más el costo de evitarlos.[20]

Para esclarecer essa visão centrada no bem-estar econômico, característica da análise econômica do direito e de sua contraposição à análise centrada na forma de justiça corretiva, é importante destacar a visão de Kaplow e Shavell que entendem que a avaliação das normas jurídicas deve ser feita totalmente baseada no bem-estar econômico, eis que a análise centrada na justiça corretiva não depende dos efeitos que as regras jurídicas têm sobre o bem-estar dos indivíduos, o que acarreta em uma redução de bem-estar social. Os ensinamentos dos pesquisadores da Universidade de Havard são claros nesse sentido:

> Our argument for basing the evaluation of legal rules entirely on welfare economics, giving no weight to notions of fairness, derives from the fundamental characteristic of fairness-based assessment: such assessment does not depend exclusively on the effects of legal rules on individuals' well-being. As a consequence, satisfying notions of fairness can make individuals worse off, that is, reduce social welfare.[21]

Por conseguinte, a análise econômica do direito deixa bastante claro que com o direito privado e seus institutos como a responsabilidade civil objetiva-se bem-estar ou eficiência econômica. No exemplo da responsabilidade civil, essa eficiência econômica seria obtida pela distribuição dos custos dos acidentes de maneira a atingir o maior bem-estar econômico coletivo.

Apresentada a característica essencial da análise econômica do direito como sendo a investigação dos institutos jurídicos com vistas à obtenção de eficiência, serão apresentadas as principais críticas a essa visão.

2. A Crítica Centrada na Justiça Corretiva

O formalismo jurídico proposto por Weinrib, com fulcro na justiça corretiva aristotélica e no direito kantiano, leva a um entendimento essencialmente interno

---

[19] CALABRESI, The costs..., p. 24: "What then, are the principal goals of any system of accident law? First, it must be just or fair; second, it must reduce the costs of accidents". Apesar da ressalva referente à importância da justiça, Calabresi não demonstra em que termos a eficiência estaria relacionada à justiça, desenvolvendo toda sua teoria com foco na eficiência econômica.

[20] Vide CALABRESI, Guido. El costo de los accidentes. La Responsabilidad Extracontractual. ROSENKRANTZ. Carlos F. (org.). Gedisa Editorial, Barcelona, 2005, p. 88-89.

[21] KAPLOW, Louis. SHAVELL, Steven. Fairness versus Welfare. Havard Law Review, Vol. 114, N. 4, fev. de 2001, p. 1011.

do direito privado. A forma das relações jurídicas privatistas estaria centrada em uma finalidade que não é fornecida pela economia, mas sim é própria e interna ao direito privado. Tal finalidade como bem explicita Richard Wright seria a garantia de uma igual liberdade aos participantes da relação,[22] sendo que a forma para alcançar essa igual liberdade seria a forma da justiça corretiva. O sentido de justiça corretiva é central, pois estabelece uma estrutura de equilíbrio entre perdas e ganhos nas relações entre os particulares.

Nesse compasso, tendo, cada concepção, optado por objetivos diversos (eficiência econômica e igual liberdade) a análise decorrente de cada uma é diametralmente oposta à análise adversária, como salientam os defensores de ambos os lados controvertidos.

Diante do objetivo traçado ao presente estudo, cabe traçar as críticas apresentadas pelos defensores da justiça corretiva à análise econômica direito.

A primeira relevante crítica pode ser explicitada pelos ensinamentos de Alasdair MacIntyre, nos seguintes termos:

> Ademais, agora estamos aptos a especificar uma dificuldade fundamental para qualquer versão do utilitarismo – além daquelas que especificifiquei anteriormente. O utilitarismo não pode alojar a diferença entre os bens internos e os bens externos às profissões. Além de não estar marcada por nenhum dos utilitaristas clássicos, esta diferença não está presente nos escritos de Bentham nem nos de Mills e Sidwick – mas os bens internos e os bens externos não são comensuráveis entre si. Portanto, a noção de cálculo dos bens – e, a *fortiori*, à luz do que eu disse sobre tipos de prazer e satisfação, a noção de cálculo de felicidade – segundo uma única fórmula ou conceito de utilidade, seja de Franklyn, Bentham ou Mill, não faz sentido.[23]

A análise é de extremo relevo e serve para sustentar a principal crítica que será apresentada por Weinrib: a de que a introdução de bens (fins) externos como critérios explicativos, em um dado objeto do estudo (prática no exemplo de MacIntyre[24]) retira o sentido desse campo do conhecimento, pois torna os fins totalmente aleatórios, incomensuráveis e, na maioria das vezes, conflitantes. Sabidamente, fins como a maximização da riqueza de uma determinada sociedade (fim econômico) podem estar em conflito com um fim de garantia da dignidade de uma pessoa isoladamente. Assim, uma concepção funcionalista, como a análise econômica do direito, que não identifica a diferença entre os fins externos (particulares e contingentes) e os fins internos (universais e essenciais), não tem a capacidade de determinar um critério de comensurabilidade dos fins.

---

[22] Cabe destacar a conclusão de Richard W. Wright nesse tocante: "At the core of the Kantian-Aristotelian concept of Right or justice is the normative premise that commom good to which law and politics should be directed is not the meaingless pursuit of aggregate social welfare, as assumed by the utilitarian efficiency theory, but rather the promotion of the equal (positive and negative) freedom of each individual in the community." (WRIGHT, *Right...*, p. 181).

[23] MACINTYRE, *Depois da...*, p. 333.

[24] Cumpre esclarecer o sentido de prática para o referido autor: "O significado que darei a 'prática' será o de qualquer forma coerente e complexa de atividade humana cooperativa, socialmente estabelecida, por meio da qual os bens internos a essa forma de atividade são compreendidos durante a tentativa de alcançar o padrão de excelência apropriados para tal forma de atividade, e parcialmente definidores, tendo como conseqüência a ampliação sistemática dos poderes humanos para alcançar tal excelência" (Ibidem, p. 315-316).

Tal crítica pode ser reforçada por um argumento trazido por Weinrib[25], o de que até seria possível que o direito privado fosse explicado em termos de busca de fins externos dados pela economia, mas o problema é que a economia, ou outra ciência não poderiam reclamar uma primazia ou exclusividade, pois o seu campo do conhecimento deveria ser explicado também em função de um outro campo do conhecimento, isso num pensamento funcionalista ligado a todas as ciências. Outra possibilidade seria considerar esta ciência fornecedora de fins ao direito privado como uma ciência independente, ou seja, que possuísse meios e fins próprios. Nesse caso, entretanto, é clara a constação de que, possuindo meios e fins próprios, essa ciência alienígena, no caso a economia, não necessitaria do direito privado como meio, já que possuiria os seus. O direito privado, nessa visão, é um meio descartável[26].

A segunda crítica a ser levantada em relação à concepção funcionalista, mais diretamente relacionada ao seu caráter utilitarista, é a trazida por Dworkin nos seguintes termos:

> Não é difícil imaginar mudanças no contexto econômico, social ou psicológico que fariam de nossas intuições conhecidas não o melhor que um utilitarista pudesse inculcar. Os sádicos radicais poderiam tornar-se tão numerosos entre nós, sua capacidade de prazer tão profunda, e seus gostos tão irredutíveis que, mesmo no primeiro nível – quando examinamos as regras que poderiam aumentar a felicidade a longo prazo –, seríamos forçados a fazer exceções a nossas regras gerais e permitir somente a tortura dos negros. Não é uma boa resposta dizer que, felizmente, não existe nenhuma possibilidade verdadeira de que tal situação venha a verificar-se. Na verdade, uma vez mais o objetivo dessas hipóteses terríveis não é fazer uma advertência prática – a de que, se nos deixarmos seduzir pelo utilitarismo, poderemos nos flagrar defendendo a tortura –, mas sim expor os defeitos do tratamento acadêmico da teoria ao chamar a atenção para as convicções que continuam poderosas, ainda que de forma hipotética. Se acreditamos que seria injusto torturar negros mesmo nas circunstâncias (extremamente improváveis) em que tal procedimento pudesse aumentar a felicidade geral, se achamos que essa prática não trataria as pessoa como iguais, devemos então rejeitar o segundo passo do argumento utilitarista.[27]

O citado exemplo de Dworkin, apesar de parecer improvável, é de grande importância para a nossa análise, pois traz à tona a principal conseqüência de uma concepção funcionalista econômica que é a de que essa concepção, à medida que introduz eficiência econômica como um fim externo ao direito privado – em menor ou maior grau –, afeta a igualdade como dignidade que caracteriza o ideal de direito privado. O indivíduo, nesses termos, pode ter sua dignidade violada em prol do bem-estar econômico da maioria, pois, como constatado por Coleman, a neutralidade das medidas direcionadas à eficiência econômica é inverossímil, eis que quando tais medidas são adotadas apresentam favorecidos e prejudicados.

Tanto é assim, que a maioria das análises em termos econômicos não adota o critério de Pareto, mas sim o critério Kaldor-Hicks, segundo o qual, sumaria-

---

[25] WEINRIB, *The idea...*, p. 17.

[26] Novamente, cabe lembrar o importante estudo de POSNER, *Overcoming...*, 1995.

[27] DWORKIN, *O império...* p. 350-351. Cabe lembrar que o domínio do poder político por sádicos não é fato inexistente na história moderna. Vide o nazismo alemão e o tratamento dado aos judeus, ciganos, entre outros grupos.

mente, os favorecidos por uma medida deveriam compensar os prejudicados de maneira a garantir que após a compensação ninguém iria preferir o estado anterior à medida adotada. Contudo, apesar de o critério Kaldor-Hicks ser potencialmente acorde com a Superioridade de Pareto, na realidade não o é na maioria dos casos, pois as medidas e as normas defendidas em termos de eficiência, segundo tal critério, não estabelecem a referida compensação como sendo obrigatória, mas somente potencial. Ademais, Coleman bem ressalta que o critério Kaldor-Hicks recai no paradoxo de Scitovsky, pois na comparação entre dois estados de coisas, *A* e *S*, é possível pensar em compensação nos dois estados, vez que os favorecidos do estado *A* podem compensar os prejudicados, assim como os favorecidos do estado *S* também podem, ou seja, o critério Kaldor-Hicks é intransitivo. Além disso, mesmo nos termos da Superioridade de Pareto, não é certo que um estado objeto de preferência seja objeto de consentimento a não ser que se equipare preferência a consentimento, o que determinaria a Superioridade de Pareto como sendo uma definição e não uma forma de fundamentação em termos kantianos. Nesse compasso, após apresentar as referidas dificuldades da análise econômica, Coleman assim conclui:

> To sum up: (1) Kaldor-Hicks, and not the Pareto criteria, is the basic standard of efficiency in law and economics. The Kaldor-Hicks criterion is intransitive. Two states of affairs can be Kaldor-Hicks efficient to one another. Utility observes transitivity, but Kaldor-Hicks efficiency does not. This suggests that Kaldor-Hicks does not embody or express the utilitarian ideal. (2) States of affairs that satisfy the Kaldor-Hicks standard may produce losers as well as winners. The losers cannot be expected to consent to their loses, or at least we cannot infer that they will. Therefore, there is no Kantian or consent defense for Kaldor-Hicks efficiency. (3) Nor is there a consent-based defense of Pareto optimality in the offing. On the assumption that losers will not consent to their losses, all we can say is that once at a Pareto optimal point, individuals will not unanimously consent to departures from it. (4) Nor can one infer that Pareto superior states are consented to. One can infer that Pareto superior states are preferred to those states Pareto inferior to them. But the fact that they are preferred does not entail that they are consented to, unless preference is defined in terms of consent. In that case, the claim that Pareto superior states are consented to expresses a definition, and thus consent cannot ground or justify Pareto superiority, being completely constitutive of it. Or so I have argued.[28]

Ademais, segundo Weinrib[29], as abordagens instrumentalistas são vulneráveis à crítica porque falham ao refletir sobre a unidade, o caráter, e a distinção da relação de direito privado. Nesses termos, as razões para essa vulnerabilidade são as seguintes:

i) O instrumentalismo, característico do funcionalismo econômico, não pode ser sensível ao nexo direto entre as partes de uma relação jurídica de direito privado.

ii) Porque o instrumentalismo implica o bem-estar coletivo, ele naturalmente leva a construir o direito privado não como um área do direito distinta, mas como uma variação do direito público.

---

[28] COLEMAN, Jules. The grounds of welfare. Public Law & Legal Theory Research Paper Series. N° 43, http://papers.ssrn.com/abstract=388460, p. 108.
[29] WEINRIB, *The idea...*, p. 48-49.

iii) O pensamento instrumentalista freqüentemente apresenta objetivos independentes e, assim, não se adapta a relações de direito privado intrinsecamente unificadas em um só objetivo.

iv) O instrumentalismo substitui seu próprio vocabulário pelos do direito privado e, passa a utilizar termos como culpa, nexo causal, dever, entre outros, num sentido alterado.

A análise econômica do direito, como mencionado, deixa bastante claro que, com a responsabilidade civil, por exemplo, objetiva-se distribuir custos de acidentes de maneira eficiente em termos econômicos. Para realizar uma distribuição, entretanto, é necessário determinar a quem atribuir responsabilidade, sendo que essa determinação tem que estar pautada pela igualdade proporcional. A igualdade ao repartir, ao contrário da igualdade nas correções ou comutações, não pode abstrair as qualidades dos sujeitos da distribuição e tratar a todos como seres dotados dos mesmos méritos e necessidades, pois, ao proceder de tal maneira, pode ocasionar a entrega de bens (ou custos como no caso) demasiados a quem não os merece ou o inverso. Assim sendo, para pensar uma distribuição com base no critério igualdade, numa comunidade plural, necessariamente, devem-se analisar as qualidades dos participantes da distribuição, sobretudo, analisar os méritos e as necessidades desses participantes em relação aos bens e encargos a serem distribuídos. No teoria de Posner supracitada, o critério de capacidade para distribuição de custos, no caso de um acidente, é a capacidade de evitar os riscos desse acidente.

Na referida teoria, portanto, o que se distribui em caso de acidentes, são encargos, mais especificamente dos custos decorrentes desses acidentes, com base no critério que avalia qual participante da relação poderia evitar ou minimizar os referidos riscos.

Três propriedades da análise econômica de Posner prejudicam a plausibilidade dessas alegações segundo Weinrib[30]:

i) A análise econômica trata as partes como sujeitas a estímulos separados, sem ligar os sujeitos participantes em uma relação jurídica unificada. Ambas as partes são envolvidas, mas por razões diversas. Assim, a retirada de dinheiro do ofensor que não tomou as preocupações devidas em função do custo, não tem vinculação com a entrega desse dinheiro ao ofendido. Esse pagamento ao ofendido é apenas um detalhe[31].

ii) A análise econômica opera independentemente de doutrinas, conceitos e instituições que caracterizam o direito privado. Assim, conceitos como nexo causal, culpa, caso fortuito e força maior são dispensáveis em favor de conceitos como custo, incentivo, externalidade e eficiência.

iii) A análise econômica, por ser uma teoria instrumental, ignora a distinção do direito privado como uma área específica do direito. Do seu ponto de

---

[30] WEINRIB, *The idea...*, p. 47-48.
[31] Vide POSNER, *Economic...*, p.143.

vista, o direito privado deve ser entendido como um regime criado e desenvolvido judicialmente para a taxação e regulação da atividade ineficiente em relação aos objetivos públicos[32].

Em vez de auxiliar e completar o direito privado, a análise econômica, segundo os defensores da justiça corretiva, deturpa suas relações, apaga suas características e seus conceitos e destrói sua natureza privada.

Conclusão

Destarte, considerando as críticas aqui levantadas pelos defensores da justiça corretiva, é constatável que existem dificuldades centrais na análise econômica do direito quando essa propõe a eficiência econômica como fim único dos institutos do direito privado.

Nesse sentido, é necessário pensar a análise econômica não como uma concepção que, com seu objetivo de eficiência, apresenta uma estrutura que dá conta de toda a racionalidade dos institutos de direito privado, mas sim como uma análise que contribui na compreensão da influência desses institutos jusprivatistas em relação à economia. Nesse sentido, a análise econômica pode avaliar e explicar a adoção de regimes diferenciados, por exemplo, de responsabilidade civil. Em que sentido a adoção de uma responsabilidade civil objetiva pode trazer impactos econômicos e sociais satisfatórios?[33] A análise econômica pode, ainda, fornecer importantes avaliações sobre a funcionalização social da empresa, do contrato e da propriedade privada. Qual a forma adequada de interpretação, em termos econômicos, do princípio da função social do contrato, da empresa e da propriedade?[34]

Contudo, ante as críticas acima alinhavadas, as análises econômicas em termos de eficiência não poderão reclamar exclusividade na fundamentação racional dos institutos de direito privado, mas sim uma importante complementaridade.

---

[32] Corroborando essa análise assim entende Cláudio Michelon: "[...] da adoção da concepção funcionalista segue-se que a diferença entre direito público e direito privado torna-se irrelevante. Como conseqüência, desaparece a necessidade de uma teoria da justiça que dê conta da necessidade de uma distinção entre o direito público e o direito privado. Assim, tanto a prática do direito quanto a teoria da justiça que justifica o engajamento com a prática do direito seriam unificados em uma teoria geral dos objetivos sociais almejados". (MICHELON, Um ensaio..., p. 102).

[33] Como exemplo de contribuição complementar da análise econômica referente ao instituto da responsabilidade civil veja o artigo de Fabiano Koff Coulon na presente obra.

[34] No mesmo concluir, em referência ao direito pátrio, Jorge Cesa Ferreira da Silva: Na gerência de um Estado pobre, o uso eficiente de recursos é devido, pois o desperdício – que equivale à má utilização – é injusto. Além disso, a utilização da eficiência como critério e, por conseguinte, de outros padrões decorrentes da Análise Econômica, pode auxiliar na consecução de outros interesses socialmente relevantes, por meio de mudanças na alocação de pessoal, modificação de programas existentes ou criação de novos, ou mesmo na formulação de atos normativos. Uma aceitação parcial da Eficiência como critério, ao lado de outros valores em jogo, pode bem servir à concretização dos objetivos postos na Constituição. (FERREIRA DA SILVA, Jorge Cesa. Análise Econômica do Direito: apontamentos para a interpretação do princípio da eficiência. Democracia, Direito e Política: Estudos Internacionais em Homenagem a Friedrich Müller. São Paulo: Conceito, p. 420).

Referências bibliográficas

ARISTÓTELES. *Ética a Nicômoco*. tradução, estudo bibliográfico e notas Edson Bini, Bauru, São Paulo, EDIPRO, 2002
BARZOTTO, Luis Fernando. *A democracia na constituição*, Editora Unisinos, 2003.
CALABRESI, Guido. *The costs of accidents*: a legal and economic analysis. London: Yale University, 1970.
─────. *El costo de los accidentes. La Responsabilidad Extracontractual*. ROSENKRANTZ. Carlos F. (org.). Gedisa Editorial, Barcelona, 2005.
CAMPBELL, Tom. *La Justicia. Los principales debates contemporáneos*. trad. Silvina Álvarez, Gedisa, Barcelona: 2002.
COLEMAN, Jules. *The Practice of principle*. Oxford University Press, Nova York, 2001.
─────. *The grounds of welfare*. Public Law & Legal Theory Research Paper Series. Nº 43, http://papers.ssrn.com/abstract=388460, Acessado em 10.04.2008.
DRESCH, Rafael F. V. *A influência da economia na responsabilidade civil*. Direito e Economia, TIMM, Luciano B. Direito e Economia, São Paulo : IOB – Thomsom, 2005, p. 121-140.
DWORKIN, Ronald. *O império do direito*. Tradução Jefferson Luiz Camargo, São Paulo, Martins Fontes, 1999.
FERREIRA DA SILVA, Jorge Cesa. *Análise Econômica do Direito: apontamentos para a interpretação do princípio da eficiência*. Democracia, Direito e Política: Estudos Internacionais em Homenagem a Friedrich Müller. São Paulo: Conceito, p. 407-420.
GORDLEY, James. *The Philosophical Origins of Modern Contract Doctrine*. Claredon Press. Oxford, 1992.
─────. *The Purpose of Awarding Restitutionary Damages: A Reply to Professor Weinrib*. In: Theoritical Inquires in Law. vol 1, n. 1, article 2, jan-2000, The Cegla Center for Interdisciplinary Research of the Law, The Buchmann Faculty of Law, Tel Aviv University.
HART, Herbert. *O conceito de direito*. Tradução A. Ribeiro Mendes, Fundação Caulouste Gulbenkian, Lisboa, 3 ed.
HUME, David. *Uma investigação sobre os princípios da moral*. trad. José Oscar de Almeida Marques, Campinas, SP, Editora UNICAMP, 1995, p. 41/42.
KANT, Immanuel. *La Metafísica de las Costumbres*, estudio preliminar de Adela Cortina Orts, traducción y notas de Adela Cortina Orts y Jesus Conill Sancho, 3ª ed., Madrid, Editorial Tecnos, 2002.
KAPLOW, Louis. SHAVELL, Steven. *Should Legal Rules Favor The Poor? Clarifying the Role of Legal Rules and the Income Tax in Redistributing Income*. Journal of Legal Studies, Vol. 29, No. 2, junho de 2000, p. 821-835.
─────. *Fairness versus Welfare*. Havard Law Review, Vol. 114, N. 4, fev. de 2001, p. 1011
MACINTYRE, Alasdair. *Depois da Virtude*, trad. Jussara Simões, Bauru, SP, EDUSC, 2001.
MICHELON, Cláudio. *Um ensaio sobre a autoridade da razão*, in: Revista da Faculdade de Direito da Universidade Federal do Rio Grande do Sul, vol. 21, Porto Alre, UFRGS, Mar./2002.
POSNER. Richard A. *Economic Analysis of Law*. 2ª ed., Boston, Little, Brown, 1977.
─────. *Overcoming Law*. Cambridge. Mass., Harvard University Press, 1995.
─────. *The Ethical and Political Basis of the Efficiency Norm in Common Law Adjudication*, 8 HOFSTRA L. REV. 1980, p. 488-97
─────. *Wealth Maximization and Tort Law: A Philosophical Inquiry*. In: OWEN, David (editor). *Philosophical Foundations of Tort Law*, Oxford Press: Nova Iorque, 2001.
RAWLS, John. *Uma teoria da justiça*, tradução Almiro Pisetta e Lenita M. R. Esteves, Martins Fontes, São Paulo, 1997.
WEINRIB, Ernest J. *The idea of private law*. Havard University Press, Cambridge, Massachusetts, 1995.
─────. *Correlativity, Personality, and the Emerging Consensus on Corrective Justice*. In Theoretical Inquiries in Law, vol. 2, n. 1, jan/2001, article 4 . p. 13 e ss.
WRIGHT, Richard W. *Right, justice and tort law*. Philosophical Foundations of Tort Law. Oxford: Oxford University, 2001.

—7—
A regulação dos planos de saúde no Brasil e os princípios da solidariedade e da justiça atuarial: algumas considerações em torno da assimetria informativa

LEANDRO MARTINS ZANITELLI[1]

Doutor em Direito pela UFRGS; Professor de Teoria Geral do Contrato e Metodologia do Direito na Faculdade de Direito da UniRitter.

Sumário: 1. A legislação dos planos de saúde e os princípios da solidariedade e da justiça atuarial; 1.1. Planos de saúde, solidariedade e justiça atuarial; 1.1.1. Princípio da solidariedade; 1.1.2. Princípio da justiça atuarial; 1.2. A legislação brasileira e os princípios da solidariedade e da justiça atuarial; 1.2.1. Contratos sujeitos à Lei nº 9.656/1998; 1.2.2. Contratos não-sujeitos à Lei nº 9.656/1998; 2. Planos de saúde e eficiência; 2.1. A seleção adversa em mercados não regulados; 2.1.1. Assimetria informativa e seleção adversa; 2.1.2. A reação das operadoras ao perigo da seleção adversa; a) "manipulação" de planos; b) seleção de consumidores (cream-skimming); 2.2. A seleção adversa em mercados regulados: a situação atual dos planos de saúde brasileiros; 2.2.1. Regulação, indiferenciação de contratos e ineficiência; 2.2.2. Manipulação de planos e *cream-skimming*; Referências.

1. A legislação dos planos de saúde e os princípios da solidariedade e da justiça atuarial

A legislação dos planos de saúde se sujeita a dois princípios contrapostos: o da solidariedade e o da justiça atuarial (Crossley, 2005). A situação de tensão criada por esses princípios será aqui tratada primeiro abstratamente e, em seguida, reexaminada à luz das disposições em vigor atualmente no Brasil.

---

[1] O autor agradece ao UniRitter e à FAPERGS pelo apoio concedido para a pesquisa, a Sandro Leal Alves por comentários a uma versão anterior do artigo e às bolsistas Julia Kampits e Sandra de Souza pelo auxílio. E-mail: leandroz@orion.ufrgs.br.

1.1. Planos de saúde, solidariedade e justiça atuarial

1.1.1. Princípio da solidariedade

Como qualquer forma de seguro, os planos de saúde expressam a idéia de solidariedade à medida que os prêmios pagos pela totalidade dos consumidores contribuam para fazer frente às despesas de alguns – no caso, as despesas de saúde daqueles que vêm a necessitar de tratamento no período abrangido pelo contrato. Mesmo sob um regime de irrestrita liberdade contratual ou livre mercado, portanto, é possível considerar a solidariedade como um princípio reinante em matéria de seguros de saúde.

A liberdade de contratação, não obstante, subtrai ao mercado de planos de saúde parte do seu papel "socializador de custos" (isto é, de repartição entre os cidadãos dos ônus decorrentes de infortúnios) por meio de práticas que levam em conta a situação de risco do consumidor. São exemplos de tais práticas a elevação do prêmio para indivíduos em mau estado de saúde ou mais propensos a adoecer e a recusa em contratar ou a oferecer cobertura para doenças preexistentes ao contrato.

A variação das condições contratuais segundo a situação de risco tem dois efeitos importantes no que concerne à solidariedade. O primeiro é dar lugar a grupos de segurados, separados em função do risco. O aumento de prêmios impõe aos consumidores de alto risco uma parte maior dos custos a arcar com o tratamento de doenças, diminuindo, assim, na medida em que esses custos são repartidos socialmente. Em segundo lugar, a diferenciação pode obstar para alguns o acesso aos planos de saúde (seja em razão da majoração de preços, seja pela recusa em contratar da operadora), abolindo, no que respeita a estes, a socialização propiciada pelo seguro.

Normas restritivas da liberdade contratual servem, portanto, ao combate de práticas comerciais redutoras da divisão social de custos, ainda que a relação entre essas normas e o princípio da solidariedade deva ser definida antes de tudo como ambivalente. Afinal, as mesmas disposições legais destinadas a promover a repartição de custos em níveis não alcançados sob o livre mercado – por exemplo, a estipulação de limites ou a proibição pura e simples a variação de prêmios de acordo com a situação de risco (MARQUES, 2001) e a proibição a recusa de contratar – podem impedir a contratação de seguro por alguns consumidores, os que não conseguem arcar com a alta de preços provocada pela intervenção governamental e seriam beneficiados com o poder atribuído às seguradoras de ajustar o conteúdo das cláusulas às características de cada segurado.

1.1.2. Princípio da justiça atuarial

O princípio da justiça atuarial exige que o preço do seguro seja determinado de acordo com a situação de risco de cada contratante. Expresso em termos matemáticos, isso significa que um consumidor a cujo custo esperado com tratamento médico seja 30% inferior ao de um consumidor *b* teria de pagar 30% a menos pelo seguro.

Em um mercado ideal no qual se atenda ao princípio da justiça atuarial de forma plena, a socialização de custos não deixa de ocorrer, já que as despesas com tratamento dos que adoecem permanecem sendo pagas graças às contribuições de todos os segurados. O que é incompatível com a justiça atuarial é que se estabeleça alguma forma de subsídio em favor dos cidadãos em pior situação de risco, com a imposição de uma sobretaxa (por meio de prêmios mais elevados) aos demais. É nesse sentido, e somente nesse, que o princípio da justiça atuarial se opõe ao da solidariedade.

A completa realização da justiça atuarial somente poderia ser lograda, curiosamente, mediante severa limitação à liberdade contratual. Sob um regime de livre mercado, as seguradoras se deparam com custos de informação freqüentemente muito altos, diferenciando preços e condições com base apenas em dados de fácil obtenção e à medida que o custo para coleta desses dados não supere o ganho esperado com a diferenciação. Para exemplificar, considere-se que o risco a que estão sujeitos os consumidores de planos de saúde só seja perfeitamente mensurado com um teste em que se verifique a propensão para desenvolver certas doenças genéticas muito raras, e que o custo para realização desse teste seja altíssimo. Como o ganho a alcançar com a oferta de contratos diferenciados é provavelmente pouco significativo nesse caso,[2] a tendência das seguradoras, à falta de exigência legal em contrário, é abrir mão do teste e fixar os prêmios sem examinar o referido fator de risco.

A forma de fazer valer plenamente o princípio da justiça atuarial seria, pois, exigir às seguradoras que calculassem os prêmios de seguro de acordo com quaisquer fatores de risco, inclusive aqueles habitualmente desconsiderados. Em virtude dos custos de informação aludidos no parágrafo anterior, no entanto, essa possibilidade não é seriamente cogitada.

1.2. A legislação brasileira e os princípios
da solidariedade e da justiça atuarial

O principal diploma legal aplicável aos contratos de planos de saúde é a Lei nº 9.656, de 3 de junho de 1998. Alguns contratos firmados antes da entrada em vigor dessa lei continuam, entretanto, regulando-se por disposições mais antigas.[3]

---

[2] Esse ganho é o que decorre de atrair com preços menores consumidores em melhor situação de risco (no exemplo, aqueles sem propensão genética a adoecer). Como se trata de doenças raras, entretanto, supõe-se que a redução do prêmio não seria considerável.

[3] À Lei nº 9.656/1998 se sujeitam obrigatoriamente os contratos realizados a partir de 2 de janeiro de 1999 (GREGORI, 2007, p. 142). Para os consumidores com contratos antigos, faculta-se (Lei nº 9.656/1998, art. 35) a "migração" (celebração de um novo contrato, observando-se as novas regras), a adaptação do contrato (redefinição das cláusulas contratuais, a fim de ajustá-las às exigências da nova lei) ou a manutenção das condições originalmente estipuladas. A migração e a adaptação acarretam, normalmente, aumento do prêmio.

1.2.1. Contratos sujeitos à Lei nº 9.656/1998

No que respeita aos contratos firmados por consumidores e operadoras de planos de saúde, a Lei nº 9.656/1998 se caracteriza pela imposição de limites à liberdade negocial. Esses limites se referem à liberdade de contratar propriamente dita, aos preços e à definição do conteúdo do contrato.

O art. 14 da Lei nº 9.656/1998 proíbe a recusa a contratar em razão de idade ou deficiência física. Quanto aos portadores de doenças ou lesões, permite-se apenas a redução parcial da cobertura por um prazo de até vinte e quatro meses (Lei nº 9.656/1998, art. 11) ou o pagamento de uma quantia adicional em dinheiro (agravo) pelo mesmo prazo (Resolução nº 2/1998 do CONSU, art. 5º, *caput* e § 2º). Juntamente com o princípio constitucional que veda a discriminação em virtude de sexo ou raça (Const., art. 3º, IV), essas disposições acabam por tornar em geral obrigatória a contratação para as operadoras. Para os contratos individuais,[4] impõe-se, afora isso, a renovação depois de transcorrido o prazo inicial de vigência (Lei nº 9.656/1998, art. 13).

Em relação aos prêmios, a variação em razão da idade é limitada pela Resolução Normativa (RN) nº 63/2003, aprovada pela Diretoria Colegiada da Agência Nacional de Saúde Suplementar (ANS). São estabelecidas dez faixas etárias (art. 2º), determinando-se que o prêmio exigido para a última (59 anos ou mais) não seja mais de seis vezes superior ao da primeira (entre zero e 18 anos), bem como que o aumento da sétima faixa etária (44 a 48 anos) até a última não seja maior do que o verificado entre a primeira e a sétima (art. 3º). Além disso, as cláusulas de reajuste contidas em contratos individuais só podem ser aplicadas após aprovação da ANS (Lei nº 9.656/1998, art. 35-E, § 2º; RN nº 156/2007 da Diretoria Colegiada da ANS, art. 4º, I), a mesma exigência valendo para contratos coletivos firmados com operadoras de autogestão[5] quando não haja subvenção para o pagamento dos prêmios (RN nº 156/2007, art. 4º, II).

O conteúdo dos contratos é regulado mediante a indicação de níveis mínimos de cobertura. Embora se admita a segmentação dos contratos, isto é, a oferta de contratos com cobertura exclusivamente ambulatorial, de internação (com ou sem obstetrícia) ou odontológica,[6] o art. 12 da Lei nº 9.656/1998 define, em seus incisos, as exigências mínimas a observar em cada um dos casos, requerendo-se, por exemplo, a cobertura sem limite de consultas nos planos ambulatoriais (art.

---

[4] Como "contratos individuais" se referem aqui os que a Resolução nº 14 do CONSU designa como "individuais ou familiares" (art. 1º), e que se caracterizam por poderem ser realizados por qualquer consumidor (art. 2º). Os "contratos coletivos", em contrapartida, são realizáveis apenas por indivíduos que possuam vínculo (empregatício, associativo ou sindical) com determinada pessoa jurídica (arts. 3º e 4º).

[5] São classificadas como de autogestão as operadoras constituídas para oferecer cobertura aos trabalhadores de uma ou mais empresas determinadas e a seus familiares (Resolução da Diretoria Colegiada da ANS – RDC nº 39/2000, art. 14).

[6] Impõe-se, não obstante, exceto para as operadoras da modalidade de autogestão e para as que comercializem somente planos odontológicos, a oferta ao consumidor do plano-referência, com cobertura ambulatorial e hospitalar, incluindo obstetrícia, atendido o nível mínimo estabelecido para cada um dos segmentos (Lei nº 9.656/1998, art. 10, §§ 2º e 3º).

12, I, "a"); a cobertura sem limite de tempo de internação, inclusive em centros de terapia intensiva, nos planos hospitalares (art. 12, II, "a" e "b"); e prazos máximos de carência (art. 12, V).

As normas citadas têm, no seu conjunto, um "sentido de solidariedade" evidente. Elas fazem avançar o grau de socialização de riscos à medida que forçam uma divisão mais paritária dos custos de tratamento de consumidores em pior estado de saúde, o que acontece, em primeiro lugar, devido à obrigatoriedade da celebração e renovação dos contratos. Caso se garantisse às operadoras a liberdade de contratação, os consumidores citados correriam o risco de não ser aceitos – de ter, assim, vedado o acesso à solidarização promovida pelo seguro.

Os limites à variação de prêmios por faixa etária atendem, por sua vez, ao princípio da solidariedade ao elevar a contribuição de consumidores jovens (tendencialmente em melhor situação de saúde) para o custeio dos serviços de saúde prestados aos de mais idade. Como a mencionada variação de prêmios seria mais drástica à falta de lei, percebe-se uma vez mais aqui o efeito "diluidor" de custos da legislação, ou seja, um aumento na repartição dos custos do tratamento de algumas pessoas (os de mais idade) acarretado pelas novas regras. É bem verdade, por outro lado, que a plena realização do princípio da solidariedade demandaria a proibição pura e simples dos aumentos de preços em razão da idade.

Finalmente, as exigências de cobertura mínima garantem a socialização dos custos de doenças que, em um regime de livre mercado, poderiam ficar fora da cobertura contratualmente prevista. Além disso, os níveis mínimos legalmente estipulados impedem a oferta de contratos com cobertura restrita e preço reduzido, que seriam possivelmente preferidos por consumidores em situação de baixo risco. Tais contratos diminuiriam a participação desses consumidores no custeio dos serviços prestados aos de pior condição, contrariando o princípio da solidariedade.

Um efeito perverso da intervenção estatal é, não obstante, o de negar acesso ao seguro para os que não queiram ou não possam suportar a alta de preços resultante das vantagens legalmente asseguradas. Entre os consumidores mencionados estão possivelmente os menos sujeitos ao risco (para os quais os benefícios legais talvez tenham menor valor e não compensem a elevação de prêmios) e os de baixa renda (Zanitelli, 2007b).

Um último ponto a ser considerado se refere ao mercado de contratos coletivos, cada vez maior em comparação ao dos contratos individuais.[7] Para as operadoras, contratos coletivos podem ser preferíveis por várias razões, entre elas a de atraírem consumidores mais jovens e saudáveis. Decorre daí a possibilidade de que se estabeleçam políticas empresariais de comercialização e preço favoráveis à prática dos contratos coletivos, dificultando o acesso ao seguro (e à socialização de riscos) para os que não disponham da chance de celebrar tais contratos.

---

[7] Em março de 2007, os planos coletivos correspondiam a 70,7% do total, com 22,5% de planos individuais e 6,9% não identificados (ANS, 2006, p. 38).

1.2.2. Contratos não-sujeitos à Lei nº 9.656/1998

Com a decisão liminar proferida pelo Supremo Tribunal Federal na Ação Direta de Inconstitucionalidade (ADIn) nº 1.931-8,[8] foram suspensos os efeitos das disposições da Lei nº 9.656/1998 sobre contratos antigos. Essas disposições, que tratavam, entre outros assuntos, do aumento de prêmios para consumidores idosos (art. 35-E, I e § 1º) e de contratos individuais (art. 35-E, § 2º) e da denúncia ou resilição do contrato pela operadora (art. 35-E, III), estendiam às relações contratuais anteriores à nova lei parte das regras de socialização de custos adotadas para os contratos novos.

Afastada a aplicação da Lei nº 9.656/1998, os contratos firmados antes de 2/1/1999 (contanto que não adaptados) sujeitam-se às normas gerais de direito contratual e, em particular, ao Código de Defesa do Consumidor (CDC – Lei nº 8.078/1990). Esse Código tem servido como base para a imposição de limites à liberdade contratual similares aos criados pela legislação mais recente, incluindo-se aí a proibição à recusa de contratar (art. 39, II), a exigência de cobertura mínima com base nas regras sobre cláusulas abusivas (art. 51) e a limitação aos ajustes de preços (art. 39, X).

As diferenças entre o novo e o antigo regime dos contratos de planos de saúde estão relacionadas sobretudo ao fato de as disposições do CDC possuírem conteúdo um tanto incerto, estando mais propensas a suscitar interpretações divergentes. Por exemplo, o já citado art. 39, II, considera prática abusiva, vedada aos fornecedores, "recusar atendimento às demandas dos consumidores, na exata medida de suas disponibilidades de estoque, e, ainda, de conformidade com os usos e costumes". Embora o texto possa levar a uma obrigatoriedade de contratar tão abrangente quanto a que decorre da Lei nº 9.656/1998, o sentido equívoco da expressão "de conformidade com os usos e costumes" não descarta uma interpretação menos generosa, que consista, por exemplo, com a recusa em contratar pelas operadoras em razão das condições de saúde do consumidor.

O caso mais significativo da incerteza suscitada pela aplicação da legislação de proteção ao consumidor em matéria de planos de saúde diz respeito às cláusulas de exclusão de cobertura. À ausência de uma previsão legal específica, essas cláusulas podem ser tidas como abusivas e declaradas nulas de acordo com o art. 51 do CDC.[9]

---

[8] Tribunal Pleno, julgamento em 21/8/2003.

[9] "Art. 51. São nulas de pleno direito, entre outras, as cláusulas contratuais relativas ao fornecimento de produtos e serviços que: [...] IV – estabeleçam obrigações consideradas iníquas, abusivas, que coloquem o consumidor em desvantagem exagerada, ou sejam incompatíveis com a boa-fé ou a eqüidade; [...] § 1º Presume-se exagerada, entre outros casos, a vantagem que: I – ofende os princípios fundamentais do sistema jurídico a que pertence; II – restringe direitos ou obrigações fundamentais inerentes à natureza e conteúdo do contrato, de tal modo a ameaçar seu objeto ou o equilíbrio contratual; III – se mostra excessivamente onerosa para o consumidor, considerando-se a natureza e conteúdo do contrato, o interesse das partes e outras circunstâncias peculiares ao caso".

2. Planos de saúde e eficiência

No que respeita à análise econômica dos planos de saúde, é importante esclarecer, em primeiro lugar, o que torna os contratos de seguro eficientes, o que envolve, por sua vez, a idéia de aversão ao risco. Revela-se aversão ao risco quando um ganho atual é preferido a um ganho esperado superior ou quando uma perda atual é preferida a uma perda esperada inferior (Cooter e Ulen, 2004, p. 51).

Quando se faz um seguro contra furto de veículo, por exemplo, manifesta-se preferência por uma perda atual, provocada pelo pagamento do prêmio, a uma perda esperada – a que pode advir do furto do automóvel. Em condições normais, o valor da perda esperada (o valor do carro multiplicado pela probabilidade do furto) é inferior ao da perda atual, uma vez que os prêmios arrecadados pela seguradora devem ser suficientes para arcar com as indenizações e custos administrativos. A procura pelo seguro se explica, assim, pela aversão ao risco (Cooter e Ulen, 2004, p. 53; Polinsky, 2003).

Contratos de seguro aumentam a riqueza e são, portanto, Pareto-eficientes à medida que protejam o segurado contra um risco do qual queira se ver livre e proporcionem a seguradora um ganho correspondente à diferença entre os prêmios pagos e as indenizações e demais custos. Dizendo de outro modo, a vantagem para o segurado se deve à preferência por uma perda atual contra uma perda esperada; para a seguradora, ao saldo remanescente do pagamento das indenizações.

Contratos de planos de saúde são uma forma de seguro, no sentido de que também permitem prevenir uma perda esperada por meio de uma perda atual. A explicação sobre a eficiência do seguro vale, pois, para esses contratos. Em se tratando dos planos de saúde brasileiros, a perda esperada de riqueza pode corresponder: a) ao custo para tratamento da doença, na hipótese em que se prefira (e possa) pagar pelos serviços de médicos e hospitais particulares; b) ao custo de acesso aos serviços públicos (por exemplo, o tempo despendido para obter uma consulta); c) aos prejuízos à saúde ocasionados pela falta de cobertura ou má qualidade dos serviços públicos.[10]

Se a aversão ao risco torna o seguro-saúde um bom negócio, uma situação ótima (*first best*) em termos de eficiência (em qualquer das acepções) é aquela na qual toda a população avessa ao risco conta com a cobertura máxima desejada, levando-se em conta a disposição a pagar e o preço do seguro. A disposição a pagar determina, de acordo com o que foi explicado anteriormente, o valor do seguro para os consumidores. Logo, o contrato é vantajoso para o consumidor se o prêmio estipulado tem valor inferior ao da disposição a pagar. De outra parte, o preço mínimo de uma transação não prejudicial à operadora, admitindo-se in-

---

[10] Conforme observado anteriormente, a riqueza é medida, na análise econômica, pela disposição a pagar. O que uma pessoa estaria disposta a pagar para não sofrer certa complicação de saúde, por exemplo, indica, assim, o que ela perderá se essa complicação ocorrer. É por isso que a falta do seguro provoca empobrecimento mesmo que o doente receba atendimento na rede pública, à medida que as dificuldades de acesso aos serviços e as conseqüências de sua precariedade sejam males dos quais ele aceitaria pagar para se ver livre.

diferença ao risco, é igual ao custo esperado com a cobertura. Considere-se para exemplificar, um jovem de boa saúde disposto a pagar até $50 por um plano de saúde com custo esperado (somadas despesas médico-hospitalares e administrativas) de $40. Se o preço contratualmente definido for $45, a transação redundará em um ganho de $5 para cada uma das partes.[11]

A abrangência do seguro se determina de maneira análoga. Assim, um aumento da cobertura será desejável somente se a disposição a pagar por ele superar a variação de preço daí decorrente. Por exemplo, se o contrato do parágrafo anterior não oferecesse cobertura para despesas com transplantes de órgãos e $3 fosse o máximo que o consumidor em questão aceitaria pagar (em acréscimo ao que já paga) pela referida cobertura, a alteração do contrato só seria eficiente se o custo esperado da cobertura adicional não ultrapassasse $3. Em um mercado *first best*, os segurados contam exclusivamente com o nível de cobertura pelo qual estão dispostos a pagar, considerando-se o custo esperado do seguro.

Em uma situação ótima, o princípio da justiça atuarial é respeitado de forma limitada, somente à medida que os custos administrativos criados pela diferenciação de contratos não sejam maiores do que as vantagens advindas dessa diferenciação. Como os custos mencionados são tanto maiores quanto mais variadas forem as apólices ofertadas por uma seguradora, seria pouco compensador firmar contratos diferentes com consumidores que apresentem preferências e situação de risco apenas ligeiramente distintas.

Salvo em razão dos custos administrativos, em um mercado ideal não se admite qualquer forma de subvenção não espontânea entre segurados. Suponham-se dois indivíduos, Carlos e Juliana, para os quais o preço do seguro (levando em conta o custo esperado dos serviços) seja de $200 e $100, respectivamente. Se for instituído um subsídio de $25 em favor de Carlos e Juliana tiver de pagar $125 pelo plano de saúde, poderá ocorrer ineficiência, por duas razões: uma, sendo o preço máximo que Juliana está disposta a pagar pelo seguro maior do que $100 mas inferior a $125, a mudança legal faria com que ela desistisse de ter plano de saúde; em segundo lugar, na hipótese de a quantia máxima que Carlos despenderia pelo plano não chegar a $200, incentivá-lo a contratar levaria a uma redução da riqueza global pelo fato de a cobertura ter para Carlos um valor inferior ao seu custo. No primeiro caso, as perdas decorrem da falta do seguro; no segundo, da sua contratação excessiva.

Normas destinadas a promover a socialização de riscos por meio de restrições a variação de preços nos contratos (em razão da idade, por exemplo) possuem o efeito descrito no parágrafo anterior e são causa, pois, de ineficiência.

---

[11] A conclusão seria outra caso se abandonasse a suposição de indiferença ao risco para a operadora. Essa suposição implica admitir que, entre um ganho atual de $40 e um ganho esperado também de $40, a seguradora não tenha preferência por qualquer dos dois. Assim, no exemplo do texto, o contrato será vantajoso para ambas as partes se o prêmio acertado for superior a $40 e inferior a $50. Se, entretanto, a operadora também se mostrar avessa ao risco, um ganho atual de $45 pode lhe parecer menos atraente do que uma perda esperada de $40.

Quanto às exigências de cobertura mínima, correspondentes ao que a literatura econômica designa como "benefícios obrigatórios" (*mandated benefits*), há também o risco de ineficiência. Imagine-se que o seguro oferecido para Juliana não incluísse determinado benefício – por exemplo, cobertura para gastos de internação hospitalar por tempo contínuo superior a seis meses. Se a garantia legal desse benefício acarretasse um aumento no prêmio de $100 para $105 e o máximo que Juliana estivesse disposta a pagar para contar com a cobertura adicional fosse menos do que $5, ela sofreria uma perda, ainda que não desistisse do seguro em razão da alta de preço.[12]

Como se poderá depreender da análise feita a seguir, no entanto, a relação entre normas protetivas e eficiência é mais complicada do que pode parecer. Embora a regulação resulte em perda de riqueza, certas características de um mercado de seguros não regulado, em particular a assimetria informativa, também o fazem. Um mercado não sujeito à regulação também conduz, portanto, a um estado de coisas não ótimo. Se se quiser resolver a tensão entre os princípios da solidariedade e da justiça atuarial segundo o critério da eficiência, será indispensável, por conseguinte, comparar os prejuízos ocasionados pela intervenção estatal com os que se verificariam à sua falta.

2.1. A seleção adversa em mercados não-regulados

2.1.1. Assimetria informativa e seleção adversa

A seleção adversa em mercados de seguro está relacionada a uma assimetria informativa favorável ao segurado (Rothschild e Stiglitz, 1976), isto é, a decisões dos consumidores de seguros tomadas à base de informações conhecidas por esses consumidores e ignoradas pelas seguradoras.

Imagine-se que uma seguradora deseja vender apólices de seguro de vida aos cem habitantes de um vilarejo, dos quais a metade pode ser classificada como de consumidores de alto risco (são consumidores cujo risco de óbito no prazo estipulado na apólice é alto ou "maus riscos"), enquanto a outra metade é de consumidores de baixo risco ("bons riscos"[13]). A seguradora sabe disso, mas ignora quem são os consumidores pertencentes a cada grupo, já que as chances de morrer prematuramente dependem de características – como hábitos, propensão genética a adoecer, temperamento – que lhe são desconhecidas à época em que o seguro é contratado. Os consumidores, diferentemente, sabem de sua situação de risco.

No caso apresentado, verifica-se a assimetria informativa (ou informação assimétrica) pelo fato de apenas uma das partes, o consumidor, dispor de certas informações relevantes para o contrato de seguro. Como conseqüência dessa

---

[12] Um benefício obrigatório só será Pareto-eficiente na hipótese em que todos os consumidores lhe atribuam um valor não inferior ao da elevação de preço decorrente de sua concessão. Essa hipótese supõe custos de transação que impeçam o benefício de ser estipulado contratualmente, o que, não fossem esses custos, deveria acontecer naturalmente (CRASWELL, 1991).

[13] "Bons" e "maus riscos" são expressões comumente utilizadas na literatura econômica em matéria de seguros.

assimetria, pode-se aventar a seguinte continuação para a estória: a seguradora estipula o prêmio com base no risco de vida médio da população à qual os contratos serão oferecidos. Entre os moradores do vilarejo, é bastante provável que o seguro se mostre mais atrativo aos maus riscos, o que levará a população segurada a contar com um percentual maior desses indivíduos. Como resultado, a seguradora terá de aumentar o prêmio para fazer frente a um total de indenizações superior ao que seria pago a um grupo de segurados com risco médio (isto é, sem maior proporção de consumidores de alto risco). Essa elevação do prêmio fará com que alguns consumidores desistam do seguro, tendencialmente os bons riscos, provocando nova subida do preço, e assim por diante, até que o número insuficiente de interessados induza a seguradora a se retirar do mercado.

O relato ilustra duas noções capitais para a análise econômica dos seguros. Uma é a de seleção adversa, e a outra, relacionada muito de perto à primeira, a de "espiral da morte". Chama-se de seleção adversa a contratação do seguro por uma quantidade desproporcional de pessoas em má situação de risco. Ainda que em um regime de livre mercado a seguradora possa se recusar a contratar com consumidores de alto risco, a assimetria informativa talvez não lhe permita distinguir *ex ante* quem são esses consumidores. A mesma assimetria impede que se estabeleçam prêmios correspondentes à situação de risco, acarretando os sucessivos ajustes de preços e a redução do número de segurados até a extinção do mercado, o que se designa como "espiral da morte".[14]

Há muitos estudos destinados a verificar os efeitos da assimetria informativa em mercados de seguros, inclusive no mercado brasileiro de saúde suplementar (Alves, 2004; 2007). A técnica habitualmente empregada consiste em comparar a intensidade de uso dos serviços por indivíduos que contam com diferentes níveis de cobertura. Se o atendimento é procurado com maior freqüência pelos consumidores que contrataram planos generosos, entende-se haver seleção adversa, já que a escolha do nível de cobertura teria sido determinada pela propensão a adoecer (Chiappori e Salanie, 2000). A "correlação positiva" entre a cobertura e o uso dos serviços (quanto maior a cobertura, mais freqüente o uso), entretanto, nem sempre é observada.[15]

Algumas explicações são oferecidas para o fato de a seleção adversa não ser constatada em alguns casos. Em Chandler (2002) e Siegelman (2004), elencam-se como possíveis causas para que a seleção adversa não se apresente (ou se apresente em medida pouco significativa): 1) população pouco heterogênea quanto à percepção de risco; 2) a falta (ou inocuidade) da assimetria informativa; 3) grande aversão ao risco; 4) uma relação favorável (às seguradoras) entre risco e aversão ao risco.

---

[14] Além da seleção adversa, outra causa de ineficiência freqüentemente relacionada aos mercados de seguros é o azar moral (*moral hazard*), o incentivo a um comportamento socialmente indesejável decorrente do seguro (como, por exemplo, o incentivo a ter menos cuidado no trânsito para os condutores com seguro de automóvel ou à utilização excessiva de serviços médicos para consumidores de plano de saúde).

[15] A situação do trabalho empírico em matéria de seleção adversa é rapidamente resumida em Finkelstein e McGarry (2003, p. 5).

Chandler (2002) propõe um modelo matemático para aferir a desejabilidade de disposições legais que proíbam ou limitem a classificação de segurados (*insurance underwriting*), isto é, a variação das condições do seguro de acordo com as características do consumidor. Para tanto, leva-se em conta a chance de as referidas disposições acarretarem seleção adversa, o que depende da heterogeneidade dos consumidores quanto à percepção de risco. Dizendo de outro modo, ainda que a população se constitua de bons e maus riscos, se a idéia que cada um faz sobre o risco a que está sujeito – isto é, a percepção de risco – for aproximadamente a mesma para todos, a demanda pelo seguro também não variará de forma significativa.

Uma percepção errônea do próprio risco pelos consumidores pode suprimir a vantagem advinda da assimetria informativa, relacionando-se, portanto, ao segundo dos pontos elencados acima. A literatura clássica acerca da seleção adversa supõe que os consumidores estejam mais bem informados do que as seguradoras sobre a sua situação de risco. Em contraposição a isso, Siegelman (2004) expõe razões para que: a) as seguradoras possuam mais informações sobre a situação de risco dos consumidores do que geralmente se imagina; b) os consumidores ignorem ou não saibam lidar adequadamente com certas informações relevantes. Em ambos os casos, uma assimetria informativa favorável aos consumidores pode inexistir ou se mostrar menos perigosa do que se poderia supor.

As chances de seleção adversa são também tanto menores quanto maior for a aversão ao risco dos consumidores (Chandler, 2002). Viu-se que a extinção do mercado de seguros é conseqüência do gradativo abandono do mercado pelos bons riscos, para os quais o seguro se torna um negócio pouco atraente em razão da elevação de preços determinada pela seleção adversa. Como se sabe, porém, por causa da aversão ao risco, um contrato de seguro não parecerá interessante ao consumidor apenas quando o prêmio for atuarialmente justo (ou seja, quando corresponder ao valor esperado das indenizações). Se a rejeição ao risco for significativa, contratos como os de planos de saúde poderão se mostrar vantajosos a consumidores saudáveis mesmo que seus preços sejam calculados com base no custo esperado dos serviços a prestar em favor daqueles em pior situação.

A intensidade da aversão ao risco pode ser evidenciada pela procura por seguro. Quando se constatar inelasticidade da demanda ao preço e à percepção de risco dos consumidores – isto é, quando uma variação do preço ou da percepção de risco não for acompanhada por uma variação de pelo menos igual proporção na demanda –, a causa poderá ser a forte aversão ao risco dos consumidores. Em um trabalho sobre o mercado norte-americano de seguros de vida, Pauly *et al.* (2003) concluíram ser a demanda fortemente inelástica ao preço e ao risco (com coeficiente entre 0,3 e 0,5[16]), o que torna pouco provável a sobrevinda de uma

---

[16] Coeficiente de elasticidade-preço (η) é o resultado da divisão do percentual de variação da demanda pelo percentual de variação do preço. Se esses percentuais se equivalem (por exemplo, um aumento de 15% no preço traz consigo uma redução de 15% na demanda), o coeficiente de elasticidade-preço é 1 (fala-se, então, em demanda com elasticidade unitária). A demanda é elástica quando η é maior do que 1 e inelástica no caso

espiral da morte naquele mercado. Não há, infelizmente, estudo similar no que respeita aos planos de saúde brasileiros.

Siegelman (2004, p. 1.270-1.271) cita ainda como possível freio à seleção adversa o que economistas designam como seleção "propícia" (isto é, favorável às seguradoras) de consumidores. A idéia é que a aversão ao risco se eleve à medida que diminua o risco enfrentado pelo consumidor. Em outras palavras, bons riscos seriam menos afeitos ao perigo do que maus riscos. Como a aversão ao risco é um dos fatores determinantes da demanda pelo seguro, isso tornaria os primeiros mais inclinados a contratar o seguro, criando, desta forma, as condições para uma seleção propícia.[17]

As razões para que a seleção adversa deixe de se verificar ou se verifique em pouca medida indicam também por que um mercado de seguros não é necessariamente instável. Retornando à situação descrita anteriormente, imagine que quarenta dos cem moradores do lugar contratassem o seguro de vida, e que, desses quarenta, só dez fossem bons riscos. Após um ano, a alta taxa de óbito talvez forçasse a seguradora a exigir um prêmio maior para a renovação dos contratos, levando dois dos contratantes em boa situação (isto é, 20%) e três dos demais (10%) a desistir do seguro. O risco da carteira pioraria um pouco mais, provocando outra elevação de preço, só que agora menos significativa, no ano seguinte. Agora, por algum dos motivos acima relacionados (errônea percepção de risco dos consumidores, grande aversão ao risco, etc.), o novo ajuste de preços poderia não reduzir o número de segurados ou dar lugar a uma redução proporcionalmente similar entre consumidores de baixo e alto risco, levando o mercado ao equilíbrio.

Mesmo que uma assimetria informativa favorável aos consumidores não desencadeie uma espiral da morte e que, como no exemplo do último parágrafo, sobrevenha uma situação estável (isto é, de equilíbrio), essa situação provavelmente não será *first best*. Com ou sem seleção adversa, haverá ineficiência sempre que a falta de informação não permitir que se estipulem os prêmios de acordo com o risco de cada segurado. Esse desajuste, ainda que não atraia para o mercado uma quantidade proporcionalmente alta de maus riscos, surte os efeitos indesejáveis referidos anteriormente, isto é, a desistência de contratar para consumidores como Juliana (bons riscos) e um incentivo indevido à contratação do seguro por outros como Carlos (maus riscos).

A seleção adversa não é em si mesma, portanto, causa de ineficiência (Finkelstein e Mcgarry, 2003; Einav, Finkelstein e Schrimpf, 2007). Em um caso como o recém-narrado, o desperdício não advém do fato de a procura pelo seguro ser maior entre os maus riscos, e sim da incapacidade da seguradora, determinada

---

contrário (FERGUSON, 2003, p. 111-112), valendo o mesmo para o coeficiente de elasticidade-risco, isto é, para a relação entre a variação da percepção de risco do consumidor e a variação da demanda.

[17] A uma conclusão similar chegam Fang, Keane e Silverman (2006) para o mercado de saúde suplementar norte-americano. Ao contrário de Siegelman, porém, esses autores atribuem a seleção propícia não às preferências quanto ao risco, e sim a fatores como educação e renda.

pela assimetria informativa, de constatar quem são esses consumidores e ajustar o preço do seguro à sua situação de risco. É essa incapacidade que ocasiona perdas à medida que alguns consumidores (bons riscos, possivelmente) sejam "expulsos" do mercado pelo aumento geral dos prêmios e que haja uma contratação exagerada de seguro por outros (maus riscos).

Daí provém a dificuldade de estimar as perdas relacionadas à assimetria informativa, já que, em tese, mesmo um mercado no qual o número de segurados bons riscos seja relativamente alto (isto é, um mercado sem seleção adversa) pode não ser eficiente, contanto que haja consumidores sem seguro por causa da nãodiferenciação de preços.[18] Logo, embora o grau de seleção adversa permita fazer uma idéia do prejuízo à eficiência acarretado pela desinformação das operadoras, esse prejuízo só será calculado com precisão caso sejam consideradas as preferências dos consumidores.

2.1.2. A reação das operadoras ao perigo da seleção adversa

Além do prejuízo provocado pela falta de ajuste do preço à diferente situação de risco dos consumidores, a informação assimétrica em mercados não regulados também é causa de ineficiência em razão de providências adotadas pelas seguradoras para fazer frente ao perigo de seleção adversa (BAKER, 2003).

a) "manipulação" de planos

A seleção adversa é uma conseqüência do *pooling* de consumidores em diferente situação de risco, isto é, do fato de um grupo de segurados reunir indivíduos com maior e menor propensão a fazer uso do seguro e da tendência, daí advinda, de abandono do mercado pelos consumidores de baixo risco. Esse *pooling*, como observado acima, é provocado pela falta de informação das seguradoras acerca do outro contratante, já que, com informação plena, tornar-se-ia possível exigir de cada consumidor um prêmio condizente com a sua situação de risco (tal como requer o princípio da justiça atuarial) e separar os segurados em grupos distintos.

A técnica da "manipulação" de planos (Cutler e Zeckhauser, 1999, p. 47; Swartz, 2001, p. 97) propicia a criação de grupos de consumidores, muito embora esses grupos não se diferenciem apenas em razão dos prêmios pagos. Trata-se de oferecer contratos com cobertura diversa, como forma de estimular o consumidor a que revele o grau de risco a que está sujeito (ou, mais exatamente, a que julga estar sujeito) por meio da escolha entre uma cobertura generosa (e mais cara) e outra mais restrita. A idéia, como se pode intuir, é que os consumidores de alto risco decidirão ter mais cobertura (mesmo que a um preço maior), e que os demais, ao contrário, preferirão contar com uma cobertura limitada, porém mais ba-

---

[18] Segundo Einav, Finkelstein e Schrimpf (2007), o trabalho empírico em matéria de seguro de saúde tem em geral se dedicado a verificar a ocorrência de seleção adversa, mas não a medir as perdas daí decorrentes.

rata[19] (Barros, 2005, p. 175). Com a separação assim obtida, as operadoras podem definir os prêmios de acordo com as características de risco dos consumidores a que cada contrato é "destinado".

A manipulação de planos só evita a seleção adversa à medida que dissuade os maus riscos de participar do mesmo grupo dos demais, incentivando-os a escolher a cobertura mais ampla. Como o preço dessa cobertura é também maior, esses consumidores só a contratarão se a alternativa não lhes parecer interessante, isto é, se a cobertura mais barata for de fato bastante reduzida.

A formação de grupos de segurados decorrente da manipulação é ineficiente por proporcionar aos bons riscos uma cobertura inferior à possivelmente desejada. Imagine-se uma operadora de planos de saúde que, para prevenir a seleção adversa, proponha-se a celebrar os contratos a e b. a é um contrato com larga cobertura e preço calculado segundo a expectativa de uso dos serviços pelos maus riscos; b oferece pouca cobertura e preço correspondente à previsão de despesas para consumidores com boa saúde. Suponha-se, no entanto, que alguns dos últimos queiram contar com uma cobertura ligeiramente superior à de b, correspondente ao contrato c. Ainda que pareça interessante à operadora negociar a cobertura de c a um preço atuarialmente justo (ou próximo disso) para essas pessoas, tal não ocorrerá devido ao temor de que os maus riscos "migrem" para c atraídos pela cobertura (mais generosa do que a de b) e pelo preço (significativamente mais baixo do que o de a).

Outra causa de ineficiência relacionada à manipulação de planos consiste na desaparição do seguro para os maus riscos, que poderá sobrevir caso o número desses consumidores se mostre muito pequeno, seja em razão das características da população, que pode conter um alto percentual de indivíduos jovens e com boa saúde, seja pela falta de renda.

Desta maneira, se, por um lado, a manipulação de planos previne a formação de um único grupo de segurados e a ineficiência daí resultante (desistência de contratar por alguns e contratação exagerada por outros), de outra parte, revela-se indesejável por se fazer à custa de uma diminuição não eficiente da cobertura para certos consumidores (os dispostos a pagar por uma cobertura intermediária entre a e b) e a eventual desaparição do mercado de seguros de ampla cobertura. Embora a separação de contratos se coadune ao princípio da justiça atuarial mais do que uma situação de *pooling*, determinar qual das duas é preferível em matéria de eficiência só é possível, portanto, à base de evidências empíricas que permitam comparar as perdas relacionadas a cada uma delas.

b) seleção de consumidores (cream-skimming)

Em reação à assimetria informativa, as operadoras podem pôr em prática medidas para inibir a contratação do seguro pelos maus riscos. Práticas de seleção

---

[19] Com a idéia em questão não se consideram, naturalmente, os possíveis entraves à seleção adversa (como a errônea percepção de risco do consumidor) referidos na seção anterior.

de consumidores (ou de "seleção de risco") são designadas pela expressão *cream-skimming* (em tradução literal, "separar a nata").

O *cream-skimming* pode ser realizado em forma anedótica, como no caso da seguradora que só fazia negócios no terceiro andar de um edifício sem elevador (Siegelman, 2004, p. 1.253). Mais comum, porém, é que ele se dê pela recusa a contratar ou a renovar o contrato de consumidores com antecedentes de uso freqüente dos serviços (Swartz, 2001, p. 96) e pela adequação da cobertura às preferências do público que se deseja cativar. Exemplificando: a prestação de ótimos serviços obstétricos interessa a casais jovens e é, pois, um modo de reduzir a média de idade da população segurada; em contrapartida, um atendimento de alta qualidade a casos de câncer é de especial importância para consumidores mais propensos a desenvolver essa doença e não teria motivo para ser oferecido por uma operadora disposta a selecionar favoravelmente sua clientela.

Em mercados de seguro com informação assimétrica, o *cream-skimming* é uma forma de levar vantagem sobre os concorrentes. Quanto mais hábil for uma seguradora na seleção de consumidores, menor a soma das indenizações que terá de pagar. Se o *cream-skimming* for adotado como estratégia de concorrência em substituição a outras, isto é, se as seguradoras, ao invés de se empenharem, por exemplo, na redução de custos administrativos, procurarem superar suas rivais por meio da seleção favorável de clientes, haverá ineficiência.

As técnicas de seleção de consumidores provocam perdas à medida que levam à diminuição da população segurada e do nível geral de cobertura. Como já observado, um dos meios para tornar o seguro menos interessante aos consumidores de risco consiste em negar ou restringir a cobertura para certos casos. Um bom exemplo disso é a limitação da cobertura a determinado número de dias de internação hospitalar, bastante comum nos contratos de plano de saúde anteriores à Lei nº 9.656/1998.

A seleção de consumidores não só atenta contra o princípio da solidariedade, portanto, como é causa de ineficiência. A exemplo do que foi afirmado anteriormente quanto à manipulação de planos, os danos provocados pela reação das operadoras ao perigo proveniente da assimetria informativa, no presente caso com o uso de técnicas de *cream-skimming*, podem ser até maiores do que os decorrentes da seleção adversa. É, pois, uma questão empírica a de saber se, no que concerne à regulação dos planos de saúde, a melhor solução consiste em combater as perdas ocasionadas pela indiferenciação de contratos associada à assimetria informativa ou as que se verificam em razão das providências adotadas pelas operadoras para fazer frente a essa assimetria.

2.2. A seleção adversa em mercados regulados: a situação atual dos planos de saúde brasileiros

A socialização de riscos, vale ressaltar, não é o único objetivo da regulação do mercado de planos de saúde. Muitas das disposições contidas na Lei nº 9.656/1998 se destinam a facilitar a informação do consumidor (como, por exemplo, a do art. 16, parágrafo único, que trata da obrigatoriedade de entrega ao consumidor de uma cópia do instrumento contratual acompanhada de documento explicativo) ou a proporcionar maior segurança jurídica e, conseqüentemente, reduzir o número de litígios (entre elas, as que atribuem competência normativa à ANS, como as dos arts. 35, § 1º, e 35-C, parágrafo único; Zanitelli, 2007a, p. 198).

No que se refere, contudo, aos princípios da solidariedade e da justiça atuarial, as determinações que interessam são as que influem sobre a relação entre os prêmios pagos, o nível de cobertura e a situação de risco dos consumidores. À medida que sirvam à proteção de consumidores especialmente vulneráveis (idosos ou com maior propensão a adoecer), tais determinações agravam o perigo da seleção adversa (Herring; Pauly, 2006; Finkelstein, 2004; Lo Sasso; Lurie, 2003) e dos prejuízos a que, em mercados não regulados, dá lugar a indiferenciação de preços resultante da assimetria informativa. Ao mesmo tempo, a defesa dos consumidores pode se revelar um remédio em parte, ao menos, eficaz contra a manipulação de planos e as técnicas de seleção empregadas pelas operadoras.

2.2.1. Regulação, indiferenciação de contratos e ineficiência

Com a intervenção governamental, conseqüências similares às da assimetria informativa em mercados não regulados podem se observar por força das normas de proteção aos consumidores. Com a regulação, passa-se a lidar com outros possíveis fatores de seleção adversa.

Em relação aos planos de saúde brasileiros, esses fatores são a) a exigência de níveis mínimos de cobertura (Lei nº 9.656/1998, art. 12); b) os limites à variação de preços (RN nº 63/2003 da Diretoria Colegiada da ANS); c) os limites à exclusão de cobertura para doenças e lesões preexistentes (Lei nº 9.656/1998, art. 11; Resolução nº 2/1998 do CONSU); d) a obrigatoriedade da renovação e a proibição à recusa de contratar (Lei nº 9.656/1998, arts. 13 e 14, respectivamente).

As disposições dos itens "a", "b" e "c" são um empecilho a que o conteúdo do contrato se coadune às preferências e situação de risco de cada consumidor. No caso dos níveis mínimos de cobertura, veda-se a contratação de planos com cobertura reduzida e preço mais baixo, que poderiam ser preferidos por consumidores jovens e saudáveis. As normas sobre preços e doenças preexistentes, em grande medida, não permitem que as condições contratuais sejam adaptadas à situação de risco do segurado, mesmo que essa situação seja conhecida pela operadora. Aliada a essas determinações, a proibição à recusa de contratar leva à formação de um grande *pool* de consumidores, por meio do qual alguns (tendencialmente, os bons riscos) subvencionam a contratação do seguro pelos demais (maus riscos).

A ineficiência daí resultante já foi descrita anteriormente. A socialização de riscos imposta pelas normas protetivas conduz, em alguns casos, à desistência do seguro, além de fazer com que alguns consumidores contem com cobertura superior àquela pela qual estariam dispostos a pagar. A seleção adversa, como se sabe, pode dar lugar a uma espiral da morte, isto é, ao fim gradual do mercado.

Alguns trabalhos empíricos vêm revelando indícios de seleção adversa no mercado brasileiro de planos de saúde. Andrade e Maia (2006) chegaram a algumas conclusões a partir da comparação dos resultados dos anos de 1998 e 2003 da Pesquisa Nacional por Amostra de Domicílios (PNAD). Esses resultados revelam que a probabilidade de ter plano de saúde para os maiores de 70 anos, que já era superior à média em 1998, aumentou em 2003, após os primeiros anos de vigência da Lei nº 9.656/1998, o que, somado à baixa probabilidade de ter plano para indivíduos jovens (entre 18 e 29 anos), sugere considerável participação de indivíduos de risco elevado na população segurada. Os dados são ainda mais significativos quando se consideram apenas os planos de saúde individuais, o que se deve provavelmente ao fato de esses planos serem pagos pelo próprio consumidor, e não, como é o caso de muitos planos coletivos, em parte ou no todo pelo empregador. Nos planos individuais, em conseqüência, a decisão de contratar é mais influenciada pela percepção de risco do consumidor.

A idade também se revelou um fator relevante para a escolha do nível de cobertura nos planos individuais (Andrade e Maia, 2006). As autoras consideraram três níveis de cobertura, ambulatorial, hospitalar e completo (com cobertura hospitalar e ambulatorial). A cobertura mais simples, ambulatorial, é mais procurada por indivíduos entre 18 e 39 anos. Vale observar, no entanto, que o estudo citado também ressalta a importância de outras variáveis além do risco – nomeadamente, a renda – para a decisão de contratar plano de saúde:

Ainda merecem referência dois trabalhos de Alves (2004; 2007) realizados igualmente com base nas PNADs de 1998 e 2003, respectivamente, nos quais se buscaram evidências de seleção adversa levando em conta a procura dos serviços entre os consumidores com plano de saúde. Enquanto os resultados da primeira PNAD não se mostraram relevantes, os dados mais recentes indicam uma relação estatisticamente significativa entre a procura pelos serviços e o nível de cobertura, tendo-se verificado, em outras palavras, que os consumidores contratantes de planos com cobertura mais ampla são submetidos com mais freqüência a alguma forma de tratamento, encontrando-se, aparentemente, em pior estado de saúde.[20]

Há indícios, pois, de seleção adversa no mercado brasileiro de saúde suplementar, sobretudo após a edição da Lei nº 9.656/1998. Subsistem, porém,

---

[20] O uso mais freqüente dos serviços pelos segurados pode, entretanto, não ter como causa o pior estado de saúde, e sim a facilidade de acesso a tratamento que é proporcionada pelo próprio contrato.

algumas questões: terá o mercado brasileiro, em especial o de planos de saúde individuais, entrado em uma espiral da morte? Ou chegará a um equilíbrio e, se for o caso, com que perdas em matéria de eficiência? Trata-se de questões cruciais para quem se proponha a avaliar os efeitos da regulação dos planos de saúde à luz da eficiência, bem como para o exame de eventuais propostas "liberalizantes" de reforma da legislação (Zanitelli, 2007).

Uma estimativa do montante das perdas causadas pela regulação se faz imprescindível uma vez que, tal como se verá em seguida, as normas em vigor não deixam de favorecer o aumento da riqueza ao inibir a manipulação de planos e certas formas de seleção de consumidores utilizáveis pelas operadoras sob um regime de livre mercado. Não é de se descartar, assim, a possibilidade de que a regulação dos planos de saúde conduza a um estado de coisas *second best*, isto é, ao "ótimo possível" em um mercado com falhas provenientes da assimetria informativa. Para tanto, basta que o prejuízo advindo da intervenção estatal seja inferior ao que se verificaria em um mercado não regulado.

A dificuldade reside, pois, na falta de dados sobre a ineficiência resultante das medidas regulatórias. Os estudos sobre a seleção adversa, embora importantes, não permitem mensurar as perdas ocorridas com a vigência da Lei nº 9.656/1998, pois não levam em conta as preferências dos consumidores. Seria necessário comparar essas perdas com as que decorreriam de soluções legais alternativas, seja a da total desregulação (pouco provável), seja a de uma parcial reforma da legislação em vigor.

A escassez de dados não impede de cogitar sobre alterações poderiam se mostrar eficientes. Enquanto, por um lado, o fim da obrigatoriedade de contratar (e de renovar os contratos já firmados) dificilmente resultaria em um avanço, já que a não contratação constitui um poderosa estratégia de *cream-skimming*, capaz de tornar o seguro inacessível a um número significativo de pessoas, por outro, a redução do nível mínimo de cobertura legalmente exigido, mesmo que prejudicial aos consumidores com disposição a pagar por uma cobertura ampla, talvez reduzisse de forma considerável o efeito *pooling* das medidas em vigor e o custo adicional imposto aos bons riscos para a contratação de plano de saúde.

2.2.2. Manipulação de planos e cream-skimming

A regulação previne parte das ações das operadoras destinadas a minimizar o perigo da seleção adversa. No que se refere à manipulação de planos, a cobertura mínima legalmente imposta provavelmente afasta a possibilidade de formar grupos de segurados com características de risco distintas. Lembre-se que a diferenciação de contratos só é um meio eficaz de combate à seleção adversa se contém um incentivo suficiente para que os maus riscos recusem o contrato de baixo preço, e que esse incentivo depende de que tal contrato ofereça uma cobertura muito reduzida. Assim, embora o art. 12 da Lei nº 9.656/1998 estabeleça apenas o nível mínimo de cobertura admitido para cada um dos segmentos (ambulatorial, hospitalar com e sem obstetrícia e odontológico), sem vedar a realização de contratos com cobertura mais abrangente, seria muito difícil alcançar, nas circunstâncias atuais, o efeito pretendido pela manipulação de planos. Os contratos estabelecidos pelo referido art. 12 são generosos demais para atrair apenas consumidores de baixo risco, independentemente de quais sejam os outros planos comercializados por uma operadora.

De outra parte, não se pode dizer que a regulação tenha obtido o mesmo sucesso no enfrentamento da outra forma de reação das seguradoras à assimetria informativa, a seleção de risco (*cream-skimming*). É verdade que algumas técnicas de seleção, entre elas a da recusa a contratar com certos consumidores (presumivelmente maus riscos) ou a renovar o contrato nos casos em que há utilização freqüente dos serviços, foram vedadas. O *cream-skimming*, entretanto, pode se realizar de diversas maneiras, algumas muitos difíceis de coibir. Hoje em dia, por exemplo, nada impede hoje em dia que uma operadora prime por oferecer serviços de altíssima qualidade à população mais jovem como forma de atrair esses consumidores, o que consiste em uma sutil estratégia de seleção de risco.

É provável que a principal prática de seleção não coibida pelas normas regulatórias seja a de estimular a contratação de planos coletivos. Como esses planos, que em geral são oferecidos por intermédio do empregador, dirigem-se preponderantemente a uma população de baixa média etária (trabalhadores e seus dependentes), comercializá-los com exclusividade ou estipular preços que induzam à sua comercialização constituem formas de *cream-skimming*. Como observado anteriormente, nos contratos coletivos também é menor a chance de ocorrer seleção adversa se parte ou a totalidade do prêmio é paga pelo empregador, o que faz com que a decisão de contratar seja menos influenciada pela percepção de risco do consumidor.

A importância dos contratos coletivos no mercado de planos de saúde tem se elevado consideravelmente nos últimos anos. De acordo com a ANS (2006, p. 38), os planos coletivos eram 35,1% do total em dezembro de 2000, contra 16,4% de planos individuais (48,5% dos planos não foram identificados). Em março de 2007, os planos coletivos já correspondiam a 70,7% do total, e os planos individuais, a 22,5% (6,9% não identificados). Embora haja várias razões para o crescimento do mercado de planos coletivos (uma delas, sem dúvida, relaciona-se à liberdade para dispor sobre aumentos de preço), é plausível supor que o crescimento se deva a uma estratégia de seleção de risco adotada pelas operadoras.

A preferência pelos contratos coletivos dificulta, naturalmente, o acesso a plano de saúde para os impossibilitados de realizar esses contratos. A ineficiência daí resultante poderia ser combatida por novas medidas regulatórias, que, por exemplo, obrigassem as operadoras a comercializar planos individuais ou limitassem as diferenças de preço entre esses planos e os coletivos. Outra solução seria a extinção dos incentivos legais de natureza fiscal e trabalhista às subvenções dadas pelos empregadores para a contratação do plano coletivo. É preciso considerar, no entanto, que a um eventual enfraquecimento do mercado de planos coletivos poderia não corresponder uma elevação significativa do número de contratos individuais, sobretudo em razão da tendência à seleção adversa criada pelas medidas regulatórias para os contratos da última espécie.

Referências

ALVES, Sandro Leal. *Estimando seleção adversa em planos de saúde.* Disponível em: <http://www.anpec.org.br/encontro2004/artigos/A04A098.pdf.> Acesso em: 10 jan. 2007.

―――. Entre a proteção e a eficiência: evidências de seleção adversa no mercado brasileiro de saúde suplementar após a regulamentação. *Latin American and Caribbean Law and Economics Association Annual Papers.* University of California, Berkeley, 2007. Disponível em: <http://repositories.cdlib.org/bple/alacde/050207-10>. Acesso em: 4 maio 2007.

ANDRADE, Mônica Viegas; MAIA, Ana Carolina. *Demanda por planos de saúde no Brasil.* 2006. Disponível em: <http://www.anpec.org.br/encontro2006/artigos/A06A106.pdf.> Acesso em: 3 jul. 2007.

BARROS, Pedro Pita. *Economia da saúde:* conceitos e comportamentos. Coimbra: Almedina, 2005. 392 p.

BAKER, Tom. Containing the promise of insurance: adverse selection and risk classification. *Connecticut Insurance Law Journal,* n. 9, p. 317-396, 2003.

CHANDLER, Seth J. Visualizing adverse selection: an economic approach to the law of insurance underwriting. *Connecticut Insurance Law Journal,* n. 8, p. 435-503, 2002.

COOTER, Robert; ULEN, Thomas. *Law and Economics.* 4ª ed. Boston: Pearson Addison Wesley, 2004. 533 p.

CRASWELL, Richard. Passing on the costs of legal rules: efficiency and distribution in buyer-seller relationships. *Stanford Law Review,* n. 43, p. 361-398, jan. 1991.

CROSSLEY, Mary. Discrimination against the unhealthy in health insurance. *Kansas Law Review,* n. 54, p. 73-153, out. 2005.

CUTLER, David M.; ZECKHAUSER, Richard J. The anatomy of health insurance. *National Bureau of Economic Research,* Working Paper 7176, 1999. Disponível em: <http://papers.nber.org/papers/w7176.v5.pdf>. Acesso em: 9 abr. 2007.

EINAV, Liran; FINKELSTEIN, Amy; SCHRIMPF, Paul. The welfare cost of assymetric information: evidence from the U.K. annuity market. *National Bureau of Economic Research,* Working Paper 13228, jul. 2007. Disponível em: <http://www.nber.org/papers/w13228>. Acesso em: 18 jul. 2007.

FANG, Hanming; KEANE, Michael; SILVERMAN, Dan. Sources of advantageous selection: evidence from de Medigap market. *Yale Working Papers on Economic Applications and Policy,* Discussion Paper n. 17, mai. 2006. Disponível em: <http://ssrn.com/abstract=904642>. Acesso em: 10 set. 2007.

FERGUSON, C. E. *Microeconomia.* Trad. de Almir Guilherme Barbassa e Antonio Pessoa Brandão. 20. ed. Rio de Janeiro: Forense Universitária, 2003. 610 p.

FINKELSTEIN, Amy. Minimum standards, insurance regulation and adverse selection: evidence from the Medigap market. *National Bureau of Economic Research,* jan. 2004. Disponível em: <http://www.nber.org/~afinkels/papers/MedigapJan04.pdf.> Acesso em: 10 jan. 2007.

―――; McGARRY, Kathleen. Private information and its effect on market equilibrium: new evidence from long-term care insurance. *National Bureau of Economic Research,* Working Paper 9957, 2003. Disponível em: <http://papers.nber.org/papers/w9957.pdf>. Acesso em: 17 jul. 2007.

GREGORI, Maria Stella. *Planos de saúde:* a ótica da proteção ao consumidor. São Paulo: Revista dos Tribunais, 2007. 208 p.

HERRING, Bradley; PAULY, Mark V. The effect of state community rating regulations on premiums and coverage in the individual health insurance market. *National Bureau of Economic Research,* Working Paper 7176, ago. 2006. Disponível em: <http://papers.nber.org/papers/w12504.pdf>. Acesso em: 07 maio 2007.

LO SASSO, Anthony T.; LURIE, Ithai Z. The effect of state policies on the market for private nongroup health insurance. *Institute for Policy Research, Northwestern University.* Working Paper Series, WP-04-09, out. 2003. Disponível em: <http://www.northwestern.edu/ipr/publications/papers/2004/WP-04-09.pdf>. Acesso em: 09 maio 2007.

MARQUES, Cláudia Lima. Solidariedade na doença e na morte: sobre a necessidade de "ações afirmativas" em contratos de planos de saúde e de planos funerários frente ao consumidor idoso. *Revista Trimestral de Direito Civil*, ano 2, vol. 8, p. 3-44, out./dez. 2001.

PAULY, Mark V. *et al.* Price elasticity of demand for life insurance and adverse selection. *National Bureau of Economic Research*, Working Paper 9925, 2003. Disponível em: <http://papers.nber.org/papers/w9925.pdf>. Acesso em: 09 abr. 2007.

POLINSKY, A. Mitchell. *An introduction to law and economics*. 3. ed. Nova Iorque: Aspen, 2003. 181 p.

SIEGELMAN, Peter. Adverse selection in insurance markets: an exaggerated threat. *Yale Law Journal*, n. 113, p. 1.223-1.280, abr. 2004.

SWARTZ, Katherine. Justifying government as the backstop in health insurance markets. *Yale Journal of Health Policy, Law, and Ethics*, n. 2, p. 89-104, outono 2001.

ZANITELLI, Leandro Martins. Planos de saúde e planos-referência: considerações sobre uma eventual alteração da Lei nº 9.656/1998. *Revista de Informação Legislativa*, ano 44, n. 174, p. 195-204, abr./jun. 2007a.

——. Efeitos distributivos da regulação dos planos de saúde. *Revista Direito GV*, n. 5 (no prelo), jan.-jun. 2007b.

— 8 —
Juros legais x Mercado: um possível incentivo ao aumento do número de acordos judiciais?

RAFAEL BICCA MACHADO

Advogado. Mestre em Ciências Sociais pela PUC/RS. Professor da Especialização em *Direito e Economia* da UFRGS. Professor de *Direito e Economia* do curso de graduação em Direito da FEEVALE. Membro fundador do Instituto de Direito e Economia do Rio Grande do Sul (IDERS) e da Associação Brasileira de Direito e Economia.

ELY JOSÉ DE MATTOS

Economista. Mestre em Desenvolvimento Rural pela UFRGS. Doutorando em Economia Aplicada pela UFRGS. Professor Substituto do Departamento de Economia da UFRGS.

Sumário: I. O desejável aumento no número de acordos judiciais; II. Como aumentar o número de acordos?; III.O impacto dos juros legais e da correção monetária no Direito Brasileiro; IV. A rentabilidade média dos investimentos e das empresas brasileiras;V. Ainda vale a pena dever em juízo?; VI. Referências.

I. O desejável aumento no número de acordos judiciais

Um dos projetos com maior visibilidade do Conselho Nacional de Justiça (CNJ) é a chamada "Semana Nacional da Conciliação", uma espécie de mutirão que vem sendo feito por diversos tribunais da federação, com a finalidade de realizar o maior número possível de acordo nas demandas em curso.

Esta atividade faz parte do projeto "Movimento pela Conciliação",[1] criado pelo CNJ em 2006, que tem por finalidade:

> A estratégia visa a diminuir substancialmente o tempo de duração da lide, viabilizar a solução delas e de conflitos por intermédio de procedimentos simplificados e informais, reduzir o número de

---
[1] http://www.stf.gov.br/arquivo/cms/conciliarConteudoTextual/anexo/ProjetoConciliar.doc, acesso em 02/03/2008.

processos que se avolumam no Judiciário, alcançando, portanto, as ações em trâmite nos foros e as ocorrências que possam vir a se transformar em futuras demandas judiciais, concebidas como um mecanismo acessível a todo cidadão, enfrentando o gravíssimo fato da litigiosidade contida, por meios não adversariais de resolução de conflitos, da justiça participativa e coexistencial, levando-se, enfim, instrumentos da jurisdição às comunidades.

O movimento justifica-se na medida em que se sabe que é bastante baixo o número de acordos realizados na Justiça Brasileira, em comparação com outros países. Segundo dados do próprio CNJ, a taxa média de processos judiciais que se encerram por acordo está ao redor de 20%, quando em outros países este índice é bastante mais elevado.[2]

Como lembra Barbosa Moreira, a demora nos processos judiciais não é exclusiva do Brasil. Tanto aqui quanto em outros países, um processo judicial, do início ao seu fim, consome vários anos.[3] Um dos problemas, entretanto, parece ser que, ao contrário do que ocorre em outros países, é relativamente baixo no Brasil o número de casos que são findos por acordo entre as partes. Em suma, quando se traz à mesa o tema da demora dos processos judiciais, uma das grandes diferenças está em que no Brasil existe um baixo número de acordos judiciais.

É verdade que não é nova esta tentativa de se incrementar o número de acordos em nosso sistema. Vale recordar que já em 1994 o Código de Processo Civil chegou a ser reformado[4] para se inserir no artigo 331, o que se chamou de "audiência de conciliação", cujo objetivo principal era criar um momento específico para que o magistrado tentasse a conciliação entre as partes.[5]

A alteração, entretanto, parece não ter surgido maior efeito, segundo se tem notícia. Tanto o é que, em 2002, foi inclusive reformulado o artigo 331 do CPC, sendo exemplar que esta própria audiência tenha tido seu "nome" modificado, deixando de ser chamada de audiência de conciliação, para chamar-se apenas audiência preliminar, como se mantém até hoje.[6]

II. Como aumentar o número de acordos?

Parece bastante provável que o baixo grau de resolução de litígios judiciais por meio de acordo em nosso país não deva ter uma única causa. Com razoável

---

[2] Segundo Robert G. Bone, professor da Boston University School of Law, ao tratar sobre o processo civil norte-americano: "Almost all cases settle. The best statistics we have indicate that about 70% of the civil cases filed in federal courts end in settlement and only six percent actually reach trial (the rest are terminated by pre-trial dismissal, default judgment, summary judgment, and the like)".

[3] Revista de Processo n. 99, p. 142.

[4] Pela Lei 8.952, de 13/12/1994.

[5] Luiz Rodrigues Wambier, p. 137.

[6] O que, por óbvio, não eliminou a recomendação ao magistrado, usualmente seguida na prática forense, de que, quando perceber a possibilidade de acordo, tentar sua efetivação pelas partes.

certeza pode-se afirmar que esta característica brasileira deve ter uma série de origens, de diferentes naturezas.

Não é objetivo deste artigo o estudo da origem deste fenômeno, até pelo grau de profundidade que exigiria. Entretanto, de forma propositadamente simplista, podemos afirmar que, se as pessoas não fazem mais acordos é porque, na média, a elas o acordo não se mostra uma hipótese atraente, na esteira das lições de Shavell[7] e Cooter.[8] Caso o acordo fosse mais atraente às pessoas envolvidas, parece inegável que automaticamente seria maior o número de acordos feitos.

Em suma, cremos que, se queremos aumentar o número de acordos, devemos aumentar os incentivos existentes para a sua realização, como, aliás, já referiam Cappelletti e Garth.[9] É que, adotando o pressuposto de que os indivíduos são racionais e maximizadores de seus interesses, no sentido dado por Gary Becker,[10] só irão estes firmar um acordo quando o acordo lhes parecer mais vantajoso do que o processo judicial.

Utilizou-se acima a expressão incentivo, porque nos parece que o movimento "Direito e Economia" – ou análise econômica do direito, segundo alguns – que felizmente começa a ganhar corpo em nosso país, pode trazer algumas luzes para tentar ajudar a compreender este fenômeno.[11]

A aproximação da Economia com o Direito parece apta a auxiliar na compreensão de alguns fenômenos usualmente qualificados como jurídicos, mas que em verdade fazem parte de um conjunto mais amplo de fatos e/ou eventos que são objeto de estudo comuns das Ciências Sociais Aplicadas, como aponta Rachel Sztajn.[12]

III. O impacto dos juros legais e da correção monetária no Direito Brasileiro

Em que pese possa ser alvo de controvérsias,[13] pode-se afirmar que, no direito brasileiro, na esfera do direito privado, a taxa de juros legais é de 1% ao mês ou 12% ao ano, segundo artigos 406 e 407 do Código Civil.[14]

---

[7] Foundations of economic analysis of law, p. 401.
[8] Law and economics, p. 355.
[9] Acesso à Justiça, p. 87.
[10] http://nobelprize.org/nobel_prizes/economics/laureates/1992/becker-lecture.pdf, acesso em 30/03/08.
[11] Para um estudo sobre a importância do estudo conjunto do Direito e da Economia, ver-se a obra de Armando Castelar Pinheiro e Jairo Saddi, "Direito, Economia e Mercados".
[12] Law and Economics, p. 74.
[13] Para um estudo mais aprofundado, Judith Martins-Costa, p. 376.
[14] Art. 406. Quando os juros moratórios não forem convencionados, ou o forem sem taxa estipulada, ou quando provierem de determinação da lei, serão fixados segundo a taxa que estiver em vigor para a mora do pagamento de impostos devidos à Fazenda Nacional. Art. 407. Ainda que se não alegue prejuízo, é obrigado o devedor aos

Isto significa, por exemplo, que caso uma empresa fique em situação de inadimplência para com um de seus fornecedores, e venha a ser por este demanda em juízo com uma ação de cobrança, sendo derrotada terá de, ao término do processo, pagar o valor da dívida principal acrescido de juros de 12% ao ano.

Além dos juros legais acima referidos, o valor será também atualizado monetariamente, sendo que um dos índices utilizados nos tribunais brasileiros é o IGP-M,[15] calculado pela Fundação Getúlio Vargas.[16] Veja-se a Tabela 1, a seguir, para verificarmos como se comportou este índice nos últimos anos:

Tabela 1 - Índice Geral de Preços – Mercado (% ao ano)

Ano	IGP-M (var % a.a.)
2000	9,95
2001	10,37
2002	25,30
2003	8,69
2004	12,42
2005	1,20
2006	3,85
2007	7,75

Fonte: Fundação Getúlio Vargas/Conj. Econômica

Adotando estas premissas, pensemos num exemplo.

Imaginemos que uma empresa "A" tenha ficado inadimplente para com a empresa "B" em 01/01/02, no valor de R$ 100.000,00 (cem mil reais). A empresa "B" ingressou em juízo e, depois de 06 (seis) anos de tramitação, o processo chegou ao fim, em 31/12/07, condenando "A" ao pagamento da dívida. Qual será, depois de todo este tempo, o valor devido por "A" a "B"? Vejamos a Tabela 2 e Gráfico 1.

---

juros da mora que se contarão assim às dívidas em dinheiro, como às prestações de outra natureza, uma vez que lhes esteja fixado o valor pecuniário por sentença judicial, arbitramento, ou acordo entre as partes.

[15] Os autores têm ciência que existem outros índices utilizados nos tribunais brasileiros, como o INPC. A escolha do IGP-M deu-se apenas por ser o índice utilizado no Estado em que residem os autores. De qualquer modo, testes feitos pelos autores, por exemplo com a utilização do INPC ao invés do IGP-M, nos períodos e anos considerados neste artigo, não apresentaram uma modificação substancial nos resultados.

[16] Isso tudo sem falar, ainda, nos honorários advocatícios que a parte perdedora tem de pagar aos advogados do vencedor, fixado no mínimo de 10% e no máximo de 20% do valor total, atualizado, da dívida, conforme artigo 20 do Código de Processo Civil.

Tabela 2 – Atualização do valor devido por A para B (em R$)*

	Acréscimo judicial (12%)	IGP-M do ano	Saldo
2002	12.000,00	25.300,00	137.300,00
2003	16.476,00	11.931,37	165.707,37
2004	19.884,88	20.580,86	206.173,11
2005	24.740,77	2.474,08	233.387,96
2006	28.006,56	8.985,44	270.379,95
2007	32.445,59	20.278,50	323.104,04
TOTAL	133.553,81	89.550,24	

Fonte: Cálculo desenvolvido pelos autores.
*Cálculo de juros compostos

Gráfico 1 – Acréscimos, IGP-M e saldo final da dívida (em R$ por ano)

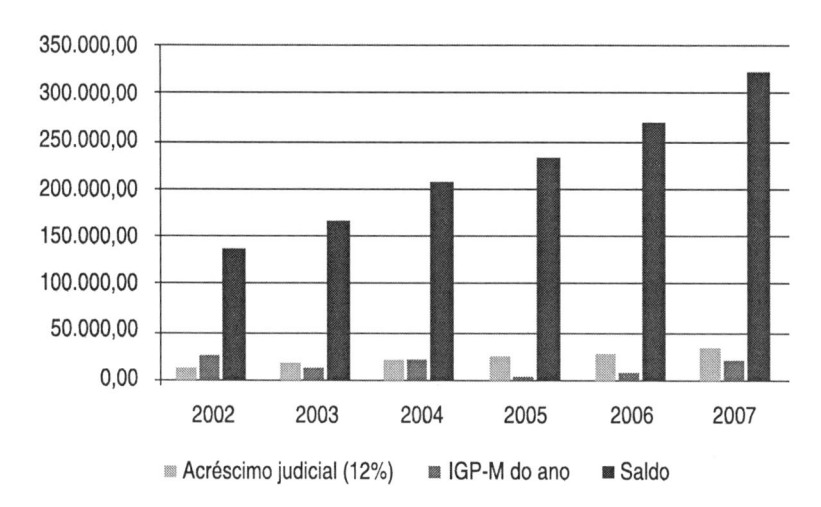

Fonte: Cálculo desenvolvido pelos autores.

Neste exemplo, a dívida de "A" para com "B", inicialmente em R$ 100.000,00 (cem mil reais), depois de 06 (seis) anos de tramitação do processo chegou à quantia de R$ 323.104,04 (trezentos e vinte e três mil, cento e quatro reais e quatro centavos), apenas com aplicação dos juros legais de 12% ao ano e da correção pelo IGP-M.

Ou seja, dever em juízo custou à "A", ao longo dos seis anos de processo judicial, no mínimo o valor adicional de R$ 133.553,81 (cento e trinta e três mil, quinhentos e cinqüenta e três reais e oitenta e um centavos), descontando já a inflação medida pelo IGP-M, que somou R$ 89.550,24 (oitenta e nove mil, quinhentos e cinqüenta reais e vinte e quatro centavos).

Diante destes números, a questão que imediatamente surge, e que em verdade é a resposta buscada neste artigo, é: valeu a pena para "A" dever em juízo ou, tendo ele condições para tanto, deveria ter efetuado o pagamento ao "B" dos R$ 100.000,00 (cem mil reais) inicialmente devidos?[17]

IV. A rentabilidade média dos investimentos e das empresas brasileiras

Para que se possa responder à pergunta acima, e em suma responder se para "A" dever em juízo foi ou não um bom negócio, deve-se tentar imaginar como poderia ter ele aplicado aqueles R$ 100.000,00 (cem mil reais) nestes 06 (seis) anos de transcurso do processo judicial.

Trabalhamos com duas hipóteses: (a) a primeira, em que "A" teria aplicado seus recursos no mercado financeiro, (b) e a segunda, em que "A" optou por investir aqueles recursos na sua própria atividade empresarial.

Para tal, primeiramente observemos a Tabela 3 abaixo, onde constam os rendimentos médios de algumas aplicações disponíveis no mercado financeiro brasileiro.

Tabela 3 – Rendimento de aplicações (% acum. ano)

	Poupança*	Ouro**	Fundo de ações***	CDI****
2002	8,78	64,73	9,79	17,61
2003	10,58	1,89	33,97	21,09
2004	7,81	-1,84	16,54	15,09
2005	8,81	4,05	17,17	17,52
2006	7,93	14,90	32,45	14,08
2007	7,35	11,71	44,35	11,22
Desvio Padrão	0,11	6,41	4,54	0,30

Fontes: Banco Central do Brasil (obtido através do IPEADATA)
* Rendimentos nominais das principais aplicações financeiras.
A rentabilidade refere-se a cadernetas com aniversário no primeiro dia do mês posterior ao assinalado.
** Variação em final de período.
*** É um dos fundos mútuos de investimento. Rentabilidade média estimada com base nas informações fornecidas pelas instituições financeiras.
**** Taxas de juros. Certificado de Depósito Interbancário (CDI). Refere-se à média do mês. O CDI serve de referência aos fundos de investimentos DI.

---

[17] Não se está aqui trabalhando com uma hipótese, efetivamente possível, que é a de que "A" realmente não tivesse condição alguma de efetuar o pagamento dos cem mil reais ao "B", na data acordada. A premissa aqui adotada é diferente, qual seja, de que "A" não pagou ao "B" porque preferiu não fazê-lo, na crença – muitas vezes constatada na prática – de que seria mais benéfico para si utilizar esta quantia em outras atividades pretensamente com maior retorno econômico.

Seguindo em nosso exemplo, os rendimentos que "A" teria obtido caso aplicasse seus R$ 100.000,00 (cem mil reais) nas modalidades acima referidas estão listados na Tabela 4, a seguir

Tabela 4 – Saldos, por ano, de diferentes aplicações (R$ nominais)

	Poupança	Ouro	Fundo de ações	CDI
2002	108.781,24	164.734,72	109.787,58	117.614,56
2003	120.285,79	167.850,96	147.083,22	142.417,76
2004	129.683,26	164.762,45	171.411,01	163.903,55
2005	141.110,42	171.441,01	200.836,19	192.623,32
2006	152.302,61	196.993,20	266.016,42	219.751,33
2007	163.493,21	220.060,66	383.994,18	244.410,00

Fontes: Cálculos desenvolvidos pelos autores.

Inicialmente, recordemos que ao final do processo a dívida de "A" para com "B" chegou em R$ 323.104,04 (trezentos e vinte e três mil, cento e quatro reais e quatro centavos), sem incluir nesse valor os honorários de sucumbência. Analisando a Tabela 4, constata-se que, das 04 (quatro) aplicações analisadas, apenas em 01 (uma), qual seja, no caso do fundo de ações, o saldo do valor investido seria superior ao valor da dívida ao final do processo judicial.

Caso "A" tivesse aplicado aqueles R$ 100.000,00 (cem mil reais) na caderneta de poupança em 01/01/02, em 31/12/07 teria ele a quantia de R$ 163.493,21 (cento e sessenta e três mil, quatrocentos e noventa e três reais e vinte e um centavos), que é inferior em R$ 159.610,83 (cento e cinqüenta e nove mil, seiscentos e dez reais e oitenta e três centavos) à quantia que seria obrigado a pagar por conta da perda do processo judicial.

No caso da aplicação em ouro, o saldo de "A" seria de R$ 220.060,66 (duzentos e vinte mil e sessenta reais e sessenta e seis centavos), inferior em R$ 103.043,38 (cento e três mil e quarenta e três reais e trinta e oito centavos) ao total devido para "B" no processo judicial. Já no CDI, o saldo de "A" seria de R$ 244.410,00 (duzentos e quarenta mil quatrocentos e dez reais), sendo inferior em R$ 78.694,04 (setenta e oito mil, seiscentos e noventa e quatro reais e quatro centavos) à sua dívida judicial para com "B".

Apenas no caso do fundo de ações o resultado para "A" seria diferente. Isso porque teria ele um saldo de R$ 383.994,18 (trezentos e oitenta e três mil, novecentos e noventa e quatro reais e dezoito centavos), superior em R$ 60.890,14 (sessenta mil, oitocentos e noventa reais e quatorze centavos).

Isso fica claro no Gráfico 2, abaixo, onde consta a evolução anual do saldo para cada aplicação financeira, e também o saldo da dívida.

*Gráfico 2 – Saldos, por ano, de diferentes aplicações e da dívida (R$)**

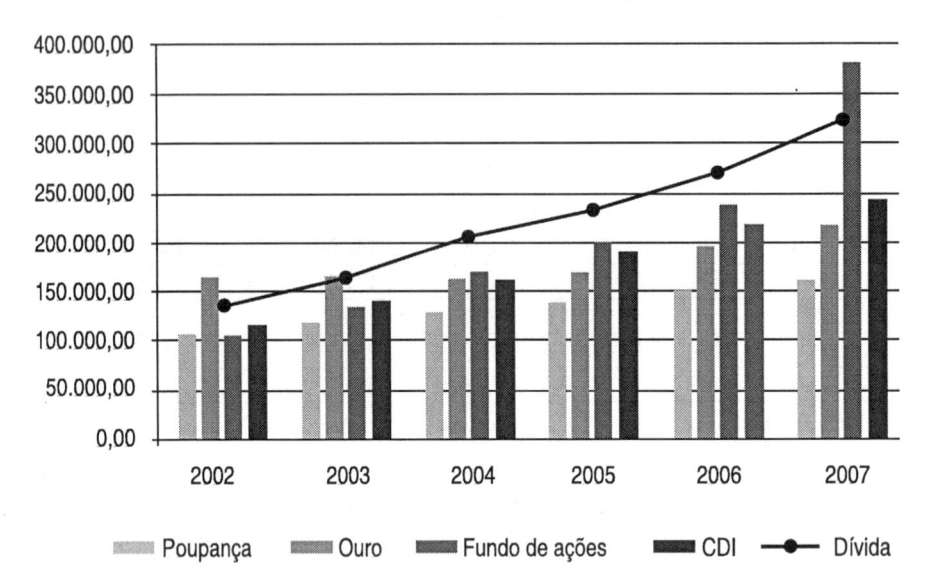

[Gráfico: eixo Y de 0,00 a 400.000,00; eixo X com anos 2002, 2003, 2004, 2005, 2006, 2007. Séries: Poupança, Ouro, Fundo de ações, CDI (barras) e Dívida (linha).]

Fontes: Cálculos desenvolvidos pelos autores.
* Rendimentos nominais das principais aplicações financeiras. O saldo anual da dívida inclui a correção pelo IGP-M.

Como já referido, todos os exemplos anteriores levam em consideração os rendimentos médios das aplicações financeiras, simulando uma hipótese em que "A" teria preferido deixar seus recursos aplicados no mercado financeiro ao invés de pagar o que era devido ao seu fornecedor "B".[18]

Em todos os casos, com exceção da aplicação em fundo de ações, o saldo da dívida após o final do processo judicial se mostrou superior ao saldo da aplicação financeiro. E, no exemplo acima, mesmo o saldo da aplicação em fundo de ações só ultrapassa o saldo da dívida no último ano, em especial por conta do excelente rendimento das ações nos anos de 2006 e 2007.[19]

Em suma, exceto no caso da aplicação em fundo de ações, não fazer o acordo com "B" representou à "A" um custo adicional bastante elevado, que está descrito na Tabela 5, a seguir:

---

[18] Uma nota se faz especialmente importante aqui, com relação ao CDI e ao fundo de ações. Ambos são médias de aplicações. O CDI está relacionado aos fundos DI, que são conservadores. Já o fundo de ações é estimação de rendimento médio a partir de instituições financeiras, ou seja, pode haver variação.

[19] Entretanto, caberia destacar ainda o aspecto do risco envolvido. A Tabela 3 informa, na última linha, o desvio padrão dos rendimentos de cada aplicação financeira. Essa informação dá uma idéia de variação dos rendimentos em torno na sua média (quanto maior o desvio padrão, maior a variação entre um período e outro ao redor da média, ou seja, maior a volatilidade). No caso do fundo de ações o desvio é de 4,54, uma variação considerável, comparando-se com a poupança (0,11) e o CDI (0,30).

Tabela 5 – Perda adicional por aplicação selecionada (R$)*

	Perda adicional
Poupança	159.610,83
Ouro	103.043,38
CDI	78.694,04

Fontes: Cálculos desenvolvidos pelos autores.
* Saldo da dívida menos o saldo da aplicação no final do período.

Imaginemos agora a segunda hipótese, qual seja, de que "A" não pagou "B" na crença de que lhe era mais rentável investir seus recursos em sua própria atividade empresarial – raciocínio este que em certa medida é (ou foi) bastante presente nos meios empresariais brasileiros.

O Gráfico 3 mostra a rentabilidade média das 500 empresas classificadas pela Revista Exame, no seu conhecido anuário "Maiores e Melhores".[20] Por se tratar das empresas mais eficientes e bem administradas do país, é razoável supor que as taxas de rentabilidades sejam as mais confiáveis e, possivelmente as mais altas, levando-se em consideração a média das empresas brasileiras.

Gráfico 3 – Rentabilidade média anual do patrimônio das 500 empresas classificadas pela Revista Exame (%a.a.)

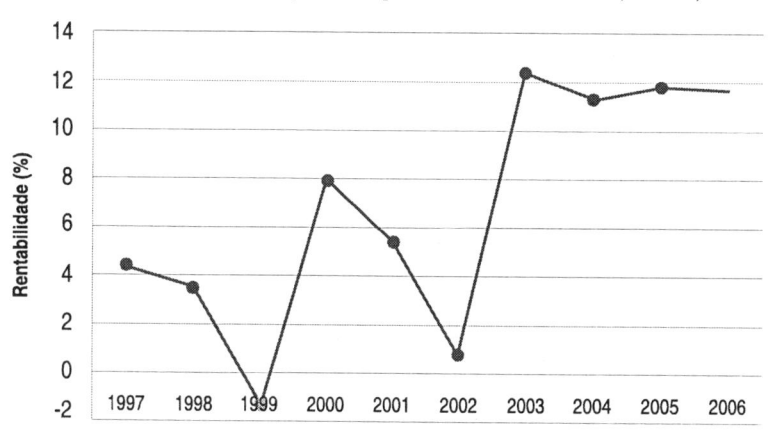

Fontes: Revista Exame, Maiores e Melhores, 2007.

---

[20] A título de esclarecimento metodológico, conforme apresentado no Anuário da Revista Exame, 2007, a Rentabilidade do Patrimônio "É o principal indicador de excelência empresarial, pois mede o retorno do investimento para os acionistas. Resulta da divisão dos lucros líquidos, legal e ajustado, pelos respectivos patrimônios líquidos. O produto é multiplicado por 100, para ser expresso em percentual. Consideram-se como patrimônio os dividendos distribuídos e os juros sobre o capital próprio" (p. 27). Também para um esclarecimento: "Lucro líquido ajustado. É o lucro líquido apurado depois de reconhecidos os efeitos da inflação nas demonstrações contábeis" (p. 27).

A Tabela 6, por sua vez, mostra a rentabilidade média das empresas por setor de atividade nos anos de 2003 a 2006, demonstrando que existem variações de acordo com os setores de atividade.

Tabela 6 – Rentabilidade média anual do patrimônio por setor de atividade (%a.a.)

	2003	2004	2005	2006
Atacado	13,8	10,9	18,1	13,9
Auto-indústria	10,6	19,5	13,2	16,5
Bens de capital	12,1	10,8	14,2	14,8
Bens de consumo	10,9	12,3	12,5	9,2
Eletroeletrônicos	1,9	1,7	4,7	12,9
Energia	9,8	13,4	10,3	13,1
Farmacêutico	9,7	13,4	16,2	18,9
Indústria da construção	9,5	8,1	6,5	6
Indústria digital	6,1	9,7	8,5	10,6
Mineração	25,6	26,5	25,7	31,6
Papel e celulose	15,2	17,8	5,6	7,5
Química e petroquímica	15,2	22,2	11	7,7
Serviços	9,2	12,7	10,5	14,2
Siderurgia e metalurgia	16,9	23,5	14,7	17,1
Telecomunicações	7,1	6,7	7,9	0,8
Têxtil	1,4	5,4	8,4	9,3
Transporte	8,3	21,4	19,2	16,4
Varejo	7,6	7,3	8,3	4,7

Fontes Revista Exame, Maiores e Melhores, 2007.

Voltemos, agora, ao nosso exemplo do devedor "A".

Na medida em que os dados de rentabilidade das empresas referem-se ao período de 2003 a 2006, é necessário ajustar o valor da dívida ao final do processo judicial para este período, de modo a permitir uma comparação. Logo, imaginemos, agora, para efeito de cálculo, que o processo iniciou-se em 01/01/2003 e finalizou em 31/12/2006.

Nesse caso, os R$ 100.000,00 (cem mil reais) iniciais teriam, ao término do processo, alcançado a quantia de R$ 196.641,51 (cento e noventa e seis mil, seiscentos e quarenta e um reais e cinqüenta e um centavos), com a aplicação da taxa de juros de 12% (doze por cento) ao ano e do IGP-M do período.

Mas qual o retorno obtido por "A" caso tivesse ele utilizado aqueles mesmos R$ 100.000,00 (cem mil reais) em sua atividade empresarial?

No Gráfico 4, abaixo, temos a resposta de que, dos 18 (dezoito) setores analisados, apenas em 01 (um) deles, no de mineração, teria a empresa "A" obtido uma rentabilidade que superasse o valor devido em juízo.[21]

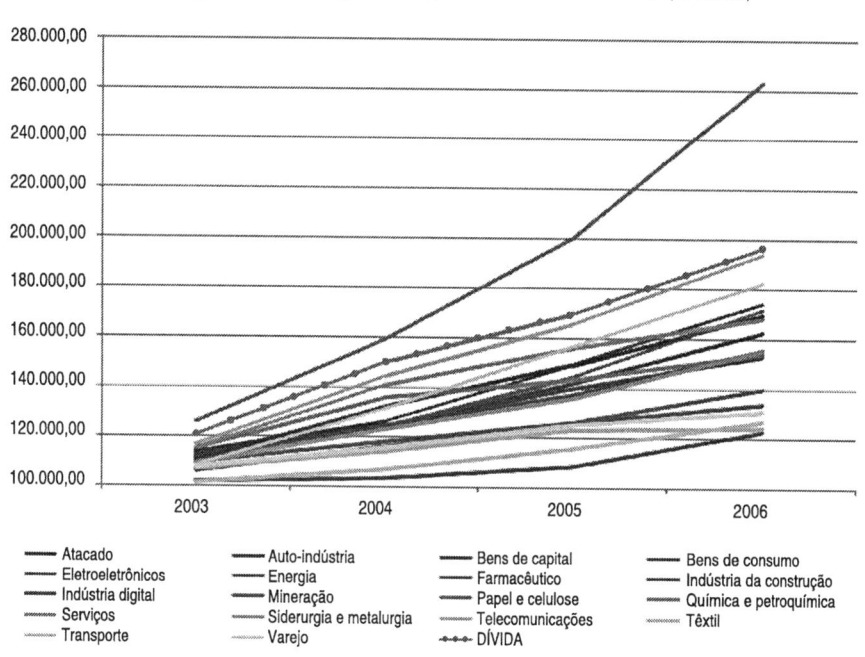

Gráfico 4 – Rentabilidade média anual do patrimônio das 500 empresas classificadas pela Revista Exame (%a.a.)

- Atacado
- Eletroeletrônicos
- Indústria digital
- Serviços
- Transporte
- Auto-indústria
- Energia
- Mineração
- Siderurgia e metalurgia
- Varejo
- Bens de capital
- Farmacêutico
- Papel e celulose
- Telecomunicações
- DÍVIDA
- Bens de consumo
- Indústria da construção
- Química e petroquímica
- Têxtil

Fontes: Cálculos desenvolvidos pelos autores.

Ou seja, excetuando-se a hipótese de ser "A" uma empresa de mineração, em todos os demais casos, na média, investir os R$ 100.000,00 (cem mil reais) em sua atividade empresarial teria dado um retorno inferior ao saldo do total da dívida por conta do processo judicial movido por "B".[22]

Veja-se na Tabela 7 quanto custaria a "A" sua decisão de investir seus recursos na empresa em contrapartida ao valor da dívida judicial:

---

[21] É importante ressaltar que em 2003 e 2004 o IGP-M apresentou uma variação mais acentuada (8,89 e 12,42%, respectivamente). Isso "empurrou" o saldo da dívida no início do período. Por outro lado, a rentabilidade média dos setores tendeu a aumentar nos últimos dois anos do período.

[22] É importante que fique claro que estamos apresentando as médias de rentabilidade por setor. No caso do setor de atacado, por exemplo, as empresas com maior rentabilidade passaram de 26%; no setor de bens de consumo, as três primeiras em rentabilidade passaram de 30%. Entretanto, dado que este estudo intenta fazer um estudo comparado médio, as médias de rentabilidade por setor são bastante razoáveis de serem utilizadas como exemplo.

Tabela 7 – Perda adicional por setor selecionado (R$)

	Perda adicional
Atacado	26.876,79
Auto-indústria	22.342,31
Bens de capital	33.804,41
Bens de consumo	43.643,26
Eletroeletrônicos	74.141,60
Energia	41.312,16
Farmacêutico	24.768,50
Indústria da construção	63.014,18
Indústria digital	56.970,30
Mineração	(66.186,31)
Papel e celulose	42.588,51
Química e petroquímica	28.349,94
Serviços	41.340,26
Siderurgia e metalurgia	2.730,80
Telecomunicações	72.351,60
Têxtil	70.014,01
Transporte	14.219,86
Varejo	65.727,19

Fontes: Cálculos desenvolvidos pelos autores.
* Saldo da dívida menos o saldo da aplicação no final do período.

Veja-se, portanto, que dependendo dos setores, a decisão pelo investir em seu próprio negócio, quando comparado com o saldo da dívida em juízo, representa um custo para "A" que varia de R$ 2.730,80 (dois mil, setecentos e trinta reais e oitenta centavos) a R$ 74.141,60 (setenta e quatro mil, cento e quarenta e um reais e sessenta centavos), dependendo do seu setor de atividade.

V. Ainda vale a pena dever em juízo?

Os exemplos e dados acima referidos, ao mesmo tempo em que estão longe de serem definitivos acerca da enorme complexidade das situações presentes em cada um dos milhares de processos judiciais em curso, parecem aptos a chamar a atenção para uma realidade que, s.m.j., vem sendo pouco destacada.

Se em outras épocas postergar ao máximo o pagamento das dívidas em juízo poderia ser, como regra, uma atitude economicamente racional por parte dos agentes econômicos brasileiros, nos dias de hoje a situação parece ser, na média, diferente.

Pelos dados observados, o nosso devedor "A" somente teria feito uma escolha correta caso tivesse optado por não pagar a dívida ao "B" em duas situações: (a) se tivesse aplicado seus recursos em fundo de ações ou (b) fosse uma empresa de mineração e decidisse investir em sua própria atividade empresarial.[23]

Em todos os demais exemplos testados, a melhor opção para "A", em termos econômicos (e na média) teria sido pagar imediatamente a dívida ao "B", evitando com isso a instalação do processo judicial ou pondo fim a este de forma mais breve possível.

Isso mesmo sem ter-se levado em conta dois fatores adicionais que poderiam ser considerados: (a) que no caso da dívida em juízo ainda haveria o acréscimo dos honorários de sucumbência, de regra entre 10% a 20% do total da dívida e (b) que é possível cogitar, pela praxe forense, que "B" estaria disposto a aceitar menos do que os R$ 100.000,00 (cem mil reais) em caso de acordo, dando com isso um desconto no pagamento a ser efetuado pelo "A".

Tomando-se ciência dos dados antes referidos, nos parece recomendável que as partes e seus procuradores passem a realizar um maior esforço na tentativa de alcançar a conciliação, especialmente naqueles casos em que sua expectativa de êxito no processo é mais baixa.

É possível concluir, finalmente, que os critérios hoje utilizados para atualizar as dívidas judiciais no Brasil podem[24] ser vistos como um fator que contribui positivamente para o aumento do número de acordos realizados no país. Obviamente, não se está a concluir aqui que este incentivo, por si só, seja capaz de alterar o quadro inicialmente referido – de um baixo número de acordos judiciais no Brasil – já que, como também antes dito, sem dúvida alguma este há de ter inúmeros fatores de origem.

VI. Referências

BECKER, Gary. *The economic approach to human behavior*. The University of Chicago Press, Chicago, 1990.
BONE, Robert G. *Civil procedure: the economics of civil procedure*. Foundation Press, New York, 2003.
CAPPELLETTI, Mauro e GARTH, Bryant. *Acesso à Justiça*. Sergio Antonio Fabris Editor, Porto Alegre, 2008.

---

[23] Mais uma vez, é importante manter em mente que o argumento aqui é "médio", ou seja, existem empresas que oferecem, efetivamente, rendimentos superiores aos encargos judiciais, conforme referido anteriormente.

[24] Evidentemente que este raciocínio também se aplica ao contrário, isto é, em benefício do "B" do nosso exemplo, o que, também em alguns casos, poderá atuar como um fator de incentivo contra os acordos. É que, se para "A" dever em juízo é, na média, um mau negócio, ter créditos em juízo, para "B", automaticamente pode passar a ser, na média, um bom negócio.

COOTER, Robert e ULEN, Thomas. *Law and economics*. Addison-Wesley Educational Publisher Inc., 1996.
MARTINS-COSTA, Judith. *Comentários ao novo código civil: arts. 389 a 420*. Forense, Rio de Janeiro, 2003.
MOREIRA, José Carlos Barbosa. *O futuro da justiça: alguns mitos*. Revista de Processo, n. 99, ano 25, São Paulo, RT, 2000.
PINHEIRO, Armando Castelar e SADDI, Jairo. *Direito, Economia e Mercados*. Campus Elsevier, Rio de Janeiro, 2005.
SHAVELL, Steven. *Foundation of economic analysis of law*. Harvard University Press, Cambridge, 2004.
SZTAJN, Rachel e ZYLBERSZTAJN, Decio. *Direito e Economia: análise econômica do Direito e das Organizações*. Campus Elsevier, Rio de Janeiro, 2005.
WAMBIER, Luiz Rodrigues. *A audiência preliminar como fator de otimização do processo*. Revista de Processo, n. 118, RT, São Paulo, 2004.

— 9 —
O Direito Tributário e a interpretação econômica do Direito: deveres instrumentais, custos de conformidade e custos de transação

CRISTIANO CARVALHO
Doutor em Direito Tributário pela PUC/SP. Pós-Doutor em Direito e Economia pela U.C. Berkeley. Advogado no RS e SP.

EDUARDO JOBIM
Mestre em Direito Tributário pela USP. Ex-bolsista do CNPq e da USP. Advogado em São Paulo.

Sumário: 1. A Análise Econômica do Direito e o Teorema de Coase; 2. Os deveres instrumentais e os custos de *Conformidade*; 3. Custos de conformidade e custos de transação; 4. O princípio constitucional da livre iniciativa;

O que pretendemos demonstrar nesse artigo é que o conjunto de deveres instrumentais ou obrigações acessórias no sistema tributário brasileiro acarreta enormes custos de conformidade, que, por sua vez, elevam sobremaneira os custos de transação, tornando extremamente custosa a atividade econômica privada. Essa interferência estatal na esfera de liberdade individual, por sua vez, viola o princípio constitucional da livre iniciativa.

Para demonstrar isso, utilizaremos alguns conceitos e categorias da Análise Econômica do Direito, também conhecida como *Law and Economics,* a escola americana de maior influência na doutrina jurídica hodierna.

A Análise Econômica do Direito ou Direito e Economia é um ramo do conhecimento interdisciplinar, que busca não só aplicar a teoria econômica ao direito, mas também desenvolver ferramentas epistemológicas não originalmente disponíveis na Ciência Jurídica ou na Ciência da Economia, tradicionalmente reducionistas. O seu objeto não é o sistema jurídico ou o sistema econômico, *mas sim a relação que ocorre entre ambos os domínios da realidade social.*

Em rigor, a expressão "análise econômica do direito" tornada célebre a partir da homônima obra do juiz americano Richard Posner, pode levar ao equívoco de confundir o Direito e Economia com uma análise puramente econômica do sistema jurídico. Não. Tal empreendimento seria de natureza puramente economicista, portanto, reducionista. O Direito e Economia busca ser interdisciplinar, pois ambos os sistemas interagem e assim como não é possível reduzir o mundo às categorias de entendimento econômicas, também não é aconselhável, agora do ponto de vista dos operadores do direito, ignorar as conseqüências reais que as normas jurídicas geram na realidade social.

A teoria jurídica tradicional, típica do direito continental europeu, peca por uma espécie de autismo epistemológico. O reducionismo patente na doutrina jurídica brasileira, extremamente influenciada pela européia, tem como mandamento ignorar toda e qualquer influência de outros campos do conhecimento, principalmente o da Economia. A dogmática jurídico-tributária é categórica nessa orientação reducionista, negando e mesmo rechaçando quaisquer influências do pensamento econômico em sua doutrina.

Qual o problema com tal postura? O problema, extremamente grave a nosso ver, é a separação da doutrina jurídica do empiricismo, i.e., a impossibilidade do Direito ser uma Ciência em sentido estrito. A "Ciência" do Direito que conhecemos no Brasil, atualmente, basicamente se preocupa com interpretação de textos normativos. Ora, isso pode ser enquadrado como técnica, ou, quando muito, como arte interpretativa, da mesma forma que a apreciação da literatura, da música ou do cinema. Não, entretanto, como Ciência. Esta, para que possa fazer juz ao nome, pode ser definida como um campo particular do conhecimento, que elege o seu objeto de estudo, efetua recortes epistêmicos nele, descobre padrões no comportamento desse objeto, erige leis e princípios que descrevem esses padrões e, principalmente, prevê futuros desenlaces desse objeto com base nessas leis gerais. Isso tudo significa empiricidade, i.e, relação dessa Ciência com a realidade. Tudo o que a teoria jurídica tradicional não é.

O Direito e Economia, por outro lado, é uma vertente que se preocupa com as conseqüências advindas das normas jurídicas no sistema econômico, que reflete, em boa parte, o sistema social como um todo. Essas conseqüências podem ser boas ou ruins, mas existem, uma vez que o Direito intervém na realidade social. E por gerar conseqüências reais, muitaz vezes as normas jurídicas, sejam leis, sejam decisões judiciais, acabam gerando efeitos opostos àqueles originariamente pretendidos por seus emissores. Daí a importância de compreender quais são esses efeitos e por que eles são gerados.

1. A Análise Econômica do Direito e o Teorema de Coase

Poder-se-ia dizer que os primórdios do Direito e Economia encontram-se em Cesar Beccaria e Jeremy Bentham. O primeiro, jurista italiano, criou o primeiro tratado completo sobre penas, o clássico *Dei delitti e delle pene* (sobre o crime e sobre a pena), onde pela primeira vez as sanções jurídicas são apresentadas como criadoras de barreira (*deterrence*) ao cometimento de crimes, e não meramente punições a eles. Em outras palavras, as sanções jurídicas, mais especificamente, as penais, tinham a função de gerar incentivos aos cidadãos, no caso, desestimular crimes.

Jeremy Bentham, extremamente influenciado por Beccaria, levou adiante as idéias já iniciadas pelo italiano, mas que foram plenamente desenvolvidas pelo filósofo e jurista inglês, resultando no Utilitarismo, também extremamente importante para a Análise Econômica do Direito.

A moderna Análise Econômica do Direito surge, no entanto, com Ronald Coase, economista inglês, laureado com o Nobel de Economia em 1991. O célebre artigo de 1960, "The Problem of Social Cost",[1] causou uma ruptura na Ciência Econômica de então, ao trazer uma abordagem inovadora para o vetusto problema das *externalidades.*

As externalidades são perdas ou ganhos não internalizados pelos produtores e consumidores e que, portanto, não integram o cálculo dos custos e preços das mercadorias, bens e serviços. Exemplos clássicos é a fábrica que polui o ambiente, ou a boate que produz barulho para a vizinhança ou então a residência que contrata o serviço de vigilância, do qual as demais residências acabam se beneficiando (*free riders*) sem contribuir para com o custo necessário. Os dois primeiros exemplos são externalidades negativas, enquanto o último é uma externalidade positiva.[2]

A solução de Coase para resolver o problema das externalidades foi focar a solução não nelas propriamente, no sentido de eliminá-las através de incentivos produzidos pela tributação, solução até então proposta por Pigou. O foco foi nos chamados *Custos de Transação.* Estes *referem-se não ao custo das mercadorias, bens e serviços em si mesmos, mas sim* aos custos *da própria transação.* Por exemplo, um produto qualquer, como um livro raro, pode ter um preço X. Mas, se para adquiri-lo eu tiver que dar a volta ao mundo ou passar dias convencendo o seu proprietário a vendê-lo, é evidente que o preço real do livro será de X+Y, sendo Y o custo de toda a transação necessária para a compra.[3]

Assim, para Coase,[4] se os custos de transação forem nulos e as partes puderem transacionar no sentido de compensações mútuas, poderão solucionar as

---

[1] COASE, Ronald. The problem of social cost. *Journal of Law and Economics*, n. 3, p. 1-23, 1960.

[2] A externalidade positiva acarreta o problema do *free rider*, que significa terceiros que se beneficiam de uma transação econômica sem ter contribuído para tanto.

[3] Em rigor, esse exemplo se refere a um dos custos que compõem os custos de transação, que são os custos de procura. Para um estudo mais profundo sobre o tema, ver a obra "The Economics of Transaction Costs", obra organizada por OLIVER WILLIANSOM e SCOTT E. MASTEN (Northampton: Elgar Critical Writings Reader, 1999).

[4] COASE, *op. cit.*

externalidades geradas, sendo essas não causadas por uma das partes, mas pela escolha de ambas as partes.⁵

A solução de Coase, que depois foi denominada por outros economistas de "Teorema de Coase" pode ser assim enunciada: se os custos de transação forem nulos, a barganha entre as partes necessariamente será bem-sucedida e não fará diferença qual delas tenha direitos de propriedade preponderantes nessa situação.

Como no mundo real toda transação sempre incorre em algum custo, passam a ter enorme importância as instituições jurídicas, principalmente os direitos de propriedade. Daí ser crucial que tais direitos sejam bem delineados e dispostos de forma segura e objetiva pelo ordenamento jurídico. Ainda assim, é desejável que os custos de transação sejam baixos, de forma a não inviabilizar as transações num mercado.

Portanto, o Teorema de Coase pode ser visto como uma equação, cujo resultado é eficiência econômica:

DIREITOS DE PROPRIEDADE DEFINIDOS E OBJETIVOS
+
CUSTOS DE TRANSAÇÃO NULOS
=
EFICIÊNCIA ECONÔMICA

2. Os deveres instrumentais e os custos de *Conformidade*

Deveres instrumentais são obrigações de fazer impostas pelo Estado fiscal, de modo a exercer seu poder de polícia sobre o particular, seja ele contribuinte ou responsável tributário. Parte da doutrina e da jurisprudência costumam se referir a tais deveres como "obrigações acessórias". Paulo de Barros Carvalho salienta a falácia dessa expressão, pois não é incomum que não existam as "obrigações principais" e ainda assim o particular tenha que cumprir com uma miríade de obrigações. Contudo, acessórias ao quê, quando não há dever de pagar tributos? São os casos, v.g., de particulares imunes ou isentos do pagamento de tributos, mas ainda assim obrigados a prestar informações ao Fisco.

A discussão sobre a carga tributária no Brasil costuma se centrar somente nos custos dos tributos propriamente ditos, *i.e.*, basicamente no cálculo do débito fiscal em sentido estrito, através do binômio base de cálculo/alíquota. Mesmo

---

⁵ No exemplo da fábrica poluidora, se as partes envolvidas poderem transacionar compensações mútuas, *i.e.*, se a fábrica receber uma compensação dos vizinhos para controlar a poluição que valha mais que continuar poluindo ou os vizinhos receberem uma compensação que valha mais do que impedir a fábrica de poluir. Seja como for, em vez de uma intervenção direta do Estado, a solução se dá através da transação entre as partes envolvidas, tendo como pressuposto direitos de propriedade prévios, objetivos e definidos.

quando se leva em conta a carga tributária total sobre o Produto Interno Bruto, atualmente passando dos 37%, o que os analistas estão mencionando é o preço dos tributos propriamente ditos sobre a atividade econômica. *Entretanto, os custos necessários para cumprir com as obrigações tributárias são pouco abordados pela doutrina.*

Aldo Bertolucci foi pioneiro, ao abordar em sua tese de mestrado[6] defendida na Faculdade de Economia, Administração e Contabilidade da USP, a problemática dos custos de conformidade. Segundo o autor, são custos de conformidade as obrigações tais como declarações relativas a impostos, informações ao fisco federal, estadual e municipal, inclusões e exclusões realizadas por determinações das normas tributárias, atendimento a fiscalizações, alterações da legislação, autuações e processos administrativos e judiciais.

Em suma, os custos de conformidade são aqueles custos gerados pelas atividades que o contribuinte tem de prestar de modo a estar em dia com suas obrigações tributárias.

Ainda que o Brasil, segundo o relatório *Doing Business* 2007 do Banco Mundial, tenha uma das maiores cargas tributárias sobre receita (é o terceiro lugar, perdendo apenas para Burundi e Sierra Leoa, primeiro e segundo lugares respectivamente), o que mais preocupa no referido estudo é o grau de burocracia existente no país. Segundo o relatório, nada menos do que 2.600 horas anuais são necessárias, em média, para que uma empresa cumpra com suas obrigações tributárias, colocando o Brasil no topo do pódio:

PAÍSES	NÚMERO DE HORAS
Brasil	2.600
Ucrânia	2.185
Cameroon	1.300
Belarus	1.188
Nigéria	1.120

Note os países que fazem companhia ao Brasil nesse malfadado pódio: todos eles são exemplos de economias subdesenvolvidas.

Cabe dizer que, do ponto de vista da racionalidade econômica (custo/benefício) o grau de burocracia brasileira passa a tornar proibitivo o cumprimento dos deveres instrumentais, criando incentivos para a evasão fiscal e a informalidade.

A própria estrutura das normas tributárias compõe para aumentar os custos de conformidade. A norma tributária é do tipo primária, cujo modal é obrigatório, *i.e.*, requer uma ação do contribuinte para cumpri-la. Ao contrário, uma norma primária implícita, depreendida do direito positivo penal, por exemplo, exige uma

---

[6] Uma contribuição ao estudo da incidência dos custos de conformidade às leis e disposições tributárias: um panorama mundial e pesquisa dos custos das companhias de capital aberto no Brasil. FEA, 2003.

mera abstenção do particular. Se observarmos o Código Penal, formado basicamente de normas secundárias expressas, e compreendermos as normas primárias que ali se encontram na implicitude do texto, podemos depreender o "é proibido cometer homicídio" a partir do enunciado expresso (artigo 121) que imputa a sanção pelo não cumprimento dessa obrigação. Do ponto de vista econômico, essa inação não gera custo algum para o particular.

Entretanto, o mesmo não ocorre com o contribuinte. Para que ele possa efetivamente cumprir com as normas primárias tributárias, sejam as regras-matrizes propriamente ditas, sejam os deveres instrumentais, é necessário cumprir com uma série complexa de ações. Uma empresa que exerça uma atividade que reúna, por exemplo, venda de mercadorias e prestação de serviços, terá que ter inscrição como contribuinte municipal e estadual, sem mencionar os deveres instrumentais necessários para cumprir com os tributos federais.

3. Custos de conformidade e custos de transação

Qual a relação entre os custos de conformidade e os custos de transação?

Antes de mais nada, cabe salientar que, conceitualmente, é possível classificar os custos de conformidade como uma espécie de custo de transação, pois a relação entre Fisco/contribuinte poderia ser considerada como uma "transação", em sentido lato.

Entretanto, para fins de precisão conceitual, reservamos a expressão custos de transação para aquelas relações entre indivíduos que tenham liberdade negocial, que (inter)ajam no mercado, ou seja, que realmente transacionem. Em sentido estrito, não há transação entre fisco e contribuinte.

Não obstante o instituto da transação tributária estar previsto no artigo 171 do Código Tributário Nacional, até hoje não houve a sua instituição efetiva. Ainda assim, os custos de transação, de acordo com a formulação da doutrina econômica, referem-se aos "custos de troca" (Cooter e Ullen, 1992, p. 84), dividindo-se em três etapas: 1) custos de procura; 2) custos de barganha e 3) custos de exeqüibilidade (*enforcement*).

A situação fiscal de uma empresa, por exemplo, pode afetar todas essas etapas dos custos de transação. No caso de uma aquisição de um bem, cabe ao comprador conferir a situação fiscal pregressa desse bem, de modo a não suceder como responsável pelos débitos. Ou, então, numa aquisição de empresa, os débitos fiscais dela podem prejudicar ou mesmo inviabilizar o negócio. Ou, finalmente, a execução de um contrato pode ser prejudicada no caso de existirem créditos tributários que têm preferência sobre os créditos privados, se o devedor estiver em processo de falência.

Quanto maiores forem os custos de conformidade impostos ao contribuinte, maiores serão os custos de transação. Seja porque aqueles primeiros geraram descumprimentos de obrigações tributárias e respectivas sanções, seja porque inviabilizaram a atividade da empresa. A conseqüência será sempre custo social negativo.

4. O princípio constitucional da livre iniciativa

A Constituição Federal, não obstante ser contraditória do ponto de vista político-econômico ao buscar conciliar valores contrários ou mesmo antinômicos como o direito de propriedade e a sua função social, assegura o direito à livre iniciativa, no artigo 1, IV:

> Art. 1° A República Federativa do Brasil, formada pela união indissolúvel dos Estados e Municípios e do Distrito Federal, constitui-se em Estado Democrático de Direito e tem como fundamentos:
> IV – os valores sociais do trabalho e da livre iniciativa.

O artigo 170, parágrafo único, da CF também enuncia: "É assegurado a todos o livre exercício de qualquer atividade econômica, independentemente de autorização de órgãos públicos, salvo nos casos previstos em lei".

Ainda que a cláusula "salvo nos casos previstos em lei" tenha o efeito de neutralizar a suposta liberdade negativa assegurada pelo enunciado, no sentido de liberar o particular de prévia autorização de órgãos públicos para exercer sua atividade, o Supremo Tribunal Federal já se manifestou no sentido de vedar a intervenção estatal como forma de pressionar o contribuinte a saldar seu passivo fiscal, conforme o RE 413.782:

> Em síntese, a legislação local submete o contribuinte à exceção de emitir notas fiscais individualizadas, quando em débito para com o fisco. Entendo conflitante com a Carta da República o procedimento adotado. (...) A lei estadual contraria, portanto, os textos constitucionais evocados, ou seja, a garantia do livre exercício do trabalho, ofício ou profissão – inciso XIII do artigo 5° da Carta da República – e de qualquer atividade econômica parágrafo único do artigo 170 da Constituição Federal. (RE 413.782, voto do Min. Marco Aurélio, DJ 03/06/05).

O Supremo Tribunal inclusive já sumulou tal entendimento, nas antigas súmulas 70 e 437, que dizem, respectivamente:

> Súmula 70: é inadmissível a interdição de estabelecimento como meio coercitivo para cobrança de tributo.
>
> Súmula 547: não é lícito à autoridade proibir que o contribuinte em débito adquira estampilhas, despache mercadorias nas alfândegas e exerça suas atividades profissionais.

Todavia, esse posicionamento se concentra na vedação ao uso do exercício de poder de polícia do Estado como forma coativa para o pagamento dos tributos. Mas e quanto aos deveres instrumentais em si mesmos?

Entendemos plenamente possível que ações judiciais sejam movidas alegando a inconstitucionalidade da exigência do cumprimento de deveres instrumentais sempre que esses gerarem custos exacerbados à iniciativa privada. Se esses custos forem comprovados como impedidores ou fortes desincentivadores da atividade econômica privada, as entidades de classe de alcance nacional poderiam ingressar com ação direta de inconstitucionalidade contra a legislação tributária que imponha demasiados deveres instrumentais, por ofensa direta ao princípio constitucional da livre iniciativa.

Concluindo, é importante começar a deslocar um pouco o foco relativo ao valor dos tributos em si mesmos, mas também, e talvez principalmente, concentrar a análise da carga tributária brasileira sobre o grau de complexidade e de dificuldade que é cumprir com as obrigações tributárias no Brasil. A Teoria dos Custos de Transação passa a ser, portanto, uma ferramenta de análise imprescindível para o deslinde dessa questão.

— 10 —
A disciplina legal das sociedades empresárias sob uma perspectiva de Direito & Economia

EDUARDO GOULART PIMENTA

Mestre e Doutor em Direito Empresarial pela Faculdade de Direito da Universidade Federal de Minas Gerais. Professor Adjunto de Direito Empresarial nos cursos de graduação, especialização, mestrado e doutorado da Pontifícia Universidade Católica de Minas Gerais. Professor do Curso de Mestrado em Direito Empresarial da Universidade de Itaúna - MG. Procurador do Estado de Minas Gerais. Membro da Associação Latino-Americana e do Caribe de Direito e Economia (ALACDE). Advogado.

Sumário: Introdução; 1 – A eficiência como razão da criação das sociedades de responsabilidade limitada; 2 – O contrato de sociedade e seu caráter relacional; 3 – O caráter incompleto do contrato de sociedade; 4 – O papel da legislação nas relações intra-societárias: análise comparativa entre as Sociedades Limitadas e as Sociedades Anônimas; 5 – A prevalência contratual na disciplina das relações intra-societárias entre os quotistas e a função supletiva da legislação; 6 - A proteção ao capital social como exceção ao caráter supletivo das normas sobre a Sociedade Limitada;

Introdução

Em uma ordem econômica baseada na livre iniciativa privada, as diferentes modalidades de sociedades empresárias assumem fundamental papel. São elas que agrupam diferentes quantidades de capitais e pessoas com o objetivo de viabilizar e maximizar o exercício das atividades de produção ou distribuição de bens ou de serviços com intuito lucrativo.

Deste modo, torna-se primordial tanto para o economista quanto para o jurista o aprofundamento no estudo das Sociedades Anônimas e das Sociedades Limitadas, principais expoentes do direito societário brasileiro.

Este trabalho foca sua atenção sobre a Sociedade Limitada - sem, porém, deixar de recorrer, em diferentes pontos, à comparação com os preceitos das companhias – e procura descrevê-la a partir de noções eminentemente econômicas.

Em um segundo momento, o texto volta sua atenção para os dispositivos do Código Civil referentes ao tema para traçar-lhes o papel mais eficiente diante da feição eminentemente privada e contratual desta espécie societária.

1 – A eficiência como razão da criação das sociedades de responsabilidade limitada

Entre todas as modalidades de sociedades empresárias hoje disciplinadas pela legislação brasileira, a Sociedade Limitada é aquela de origem mais recente e cercada das mais significativas particularidades.

Os tipos societários atuais têm, em regra, a mesma origem de vários dos fundamentais institutos de Direito Empresarial. São historicamente o resultado das práticas reiteradas dos comerciantes medievais que, posteriormente e de forma gradual, alcançaram a legislação positiva à medida que se consagraram por sua grande adequação ao tráfico mercantil.[1]

Assim, espécies societárias como a sociedade em nome coletivo, a sociedade em comandita simples e a sociedade em conta de participação remetem ao período histórico em que o ainda incipiente "direito dos comerciantes" era basicamente um conjunto mais ou menos ordenado de usos e costumes adotados à margem da legislação estatal. Eram, em essência, práticas destinadas a atender às necessidades de um mercado em expansão e que, pela correspondência aos interesses dos agentes econômicos, ganharam a legislação positiva.

Tais constatações se aplicam mesmo às sociedades por ações, hoje de extrema complexidade e valia. A Companhia Holandesa das Índias Orientais, instituída em 1602, apresenta-se como o primeiro exemplo genuíno desta espécie associativa na evolução histórica do Direito Empresarial e também representa o desdobramento de anteriores modalidades de agrupamentos consuetudinariamente empregados por agentes econômicos que pretendiam empreender juntos.[2]

A origem das Sociedades Limitadas, porém, segue um caminho inverso. Se, como demonstrado, as outras espécies de sociedades foram inicialmente concebidas pelas práticas do incipiente mercado medieval e apenas posteriormente reguladas pela legislação, as Sociedades Limitadas partiram, por assim dizer, da legislação para o mercado.

Conforme concordam a maioria dos estudiosos este modelo societário foi, antes de tudo, uma criação efetivada por intermédio de uma legislação específica. Não se afigura, portanto, como um instituto desenvolvido no campo das relações

---

[1] ASCARELLI, Tullio. *Panorama do Direito Comercial*. São Paulo: Saraiva & Cia. 1947. p. 24 e segs.
[2] GOWER, L.C.B. *Gower´s Principles of Modern Company Law*. London: Sweet & Maxwell. 1992. p. 21. ASCARELLI. Tullio. *Problemas das Sociedades Anônimas e Direito Comparado*. Campinas: Bookseller Editora e Distribuidora. 2001. p. 452

comerciais. Trata-se de um modelo societário criado em um contexto histórico determinado e por meio de normas gerais e abstratas com o intuito de atender, antes de mais nada, à eficiência do Direito.

A Sociedade Limitada como hoje a conhecemos foi instituída pela lei alemã de 1892, de iniciativa do deputado Oechelhaueuser.[3] A Alemanha vivia, à época, forte crise econômica e havia então grande interesse e necessidade de se estabelecer incentivos àqueles que pudessem se dedicar à atividade empresarial.

Faltava, porém, um modelo de sociedade adequado aos empreendedores de pequeno e médio porte. As Sociedades Anônimas não lhes atendia dados a extremada formalidade e rigor da legislação, certamente mais voltada às grandes aglomerações de acionistas.

Também as demais sociedades então conhecidas não eram economicamente eficientes pois, se por um lado eram disciplinadas por uma legislação menos onerosa, por outro exigiam a presença de ao menos um integrante disposto a assumir a responsabilidade pessoal e ilimitada pelos débitos vinculados ao exercício da atividade empresarial.

Faltava, então, um modelo societário que fundisse o que houvesse de mais adequado em cada uma das espécies até então conhecidas, ou seja: uma sociedade que fosse tão simples de se constituir como as sociedades com sócios de responsabilidade ilimitada e que também garantisse a todos os seus integrantes o que até então era privilégio exclusivamente dos acionistas: a efetiva separação entre o patrimônio pessoal dos sócios e os débitos contraídos em nome da pessoa jurídica.

> De fato, na segunda metade do século passado, sentia-se na Alemanha que os tipos de sociedade existentes não atendiam aos anseios e preocupações de grande faixa de comerciantes, que não sendo portadores de vultosos capitais, nem querendo correr os riscos da responsabilidade ilimitada, não podiam ou não lhes convinha, adotar a forma de sociedade anônima, de constituição difícil, dependente de autorização, dispendiosa e extremamente burocratizada. O ideal seria então um tipo social que, embora limitando a responsabilidade dos sócios, tal como na anônima, desta diferiria, no entanto, na vedação da cessibilidade das quotas sociais a estranhos, na forma de constituição mais simplificada e na direção pessoal dos negócios sociais.[4]

O sucesso da então recém instituída sociedade de responsabilidade limitada (*Gesellshaft mit Beschränkter Haftung*, ou simplesmente *GmbH*) alemã foi tão rápido e de proporções tão significativas que provocou a quase imediata adesão de outros ordenamentos à nova espécie societária. É assim que já em 1906 temos a edição da legislação autríaca, em 1911 a legislação portuguesa e já no ano

---

[3] Há, entre os estudiosos, referência a modelos societários do direito inglês que, em princípio, se apresentariam como precedentes históricos da sociedade instituída pela legislação alemã de 1892. Porém estes mesmos autores concordam que não há similaridade significativa o bastante para defender-se a idéia de que a atual Sociedade Limitada adotada pelo Código Civil brasileiro tem outra fonte que não a legislação alemã ora mencionada (MARTINS, Fran. *Sociedades por Quotas no Direito Estrangeiro e Brasileiro*. Rio de Janeiro: Forense, 1960. p. 20. BORGES, João Eunápio. *Curso de Direito Comercial Terrestre – Vol. II*. Rio de Janeiro: Editora Forense, 1959. p. 124/125. FRANCO, Vera Helena de Melo. *Revista de Direito Mercantil*, Ano XXVII (Nova Série), Vol. 71, p. 88. LIMA, Osmar Brina Corrêa. *Sociedade Limitada*. Rio de Janeiro: Forense, 2005).

[4] LUCENA, José Waldecy. *Das Sociedades Limitadas*. 8ª edição. Rio de Janeiro: Renovar, 2005 p. 4.

seguinte, por iniciativa de Herculano Marcos Inglês de Souza,[5] o Brasil se movimentava no sentido de consagrá-la em sua legislação positiva, o que, porém, só veio a ocorrer em 1919 com a edição do Dec.-Lei n. 3.708.

O hoje tão empregado instituto da Sociedade Limitada resulta de uma preocupação eminentemente econômica, qual seja a de estabelecer o adequado incentivo para os pequenos e médios empreendedores. É talvez um dos mais felizes exemplos de institutos jurídicos desenvolvidos com o direto objetivo de atender à maximização da riqueza.

A importância das Sociedades Limitadas (até 2002 legalmente denominadas sociedades por quotas de responsabilidade limitada) em nosso país é inegável, uma vez que representa, segundo as estatísticas do Departamento Nacional de Registro de Comércio no período de 1985 a 2005, 48,23% do total de empresários do país e 98,93% das sociedades empresárias aqui constituídas.[6]

2 – O contrato de sociedade e seu caráter relacional

O art. 981 do Código Civil brasileiro define o contrato de sociedade como o acordo de vontades pelo qual duas ou mais pessoas reciprocamente se obrigam a contribuir, com bens ou serviços, para a realização de atividade econômica com o objetivo de partilhar entre si os resultados monetários do empreendimento.

A essência das sociedades em geral - e da Sociedade Limitada em particular – está, portanto, no fato de que representa um instrumento jurídico destinado a agrupar diferentes pessoas interessadas em se dedicar conjuntamente e de forma organizada ao exercício de uma atividade de cunho econômico, notadamente de caráter empresarial.

Ainda quanto ao objeto do contrato de sociedade é correto lembrar que embora o par. único do próprio art. 981 do Código Civil brasileiro admita o emprego desta modalidade contratual para a efetivação de apenas um ou mais negócios determinados (como se vê nas chamadas sociedades de propósito específico) resta inegável que, em regra, o vínculo entre os sócios se funda na intenção de realizar atividades de caráter contínuo e duradouro.

Vale lembrar ainda, em complemento, que a sociedade é um dos melhores exemplos daquelas situações em que os partícipes de um mesmo ato têm na mútua colaboração a melhor escolha para a maximização de seus próprios interesses.

---

[5] CUNHA PEIXOTO, Carlos Fulgêncio da. *A Sociedade por Cotas de Responsabilidade Limitada*. Vol. I. 2ª ed. Rio de Janeiro: Ed. Forense, 1958, p. 31

[6] Segundo o DNRC, no período compreendido entre 1985 e 2005 foram inscritos no Brasil um total de 8.915.890 empresários, dos quais 51,25% (4.569.288) são (ou eram) empresários individuais. Do restante (4.346.602 ou 48,75% do total) vemos que as Sociedades Limitadas respondem por quase 99% (4.300.257) enquanto as Sociedades Anônimas (20.080), as Sociedades Cooperativas (21.731) e as demais modalidades societárias (4.534) respondem pelos números restantes (www.dnrc.gov.br. *Site* consultado em 19/01/07).

Cada sócio tem mais a ganhar se ele e os demais integrantes da sociedade se dispõem a seguir seus deveres legais e contratuais e a cooperar com o exercício do objeto social. Tal afirmação sustenta-se especialmente em modalidade societárias nas quais, como na Sociedade Limitada, assume-se que o dever de colaboração do sócio implica uma obrigação positiva, um efetivo agir no sentido da consecução do objeto social.[7]

O contrato de sociedade impõe-se como uma situação social em que a maximização dos interesses de um dos agentes econômicos envolvidos depende também das escolhas e atos empreendidos pelos demais partícipes. A maximização dos ganhos da sociedade – e, por conseqüência, de cada um dos sócios – está na cooperação de todos os contratantes.

É, portanto, uma situação apta a ser submetida aos modelos econômicos ligados à Teoria dos Jogos.

Jogos cooperativos ou jogos de cooperação são modelos esquemáticos de conduta que analisam situações em que os agentes maximizam seus próprios interesses particulares quando se dispõem a moldar sua própria ação aos anseios de outrem. A escolha e posterior conduta de um dos contratantes provoca reflexos positivos em relação aos demais.

Quando um sócio se dispõe a colaborar com parte de seu patrimônio e também com seus esforços pessoais para a realização do objeto social não apenas ele está ganhando com isso, mas também todos os demais sócios. Estes, por sua vez, têm na mútua colaboração e na integralização do capital a estratégia dominante, ou seja, aquela que lhes é mais favorável independentemente da conduta do outro.

Resta lembrar, porém, que o comportamento cooperativo dos sócios existe até o momento em que esta cooperação em torno da sociedade e de seu objeto social é o meio mais eficiente de maximização dos interesses particulares de cada sócio. Embora fundada na comunhão de esforços, contribuições e objetivos, o contrato de sociedade – e a própria pessoa jurídica que daí decorre – sustenta-se enquanto atender aos interesses particulares de cada um dos sócios. Oportuna, neste sentido, a observação de Victor Goldberg e John Erickson sobre os contratos de longa duração em geral:

> The parties to a long-term contract have a mutual interest in designing a contract that maximizes its value to both parties. They also, however, have a selfish interest in achieving a large individual share, even if doing so results in a reduced overall value. If the parties could costlessly constrain their noncooperative, opportunistic behavior, contracting would not be very difficult – or interesting. Much of the structure of contracts reflects the attempts of parties to contrain their noncooperative behavior in order to increase the total pie.[8]

---

[7] Sobre os deveres dos sócios nas Sociedades Anônimas e Sociedades Limitadas remetemos o leitor ao seguinte trabalho de nossa autoria: PIMENTA, Eduardo Goulart. *Exclusão e Retirada de Sócios – conflitos societários e apuração de haveres no Código Civil e na Lei das Sociedades Anônimas*. Belo Horizonte: Mandamentos, 2004.

[8] GOLDBERG, Victor P. ERICKSON, John R. Quantity and price adjustment in long-term contracts: a case study of petroleum coke. *Journal of Law & Economics*. Vol XXX (October 1987). University of Chicago, p. 375

Fundado ao mesmo tempo sobre a perenidade de seu objeto, a colaboração mútua e o interesse egoístico de cada sócio o contrato de sociedade, espécie de contrato relacional,[9] encontra em seu caráter incompleto outro fundamental fator para sua compreensão e disciplina.

3 – O caráter incompleto do contrato de sociedade

A Economia se dedica ao estudo das formas pelas quais a sociedade gera, distribui e consome suas riquezas. Em conseqüência, nada mais natural que este ramo das Ciências Sociais Aplicadas se dedique também às regras que disciplinam o direito de usufruir desta riqueza (consubstanciadas pelos direitos de propriedade) e também às normas que regulam o modo pelo qual os agentes econômicos transferem uns aos outros o direito de usufruir da riqueza disponível (direito dos contratos).

O contrato é, tomado sob a perspectiva de sua função econômica, essencialmente o instrumento pelo qual os agentes econômicos transferem seus direitos de propriedade sobre a riqueza e os meios de produção disponíveis.

Portanto, e sob a premissa de que os agentes econômicos são capazes de fazer escolhas racionais no sentido de maximizar seus próprios interesses, o contrato é empregado por eles no sentido de obter aqueles bens ou direitos que melhor se adequem a seus interesses.

Uma vez firmado o contrato pressupõe-se que as partes tenham livre e racionalmente transacionado sobre os bens ou direitos objetos do acordo. A partir daí legitimamente organizam suas próximas escolhas contando com a prestação do outro contratante.

A análise econômica dos contratos deve ser processada a partir de duas premissas que estão, como demonstraremos abaixo, diretamente vinculadas. A primeira refere-se à existência dos chamados custos de transação e a segunda diz respeito ao inevitável caráter incompleto dos vínculos firmados.

Custos de transação – ou custos de contratação – representam aquilo que dispenderam ou deixaram de ganhar as partes de um contrato com o objetivo de constituí-lo ou executa-lo. São os custos que os contratantes enfrentam para elaborar, manter e fazer cumprir o contrato.

---

[9] "Contratos relacionais, segundo a concepção norte-americana (relational contracts), são acordos complexos de longa duração, nos quais a confiança, a solidariedade e a cooperação são, por vezes, mais relevantes do que os vínculos contratuais expressos. Tem-se, assim, um contrato aberto, que representa uma relação contínua, duradoura ao mesmo tempo em que modificável pelos usos e costumes ali desenvolvidos e pelas necessidades das partes". ROMERO, Anna Paula Berhnes. As restrições verticais e a análise econômica do direito. *Revista Direito GV* Vol. 2 n. 1. São Paulo. Jan-Jun 2006. p. 11 a 37 nota 1. Para aprofundamento nas questões específicas sobre contratos relacionais veja: GOETZ, Charles J. SCOTT, Robert E. Principles of Relational Contracts. *Virginia Law Review.* Vol. 67. n. 6 (Sep. 1981) p. 1089 a 1150.

A importância dos custos de transação se tornou evidente a partir do seminal trabalho de Ronald Coase[10] e hoje é fundamental para a análise econômica do Direito pois, conforme se depreende do denominado Teorema de Coase, quanto maiores forem os custos da transação menores serão as chances das partes chegarem a contratar.

Outra noção basilar para o tema é a de incompletude dos contratos. Na elaboração de um vínculo contratual é necessário perceber que as partes tentam, em princípio, prever todas as circunstâncias que podem ocorrer durante a execução do contrato e, ao mesmo tempo, dar-lhes uma solução. Porém, forçoso é também reconhecer que, por diferentes fatores, esta previsão e disciplina invariavelmente se apresenta lacunosa. Daí por que os contratos denominados incompletos.[11]

É possível apontar as principais razões responsáveis pelo caráter incompleto dos vínculos contratuais.[12] A primeira delas está na chamada racionalidade limitada (*bounded rationality*) dos partícipes destes contratos. Na elaboração de um contrato afigura-se claro que as partes não têm condições de antever e disciplinar expressamente toda e qualquer eventualidade que possa ocorrer ao longo da execução do acordo celebrado.

> Unfortunately, because of bounded rationality, formal contracts have only limited value as a means of governing relationships. If the input is fairly standard and potential changes in circumstances are well understood, then contracts may be effective. Very often, however, it is beyond the practical capacity of man or woman to fully specify detail, predict all possible contingencies, and verify breaches in court.[13]

A segunda causa da incompletude dos contratos está exatamente na existência dos custos de transação. Se inexistissem custos de transação as partes poderiam negociar e aperfeiçoar o vínculo entre elas firmado até o ponto em que, teoricamente, pudessem prever e disciplinar qualquer circunstância futura. Entretanto, tal modelo econômico não é factível dada a constante verificação de custos para a transação.[14] Há um momento em que as partes devem parar de

---

[10] Os mais importantes trabalhos do autor (*The Nature of The Firm* e *The Problem of Social Cost*) são encontrados, com valiosos comentários, na seguinte obra: COASE, Ronald H. *The Firm, The Market and The Law*. Chicago: The University of Chicago Press. 1990.

[11] BAKER, Scott. KRAWIEC, Kimberly D. *Incomplete Contracts in a Complete Contract World*. http//www.ssrn.com. (site consultado em 21/11/2006).

[12] HERMALIN, Benjamin E. KATZ, Avery W. CRASWELL, Richard. *The Law & Economics of Contracts*. http//www.ssrn.com. (*site* consultado em 09 de novembro de 2006) p. 70 a 76.

[13] LYONS, Bruce R. Contracts and specific investment: an empirical test of transaction cost theory. In: WILLIAMSON, Oliver E. MASTEN, Scott E. *The Economics of Transaction Costs*. Massachusetts: Edward Elgar Publishing. 1999. p. 300

[14] Oliver Hart assinala claramente que a impefeição dos contratos é decorrência direta dos custos de transação: "A consequence of the presence of such costs is that the parties to a relationship will not write a contract that anticipates all the events that may occur and the various actions that are appropriate in these events. Rather they will write a contract that is incomplete, in the sense that it contains gaps or missing provisions; that is, the contract will specify some actions the parties must take but not others; it will mention what should happen in some states of the world, but not in others". HART, Oliver. Incomplete contracts and the theory of the firm. In: WILLIAMSON, Oliver. WINTER, Sidney G. *The Nature of the firm – origins, evolution and development*. New York: Oxford University Press. 1993. p. 140

negociar sob pena dos custos de transação tornarem economicamente inviável o próprio acordo.

A incompletude dos contratos, particularmente relevante em contratos de longo termo ou relacionais, decorre ainda de fatores como as informações assimétricas (*assimetric informations*) entre os contratantes. A assimetria de informações entre dois ou mais partícipes de um contrato se verifica quando um ou mais deles não dispõe do mesmo número de dados relevantes sobre as circunstâncias e as conseqüências da contratação.[15]

Desta assimetria de informações sobre as circunstâncias de contratação decorrem os chamados custos de comprovação (*verification costs*) que são, em apertada síntese, os custos em que incorrem as partes para comprovar as informações que são relevantes para a elaboração do contrato.[16]

Quando se trata de conhecer as razões de incompletude dos contratos, há que se mencionar ainda circunstâncias ligadas a fatores alheios à conduta e mesmo à vontade dos contratantes e que muitas vezes não são mensuráveis – ou mesmo previsíveis – quando da contratação.[17]

Steven Shavell e Mitchell Polinsky, por sua vez, apontam a própria crença das partes em um preenchimento adequado das lacunas contratuais pelos tribunais como mais um fator responsável pelos inevitáveis *gaps* nos contratos.

> There are three reasons for the incompleteness of contracts. The first is the costs of writing more complete contracts. The second is that some variables (effort levels, technical production difficulties) cannot be verified by tribunals. The third is that the expected consequences of incompleteness may not be very harmful to contracting parties. Incompleteness may not be harmful because a tribunal might interpret an imperfect contract in a desirable manner.[18]

Quanto mais se preocupam em preencher as lacunas do contrato que estão a negociar mais as partes estão aumentando seus custos com a transação. Assim, há um ponto das negociações em que continuar preenchendo as lacunas do contrato atrai custos tão altos para os contratantes que a escolha mais eficiente para eles é contar com a inocorrência destas circunstâncias não previstas ou, caso elas ocorram, deixar solução a outras fontes do direito.

> Tradicionalmente, o direito apresenta três instrumentos para lidar com os contratos incompletos: a hermenêutica contratual (que busca interpretar o contrato por sua finalidade, ou pelo que se entende como a finalidade do negócio jurídico); a lei (e a lei, ou suas normas positivadas, como aqui se afir-

---

[15] Sobre os efeitos que informações assimétricas acarretam à completude e eficiência das relações contratuais veja: SCHWARTZ, Alan. SCOTT, Robert E. Contract Theory and the Limits of Contract Law. *Yale Law Journal*. Vol 113, 2003. p. 69 e segs.

[16] Os chamados custos de comprovação (*verification costs*) são abordados em profundidade no seguinte texto: TOWNSEND, Robert M. Optimal Contracts and Competitive Markets with Costly State Verification. *Journal of Economic Theory*. V. 20. 1979. p. 265-293.

[17] SEGAL, Ilya R. Complexity and Renegotiation: a foundation for incomplete contracts. *Review of Economic Studies*. Jan. 1999. p. 57-82.

[18] SHAVELL, Steven. POLINSKY, Mitchell. *Economic Analysis of Law*. Social Science Research Network Electronic Paper collection: http://ssrn.com/abstract=859406. p. 17

mou, é esparsa e prolixa); e os usos e costumes, que tratam as lacunas contratuais valendo-se da analogias com experiências similares.[19]

A importância da análise das lacunas contratuais e o tratamento que a elas se dedica é especialmente relevante quando tratamos dos contratos de trato sucessivo e, como espécie destes, dos chamados contratos relacionais (*relational contracts*).

Nestas modalidades de vínculos, dada a sua continuidade temporal, há maior possibilidade de se manifestarem algumas das circunstâncias negligenciadas pelos partícipes da contratação.

Nota-se, portanto, que um mecanismo eficiente de preenchimento das lacunas deixadas pelo contrato de uma Sociedade Limitada deve ser preocupação fundamental da legislação e de seus aplicadores.

4 – O papel da legislação nas relações intra-societárias: análise comparativa entre as Sociedades Limitadas e as Sociedades Anônimas

Apartadas as sociedades com membros de responsabilidade ilimitada pelos débitos comuns, que hoje são de utilização extremamente restrita, ficam aos sócios as alternativas da Sociedade Anônima e da Sociedade Limitada. Estes dois tipos societários guardam, porém, inúmeras distinções em sua estrutura e disciplina legal, as quais já se procurou explicar sob diferentes critérios, muitos deles de utilidade e aplicabilidade questionável.

Inegável, porém, que as Sociedades Anônimas são regidas por uma legislação extremamente rígida, detalhada, complexa e que deixa pouquíssimas lacunas em assuntos importantes para serem preenchidas pelos atos constitutivos da sociedade.

O rigor da legislação do anonimato se impõe também na sua aplicação. Assim, vigora na Sociedade Anônima a estrita legalidade, em termos similares aos encontráveis no âmbito da Administração Pública. Desta forma, quando a lei das Sociedades Anônimas prescreve uma conduta aos sócios, administradores, controladores e demais envolvidos com a organização societária não lhes é permitido adotar conduta diversa. As normas da lei do anonimato são em sua maioria de ordem pública.

O fundamento deste perfil de estrita legalidade encontra-se no fato de que esta modalidade societária se destina precipuamente à captação de recursos na comunidade em geral. Sua principal função econômica é captar a poupança popular e canalizá-la para as atividades empresariais.

---

[19] PINHEIRO, Armando Castellar. SADDI, Jairo. *Direito, Economia e Mercados*. São Paulo: Ed. Campus. 2005. p 118. Veja também: POSNER, Richard. *The Law & Economics of Contract Interpretation*. Social Science Research Network Electronic Paper Collection: http://www.ssrn.com/abstract-id =610983.

A rigidez da legislação das Sociedades Anônimas leva em conta que, ao menos potencialmente, a massa dos acionistas será composta por pessoas que não terão e nem pretenderão ter qualquer contato direto com a gestão do empreendimento (*sleeping partners*). Ao contrário, querem é lucrar ou com a percepção dos dividendos ou com a compra e venda das ações no mercado de valores mobiliários.

Se os acionistas não têm no contato direto com a gestão da companhia a escolha que maximize seus interesses a legislação deve, sob a premissa de maior austeridade do próprio mercado de valores mobiliários, zelar pela integridade do capital por eles investido.

A lei das Sociedades Anônimas é complexa e inderrogável também porque pressupõe não haver entre os sócios interação significativa o suficiente para se esperar que possam eles adequadamente regular seus próprios interesses comuns em relação ao empreendimento.[20]

Além desta falta de direta interação entre os acionistas, outro fator se destaca como fundamento fundamento da rigidez e detalhamento da legislação. A Sociedade Anônima ergue-se sobre a perspectiva de ser uma instituição apta a agregar o capital de diferentes perfis de investidores.

Em uma genuína sociedade anônima encontraremos, no quadro de acionistas, pessoas com os mais diversos perfis. Há desde aquele microinvestidor que aplica suas economias pessoais no capital das sociedades (normalmente valendo-se da intermediação de instituições financeiras) até aqueles que, profundos conhecedores do mercado acionário e também da gestão do empreendimento - além de muito abastados financeiramente - acumulam a maioria do capital social.

Inclua-se também neste rol os investidores institucionais – como fundos de pensão e fundos mútuos – e aqueles acionistas interessados nos dividendos ou, como já lembrado, na especulação com a compra e venda de seus papéis.

Radicalmente diferente é o perfil das Sociedades Limitadas. Aqui a perspectiva do legislador é outra: tratam-se as Sociedades Limitadas de agrupamentos de interesses compostos por um número relativamente pequeno de pessoas que se conheceram e se confiam a ponto de se disporem a contratualmente dar origem à sociedade.[21]

Nelson Abrão, ao analisar as sociedades de responsabilidade limitada em geral, respalda nossa afirmação ao constatar que se fundam em um "acordo de

---

[20] L.C.B GOWER salienta, ao cuidar dos modelos societários anglo-saxônicos, que as *corporations* são mais adequadas às situações em que não há a "confiança mútua" entre os sócios, elemento característico de outras modalidades societárias como as *partnerships* (GOWER. L.C.B. *Principles of Modern Company Law*. 5th ed. London: Sweet & Maxwell. 1992. p. 5).

[21] Veja-se neste sentido o pertinente comentário de Vinícius José Marques Gontijo sobre a Sociedade Limitadas em nosso Código Civil: "Mantida como um tipo societário contratual, ela tem a flexibilidade estrutural e organizacional que somente o contrato permite e que jamais teria caso o seu caráter fosse estatutário, de natureza institucional, rígida por excelência e atrelada à lei, com óbvia limitação à vontade dos sócios." GONTIJO, Vinícius José Marques. A Regulamentação das Sociedades Limitas. In: RODRIGUES, Frederico Viana (org.). *Direito de Empresa no Novo Código Civil*. Rio de Janeiro: Ed. Forense, 2004. p. 200

vontades entre pessoas que se conhecem para um fim social que previram, mediante uma colaboração ativa e consciente e contribuições de cada sócio para o fundo comum".[22]

Em função do número potencialmente menor de sócios é ainda válido pressupor, como faz o legislador, que os quotistas terão um contato direto com o empreendimento e com seus gestores, o que lhes permite maior simetria de informações na hora de fazer suas escolhas e auto regular seus interesses.

A simetria de informações entre os quotistas é respaldada também pela observação de que na Sociedade Limitada presume-se considerável uniformidade no perfil de seus integrantes, diferentemente do que se nota nas Sociedades Anônimas. Se nas companhias encontramos desde pessoas que dispõem de irrisório percentual do capital social até investidores institucionais e empreendedores que, com massiva quantidade de ações, ditam praticamente todas as escolhas da sociedade, nas Limitadas o que se espera é, repetimos, a comunhão de interesses entre pessoas com similares graus de informação e capacitação técnica.

De forma inversa ao que se verifica na Sociedade Anônima, na Sociedade Limitada não há que vigorar a regra da estrita legalidade. Ao contrário, deve-se facultar aos quotistas, em princípio, o poder de auto-regular contratualmente seus interesses. A autonomia privada deve prevalecer sobre o caráter tutelar da legislação.

> Business relationships often endure for years. Conditions change over the life of the relationship. The parties must respond to changing conditions as they pursue their own interests through the relationship. Accommodating the changes requires flexible understandings, not rigid rules. Consequently, formal rules do not tightly control human relationships, whether in business or personal life.
>
> The parties to long-run relations often rely upon informal devices, rather than enforceable rules, to secure cooperation.[23]

A legislação sobre as Sociedades Limitadas deve basear-se na possibilidade de livre transação entre os contratantes. O pressuposto é que os sócios são as pessoas mais recomendadas e adequadas à disciplina de seus próprios interesses no contrato de sociedade.

Em se tratando do contrato social da Sociedade Limitada, vemos que a legislação brasileira faculta aos agentes a possibilidade de auto-regularem a maior parte das questões inerentes ao empreendimento comum.

Ciente, porém, de que o contrato social é eminentemente cooperativo, incompleto e sujeito a inúmeras variáveis ao longo de sua implementação, a legislação deve funcionar como uma salvaguarda, fornecendo regras a serem utilizadas para preencher a omissão dos sócios.

---

[22] ABRÃO, Nelson. *Sociedades por quotas de Responsabilidade Limitada*. 4ª edição. São Paulo: Ed. Revista dos Tribunais. 1989. P. 49

[23] COOTER, Robert. ULEN, Thomas. *Law & Economics*. 4th edition. New York: Pearson, Addison Wesley. 2004. p. 225

A referência a alguns dos artigos do Código Civil relativos a Sociedade Limitada demonstra que sua aplicação meramente supletiva às relações societárias foi a principal preocupação do legislador e que esta diretriz é certamente a de maior eficiência.

5 – A prevalência contratual na disciplina das relações intra-societárias entre os quotistas e a função supletiva da legislação

O caráter supletivo das normas alusivas às Sociedades Limitadas perpassa o texto do Código Civil e se manifesta expressamente em diferentes e fundamentais pontos da relação intra-societária. A função da legislação é subsidiar o aplicador quando diante de uma lacuna no contrato social, lacuna esta que, como já salientamos, decorre da própria essência de um contrato relacional e de longo termo como este.

Assim, ao mesmo tempo que respeita a autonomia privada dos quotistas – sob as premissas de simetria de informações e da racionalidade na efetivação de suas escolhas – a legislação, ao servir de socorro ao intérprete no suprimento das inevitáveis lacunas contratuais, dá aos sócios maior segurança por antecipar, em seu texto, qual deverá ser a solução judicial.

O art. 109 da Lei das Sociedades Anônimas (Lei n. 6.404/76) traz em seu texto alguns direitos que são inalteráveis pelos estatutos da companhia. Tratam-se, por assim dizer, dos "direitos fundamentais" dos acionistas.[24]

Como já afirmamos, as companhias representam um modelo societário constituído para abarcar um número potencialmente ilimitado de sócios que em sua grande maioria não pretendem se dedicar intensamente às atividades societárias ou procurar aprofundar o grau de informações que detém sobre a gestão do empreendimento.

A Lei n. 6.404/76, portanto, lhes garante os direitos do art. 109 como forma de "blindar" seus interesses da ação dos controladores ou daqueles que, de uma forma ou de outra, tenham efetiva atuação nas assembléias gerais ou órgãos administrativos.

Não há, para as Sociedades Limitadas, um rol de direitos inatacáveis pelos dispositivos constantes dos atos constitutivos da organização. Nas Sociedades Limitadas o legislador não viu em tal elenco inderrogável de direitos uma forma de assegurar de maneira eficiente os direitos de propriedade dos quotistas em relação ao empreendimento. Com fundamento na simetria de informações procura-se minimizar os custos das transações entre os quotistas para que cheguem à máxima eficiência possível na alocação dos direitos envolvidos.

---

[24] LIMA, Osmar Brina Corrêa. *Sociedade Anônima*. 2ª edição. Belo Horizonte: Ed. Del Rey. 2003. p. 291

O Código Civil confere aos sócios de uma Sociedade Limitada o poder de dispor livremente sobre os direitos que venham a ter em relação aos demais integrantes do empreendimento. É o caso, por exemplo, das diversas modalidades de dissolução parcial de sociedade.

O art. 1.085 do Código Civil, referente à exclusão extrajudicial de sócio que pratica ato de inegável gravidade e que ponha em risco a continuidade da empresa somente pode ser invocado se houver cláusula contratual admitindo a expulsão extrajudicial de sócio por justa causa.

O direito de retirada do sócio, por sua vez, tem como hipóteses primeiras aquelas ocorrências eventualmente previstas no contrato social (art. 1.077). Também matérias como as referentes às conseqüências societárias do falecimento de um sócio (art. 1.028) e aos critérios para a apuração dos haveres do sócio excluído, falecido ou que se retirou da sociedade são, em primeiro lugar, questões aptas a serem reguladas pelo contrato social (art. 1.031).

O direito de dispor sobre as próprias quotas é igualmente suscetível ao regramento contratual (art. 1.057), ficando a norma em análise com a função de, em caso de omissão dos atos constitutivos, apresentar a solução a ser judicialmente aplicada.

É bem verdade que o art. 1.007 do Código Civil estipula a nulidade de cláusula contratual que retire de algum dos sócios o direito à percepção dos lucros advindos do empreendimento. Trata-se, claro, de notória exceção à regra da disponibilidade dos direitos de sócio, exceção esta que somente se explica, pois a busca pelo lucro (e sua divisão entre os contratantes) é da essência e a própria razão de ser das sociedades em geral.

O mesmo dispositivo, porém, admite que os quotistas possam adotar critério particular na divisão dos lucros obtidos pela sociedade e, mais uma vez, encarrega-se de fixar um critério a vigorar na ausência de cláusula contratual.

A própria estrutura organizacional da Sociedade Limitada comporta grande número de decisões e escolhas aptas a serem reguladas contratualmente. Cabe ao contrato social, por exemplo, decidir pela existência ou não do Conselho Fiscal (art. 1066) e, nas sociedades com até 10 (dez) integrantes, a opção pela assembléia ou simples reunião de sócios (art. 1.072).

É possível também que o contrato social disponha sobre a possibilidade da sociedade ser administrada por pessoas estranhas ao quadro de sócios (art. 1.061) e sobre eventual repartição de competências administrativas entre diferentes grupos ou pessoas, admitindo-se inclusive que o contrato social preveja a existência de um órgão análogo ao Conselho de Administração das Sociedades anônimas.

Parece-nos claro, portanto, que o contrato social é a fonte primeira das regras referentes às relações entre os quotistas e à composição da estrutura organizacional da sociedade.

6 – A proteção ao capital social como exceção ao caráter supletivo das normas sobre a Sociedade Limitada

Já salientamos que a Sociedade Limitada é o resultado da combinação ordenada de características da Sociedade Anônima e das sociedades com responsabilidade ilimitada para os sócios. Da Sociedade Anônima ela extraiu, em essência, a limitação da responsabilidade dos sócios pelos débitos da pessoa jurídica.

Esta limitação é o principal incentivo econômico àqueles que pretendem empreender juntos, uma vez que permite afastar seu patrimônio pessoal do risco do empreendimento.

> Com efeito, a possibilidade de criar um patrimônio 'separado' contrasta com o princípio fundamental de dever, em princípio, cada sujeito responder, com todo o seu patrimônio, por suas dívidas; de deverem, portanto, vários sujeitos, que operem em conjunto, responder, todos e com todo o seu patrimônio, pelas dívidas contraídas na sua gestão coletiva.
>
> É justamente por isso que, na sua origem histórica, a responsabilidade limitada dos sócios de uma companhia decorre de princípios excepcionais e se apresenta, como um 'privilégio', que, por isso, pode ser baseado tão-somente num ato legislativo especial, que derrogue o direito comum.[25]

Em contrapartida a esta desvinculação entre débitos da sociedade e patrimônio dos sócios, a legislação deve ser extremamente rigorosa com a composição do capital social já que este é, na hipótese, o elemento garantidor dos credores da sociedade. Procura-se, assim, zelar pelo interesse daqueles que negociam com a sociedade para que se possa minimizar os riscos de inadimplemento.

Em uma sociedade na qual, em princípio, os credores da pessoa jurídica não podem exigir seus direitos do patrimônio dos sócios o capital social ganha especial relevo na medida que torna-se a única garantia colocada à disposição dos credores. Desta forma, e quanto a este assunto, a legislação realmente não pode tomar outra direção que não o estrito rigor e inderrogabilidade de forma a assegurar, na medida do possível, a credibilidade do instituto da pessoa jurídica com responsabilidade limitada para seus membros.

Se voltarmos nossa atenção para as normas legais reguladoras da Sociedade Limitada perceberemos que quando se trata da devida integralização ou preservação do capital social abandona-se a diretriz de livre transação e previsão contratual pelos sócios e adotam-se dispositivos de caráter inderrogável.

O texto do art. 1.052 do Código Civil abre a disciplina sobre a Sociedade Limitada estabelecendo que seus sócios não são apenas responsáveis pela integralização de suas respectivas quotas mas também pelos valores a serem integralizados pelos demais contratantes.

Ao art. 1.055 coube, por sua vez, estipular a solidariedade entre os sócios – inderrogável pelo contrato social – quanto à exata avaliação dos bens a serem empregados para a integralização das quotas.

---

[25] ASCARELLI, Tullio. *Problemas das Sociedades Anônimas...* ob. cit. p. 464

Igual direcionamento legislativo é claramente percebido ainda quando o art. 1.084 dá ao credor quirografário o direito de opor-se à redução do capital social empreendida pelos quotistas e quando o art. 1.032 responsabiliza o sócio que abandona o empreendimento pelos débitos contraídos durante sua participação.

Trata-se de zelar pelo interesse dos credores da sociedade, assegurando-lhes a minimização das possibilidades de fraude e dando-lhes a devida segurança quanto à composição do capital da sociedade e a responsabilidade dos sócios.

Esta é, aliás, uma orientação que, vista de outro modo, funciona a favor dos próprios integrantes da sociedade. Quanto maior for a credibilidade do instituto do capital social menores serão as razões para se pretender relativizar a responsabilidade limitada dos sócios.

O que se verifica, porém, é que a falta de um controle mais efetivo sobre a formação e manutenção do capital social vem banalizando o instituto, o que, por sua vez, leva os aplicadores da lei e o próprio legislador a relativizar o preceito da separação entre patrimônio dos sócios e dívidas da sociedade.

— 11 —
Análise econômica da Lei de Sociedades Anônimas

ALEXANDRE BUENO CATEB

Doutor em Direito Comercial pela Faculdade de Direito da Universidade Federal de Minas Gerais; Professor dos cursos de graduação e mestrado das Faculdades Milton Campos; Advogado.

Sumário: Introdução; 1. A análise econômica do direito como método de pesquisa e interpretação da lei societária; 2. O Parágrafo Único do artigo 116 da Lei 6.404; 3. A atuação da CVM na solução de conflitos societários; 4. Conclusão; 5. Bibliografia.

Introdução

A sociedade anônima é um dos institutos jurídicos em que mais se percebe o interesse privado. Afinal, não se trata de mera organização jurídica de um tipo societário, mas da forma mais eficiente de aproximar o capital dos meios de produção, regulando, para o investidor e para a própria sociedade anônima, direitos e obrigações de parte a parte. Assim, submeter aspectos da Lei de Sociedades Anônimas à análise econômica do direito parece lógico e irremediável. Essa idéia foi desenvolvida inicialmente por Berle & Means, na clássica obra "The Modern Corporation & Private Property", originalmente publicada em 1932.[1]

Criativamente ilustrou o Prof. Osmar Brina Corrêa-Lima, em seminário do Instituto dos Advogados de Minas Gerais, por ocasião do aniversário de 30 anos da Lei 6.404, que referido diploma legal mais se assemelha a uma jovem senhora, sabedora de seus encantos e atrativos, mas ainda coberta de mistérios a serem descobertos. No entanto, pouco ainda se falou juridicamente sobre o diploma societário pela ótica econômica. Com quase 32 anos, a Lei 6.404, regulamentadora das sociedades anônimas no Direito brasileiro, dá mostras de sua vitalidade e atualidade, mas também confunde alguns desavisados de suas características básicas.

---
[1] BERLE, Adolf Augustus. MEANS, Gardiner Coit. *The modern corporation and private property*. New Brunswick: Transaction Publishers, 1991. 380 p.

Neste trabalho, ao analisar o parágrafo único do art. 116 da Lei 6.404, pretendemos discorrer sobre o alcance da expressão "função social", imposta ao acionista controlador e pouco (ou mal) interpretada pela doutrina brasileira. Ainda, buscaremos perquirir sobre a possibilidade e/ou conveniência de intervenção da Comissão de Valores Mobiliários no mercado acionário, de modo a permitir a célere resolução de conflitos societários ou entre a companhia e o mercado.

Ambos os temas, apesar de aparentemente díspares, terão como fio de ligação a análise econômica do direito para interpretação dos conceitos ora propostos.

1. A análise econômica do direito como método de pesquisa e interpretação da lei societária

A análise econômica do direito importa no estudo interdisciplinar de temas, considerando as particularidades de cada disciplina em proveito de um entendimento comum. Para o advogado, conhecer temas e meandros da economia trarão o estudo do direito para o lado prático, deixando de ser apenas um instrumento de justiça. Conhecendo as ferramentas econômicas, o advogado poderá melhor pensar o direito como instrumento de distribuição e eficiência na realização de objetivos. Como ilustram Cooter & Ulen, diferenças na lei determinam que o mercado de capitais se organize de forma diferente no Japão, na Alemanha ou nos Estados Unidos, e essas diferenças contribuem para que a *performance* da economia ocorra também de forma diferente nos vários países.[2]

Por que motivo se utilizariam conceitos de *Law & Economics* para interpretação da legislação societária brasileira? Estuda-se o Direito Comercial por meio das escolas tradicionais, não se justificando qualquer tentativa de se abordar a legislação com viés econômico.

Entretanto, poder-se-ia questionar: por que não interpretar a lei de S.A. através da análise econômica do direito? Afinal, o pressuposto da sociedade anônima é, justamente, o de aproximar investidor, de um lado, e produção, de outro. Facilitando a aplicação de recursos na atividade econômica, conferindo ao investidor proteção e segurança, a lei de S.A. permite que se conceba uma forma de investimento saudável, segura e eficiente, possibilitando que se traduza a aplicação em ações numa alternativa à manutenção de recursos financeiros em simples depósitos bancários.

Deve-se ter em mente que a atividade empresária se caracteriza pelo exercício de: a) uma atividade; b) econômica; c) profissionalmente exercida; d) de forma organizada; e) destinada a atingir o mercado; f) com finalidade lucrativa; e g) lícita.[3] Finalmente, deve-se procurar o lucro no exercício dessa atividade. Essa

---

[2] "(…) differences in laws cause capital markets to be organized very differently in Japan, Germany, and the United States, and these differences can contribute to differences in those countries' economic performance." COOTER, Robert. ULEN, Thomas. *Law & economics*. 4. ed., Boston: Pearson Addison Wesley, 2004, p. 11.

[3] AULETTA, Giuseppe. SANALITRO, Niccolò. *Diritto commerciale*. 12. ed. Milão: Giuffrè, 2000. p. 14-17.

busca pelo *lucro* na prática desses atos torna-se relevante para a caracterização do empresário, pois quem reiteradamente compra bens para seu consumo, como livros para sua biblioteca particular, evidentemente, não será empresário. Georges Ripert[4] considera que o empresário busca proveito pecuniário, devendo, além do mais, praticar atos reiterados com profissionalismo.

Por outro lado, a presença do elemento *lucro* não é essencial para a caracterização da atividade empresária. A busca pelo lucro, sim. A obtenção do lucro, contudo, não. Determinada atividade empresária pode, por circunstâncias alheias ou não à vontade do empresário, não ser lucrativa em determinado ou determinados exercícios. Nem por isso deixa de ser uma atividade empresária.

Finalmente, sabe-se que a sociedade anônima é, na sua essência, uma sociedade de caráter empresário, como tal definida em lei.[5] Ou seja, caracteriza-se pelo exercício de uma atividade econômica profissionalmente exercida, de forma organizada, destinada a atingir o mercado com a produção ou fornecimento de serviços lícitos, sempre em busca do lucro. Não se exerce a empresa por meio de uma sociedade anônima com objetivos graciosos.

Se para a empresa a busca pelo lucro é uma das principais razões de sua existência, também para o investidor o retorno do investimento, na forma de participação em lucros maiores, justifica e incentiva a criação e aplicação da lei de forma mais eficiente, economicamente considerada. Trata-se da utilização da chamada teoria dos custos de transação, conceito fundamental da chamada Teoria Neo-Institucionalista, na idealização e aplicação da lei. Custos de transação são os custos de realização e cumprimento de transações ou trocas de titularidade.[6] Ou seja, na realização de qualquer negócio jurídico, os agentes considerarão os custos embutidos naquele negócio para parametrizar suas ações em busca de um melhor e mais eficiente resultado econômico. Logicamente, os custos são considerados em função de um determinado panorama jurídico e social. Se o investidor busca maiores lucros ao investir em determinada companhia, tomando em consideração sua forma de atuação no mercado, a exigência de outra conduta diversa daquela anteriormente esperada geraria maiores custos e, consequentemente, menores lucros? Essa é, basicamente, a aplicação do chamado Teorema de Coase, expressão cunhada por George J. Stigler em sua obra *The theory of price*, a partir da análise do célebre *paper* de Ronald Coase, *"The problem of social cost"*, inicialmente publicado em *The Journal of Law and Economics*,[7] em 1960.

---

[4] RIPERT, Georges. *Tratado elemental de derecho comercial.* Trad. Felipe de Solá Cañizares. Buenos Aires: Tipográfica Editora, 1954. v. I, p. 108.

[5] Lei 6.404/1976: "Art. 2º Pode ser objeto da companhia qualquer empresa de fim lucrativo, não contrário à lei, à ordem pública e aos bons costumes.

§ 1º Qualquer que seja o objeto, a companhia é mercantil e se rege pelas leis e usos do comércio."

[6] "Transaction costs are the costs of making and enforcing the transaction or exchange of entitlements." WITTMAN, Donald. *Economic foundations of law and organization.* Cambridge: Cambridge University Press, 2006, p. 34.

[7] "The Problem of Social Cost", in COASE, Ronald H. *The firm, the market and the law.* Chicago: The University of Chicago Press, 1988, p. 95/156.

Através da análise da legislação societária pela ótica econômica, procuraremos buscar razões de ordem econômico-financeira que motivam os investidores a transferir recursos de depósitos bancários, de menor risco e ganhos, para a produção, financiando investimentos e realizações empresariais em busca de melhores resultados. Se de um lado justifica-se a destinação de recursos da poupança pública para a atividade econômica em função de maiores e melhores resultados econômicos, de outro encontramos a indústria em sinergia com os interesses dos investidores, incrementando a produção e o emprego, propiciando ganhos de escala com maiores volumes de negócios e, por conseqüência, de tributos.

2. O Parágrafo Único do artigo 116 da Lei 6.404

A lei 6.404, apesar das críticas iniciais da doutrina sobre aspectos isolados de sua estrutura, tem a característica de ser uma legislação extremamente técnica e bem organizada, contendo diversos dispositivos auto-explicativos. Não bastasse, vários de seus conceitos e disposições se repetem ao longo do texto, de forma a criar mecanismos de proteção do conteúdo legal. Complexo sistema legal, o diploma tem o mérito de congregar e inovar em diversos aspectos a fim de obter melhores resultados em sua aplicação. Há quem defenda inclusive que essa repetição de disposições legais, em lugar de ser um defeito da legislação, funciona de fato como verdadeiro escudo protetor do conteúdo geral da lei. Com a repetição de temas, impede-se uma desavisada revogação de institutos importantes pela inoportuna reforma, muitas vezes atabalhoada, como sói acontecer em nossos diplomas legislativos.

O artigo 116 traz consigo o mérito de conceituar disposições legais ou auto-explicar institutos jurídicos introduzidos pela lei 6.404. Infelizmente, seu parágrafo único não tem o mesmo mérito e clareza. Para facilitar o entendimento, traremos a redação do dispositivo em comento:

Art. 116. Entende-se por acionista controlador a pessoa, natural ou jurídica, ou o grupo de pessoas vinculadas por acordo de voto, ou sob controle comum, que:

a) é titular de direitos de sócio que lhe assegurem, de modo permanente, a maioria dos votos nas deliberações da assembléia gera e o poder de eleger a maioria dos administradores da companhia; e

b) usa efetivamente seu poder para dirigir as atividades sociais e orientar o funcionamento dos órgãos da companhia.

Parágrafo único. O acionista controlador deve usar o poder com o fim de fazer a companhia realizar o seu objeto e cumprir sua função social, e tem deveres e responsabilidades para com os demais acionistas da empresa, os que nela trabalham e para com a comunidade em que atua, cujos direitos e interesses deve lealmente respeitar e atender.

Por um lado, a legislação disciplinou e conceituou de forma clara o acionista controlador, dispondo ser aquela pessoa, natural ou jurídica, bem como grupo de pessoas (participantes de um acordo de acionistas ou cujas ações estão sob controle comum), que têm a titularidade de direitos de sócios suficientes para deter a maioria dos votos em deliberações da assembléia geral, além do poder de eleger a maioria dos administradores. Se a cada ação ordinária corresponde um voto, e se as ações preferenciais em regra têm o direito de voto de seus titulares restringido pelo estatuto social, conclui-se que o acionista controlador (ou bloco controlador) deterá a maioria das ações com direito de voto.

Porém, não é essa a única característica do acionista controlador. Além de deter a maioria das ações com direito de voto, a lei exige que essa pessoa ou grupo de acionistas também use efetivamente seu poder para dirigir a empresa e orientar as atividades e funcionamento da companhia.

Por outro lado, como já dito, o parágrafo único do art. 116 não teve o mesmo mérito do *caput*. A lei define o que seja o objeto da sociedade (art. 2º), estabelecendo que qualquer atividade ou empresa de finalidade lucrativa, não contrária à lei, à ordem pública e aos bons costumes. Assim, o acionista controlador deverá usar seu poder (definido no *caput*) para que a sociedade anônima realize as atividades para as quais foi criada, tal como disposto em seu estatuto social.

Do lado dos acionistas, pouco importa a forma como o acionista controlador dirige os negócios, desde que sua condução implique maiores ganhos para o investidor. Ao contrário do que se costuma dizer em teoria, na prática esse é o objetivo do investidor: maximizar seus ganhos, seja com a negociação de suas ações, seja com a obtenção de melhores resultados decorrentes da distribuição de dividendos.[8]

Determina ainda a lei que o acionista controlador deve usar seu poder para que a sociedade cumpra sua função social, tendo deveres e responsabilidades para com os demais acionistas, os que nela trabalham e para com a comunidade em que a sociedade atua. A expressão "função social", prevista nesse dispositivo legal, não tem nenhuma definição prévia ou posterior na lei 6.404, fazendo com que sua interpretação se faça segundo a concepção sociológica do intérprete e, por isso, muitas vezes de maneira equivocada.

É comum a opinião de que a companhia deve cumprir sua "função social", apresentando alternativas para a comunidade em que atua, de forma a garantir melhores condições de emprego e renda, ou então provendo a população próxima com creches, escolas, melhorias para o meio ambiente, etc.

Equivocada essa interpretação da expressão legal, "função social" não se confunde com "responsabilidade social". São aspectos diferentes, com significados e conceitos diversos. Em brilhante estudo doutrinário, Henry G. Manne e Henry C. Wallich debateram o tema da responsabilidade social da empresa moderna com substância e profundidade.[9]

---

[8] EASTERBROOK, Frank H. FISCHEL, Daniel R. *The economic structure of corporate law*. Cambridge: Harvard University Press, 1991, p. 119.

[9] MANNE, Henry G. WALLICH, Henry C. *The modern corporation and social responsibility*. Washington: American Enterprise Institute for Public Policy Research, 1972, 106 p.

Naquele trabalho, o prof. Henry Manne apresenta sua definição de responsabilidade social da empresa a partir de três elementos distintos: para que seja considerada uma ação socialmente responsável, o gasto ou atividade da empresa deverá ser tal que o retorno marginal para a companhia seja menor que eventual retorno obtido pela empresa no exercício de outra atividade qualquer; deve ser puramente voluntário; e, finalmente, deve-se ter um gasto real pela empresa maior que eventual liberalidade individual. A justificativa para despesas dessa proporção se situaria na motivação que esses gastos proporcionariam indiretamente, transformando-se em bons negócios para a empresa por serem socialmente premiáveis.

Por outro lado, o Prof. Henry Wallich acredita que atos socialmente responsáveis pela empresa têm a vantagem de deslocar do âmbito público para o privado atividades que deveriam ocorrer com máximo proveito econômico em lugar de máxima burocracia. Atividades socialmente responsáveis caracterizariam uma sociedade pluralística altamente descentralizada.

A despeito de divergências entre ambos, expondo fragilidades de suas respectivas construções dogmáticas, conclui-se perfeitamente que uma companhia tem responsabilidade social porque atua num determinado mercado, perante determinada sociedade. Essa é, na maioria das vezes, a interpretação que equivocadamente se dá à expressão "função social" utilizada no parágrafo único do artigo 116 da Lei 6.404.

Função social, contudo, não diz respeito à atuação da empresa perante a sociedade em que atua. Ao contrário, diz respeito à forma como a companhia deve cumprir a função para a qual se propõe.

Defendemos que "função social" equivale a dizer que uma determinada companhia se propõe ao exercício de determinada atividade, de forma lícita e eficaz, gerando empregos e tributos, produzindo riquezas e satisfazendo os interesses de seus acionistas. Enfim, atendendo às necessidades do mercado e da sociedade. Assim fazendo, a companhia cumpre sua função quando produz, industrializa ou revende as mercadorias ou presta os serviços propostos em seu estatuto. Além disso, a companhia deve garantir que a realização de sua atividade deverá vir acompanhada de negócios lícitos, nos quais serão gerados tributos devidos em função da atividade econômica desempenhada. Para que a atividade possa se desenvolver, é necessário que também seja exercida de forma a gerar trabalho e empregos. Por fim, o exercício de todas essas atividades deverá ser feito de forma a maximizar os ganhos e lucros da sociedade e, por conseqüência, dos acionistas. Essa é a função social da companhia. Para isso, investidores aplicam seus recursos na aquisição de ações. Não é outro o objetivo, senão o de capitalizar seu investimento.

3. A atuação da CVM na solução de conflitos societários

Um segundo aspecto que também ilustra como o direito e a economia podem interagir para melhor compreender questões controvertidas diz respeito à atuação da CVM. Qual deve ser o papel da Comissão de Valores Mobiliários, na hipótese de ocorrência de conflitos entre acionistas? Poderia a CVM atuar como juiz ou árbitro, legitimando-se a solucionar divergências entre investidores, ou seu papel é meramente regulador?

Para melhor compreender e discorrer sobre esses questionamentos, importante refletir sobre o papel da Comissão de Valores Mobiliários. Voltando aos estudos de Ronald Coase,[10] encontramos suas pertinentes observações sobre o papel dos custos de transação nas ações dentro da empresa e em relação ao mercado.

Podemos identificar três aspectos componentes dos chamados custos de transação: a informação, a negociação e a execução contratual.

A obtenção de informações relevantes para minimizar a assimetria entre as partes constitui custo diretamente proporcional à posição e informação de cada parte na relação. Assim, quanto maior a assimetria informacional, maiores os custos envolvidos na transação, seja para equilibrá-la, seja para nivelar o conhecimento das partes em relação aos demais.

Além da assimetria de informações, constitui custo para as partes a negociação travada a fim de obter os melhores resultados para cada um, ou pelo menos a situação mais equilibrada entre os agentes.

Por fim, influem nos custos de transação também as tarefas necessárias à execução dos negócios jurídicos, a fim de obter maior equilíbrio ou melhores resultados para as partes envolvidas na transação.

Todos esses aspectos são considerados para a melhor configuração dos custos transacionais. Papel relevante para instituições é poder equilibrar as relações negociais, atuando de forma a reduzir esses custos de transação. Por outro lado, as empresas atuam de forma a buscar melhor eficiência nos negócios. Essa eficiência se traduz, evidentemente, em maiores lucros e resultados para os acionistas.

Para Oliver Williamson, as instituições econômicas do capitalismo têm como principal objetivo e efeito de minimizar os custos de transação. Mas adverte o autor que "principal efeito" não se confunde com "único efeito", pois instituições complexas servem a vários propósitos.[11]

Podemos transpor esse mesmo raciocínio para identificar o papel da Comissão de Valores Mobiliários. Enquanto autarquia especial vinculada ao Ministério da Fazenda, a CVM tem o papel principal de atuar na prevenção de litígios, ou seja, expedir normas de conduta, com finalidade exclusivamente preventiva.

No art. 8º da Lei 6.385/76, estão dispostas as competências atribuídas à Comissão de Valores Mobiliários. Assim, compete-lhe regulamentar as leis

---

[10] "The Nature of the Firm", in COASE, Ronald H. *The firm, the market and the law*. Chicago: The University of Chicago Press, 1988, p. 33/55.

[11] WILLIAMSON, Oliver E. *The economic institutions of capitalism*. New York: The Free Press, 1985, p. 17.

6.385, que dispõe sobre o mercado de valores mobiliários e cria a Comissão de Valores Mobiliários, e 6.404, que dispõe sobre as sociedades por ações; administrar o registro de companhias abertas e a colocação de ações no mercado de valores mobiliários; fiscalizar o mercado de valores mobiliários; propor ao Conselho Monetário Nacional limites máximos de preço aos intermediários do mercado; e, por último, fiscalizar e inspecionar as companhias abertas, priorizando as que não apresentem lucro em balanço ou às que deixem de pagar o dividendo mínimo obrigatório aos acionistas preferencialistas.

Também em relação aos acionistas, é atribuição da Comissão de Valores Mobiliários atuar de forma a coibir a atuação de *insider tradings*,[12] bem como estabelecer multas e punições administrativas para eventuais práticas do gênero.

A CVM também atua no mercado de valores mobiliários emitindo regulamentação específica para diversos temas de relevo e interesse para o mercado. Sua atuação se faz de modo completo e abrangente como agente regulador do mercado de valores mobiliários.

Sendo esta sua função precípua, a CVM não poderia atuar na solução de conflitos societários senão legislando sobre qualquer assunto relativo às sociedades anônimas e seus acionistas. Sua estrutura não permite uma atuação corretiva, na solução de litígios e conflitos societários. De maneira muito mais eficiente, sem usurpar da competência legal atribuída aos órgãos judicantes, a Comissão de Valores Mobiliários atua preventivamente para coibir eventuais litígios societários, criando e adaptando, de forma ágil e segura, a regulamentação do mercado de valores mobiliários.

Não bastasse, a CVM tem a prerrogativa de permanecer neutra em qualquer litígio societário. Sua preocupação primeira é a manutenção de um mercado saudável e indene de riscos para investidores internos e estrangeiros.

A atuação da Comissão de Valores Mobiliários em conflitos societários pode-se dar apenas como *amicus curiae*, buscando preservar novamente o interesse do mercado. Nesse caso, não será parte no processo e, como tal, não tem interesse em qualquer dos lados do conflito societário. Ao contrário, seu papel institucional lhe permitirá uma atuação mais independente e imparcial, ao contribuir para a solução de conflitos societários e permitir que os agentes de mercado atuem cientes de se tratar de um ambiente saudável e seguro.

Assim, visando à máxima eficiência com os menores custos possíveis, qualquer outra atividade, tal como a atuação como tribunal arbitral ou de mediação, inviabilizaria a atuação independente e segura daquela agência reguladora, desvir-

---

[12] Expressão originária do direito norte-americano, o *insider trading* tem previsão na legislação penal brasileira no art. 27-D da Lei 6.385/1976, redação dada pela Lei nº 10.303/2001 sob a rubrica "uso indevido de informações privilegiadas". Sobre o tema, vide LEÃES, Luiz G. Paes de Barros. *Mercado de capitais e insider trading*. São Paulo: RT, 1982; EIZIRIK, Nelson. A instrução CVM 31/84 e a regulação do *insider trading*. *Revista de Direito Mercantil, Industrial, Econômico e Financeiro*, São Paulo: RT, v. 55; e EIZIRIK, Nelson. *Insider trading* e responsabilidade de administrador de companhia aberta. *Revista de Direito Mercantil, Industrial, Econômico e Financeiro*, São Paulo: RT, v. 50.

tuando-a de suas funções precípuas. Conferir à Comissão de Valores Mobiliários novos atributos e tarefas implicaria, certamente, prejudicar a atuação incisiva e eficiente atualmente exercida por aquela autarquia.

4. Conclusão

Utilizamos esse breve estudo apenas para demonstrar a necessidade de se utilizar a economia como ferramental de enorme utilidade para o estudo do Direito Empresarial, especialmente no que se refira ao Direito Societário. Imperioso que conceitos e raciocínios econômicos acompanhem o estudante de direito, o advogado, o juiz e qualquer outro interessado no Direito Empresarial, tendo em vista a importância desse tema para se compreender e melhor aplicar normas relativas à disciplina comercial. Esses profissionais não podem descurar da principal característica do mercado acionário e do interesse que move investidores e empresários: a maior eficiência econômica e a maximização do lucro.

5. Bibliografia

AULETTA, Giuseppe. SANALITRO, Niccolò. *Diritto commerciale*. 12. ed. Milão: Giuffrè, 2000.

BERLE, Adolf Augustus. MEANS, Gardiner Coit. *The modern corporation and private property*. New Brunswick: Transaction Publishers, 1991.

COASE, Ronald H. *The firm, the market and the law*. Chicago: The University of Chicago Press, 1988.

COOTER, Robert. ULEN, Thomas. *Law & economics*. 4. ed., Boston: Pearson Addison Wesley, 2004.

EASTERBROOK, Frank H.; FISCHEL, Daniel R. *The economic structure of corporate law*. Cambridge: Harvard University Press, 1991.

EIZIRIK, Nelson. A instrução CVM 31/84 e a regulação do insider trading. In: *Revista de Direito Mercantil, Industrial, Econômico e Financeiro*. São Paulo: RT, v. 55.

———. Insider trading e responsabilidade de administrador de companhia aberta. *Revista de Direito Mercantil, Industrial, Econômico e Financeiro*. São Paulo: RT, v. 50.

LEÃES, Luiz G. Paes de Barros. *Mercado de capitais e insider trading*. São Paulo: RT, 1982.

MANNE, Henry G.; WALLICH, Henry C. *The modern corporation and social responsibility*. Washington: American Enterprise Institute for Public Policy Research, 1972.

RIPERT, Georges. *Tratado elemental de derecho comercial*. Trad. Felipe de Solá Cañizares. Buenos Aires: Tipográfica Editora, 1954. v. I.

WILLIAMSON, Oliver E. *The economic institutions of capitalism*. New York: The Free Press, 1985.

WITTMAN, Donald. *Economic foundations of law and organization*. Cambridge: Cambridge University Press, 2006.

— 12 —
Direito internacional privado e análise econômica do Direito

PAULO CALIENDO

Graduado em Direito pela UFRGS, Mestre em Direito dos Negócios e da Integração também pela Faculdade de Direito da UFRGS. É Doutor em Direito Tributário junto à PUC/SP. Professor do Mestrado da PUC/RS e da UNISINOS, na Disciplina de Direito Tributário, e de diversos cursos de Pós-Graduação no país.

Sumário: Introdução; 1. Dos postulados da análise econômica do direito; 1.1. Dos níveis de relação entre a teoria econômica e a teoria jurídica; 1.2. Análise Econômica do Direito (*Law and Economics*); 1.3. Crítica da análise econômica do Direito; 1.4. Do Direito como objeto da Pesquisa Econômica; 2. Da análise econômica do Direito Internacional Privado; 2.1. Das normas em Direito Internacional Privado; 2.2. Da análise econômica das normas em Direito Internacional Privado; 2.3. Da análise econômica da autonomia da vontade (*lex voluntatis*) em DIPr; Conclusões.

Introdução

O objetivo do presente trabalho é verificar as possibilidades de utilização da análise econômica do Direito para a compreensão de determinados fenômenos do Direito Internacional Privado, em especial, através da verificação de casos paradigmáticos.

1. Dos postulados da análise econômica do Direito

Existem diversas questões que podem ser apresentadas, sobre a relação entre teoria econômica e teoria jurídica, tais como: a) pode-se afirmar existir a prevalência do Direito sobre a economia ou vice-versa? b) existe uma autonomia teórica (objeto e método próprios) do Direito ou este pode ser considerado um mero capítulo das ciências sociais ou da economia? Caso a resposta adotada seja a última assertiva cabe perguntar: estaria a atual teoria jurídica em desconformidade com a realidade por utilizar métodos de análise ineficientes ou mesmo retrógrados?

Não é objeto do presente estudo a resolução das questões acima, o que fugiria ao objeto do presente estudo, contudo, tenha-se claro que a resposta a estas questões é algo da maior relevância para o estudo do Direito e para a correta compreensão do problema do presente trabalho.

1.1. Dos níveis de relação entre a teoria econômica e a teoria jurídica

Podemos afirmar existir dois níveis fundamentais de relação entre teoria econômica e teoria jurídica, quais sejam: em nível *interno* e *externo*. Dito de outro modo, como os conceitos econômicos são utilizados no discurso jurídico (nível interno) e sobre a possibilidade de uma fundamentação econômica do Direito (nível externo). A distinção entre os dois níveis decorre da utilização do conceito de teoria, assim, toda a *"teoria"* seria constituída de uma "regra de formação" e um "campo de aplicação".

Desse modo, assumo que em nível interno os conceitos econômicos e os métodos de interpretação não ameaçam de modo substantivo o entendimento da *"autonomia científica"* do Direito. Nesse caso, a teoria econômica participa na composição do "campo de aplicação" do Direito (nível *semântico*).

Assim, poderíamos verificar a utilização de conceitos e metodologias econômicas pelo Direito, sem o questionamento da autonomia teórica do mesmo em duas situações, quais sejam:

• *Interpretação de conceitos econômicos pelo Direito*, tal como na definição jurídica do conceito de contratos, propriedade ou empresa;

• *Interpretação econômica no Direito*: tal como no novo artigo 4º da Lei Complementar nº 116/03, no qual segundo o dispositivo, há a possibilidade, sob certas circunstâncias, de ocorrer a apreciação do conteúdo das operações em privilégio da forma das operações (*substance over form*), assim "Considera-se estabelecimento prestador o local onde o contribuinte desenvolva a atividade de prestar serviços (...) e que configure unidade econômica ou profissional, sendo irrelevantes para caracterizá-lo as denominações de sede, filial, agência,(...)".

Por outro lado, no nível externo os valores, métodos e conceitos econômicos podem se dirigir à descrição ou, até mesmo, a determinação de elementos fundantes da *"regra de formação da teoria jurídica"*. De outro modo, a teoria econômica, nesse caso, pretende explicar ou mesmo informar quais seriam os elementos da *"regra de formação"* do Direito. Podemos entender que estamos falando do nível sintático da teoria jurídica. Dito de outra forma, a fundamentação do Direito não seria encontrada em elementos propriamente jurídicos (norma, valor justiça, entre outros), mas em conceitos econômicos (racionalidade econômica, eficiência, entre outros).

O postulado da teoria jurídica tem sido entendido, sob certa escola, como sendo decorrência da propriedade do subsistema jurídico em ser sintaticamente fechado (regras de formação) e semanticamente aberto (na definição do campo de aplicação). Como metáfora, poderíamos dizer que se trata de um subsistema social com uma regra de formação (linguagem normativa) operativamente fechado, mas aberto à informações de outros subsistemas sociais (político, econômico e religioso), que serão processadas conforme o próprio sistema.

Por outro lado, quando da discussão da descrição ou fundamentação econômica do Direito, existirá por certos autores um verdadeiro questionamento da autonomia do jurídico ou da extensão desta autonomia. Trata-se sem dúvida de uma das questões mais intrigantes da teoria jurídica nas últimas décadas, a qual não obteve muita ressonância em países de tradição de Direito continental. Trata-se da chamada "Análise Econômica do Direito" (*"law and Econnomics"*).

1.2. Análise Econômica do Direito ("Law and Economics")

Esta tem sido entendida, de modo geral, como sendo: a utilização da teoria econômica e métodos econométricos para o exame do Direito e instituições jurídicas.

Apesar de seus resquícios poderem ser encontrados já em Adam Smith, no iluminismo escocês, entre outros, entende-se que ela se desenvolve particularmente nos EUA com os estudos realizados na Universidade de Chicago, especialmente a partir de 1940 (Coase, Stigler, Posner, entre outros).

A complexidade e o desenvolvimento da análise econômica do Direito é bastante significativa, de modo sintético poder-se-ia dizer que existem duas formas básicas de análise: descritiva e normativa. Dito de outro modo, se tratam de duas abordagens distintas a fundamentação do Direito pela Economia ou a verificação da função exercida pelas instituições jurídicas.

A *análise econômica do Direito* em sentido descritivo trata da aplicação de conceitos e métodos não-jurídicos no sentido de entender a função do Direito e das instituições jurídicas. Tais como: a aplicação da teoria dos jogos ou da teoria das escolhas públicas (*public choice*).

Há, por outro lado, a análise econômica do Direito que pretende não apenas descrever o Direito com conceitos econômicos, mas encontrar elementos econômicos que participam da *"regra de formação"* da teoria jurídica. Desse modo, os fundamentos da eficácia jurídica e mesmo da validade do sistema jurídico deveriam ser analisadas tomando em consideração valores econômicos, tais como a eficiência, entre outros.

De modo geral são postulados da análise econômica do Direito:

a) o *individualismo metodológico*, ou seja, os fenômenos coletivos devem ser explicados como resultantes de decisões individuais;

b) *escolha racional*, ou seja, as decisões individuais são entendidas como racionalmente dirigidas à maximização dos interesses individuais (*benefits over costs*);

c) *preferências estáveis*, postula-se que no curto prazo há a estabilidade de preferências;

d) *equilibrium*, entende-se que as interações na política e no direito tendem, tal como no mercado ao equilíbrio.

O exemplo mais marcante da fundamentação econômica do Direito encontra-se com Posner no entendimento do valor eficiência como a verdadeira medida do Direito, chegando a afirmar que se você nomear uma instituição legal ele poderia demonstrar como poucos princípios fundamentais da teoria dos preços dita a sua estrutura econômica.

1.3. Crítica da análise econômica do Direito

Diversas críticas foram dirigidas a esta teoria (não-falseabilidade dos pressupostos, circularidade, subjetividade dos valores), bem como o reducionismo da tese do *Homo Economicus* ou mesmo da tese da racionalidade econômica.

No meu entender, os sistemas sociais são formados por subsistemas (político, econômico e jurídico), os quais se influenciam mutuamente, mas que possuem autonomia entre si.

Dessa forma, a previsibilidade e segurança decorrentes de contratos e da propriedade desempenham não são apenas um reflexo do mercado, mas podem ser em certos casos elementos que criam um *"ambiente institucional"* favorável a determinado processo econômico.

A "Análise Econômica do Direito" (*Law and Economics*), portanto, deve ser considerada como uma *abordagem* e não como uma *teoria*. Realmente trata-se de uma distinção bem importante entre *escolas de pensamento* e *abordagens ou movimentos*. As *escolas* apresentam de modo geral um conjunto de postulados compartilhados e defendidos por um grupo de pensadores (escola austríaca, institucionalista, etc). Por sua vez as abordagens ou movimentos apresentam um grau mais difuso de postulados comuns ou heterogeneidade na sua agenda de pesquisa.

No Direito Continental os estudos têm sido centrados no estudo do Direito Econômico (*'Wirtschafstrechtswissenschaftliche'*) como ramo didaticamente autônomo do estudo da ordem constitucional econômica (*"Wirtschaftsordnung nach dem Grundgesetz"*). Citem-se, por exemplo, os estudos sobre a posição da Corte Constitucional alemã sobre os limites do poder de legislar em matéria econômica no Estado Social de Direito.[1]

---

[1] Cf. Badura, Peter, *Die Rechtsprechung des Bundesverfassungsgerichts zu den verfassungsrechtlichen Grenzen wirtchaftspolitischer Gezetzgebung im sozialen Rechtsstaat. Im Scheuner, Ulrich (Hrsg. u. eingel.). Die staatliche Einwirkung auf die Wirtschaft*. Frankfurt a. M.: Athenäum-Verl. (1971).

Existem, contudo, algumas iniciativas tendentes a verificar a compatibilidade entre a abordagem da Análise Econômica do Direito (*"Ökonomischen Analyse des Rechts"*) e os fundamentos do Direito Público alemão (*"das Öffentliche Recht"*). Particularmente poder-se-iam citar os trabalhos do Prof. Dr. Josef Drexl, da cadeira de Direito Internacional Econômico (*"Lehrstuhl für Internationales Recht- Europäisches und Internationales Wirtschaftrecht"*) da *Ludwig-Maximilians Universität*.[2]

Em um estudo muito esclarecedor sobre a compatibilidade entre os postulados da análise econômica e os fundamentos do Direito Público. Algumas observações do autor:[3]

a) Quanto a *crítica das premissas* entende o autor que há:

• em certos casos uma simplificação metodológica, especialmente no uso da teria dos jogos (*Unterkomplexität*);

• limites constitucionais ao uso do individualismo metodológico (posição de grupos, organizações, entre outros;

• questionamento da estabilidade de preferências (*"Stabilität der Präferenzen"*).

b) *Diferenças metodológicas*. Para o autor há uma exigência de consistência interna no discurso jurídico diferenciada do discurso econômico.

c) *Natureza das Normas Jurídicas*. Os sistemas jurídicos são sistemas compostos de normas de estrutura condicional e em certos casos contrafactuais, que em decorrência permitem o surgimento de comandos absurdos, mas juridicamente válidos. Apresenta o autor como ilustração uma lei austríaca na qual determinava que a tentativa de homicídio de um Ministro sofreria a pena de 05 anos de prisão; do Chanceler, 10 anos e em hipótese alguma o Presidente deveria sofrer atentados. Outros exemplos poderiam ser apresentados por nós de normas que vão contra o mercado e mesmo o bom-senso.

---

[2] Vejam-se, ainda, as seguintes obras: Drexl, Josef. *The Logic of Power in the Emerging European Constitution: Game Theory and the Division of Powers*, 14 Int'l Rev. L. & Econ. 307-326 (1994) (zusammen mit Robert Cooter). Igualmente, Drexl, Josef. *Von der Ökonomischen Analyse des Rechts zu einer interdisziplinären Wissenschaft der Gemeinschaftsgüter (Zugleich eine Besprechung von Engel (Hrsg.) Methodische Zugänge zu einem Recht der Gemeinschaftsgüter, 1998), Die Verwaltung 33 (2000), 285-295.* Do mesmo autor: *The Draft International Antitrust Code as a GATT-MTO-Plurilateral Trade Agreement*, BNA Antitrust & Trade Regulation Report, Special Supplement, Vol. 64, No. 1628, August 19, 1993 = World Trade Materials, Vol. 5, No. 5, 1993, 126-197 = Fikentscher/Immenga (Hrsg.), *„Draft International Antitrust Code"*, Baden-Baden 1995, S. 53-110 (zusammen mit Wolfgang Fikentscher, Eleanor Fox, Andreas Heinemann, Ulrich Immenga, Ernst-Ulrich Petersmann, Walter R. Schluep, Akira Shoda, Stanislaw Soltysinski, Lawrence A. Sullivan).

[3] Cf. Morlok, Martin. Christoph Engel u. Martin Morlok(Hsg). *Öffentliches Recht als ein Gegenstand ökonomischer Forschung: Die Begegnung der deutschen Staatsrechtslehre mit der Konstitutionellen Politischen Ökonomie.* Tübingen: Mohr. 1998, ver p. 26 e segs.

2. Da análise econômica do Direito Internacional Privado

2.1. Das normas em Direito Internacional Privado

Com base nas considerações feitas anteriormente, podemos verificar algumas questões centrais em Direito Internacional Privado (DIPr) e sua análise econômica.

O DIPr pode ser entendido como o ramo didaticamente autônomo do Direito que estuda as normas aplicáveis a casos *jusprivatistas* com presença de elemento estrangeiro.[4] Desse modo, as normas de DIPr realizam uma forma específica de incidência sobre casos com presença de elementos de estraneidade.

A *normas jurídicas nacionais* apresentam como regra geral uma divisão binária entre uma hipótese e uma conseqüência. A hipótese jurídica trata da classe de enunciados jurídicos (fatos jurídicos) que preenchem os fatos previstos na norma. A ocorrência de determinado fato jurídico implica a ocorrência automática de determinada conseqüência jurídica.

Diz-se de certo modo que as normas jurídicas nessa estrutura apresentam uma hipótese jurídica que se refere a uma classe de fatos jurídicos (determinado comportamento) e que apresenta uma conseqüência jurídica direta. Como exemplo, a norma "matar alguém", apresentaria como conseqüência jurídica determinada sanção jurídica.

Esquematicamente, poderíamos apresentar tal conclusão da seguinte forma:

Hipótese de incidência	Conseqüência Jurídica
dirigida a um comportamento →	atribuição direta da sanção

Por outro lado, existe uma classe de normas jurídicas que não apresentam uma forma igual a exposta acima. Poderíamos definir tais normas como aquelas que tratam de regras de *solução de conflitos* ou de *distribuição de competência*.

---

[4] Entendemos ser esta conceituação mais apropriado do que as definições sobre *"aplicação de direito estrangeiro por juiz nacional"* ou *"estudo dos conflitos de leis"*. A primeira definição é falha, visto que o DIPr pode sugerir para o caso concreto a aplicação de normas territoriais e a segunda, igualmente, dado que a denominação *"conflito de leis"* é ambígua do ponto de vista teórica, dado que as normas não entram em conflito, ou seja, elas incidem ou não incidem.

As primeiras seriam aquelas tratadas pelo Direito Internacional Privado[5] ou pelo Direito Intertemporal; a segunda classe seria aquela dada pelo Direito Internacional Público.[6]

Essa segunda classe de normas também apresenta uma estrutura divisível em hipótese jurídica e conseqüência jurídica. Contudo, nesse caso, diz-se que a hipótese jurídica não se dirige diretamente a uma classe de fatos jurídicos ou comportamentos enunciados nas normas, mas, ao contrário, a uma classe de *conceitos jurídicos*. A hipótese jurídica dirigir-se-ia, nesse sentido, a uma classe de *fatos jurídicos de segunda ordem*.

Desse modo, não encontraremos na hipótese de incidência das normas da Lei de Introdução ao Código Civil (LICC) comportamentos diretamente enunciados, mas, ao contrário, critérios delimitadores da classe de comportamentos a que se refere a norma jurídica. Assim, o art. 7° da LICC tratará do conceito de "direito de família" como referência abreviada à classe de comportamentos tutelados pelas normas de direito de família. Dessa forma, diz-se que a hipótese de incidência do DIPr trata de *normas sobre normas* ou de *normas de segunda ordem*.

Quanto aos *fundamentos*, o DIPr visa a resolver os casos nos quais exista uma situação jurídica com presença de um elemento estrangeiro (contrato celebrado no exterior, casamento celebrado no exterior, entre outros). No caso do DIP, trata-se de regular a competência de sujeitos de Direito Internacional no plano internacional. No primeiro caso, o contato entre duas ordens jurídicas se dá no plano de subordinação, sujeitos de direito interno estão subordinados à determinada ordem jurídica independente que manteve contato com outra ordem jurídica produzindo efeitos jurídicos nessas duas ordens. No segundo caso, teremos uma situação de coordenação, são sujeitos de direito internacional que não estão submetidos a ordens jurídicas superiores, em face dos postulados da igualdade e da competência exclusiva (soberania) das ordens nacionais.

Quanto aos sujeitos no DIPr, teremos que os sujeitos são de Direito Interno (público e privado). No DIP, os sujeitos são de Direito Internacional.

---

[5] Nesse sentido, denomina Beat Walter Rechsteiner estas normas de "*indicativas*" ou "*indiretas*"; segundo o autor: " *as normas indicativas ou indiretas, como já mencionado, limitam-se a indicar o direito aplicável a uma relação jurídica propriamente dita. Caracterizam-se como as principais normas do direito internacional privado*"(g.n.); ver in Rechsteiner, Beat. Direito Internacional Privado. São Paulo: Saraiva, 1996, p. 79. As normas de DIPr são consideradas como bilaterais, ao contrário das normas de direito interno, unilaterais por natureza. No mesmo sentido, entende Jacob Dolinger que: "*quanto a sua natureza, a norma de Direito Internacional Privado é geralmente conflitual, indireta, não solucionadora da questão jurídica em si mas indicadora do direito interno a ser aplicável, daí ser classificada como sobredireito*" (g.n.); ver in Dolinger, Jacob. Direito Internacional Privado- Parte Geral, Rio de Janeiro: Freitas Bastos, 1986, p.48.

[6] Sobre a norma de Direito Internacional Público, veja-se: JACQUÉ, Jean-Paul. *Act et norme en Droit International Public*. Recueil des Cours, t. 227, v. II, 1991. KELSEN, Hans. *Les rapports de système entre le droit interne et le Droit International Public*. RCADI, t. 14, p. 227-331, 1926. Idem. *Teoria Pura do Direito*. São Paulo: Martins Fontes, 1991. Idem. *Théorie du Droit International Public*. Recueil des Cours, v. 84, p.1-203, 1953. Idem. *Théorie générale du droit international public*- Problèmes choisis. RCADI, v. 42, p. 117-351, 1932. VERDROSS, Alfred von. Le *fondement du droit international*. Recueil des Cours, t. I, v. 16, 1927.

Quanto à *estrutura* da norma, veremos que o DIPr tem em sua conseqüência jurídica não a indicação de um comportamento direto a ser sancionado pelo sistema jurídico, mas um comportamento a ser indiretamente sancionado pelo Direito. No caso do DIPr, a conseqüência jurídica é a indicação de uma lei aplicável pelo Direito nacional (juiz nacional) a um caso com presença de elemento estrangeiro.

Assim, num caso de contrato celebrado no Uruguai, apreciado por juiz nacional, este perguntará onde foi realizado o contrato (elemento de conexão) e indicará como conseqüência que a lei aplicável ao presente caso será a lei uruguaia.

No caso do DIP, a conseqüência jurídica está vinculada à determinação de uma distribuição de competências. Assim, no caso de rendas produzidas por uma dada empresa (hipótese de incidência), a conseqüência jurídica será que a tributação dessas rendas será feita por um dos Estados partes da Convenção. Nesse caso, tal como no DIPr, não será indicado diretamente o comportamento a ser adotado, cabendo à lei tributária nacional decidir sobre a tutela do fato jurídico tributário.

Um ponto importante está na definição de *elemento de conexão*. Esse é um conceito clássico ao DIPr. O elemento de conexão apresenta como peculiaridade o fato de indicar para determinada classe de conceitos (Direito de Família, Obrigações, entre outros) qual seria a conseqüência jurídica, ou seja, qual seria a lei aplicável. Assim encontraremos, por exemplo, no art. 9° da LICC brasileira, que o lugar da celebração do contrato será o elemento de conexão capaz de determinar a lei aplicável às obrigações em casos jusprivatistas com elemento estrangeiro.

O *elemento de conexão* seria o fato ou o conceito jurídico que está em conexão com uma ordem jurídica e que indicaria a forma mais habilitada a tratar de determinado caso com elemento estrangeiro. O elemento de conexão parece dessa forma indicar "*o centro de interesses*" ou "*a ordem jurídica onde ele produz a maior quantidade de efeitos*", sendo justo portanto aplicar esse direito ao caso concreto. O elemento de conexão seria um instrumento de realização do preceito de justiça distributiva, que demanda tratar igualmente os casos iguais e desigualmente os desiguais. Caberia ao direito nacional mais próximo ao caso concreto regular este do que um ordenamento sem muita relação com o mesmo.

No caso da LICC, em seu art. 9°, a regra que estabelece que as obrigações serão reguladas pelo Direito Nacional do local de sua constituição, atribui como hipótese de incidência que a classe de fatos jurídicos entendidos como "*obrigações*" será tratada pelo Direito Nacional do local de sua constituição (conseqüência jurídica).

No caso de normas sobre normas e, em especial, de *normas conflituais* (conflitos de leis ou de competência) a estrutura da norma jurídica encontrará na sua hipótese jurídica um conceito a ser tratado (critério ou elemento conceitual) e na sua conseqüência um sujeito ativo e passivo (critério pessoal), um dever jurídico correspondente (critéiro sancionador) e um elemento indicador da solução para o conflito, de leis ou de competências (critério de conexão).

2.2. Da análise econômica das normas em Direito Internacional Privado

O caso mais paradigmático de análise econômica em DIPr está na escolha do melhor elemento de conexão a ser utilizado para a definição da lei aplicável às obrigações contratuais (*ex contractus*). Outras análises poderiam ser igualmente válidas, tais como qual o melhor elemento de conexão para a definição da: *lex societatis* (lei da sociedade), regime de bens do casamento, contratos à distância ou via internet, entre outros. Em função dos limites do presente trabalho iremos considerar tão somente o estudo de do caso da autonomia da vontade (*choice law*) para demonstrar a relevância dos estudos em análise econômica para a adequada definição desse problema clássico em DIPr.

O problema da autonomia da vontade, ou seja, da escolha do direito aplicável aos contratos internacionais é um dos temas mais instigantes do Direito nacional e internacional. Estabelece o artigo 9° da LICC que:

> Art. 9°. Para qualificar e reger as obrigações, aplicar-se-á a lei do país em que se constituirem.

Assim, a escolha do direito aplicável aos contratos internacionais fica impedida por um norma cogente que exige a aplicação da lei do local onde o contrato foi celebrado. Ao lado de considerações sobre o sentido de justiça na aplicação dessa regra, ou seja, como ela pode ou não garantir a justiça no caso concreto, também podemos realizar uma análise econômica de como ela estabiliza expectativas de agentes econômicos e os organiza na produção e circulação de bens na sociedade. Dessa forma, a análise da regra do artigo 9° e da possibilidade de escolha do direito aplicável nos contratos internacionais deveria ser verificada tomando por base:

i) a sua eficiência microeconômica, ou seja, específica às operações realizadas inter firmas ou agentes econômicos, facilitando ou dificultando a competitividade das empresas.

ii) eficiência macroeconômica, ou seja, geral no sistema, capaz de produzir um ambiente favorável ao desenvolvimento.

Serão estabelecidos como pressupostos metodológicos os postulados de *individualismo metodológico, escolha racional, preferências estáveis* e *equilibrium*. Tais postulados serão mitigados, contudo, pelas observações críticas realizas à teoria econômica, salientando-se a importância do Direito como capaz de produzir um '*ambiente institucional*' favorável a determinado processo econômico. Não irá se assumir um entendimento de que a eficiência será o valor básico do Direito, superior, inclusive, aos ditames de justiça, mas como um valor complementar e importante.

2.3. Da análise econômica do autonomia da vontade (lex voluntatis) em DIPr.

A nossa análise deve partir do pressuposto que os contratos são formas de permitir a estabilização de expectativas e a previsibilidade das preferências dos agentes econômicos no mercado. Dessa forma, devemos considerar como sendo a melhor escolha aquela que permita:

1. a melhor organização das decisões individuais, ou seja, a apresentação da melhor forma para "vestir" o propósito econômico da operação;

2. as escolhas autorizadas pelo sistema permitem ou não a maximização dos interesses individuais (*benefits over costs*), em termos de segurança, dinamismo econômico e transparência negocial;

3. permite a manutenção das *preferências estáveis*, incluindo a presença de cláusulas de escape no caso de mudança do contexto negocial, bem como de garantias pelos descumprimento de obrigações;

4. *equilibrium* nas relações negociais, exigência semelhante exigida pela idéia de justiça comutativa ("*dar a cada um o que é seu*") que rege os contratos.

Quanto à escolha da lei aplicável aos contratos internacionais poderíamos realizar os seguintes questionamentos:

i) por que as partes devem aplicar uma lei estranha a *lex fori* (lei do foro)?

ii) quais as vantagens ou desvantagem de se permitir às partes escolher a lei aplicável ao contrato?

iii) como devemos avaliar a experiência brasileira de utilização da *lex loci contractus* e vedação da autonomia da vontade nos contratos internacionais?

Inicialmente, podemos afirmar que os negócios envolvendo contratantes, bens e direitos estrangeiros envolvem um grau mais elevado de custos de transação, as informações poderão possuir um nível mais agudo de assimetria e os custos de litigância serão ainda maiores pelo envolvimento de soberanias e jurisdições diversas.

2.3.1. Lex fori (forum law)

Quais são as vantagens de se escolher a lex fori frente a autonomia da vontade como aplicável aos contratos internacionais? Podemos, inicialmente, citar duas vantagens: simplicidade na determinação (*easier to ascertain*) e estabilidade no julgamento das preferências para o caso concreto (*valuable information to future legal treatment*).

Por que, ao contrário, deveríamos permitir a aplicação da lei de outro país aos contratos internacionais? Igualmente, poderíamos alegar a previsibilidade como sendo um argumento importante, visto que os atores poderão estruturar as operações por meio da forma jurídica mais apropriada ou eficiente o que pode estar consagrado em sistema normativos mais eficientes ou adequados.

Desse modo, o sistema jurídico impõe às jurisdições com normas mais ineficientes ou inadequadas a necessidade de internalizar os custos de suas regras, promovendo uma saudável competição normativa. Atores constantes (*repeat players*), tais como manufaturas, empresas de seguro, entre outros, deverão prestar atenção mais cuidadosa nas diferentes leis nacionais. Por outro lado, a possibilidade de escolha da lei aplicável poderia conduzir a um resultado mais incerto, visto que não poderia ser definido *ex ante* qual seria o resultado da disputa.

Outra desvantagem para a *lex fori* é que ela encoraja o *forum-shopping* que produz ineficiências. O *forum-shopping* estimula a busca de sistema com regras mais favoráveis à litigância e jurisdições com regras mais favoráveis à defesa terão pouca busca por seus serviços.

A terceira razão está no fato de que a escolha da lei aplicável permite a utilização de vantagens regulatórias comparativas.[7] Assim, por exemplo, digamos se determinado sistema jurídico não protege contratos inovadores, tais como a manipulação genética enquanto que outro sistema dispõe detalhadamente sobre os direitos e obrigações em contratos dessa forma, será mais apropriada a decisão pela escolha do modelo normativo que melhor preserva a eficiência por meio da proteção da previsibilidade, estabilidade e equilíbrio negocial.

Ao lado de uma análise microeconômica de como a escolha da lei aplicável pode interferir na formação de estruturas negociais, nós podemos verificar de modo mais amplo como estas decisões afetam o modelo econômico geral, ou seja, como isso interfere nas decisões dos Estados na sua administração geral dos custos de transação nas relações sociais.

Geralmente, cada Estado entende que sua lei é mais apropriada e melhor para a definição de disputas judiciais, igualmente tendem a proteger os seus contribuintes e eleitores em detrimento de interesses estrangeiros. Um Estado poderá preferir aplicar suas normas em detrimento do Direito estrangeiro se esta aplicação for igualmente menos custosa do que indicar outro ordenamento jurídico. Tais análises, contudo, implicam uma menor abertura para investimento, imigração e circulação de bens e direitos com o estado receptor, tornando-o menos atrativo para interação com outros sistemas. Se adotarmos o postulado de que a abertura de uma economia produz ganhos gerais de eficiência sobre economias fechadas e protecionistas, notaremos que a *lex fori* é uma solução menos eficiente que a adoção da *lex voluntatis*.

A competição jurisdicional tem sido apontada como uma das maiores vantagens da adoção da *lex volutatis,* visto que os Estados irão ser obrigados a aprimorar o seu sistema legal de modo a atrair a aplicação de suas normas pelos agentes econômicos, bem como os Estados que não respeitam a preferência de

---
[7] Posner, 1992; O'Hara and Ribstein, 1997.

seus eleitores ou agentes econômicos serão punidos com a escolha de um direito estrangeiro para resolver os conflitos internacionais onde seja parte.

2.3.2. Critério de conexão: flexível ou rígido (Rule vs. Standard-based Approaches)

Outro questionamento relevante está no fato de que se os tribunais algumas vezes irão aplicar o direito estrangeiro, então o critério de conexão a ser utilizado deverá ser rígido (presunção legal) ou flexível (conforme o caso concreto)?

Os critérios de conexão rígidos, tais como *lex loci contractus,* organizam de modo mais adequado situações gerais à orientações legais, contudo, critérios de conexão mais flexíveis como *"a lei mais apropriada ao caso concreto"* (*better law approach* ou *"most significant relationship"*) garantem às partes maior previsibilidade nas decisões que irão implementar, garantindo um melhor planejamento de seus negócios privados.

Um dos maiores questionamentos aos elementos de conexão flexíveis está no estudo do comportamento judicial. Via de regra os juízes inicialmente e intuitivamente decidem que deveria vencer a disputa e então organizam a sua fundamentação para alcançar este resultado. A possibilidade de uso da casuística implica em menores amarras ao juiz para fugir de padrões e expectativas gerais, desse modo, este modelo acaba transferindo para o juiz a decisão e retirando das partes a estabilização das expectativas. O planejamento negocial acaba por incluir um fator aleatório na decisão o que implica em maiores custos de transação, litigância e risco geral do sistema.

O ideal seria combinar a escolha da lei aplicável (*lex voluntatis*) com critérios de conexão rígidos (ex.: *lex loci executionis*). Assim, caso as partes não escolham deliberadamente a lei aplicável ao caso será aplicável a lei do local da execução, por exemplo.

2.3.3. Críticas à autonomia da vontade (lex voluntatis)

São diversas as críticas à autonomia da vontade, dentre elas:

i) quanto à competição jurisdicional: cabe notar que essa situação assemelha-se com a presença de um mercado perfeito, onde as partes possuem igualdade de oportunidades e informações completas. A competição jurisdicional pode também descambar para uma competição legal danosa, semelhante às competições fiscais danosas ("guerra fiscal"), em que a busca desenfreada por investimentos diminui as proteções às partes econômicas mais frágeis, sendo que o mesmo pode ocorrer no mercado internacional entre partes economicamente diferenciadas pela presença de oligopólios.

Desse modo, igualmente relevante é a presença de mecanismos de proteção à concorrência leal e efetiva (*antitrust laws*).

Evasion of Mandatory Rules

Enforcing contractual choice of law arguably can lead to externalization of costs where it permits contracting parties to evade mandatory rules that are intended to address specific bargaining problems that can lead to such externalization. This may be the case, for example, where the parties are attempting to escape prohibitions on contract terms such as fiduciary duty waivers, usurious interest rates, termination-at-will or noncompetition provisions.

The argument against enforcing the contractual choice-of-law in these situations may seem to be precisely the same as that supporting the mandatory rule itself. However, there are several reasons for permitting the parties to opt out of locally mandatory rules by contractually choosing the applicable law or forum. First, where several jurisdictions' laws may apply, the parties' choice of law is not obviously less appropriate than any other basis of selecting the applicable law.

Second, evasion of mandatory rules is constrained by the fact that avoidance requires applying a state law rather than solely the voluntary act of contracting parties. That the chosen state's law applies to its own residents reduces state legislators' incentives to engage in this sort of conduct. Accordingly, this 648 Conflict of Laws and Choice of Law 9600 danger of enforcing contractual choice of law exists mainly where most victims live outside the state.

Third, the enacting legislature may not have intended to preclude contracting for the applicable law or forum. In particular, a mandatory rule may not make sense to the extent that it precludes efficient bargains. The parties arguably indicate that the mandatory rule is costly when applied to them by their willingness to incur the costs of contracting for choice of law. Thus, courts generally should enforce contractual choice of law or forum even to the extent that it overrides a locally mandatory rule (Buckley and Ribstein, 1998; Whincop and Keyes, 1998a, Ch. 4, 1998b).

Information Assymmetry and Protecting Contracting Parties Enforcing contractual choice of law arguably may lead to externalization of costs because the party responsible for the term is probably more well-informed concerning the chosen law. Indeed, such information asymmetries may skew interstate competition because states may tailor their rules to suit the more informed party. However, information asymmetry is arguably not a problem where the effect of the law selection clause is to choose a legal regime that literally enforces the contract; in long-term contracts negotiated by sophisticated and knowledgeable parties who have the ability and incentive to read the contract carefully or hire an attorney to do so; or where firms are subject to market incentives to disclose and to constraints on cheating (Schwartz and Wilde, 1979). In any event, regulators could minimize information costs by mandating disclosure of unusual and significant law-selection terms in some circumstances.

Similarly, enforcing contractual choice of law is arguably inefficient where the choice-of-law clause can be characterized as an 'adhesion' contract imposed by one party on another. This argument also has been used to justify broad regulation of corporate governance. However, this is not the case merely because of the parties' acceptance of a standard term, particularly where the contract chooses the entire local law of a particular jurisdiction. A state's entire law as to a complex contract probably will not operate unfairly against one of the parties on all or most of the many issues that could arise in the future.

8. Enforcement of Contractual Choice of Law This section considers the extent to which choice of law provisions are enforced in United States courts.

9600 Conflict of Laws and Choice of Law 649 Common Law The common law, as summarized in Restatement (1971), § 187(1) provides for enforcement of the parties' contractual choice of law as to interpretation issues the parties could have resolved by contract. Under Restatement § 187(2), the contract is not enforced as to issues such as validity, where choice of law matters most, if:

(a) the chosen state has no substantial relationship to the parties or the transaction and there is no other reasonable basis for the parties' choice, or

(b) application of the law of the chosen state would be contrary to a fundamental policy of a state which has a materially greater interest than the chosen state in the determination of the particular issue and which, under the rule of §188, would be the state of the applicable law in the absence of an effective choice of law by the parties.

Courts and commentators have not clearly articulated a rationale for these limitations on enforcement of contractual choice of law (Ribstein, 1993). The 'substantial relationship' test in subsection (a) seems to have no function other than to increase the parties' cost of exit from mandatory rules and, therefore, to reduce the likelihood of efficient interstate competition. For example, it is not clear why any mutually agreed choice would not be prima facie 'reasonable'. The test conceivably could be defended on the ground that it addresses externalization of costs by states whose law is applied. But even if the particular contract at issue does not relate to the contractually selected state, the state might still be subject to market discipline where the applied law has substantial application within the applying state. In other situations, such as corporate law, the state is otherwise subject to market discipline in formulating its law. With respect to the vague 'fundamental policy' exception in subsection (b), the Restatement gives as examples 'illegal' contracts or rules 'designed to protect a person against the oppressive use of superior bargaining power' (Restatement, 1971, p. 568). This appears to track potential concerns about bargaining power and information asymmetries (see Section 7, above).

Alternatively, this ground for non-enforcement may just invite courts to determine and effectuate the underlying goal of the interest groups that promoted the law.

In general, courts applying the US Restatement (Second) rule have quite generally enforced contractual choice of law (Ribstein, 1993). Thus, in practice, the US rule is close to the rule favoring enforcement articulated in the leading UK case of Vita Food Products Inc. v. Unus Shipping Co.. That case enforced a provision applying English law though there was nothing to connect the contract with England except the choice of law clause.

Conclusões

A escolha da lei aplicável (*lex voluntatis*) possui como vantagens: diminui ou elimina as inconsistências negociais, clarifica a lei aplicável e aumenta a competição jurisdicional.

— 13 —
Créditos de redução de emissões transacionáveis: um estudo sob a ótica de Coase

GUSTAVO MADEIRA DA SILVEIRA

Advogado. Especialista em Direito Ambiental pela UFRGS.

RENATA CAMPETTI AMARAL

Advogada de Trench Rossi e Watanabe Advogados, associado a Baker & McKenzie.
Mestre em Direito pela Universidade do Texas, Austin.

Sumário: Introdução; 1. Externalidades e as soluções apresentadas: de Marshall a Coase; 1.1. O que é uma externalidade negativa; 1.2. O ótimo de Pareto; 1.3. Taxas Pigouvianas: uma solução pública para a internalização; 1.4. Teorema de Coase: uma solução privada para a internalização; 2. A mudança do modelo desenvolvimentista e o papel do setor privado como patrocinador do desenvolvimento sustentável; 2.1. O princípio do poluidor-pagador; 3. Certificados de emissão transacionáveis: a efetivação dos ensinamentos de Coase; 3.1. O mercado de créditos de carbono; 3.1.2. Os critérios de sustentabilidade para a aprovação de um projeto MDL; Conclusão; Referências bibliográficas.

Introdução

A idéia de fomentar o desenvolvimento sustentável pela iniciativa privada, perpassa diversos pilares provenientes da teoria econômica. As soluções propostas por Pigou e Coase para lidar com as chamadas externalidades são de fundamental importância para a redução dos impactos ambientais. Por certo, toda solução é bem-vinda quando se trata de meio ambiente, seja pública ou privada.

As soluções públicas sempre foram as preferidas da doutrina ambiental, muito arraigada a uma visão publicista do direito ambiental, enquanto as empresas eram tratadas como as grandes vilãs. As soluções privadas, apesar disso, foram aos poucos crescendo por meio de pequenos projetos de créditos de redução de emissões transacionáveis, dentre outras iniciativas.

Aos poucos, mercados de títulos transacionáveis foram sendo incrementados, e o entendimento de que seriam apenas uma permissão para poluir foi sendo alterado. Os créditos de redução de emissões transacionáveis tornaram-se uma ferramenta de gestão em que todos ganham – o meio ambiente, a iniciativa privada em face das oportunidades de negócios a até mesmo o Poder Público, por meio do recolhimento de fundos para projetos sociais. Esse equilíbrio necessário entre meio ambiente e economia é fundamental, contudo, não há como negar que a economia prepondera na grande maioria das vezes, mas a busca pelo desenvolvimento sustentável é necessária. A ratificação da Federação Russa do Protocolo de Quioto em 2004, após um período de grande expectativa, demonstrou que a luta por uma conscientização ambiental mundial é um caminho árduo, porém gradativo.[1]

Aos poucos, esse instrumento que nada mais é do que um modelo mais lapidado e moderno dos mercados de títulos de redução de emissões transacionáveis demonstra que as idéias de Coase de1969 iniciadas por Alfred Marshall em 1890 ganham cada vez mais aplicação na sociedade moderna. Isso demonstra que da mesma forma que as teorias econômicas estão em constante evolução, as tecnologias amigas do ambiente também estão.

1. Externalidades e as soluções apresentadas: de Marshall a Coase

Em 1890, o matemático inglês Alfred Marshall, na sua obra "Principles of Economics" escreveu sobre os ganhos nas aglomerações setoriais ao analisar os distritos industriais britânicos. O matemático percebeu a influência de externalidades positivas no fator locacional das indústrias e na eficiência e competitividade de pequenas empresas.

Para justificar as externalidades, Marshall menciona exemplos como as indústrias metalúrgicas localizarem-se perto de minas ou locais onde os combustíveis fossem baratos, ou as industrias de ferro onde tivesse carvão em abundância. Além de fatores como o clima e o solo, o mencionado autor aduz como importante fator locacional as regiões onde há patrocínio da corte, o que aumenta a procura por mercadorias de qualidade superior, atraindo trabalhadores mais especializados e educando os operários locais.[2]

Por meio dessa análise, Marshall concluiu que o preço de mercado dos bens e serviços, pode não representar fielmente os custos ou benefícios resultantes da

---

[1] Durante a redação deste trabalho estava ocorrendo a COP 13, em Bali, em que a Austrália ratificou o Protocolo de Quioto. Isso significa que dos países desenvolvidos, apenas os Estados Unidos da América não ratificaram o Protocolo.

[2] MARSHALL, Alfred. *Princípios de economia*. Tradução por Ottolmy Strauch e Rômulo Barreto Almeida. São Paulo: Abril cultura, 1982. p. 232.

sua produção ou consumo.³ Isso deve-se, justamente, ao fato de as externalidades não serem agregadas aos preços dos bens e serviços.

1.1. O que é uma externalidade negativa

A externalidade negativa é uma falha do mercado, traduzida pela atividade de um agente econômico que produz um efeito negativo em outra pessoa, afetando o bem-estar ou os lucros desta, não sendo naturalmente compensada pelo agente causador.⁴ As atividades industriais são por excelência poluidoras, sendo a poluição um grande exemplo de externalidade negativa. A falta de internalização dos seus efeitos negativos só faz aumentar o lucro destas atividades econômicas e diminuir a renda e a qualidade de vida das populações.

As empresas que estão preocupadas apenas com seus lucros são dotadas de um comportamento conhecido como "free-rider", ou seja, caroneiro/oportunista.⁵ Pois, as empresas usufruem do bem como se fossem *res nullius*, sem ter a compreensão do dever de cooperação inerente aos bens ambientais devido ao caráter difuso do macrobem ambiental. Assim, além de utilizarem os bens ambientais de forma indiscriminada, retribuem para a coletividade com poluição.

Daí a necessidade da internalização dessas falhas do mercado.

1.2. O ótimo de Pareto

Vilfredo Pareto, economista e sociólogo italiano, desenvolveu o "ótimo de Pareto" que consiste no equilíbrio de agentes num nível máximo, em que é impossível a melhora na posição de um ao revés da posição do outro. Esse critério demonstra o equilíbrio entre produção e poluição, pois o ótimo de Pareto ocorrerá quando a sociedade estabelecer os níveis máximos de poluição, e, conseqüentemente, as indústrias os respeitarem.⁶

O mercado atual é altamente competitivo, dessa forma, as incidências de externalidades costumam não produzir soluções Pareto-ótimas.⁷

A equação do nível ótimo de Pareto será estabelecida por meio de uma interação entre economia e meio ambiente. Entretanto, o nível ótimo nunca será estanque, pois como este não significa não-poluição, continuamente a degradação ao meio ambiente crescerá, e, conseqüentemente, o grau de exigência de

---

³ ARAGÃO, Maria Alexandra de Sousa. *O princípio do poluidor pagador*: pedra angular da política comunitária do ambiente. Coimbra: Coimbra editora, 1997. p. 32.

⁴ OLIVEIRA, Roberto Guena de. In: PINHO, Diva Benevides; VASCONCELLOS, Marco Antonio Sandoval de (orgs). *Manual de economia*. 4. ed. Saraiva: São Paulo, 2004. p. 530.

⁵ Idem. *Opus citatum*. p. 535.

⁶ COSTA, Simone S. Thomazi. Introdução à economia do meio ambiente. In: *Análise*: A revista acadêmica da Faculdade de Administração, Contabilidade e Economia da Pontifícia Universidade Católica do Rio Grande do Sul. V.1. n. 1. Porto Alegre: EDIPUCRS, 1989. p. 305.

⁷ EATON, B. Curtis; e EATON, Diane F. *Microeconomia*. Tradução por Cecília C. Bartalotti. 3 ed. São Paulo: Saraiva, 1999. p. 545.

qualidade do ambiente aumentará. Assim, naturalmente a equação de tempo em tempo se desatualizará.

1.3. Taxas Pigouvianas: uma solução pública para a internalização

O economista Arthur Cecil Pigou criou a taxa pigouviana como um instrumento de solução pública para as externalidades negativas, já que estas, até então, eram arcadas pela sociedade. A taxa pigouviana é um imposto sobre unidade de poluição emitida, em que a taxação sobre a atividade fará com que o externalizante arque com os custos da externalidade.[8]

Para Pigou, existem três custos: custos marginais privados que são os custos da produção (mão de obra, uso do equipamento, matéria-prima, etc.), os quais são pagos pelo fabricante; custos marginais sociais que compreendem os custos marginais sociais e os custos externos, que são pagos por toda a sociedade; custo marginal externo que é a diferença entre os custos anteriores. Ocorre que, como os custos marginais privados são menores, o fabricante externalisa parte deles para os custos marginais sociais, assim ele produz uma quantidade maior sem ter que aumentar o preço do produto.[9]

A taxa pigouviana é um imposto em que a unidade de poluição emitida deve ser igual ao custo marginal social da externalidade no nível ótimo da emissão. Assim, o agente externalisador arcaria com o custo total de sua produção.[10]

Para se alcançar esta taxa, Pigou exemplifica, no caso do valor de um produto industrial, que se a quantidade de investimento em uma determinada atividade econômica for maior em relação ao produto liquido marginal social do que no produto liquido marginal privado, a produção obtida será menor que a ideal. Ocorrendo o contrário, a produção obtida será maior do que a ideal. Para Pigou, no primeiro caso terá que ocorrer uma subvenção do Estado para se chegar ao efeito ótimo, que é a busca de igualar-se os produtos, enquanto no segundo caso terá que ocorrer um imposto para produzir o efeito ótimo.[11]

1.4. Teorema de Coase: uma solução privada para a internalização

As soluções privadas para as externalidades podem se dar de duas formas: por negociação privada ou pela internalização. Na negociação privada, as partes

---

[8] COSTA, Simone S. Thomazi. *Economia do meio ambiente*: produção x poluição. Porto Alegre: Armazém Digital, 2006. p. 22.

[9] COSTA, Simone S. Thomazi. Introdução à economia do meio ambiente. In: *Análise*: A revista acadêmica da Faculdade de Administração, Contabilidade e Economia da Pontifícia Universidade Católica do Rio Grande do Sul. V.1. n. 1. Porto Alegre: EDIPUCRS, 1989. p. 310.

[10] *Ibid. loc. cit. et seq.*

[11] PIGOU, Arthur Cecil. *La economia del bienestar*. Madrid: M. Alguilar editor, 1946. p. 190.

envolvidas buscam um remédio para sanar a externalidade que lhes é particular. Na internalização, um terceiro intervém na relação entre fonte e receptor, transformando a externalidade em ganho para si e oferecendo uma solução privada eficiente.[12]

Roanald Coase propõe, para facilitar as soluções privadas, que se estabeleça uma opção padrão, pois no caso de os agentes não obterem êxito na negociação, prevalecerá a opção padrão. Essa opção padrão significa a atribuição ao direito de propriedade, que inegavelmente facilita o êxito da negociação, no momento em que limita a margem de soluções possíveis e previamente estabelece quem deve ser compensado na negociação.[13]

O estabelecimento pela sociedade de níveis máximos de poluição, ratificados pelo Poder Público, fomenta a negociação entre as partes das externalidades, pois a poluição, uma externalidade negativa, se transforma em quotas de poluição, que são um direito de propriedade comercializável no mercado.[14] Exemplo disso é o Protocolo de Quioto, que a partir dos níveis máximos de emissão de Gases do Efeito Estufa (GEE) estabelecidos na Convenção Quadro das Nações Unidas sobre Mudança do Clima (UNFCCC), possibilitou que os países partes negociassem reduções certificadas de emissões como uma alternativa para o atingimento das metas de redução de GEE.

As negociações privadas de Coase, da mesma maneira que nas taxas pigouvianas, atacam os níveis de poluição em duas frentes: para alguns é mais vantajoso comprar as quotas de poluição a diminuir a emissão de poluição totalmente em sua planta; para outros é mais vantajoso reduzir as emissões ao invés de participar das transações de créditos. O importante é que para estes há um incentivo em desenvolver tecnologias de produção cada vez mais limpas.[15]

Assim, a negociação privada de Coase se evidencia como uma solução interessante para o problema da poluição, por fazer com que uma externalidade negativa seja internalizada e se transforme em um negócio atraente, a tal ponto que a iniciativa privada fomente o desenvolvimento sustentável naturalmente, em consonância com a sua atividade.

---

[12] EATON, B. Curtis; e EATON, Diane F. *Microeconomia*. Tradução por Cecília C. Bartalotti. 3 ed. São Paulo: Saraiva, 1999. p. 551.

[13] *Ibid.* p. 553.

[14] COSTA, Simone S. Thomazi. Introdução à economia do meio ambiente. In: *Análise*: A revista acadêmica da Faculdade de Administração, Contabilidade e Economia da Pontifícia Universidade Católica do Rio Grande do Sul. V.1. n. 1. Porto Alegre: EDIPUCRS, 1989. p. 316.

[15] *Ibid*, p. 316.

2. A mudança do modelo desenvolvimentista e o papel do setor privado como patrocinador do desenvolvimento sustentável

A idéia de desenvolvimento, no século passado, esteve atrelada ao crescimento econômico. Na década de sessenta, os países do terceiro mundo, para tornarem-se ricos, deveriam copiar o modelo desenvolvimentista industrial das nações de primeiro mundo. Tanto os modelos desenvolvimentistas neoliberais, liberais, como marxistas, calcavam-se em sociedades ocidentais.[16]

Contudo, o padrão de desenvolvimento eleito pelas sociedades contemporâneas, seja de primeiro mundo, seja de terceiro mundo, ou como se pronuncia hoje, de países desenvolvidos, países em desenvolvimento, ou países subdesenvolvidos; tornou-se reconhecidamente insustentável, o que colaborou para que repensasse o conceito/nomenclatura de desenvolvimento. A partir dessa premissa é que surge o desenvolvimento sustentável.[17]

Em 1983 a AG da ONU criou a Comissão Mundial sobre Meio Ambiente e Desenvolvimento (CMMAD), cuja presidência ficou a cargo da Primeira-Ministra da Noruega, Gro Harlem Brundtland. A CMMAD ficou encarregada de realizar um relatório preparativo para a futura conferência sobre meio ambiente. Em 31 de dezembro de 1987, foi entregue o relatório Brundtland a AG da ONU. O Relatório deu ênfase aos resultados negativos da pobreza sobre o meio ambiente.[18]

O Relatório Brundtland, além do que já foi exposto, teve o mérito de trazer e conceituar o termo desenvolvimento sustentável. Assim, esse Relatório que antecedeu a ECO-92 trouxe a baila um novo tipo de desenvolvimento, diferente daqueles conhecidos até então, que estavam atrelados a crescimento econômico a todo custo.

A CMMAD percebeu que os tipos de desenvolvimento testados pelas sociedades, até o momento, geravam cada vez mais em um número maior de pessoas pobres e vulneráveis, além de ensejarem danos ao meio ambiente. Dessa forma, a Comissão sugeriu um desenvolvimento que fosse capaz de realizar o progresso não apenas em alguns lugares do Planeta, por uma fração de tempo, mas sim em todo ele até um futuro longínquo.[19]

Assim, o desenvolvimento sustentável foi conceituado como "o desenvolvimento capaz de garantir as necessidades do presente sem comprometer a

---

[16] ALMEIDA, Jalcione. A problemática do desenvolvimento sustentável. In: BECKER, Dinizar Fermiano (org). *Desenvolvimento sustentável*: necessidade e/ou possibilidade? Santa Cruz do Sul: EDUNISC, 1999. p. 17 *et seq.*

[17] *Ibid.* p. 21.

[18] SILVA, Geraldo Eulálio do Nascimento e. *Direito Ambiental Internacional*: meio ambiente, desenvolvimento sustentável e os desafios da nova ordem mundial. 2. ed. Rio de Janeiro: Thex, 2002. p. 34.

[19] *Ibid.* p. 47.

capacidade das gerações futuras de atenderem às suas necessidades".[20] O desenvolvimento não foi um conceito isolado no Relatório Brundtland, mas sim o princípio norteador da ECO-92, e do seu principal documento, a Agenda 21.

Correlata à idéia de desenvolvimento sustentável está a idéia do meio ambiente como difuso, pois o macrobem ambiental pertence a todos, conseqüência disso é que a responsabilidade pelo meio ambiente pertence a ente público, ente privado e a sociedade civil. Esse raciocínio evidencia que o desenvolvimento sustentável exige o patrocínio não apenas de soluções pública, como era até então, quando se tinha a idéia de que o meio ambiente pertencia ao Estado, mas sim, se faz necessárias soluções privadas, visto que o meio ambiente é responsabilidade de toda a coletividade, seja público ou privado.

A visão preconceituosa que o setor público e o setor privado nutrem um do outro dificulta a efetivação do desenvolvimento sustentável, que é uma responsabilidade de ambos. O setor público tem a idéia de que as empresas são promotoras do capitalismo selvagem, enquanto o setor privado tem a idéia de que o governo e suas agências são lentas e burocráticas.[21]

As soluções privadas criadas por Coase estão de acordo com a mudança de modelo desenvolvimentista e com a mudança de titular do macrobem ambiental. A sustentabilidade evidencia-se na internalização das externalidades negativas quando fomentam uma contraprestação ao meio ambiente, e o patrocínio da iniciativa privada do desenvolvimento sustentável por meio de soluções privadas é a efetivação da titularidade difusa do macrobem ambiental.

A teoria de Coase também colabora na sedimentação do importante papel do setor privado na sociedade contemporânea, visto que a pesquisa Edelman Trust Barometer conduzida para a consultoria norte-americana Edelman, realizada com 3.100 formadores de opinião de 18 países da América do Norte, Europa, Ásia e América Latina, resultou que 13 dos 18 países confiam mais nas empresas do que nos governos e na mídia. No Brasil e no México, por exemplo, a confiança nas empresas é de 68%, seguida de 62% na mídia e 37% no governo.[22]

Ainda salienta a pesquisa, que as empresas tornaram-se para a sociedade civil a esperança para o enfretamento de problemas sociais e ambientais, mudando a noção da responsabilidade civil que até então era legal, para uma responsabilidade moral.[23] Isso demonstra o papel fundamental que o setor privado tem em patrocinar soluções privadas como as propostas por Coase para a efetivação do desenvolvimento sustentável.

---

[20] SILVA, Geraldo Eulálio do Nascimento e. *Direito Ambiental Internacional*: meio ambiente, desenvolvimento sustentável e os desafios da nova ordem mundial. 2. ed. Rio de Janeiro: Thex, 2002. p. 49.

[21] ALMEIDA, Fernando. *Os desafios da sustentabilidade*: uma ruptura urgente. 2. ed. Rio de Janeiro: Elsevier, 2007. p. 91

[22] *Ibid.* p. 94

[23] *Ibid. loc. cit.*

2.1. Princípio do poluidor-pagador

O princípio do poluidor-pagador tem sua origem no final da década de 60, como "slogan" político nas manifestações estudantis de maio de 1968. Oficialmente, o princípio foi previsto pela primeira vez em 26 de maio de 1972 na Recomendação C(72)128 da Organização para a Cooperação e Desenvolvimento Econômico (OCDE) sobre política do meio ambiente na Europa.[24]

O Conselho da OCDE deu a seguinte definição para o princípio:

O princípio que se usa para afectar os custos das medidas de prevenção e controlo da poluição, para estimular a utilização racional dos recursos ambientais escassos e para evitar distorções ao comércio e ao investimento internacionais, é o designado *princípio do poluidor pagador*. Este princípio significa que o poluidor deve suportar os custos do desenvolvimento das medidas acima mencionadas decididas pela autoridades públicas para assegurar que o ambiente esteja num estado aceitável. Por outras palavras, o custo destas medidas deveria reflectir-se no preço dos bens e serviços que causam poluição na produção ou no consumo. Tais medidas não deveriam ser acompanhadas de subsídios que criariam distorções significativas ao comércio e investimentos internacionais.[25]

Por meio da definição dada pela OCDE, fica evidente que o poluidor-pagador é um princípio de cunho preventivo e de precaução, que visa à utilização racional dos recursos ambientais escassos, sem que ocorram distorções comerciais. Isso evidencia a origem econômica do poluidor-pagador.

Pela definição dada pela OCDE, percebe-se que os princípios da prevenção e precaução estão inseridos no princípio do poluidor-pagador. A prevenção refere-se a medidas preventivas para evitar danos já previstos, enquanto na precaução tomam-se medidas antes mesmo que se tenha uma certeza científica a respeito de possíveis danos, ou seja, é o princípio in *dubio pro* ambiente.

A finalidade de redistribuição do princípio do poluidor-pagador baseia-se em que os poluidores também devem arcar com as medidas de despoluição, ou de auxílio pecuniário às vítimas de poluição e os devidos custos administrativos conexos.[26] A redistribuição faz com que o princípio internalize também as medidas sociais, pois estas, primeiramente, devem ser arcadas por quem as deu motivo, e, subsidiariamente, pelo Estado.

Para Aragão, o poluidor que deve pagar é aquele que possui condições de prevenir/precaver os fatores que geram a poluição, e não necessariamente quem polui diretamente, que muitas vezes é o poluidor formal, pois, inclusive nos casos em que quem polui diretamente é o consumidor, como a queima de combustível fóssil pelo automóvel, quem deve pagar é a indústria, já que é esta que lucra com a produção do bem.[27]

---

[24] ARAGÃO, Maria Alexandra de Sousa. *O princípio do poluidor pagador*: pedra angular da política comunitária do ambiente. Coimbra: Coimbra Editora, 1997. p. 51.
[25] *Ibid.* p. 60.
[26] *Ibid.* p. 124.
[27] *Ibid.* p. 136-141.

Esse raciocínio gera três conseqüências. A primeira é que o preço elevado do bem produzido reduz o seu consumo, o que gera um grande problema social quando este bem é essencial para todos. Essa perspectiva do princípio do poluidor-pagador gera ainda mais exclusão quando se parte da perspectiva de países desenvolvidos para países em desenvolvimento/subdesenvolvidos, em que nestes o aumento do preço de um produto é muito mais crucial do que naqueles.

A segunda conseqüência, que é a do repasse para o consumidor da internalização das externalidades negativas no bem, tem um viés positivo, pois se o bem não é essencial, só paga pelos custos quem deseja aquele bem. Assim, não são todos que pagam pela poluição, que é o que acontece quando a poluição não é internalizada.

A terceira conseqüência também tem um viés positivo, e tem sido, atualmente, muito verificada no mercado. Reside na opção entre um produto poluente e de outro não poluente ou bem menos poluente. Apesar de muitas vezes os produtos menos ou não poluentes serem mais caros, o aumento do seu consumo pode levar a redução do seu preço, e além disso incentivar a busca incessante por parte da indústria em produzir produtos cada vez mais menos poluentes.

A outra faceta deste princípio é a definição de que o poluidor deve pagar, ou melhor, para fins deste trabalho, o que deve ser internalizado pelos poluidores. A respeito disso, as posições da OCDE, da Comunidade Européia e de Aragão coadunam que são os custos de prevenção/precaução. A Comunidade Européia acrescenta ainda possíveis taxas e Aragão acrescenta os custos de redistribuição anteriormente abordados.

Os instrumentos para efetivação do princípio do poluidor-pagador remete aos estudos de Pigou e Coase. Pigou previa como solução para as externalidades negativas os impostos e taxas, enquanto Coase previa a negociação privada, que hoje é evidenciada por meio dos títulos de redução de emissões transacionáveis.

3. Certificados de emissão transacionáveis: a efetivação dos ensinamentos de Coase

Os certificados de emissão transacionáveis foram previstos pela primeira vez por J. H. Dales, em 1968, tendo em vista o caso da poluição do lago Ontário no Canadá. Dales propôs os títulos na busca da fixação de um justo preço para que se atingisse o ótimo de Pareto.[28]

Para Dales, o órgão competente fixaria os níveis máximos de poluição do lago Ontário e transformaria essas quantidades de poluição em certificados de direitos de poluição transacionáveis para serem vendidos no mercado. Os títulos

---

[28] ARAGÃO, Maria Alexandra de Sousa. *O princípio do poluidor pagador*: pedra angular da política comunitária do ambiente. Coimbra: Coimbra editora, 1997. p. 182.

seguiriam as regras do mercado, segundo a lei de oferta e procura, ou seja, quando aparecesse mais um poluidor, maior a demanda, maior o preço dos certificados.[29]

Para Aragão, o sistema proposto por Dales tem como benefícios: que o nível ótimo fosse atingido automaticamente, já que os níveis são preestabelecidos pelos responsáveis; a flexibilidade de cada agente privado se adaptar aos níveis de poluição; e a facilidade de o Estado regular o nível ótimo, já que pode recolher ou adquirir os títulos.[30]

As vantagens referidas por Aragão são significativas, pois o sistema de títulos transacionáveis proposto por Dales é um sistema que tem como característica principal a sua flexibilidade. Os níveis máximos de poluição já estarão preestabelecidos, assim, o mercado transaciona os títulos, desburocratizando o sistema, no momento em que para atingir o nível ótimo, o setor privado utilizará a lei da oferta e da procura, enquanto para o Estado, basta adquirir ou recolher os títulos.

Em contrapartida, Aragão refere como desvantagens: a dificuldade da fiscalização, comprometendo aqueles que pagaram pelos certificados; que o sistema seria um verdadeiro direito de poluir; e, pelo sistema concentrar níveis de poluição em um só local, ou concentrar o direito de poluir nas mãos dos poucos que tenham condições de adquirir os títulos.[31]

As idéias de Dales passaram a ser seguidas por meio da criação de outros mercados de créditos de redução de emissões transacionáveis. Tem-se como exemplo: o Programa norte-americano de comercialização de créditos de emissões ("U. S. Emissions Credit Trading"), criado em 1977, que visava ao manejo de algumas substâncias poluentes; e, Eliminação de chumbo na gasolina ("Led Phasedown"), iniciado em 1982 nos Estados Unidos para eliminação do chumbo na gasolina.[32]

Os certificados de redução de emissões transacionáveis sofrem críticas de vários doutrinadores, os quais entendem que os títulos são a compra de uma permissão para poluir. Dessa forma, seria um sistema avesso ao desenvolvimento sustentável e ao poluidor pagador.

A atividade industrial, em regra, gera impactos. Dessa forma, quem polui mais, pagará mais, desmistificando a monopolização do direito de poluir. Por outro lado, os custos para compra dos créditos serão repassados para os usuários. Caso o produto não seja necessário, não haverá procura por ele, nem será atraente para a indústria produzi-lo. O sistema de títulos também serve de regulador do mercado de consumo.

---

[29] ARAGÃO, Maria Alexandra de Sousa. *O princípio do poluidor pagador*: pedra angular da política comunitária do ambiente. Coimbra: Coimbra editora, 1997. loc. cit. et seq.

[30] *Ibid.* p. 183.

[31] *Ibid. et seq.*

[32] CALIENDO, Paulo. In: TÔRRES, Heleno Taveira (Coord.). *Direito tributário ambiental*. São Paulo: Malheiros, 2005. p. 887.

O sistema de Dales provoca, também, outro efeito positivo ao meio ambiente, o qual difere de uma simples permissão de poluir, que é o incentivo por tecnologias menos impactantes ao meio ambiente. Para algumas empresas será mais econômico buscar alternativas que reduzam as externalidades negativas, do que comprar créditos de redução de emissões.

Além disso, como a tecnologia não é estanque, o mercado cria uma nova procura, que é por tecnologias cada vez mais amigas do ambiente. Assim, a necessidade de compra de menos créditos desenvolve tecnologias cada vez menos impactantes e por um custo mais acessível.

Por outro lado, o mercado de créditos de redução de emissões, conforme foi aplicado no lago Ontário, apesar de vários benefícios, apenas faz com que o poluidor pague pela sua poluição. Entretanto, não foi um método sustentável, já que não há uma contraprestação à degradação causada.

O mercado de quotas de poluição criado por Dales está em consonância com o Teorema de Coase, o qual atribui às soluções privadas a solução para as externalidades negativas. Nesse mercado, o papel do Estado é de estabelecer o nível ótimo, já que este dependerá de estudos de impacto ambiental e da valoração da biodiversidade, enquanto o controle da externalidade caberá ao mercado.

Os títulos de redução de emissões transacionáveis previstos no Protocolo de Quioto demonstraram que é possível uma medida privada sustentável de controle das externalidades negativas, pois ao invés do modelo criado por Dales em que os títulos eram criados pelo Estado, que tinham o livre arbítrio de emiti-los ou retirá-los do mercado, no mercado de carbono os créditos surgem das atividades que absorveram os GEE.[33]

A lógica do capitalismo é obter lucro, assim o novo mercado de quotas de poluição, baseado na solução privada de Coase, concilia preservação ambiental e lucratividade.

Os países emergentes, localizados no hemisfério sul, com condições climatológicas favoráveis e grandes reservas florestais, podem, por meio desse mercado, ampliar a sua matriz econômica e de bons relacionamentos diplomáticos.[34] A Costa Rica, um país emergente, tem a meta de até o ano de 2021 ser o primeiro país neutro em carbono do mundo, ou seja, vai absorver através de florestas e algas, a mesma quantidade de GEE que emite.[35]

O sistema do mercado de créditos de carbono não se limita a uma mera compra de uma permissão para a produção de uma externalidade negativa. O

---

[33] Conforme o Protocolo de Quioto os Gases de Efeito Estufa são: dióxido de carbono, metano, óxido nitroso, hezafluoreto de enxofre, e as famílias dos perfluorcarbonos e dos hidrofluorcarbonos. Fonte: *Protocolo de Kyoto de la Convención Marco de las Naciones Unidas sobre el Cambio Climático.* Disponível em: < http://unfccc.int/resource/docs/convkp/kpspan.pdf > Acesso em: 29 out. 2007.

[34] *Ibid.* p. 63

[35] TEIXEIRA, Duda. O futuro é verde: entrevista com o presidente da Costa Rica Oscar Arias. *Revista Veja*, São Paulo, Ano 40. ed. 2026. de 19 de set. de 2007.

exemplo da Costa Rica confirma que o mercado de créditos de carbono incentiva a externalidade positiva criando um direito de propriedade para esta.

Para Oliveira, o mercado de redução de emissões negociáveis para poluir nos moldes do mercado do carbono mescla propriedades do Teorema de Coase com as Taxas Pigouvianas, pois garante que as metas de redução sejam alcançadas, uma vez que são predeterminadas pelos governos, e, por outro lado, certifica que os custos para o almejo dessas metas sejam pequenos, já que as empresas que podem reduzir suas emissões a um baixo custo as farão, e ainda poderão negociar a venda do que deixarão de poluir para as empresas que não atingirão o limite de emissões.[36]

Barbosa tece críticas ao mercado de carbono, afirmando que os títulos de redução de emissões transacionáveis seriam uma permissão de poluir, porque para as empresas dos países desenvolvidos compensa mais comprar créditos a reduzir a poluição, não havendo aplicação do princípio do poluidor-pagador.[37]

O Princípio do poluidor-pagador, já estudado, visa a que o poluidor arque com os custos da externalidade negativa causada, pautado pelos subprincípios da prevenção/precaução e redistribuição. Quando o poluidor está pagando pelo título de carbono, ele está comprando também as medidas realizadas para que aquela externalidade positiva fosse criada, ou seja, o custo da absorção dos GEE está sendo redistribuída para o poluidor.

As medidas para absorção dos GEE e principalmente a descoberta de novas tecnologias amigas do ambiente, para que as empresas que atualmente compram créditos passem a comprar menos ou deixar de comprar, estão evitando a emissão dos GEE para a atmosfera terrestre. O mercado do carbono está fomentando a prevenção da emissão de mais externalidades negativas.

Os certificados provenientes do Protocolo de Quioto diferentemente das soluções públicas que visam apenas à punição aos agentes que transgridem as leis ambientais, transformam um investimento privado de preservação ambiental em ativo financeiro.[38]

Independente do mercado de carbono do Protocolo de Quioto, a União Européia e alguns países tomaram iniciativa paralela ao protocolo, criando mercados de carbono independentes. Exemplo disso são os dois já anteriormente mencionados, EU-ETS e UK-ETS; e o "Chicago Climate Exchange" (CCX).

O EU-ETS funciona para auxiliar os países da União Européia a cumprirem as metas do Protocolo de Quioto. O programa foi dividido em duas fases, sendo

---

[36] OLIVEIRA, Roberto Guena de. In: PINHO, Diva Benevides; VASCONCELLOS, Marco Antonio Sandoval de (orgs). *Manual de economia*. 4. ed. Saraiva: São Paulo, 2004. p. 536.

[37] BARBOSA, Rangel; OLIVEIRA. O princípio do poluidor-pagador no Protocolo de Quioto. In: BENJAMIN, Antônio Herman V.; MILARÉ, Édis. (org.). *Revista de direito ambiental*. n. 44. São Paulo: Revista dos tribunais, out./dez. 2006. p. 128.

[38] AMARAL, Renata Campetti; BARCELLOS, Ricardo Dornelles Chaves. Protocolo de Kyoto – o mercado a favor da conservação ambiental. In: TIMM, Luciano Benetti. *Direito e economia*. São Paulo: IOB Thomson, 2005. p. 190.

que a primeira é de 2005 a 2007, e a segunda, durante o período da primeira do Protocolo de Quioto, 2008 a 2012. Os ingleses criaram o UK-ETS em abril de 2002, sendo considerado o maior programa voltado ao comércio nacional de licenças de emissão dos GEE.[39]

Os Estados Unidos da América não ratificaram o Protocolo de Quioto, todavia os americanos criaram um programa singular de comércio de redução de emissões, de caráter voluntário e multissetorial. A Chicago Climate Exchange – CCX é uma bolsa auto-regulada que teve sua primeira fase de 2003 até 2006, viabilizando o comércio de redução de emissões nos Estados Unidos da América, Canadá e México. Na safra de 2006, o preço médio da tonelada de carbono foi comercializada em U$ 1,87 t/CO2e.[40]

Na esteira do Protocolo de Quioto, o Brasil apresentou na Cúpula Mundial sobre o Desenvolvimento Sustentável de Johannesburgo, África do Sul, entre 26 de Agosto e 4 de setembro de 2002, a proposta de um mercado de energia renovável que emitiria certificados de energia renovável moderna. O mercado funcionária de forma mais simples que o de Quioto, em que os países que não atinjam as metas do protocolo comprarão certificados de outros. A meta da proposta brasileira seria que os países atingissem 10% da matriz energética global com fonte energética renovável.[41]

Os mercados gerados pelos créditos de redução de emissões transacionáveis são vistos como uma boa oportunidade de negócio por uma fatia do setor privado. O valor total do mercado de créditos de carbono, por exemplo, segundo Avaliação Ecossistêmica do Milênio, em 2003 superava os US$ 300 milhões, e projeta-se para 2010 um aumento entre US$ 10 bilhões a US$ 40 bilhões.[42]

A partir de exemplos rentáveis como este, outros mercados baseados em créditos de redução de emissões transacionáveis podem surgir, como a proposta brasileira anteriormente citada. Outros exemplos seriam: mercados de créditos de recarga de aqüíferos; de trocas hídricas e arrendamento de água; de produção e uso de energias renováveis e de mitigação de impactos sobre zonas úmidas e zonas ripárias, entre outras propostas.[43]

O crescimento pelo interesse em mercados de créditos transacionáveis como solução para os problemas do aquecimento global tem demonstrado que as

---

[39] LIMA, Lucila Fernandes. O mercado de carbono e a redução de emissões de gases de efeito estufa: novas perspectivas. In: NASSER, Salem Hikmat; REI, Fernado (Orgs.). *Direito internacional do meio ambiente*: ensaios em homenagem ao professor Guido Fernando Silva Soares. São Paulo: Atlas, 2006. p. 106 *et seq.*

[40] *Ibid.* p. 107.

[41] GOLDEMBERG, José; LUCON, Oswaldo. Mudanças do clima e energias renováveis: por uma governança global. In: NASSER, Salem Hikmat; REI, Fernado (Orgs.). *Direito internacional do meio ambiente*: ensaios em homenagem ao professor Guido Fernando Silva Soares. São Paulo: Atlas, 2006. p. 202.

[42] ALMEIDA, Fernando. *Os desafios da sustentabilidade*: uma ruptura urgente. 2. ed. Rio de Janeiro: Elsevier, 2007. p. 207.

[43] *Ibid.* p. 210

soluções privadas de Coase são um instrumento sustentável no momento em que estão desenvolvendo a economia e a preservação pelo meio ambiente.

3.1. O mercado de créditos de carbono

Na ECO-92, foram firmados vários acordos como a Declaração do Rio e a Agenda 21. Além desses, foram firmadas a Convenção sobre Diversidade Biológica e a Convenção Quadro das Nações Unidas sobre Mudança do Clima (UNFCCC – "United Nations Framework Convention on Climate Change"). A UNFCCC foi terminada em 9 de maio de 1992, para que o processo de ratificação iniciasse na ECO-92. Em 21 de março de 1994, a UNFCCC entrou em vigor com o objetivo de estabilizar a emissão de gases danosos a atmosfera, em especial o dióxido de carbono.[44]

Os países que assinaram a UNFCCC foram divididos em duas partes: os países do Anexo I, composto pelos países desenvolvidos, industrializados e ricos, mais Federação Russa e Europa Oriental; e, países Não Anexo I, que são os demais. Dentre os países do Anexo I,[45] há aqueles que foram subdivididos em Anexo II, que são os 24 países que somam melhores condições econômicas e maior potencial de emissão dos GEE.[46]

A UNFCCC tem como órgão supremo a Conferência das Partes (COP), sendo que é por intermédio dela que se toma as principais decisões em encontros quase anuais. Os encontros da COP iniciaram-se em Berlim, de 28 de março a 7 de abril de 1995. De 1995 para 2007 já foram 12 COP, sendo a última em 2006 na cidade de Naoróbi, no Quênia.[47] A COP que mais interessa para o presente estudo é a COP 3 realizada de 1 a 10 de dezembro de 1997 na cidade de Quioto no Japão, onde foi firmado o Protocolo de Quioto, um anexo da UNFCCC que serve para dar eficácia a esta.

A primeira meta a ser atingida pelo Protocolo de Quito, conforme o seu art. 3º, §1º, é que os países do Anexo I reduzam em 5% as suas emissões de GEE abaixo do nível registrado em 1990, no período entre 2008 a 2012. Porém, para entrar em vigor o Protocolo, conforme o art. 25, deve se ter no mínimo a adesão de 55 partes da UNFCCC, sendo que a soma das partes deve corresponder no

---

[44] CALSING, Renata de Assis. *O Protocolo de Quioto e o direito ao desenvolvimento sustentável*. Porto Alegre: Sergio Antonio Fabris Editor, 2005. p. 41 *et seq*.

[45] Compõe países do Anexo I: Alemanha, Austrália, Áustria, Bélgica, Bulgária, Canadá, Comunidade Européia, Croácia, Dinamarca, Eslováquia, Eslovênia, Espanha, Estados Unidos da América, Estônia, Federação Russa, Finlândia, França, Grécia, Hungria, Irlanda, Islândia, Itália, Japão, Letônia, Liechtenstein, Lituânia, Luxemburgo, Mônaco, Noruega, Nova Zelândia, Países Baixos, Polônia, Portugal, Reino Unido da Grã-Bretanha e Irlanda do Norte, República Checa, Romênia, Suécia, Suíça e Ucrânia. Fonte: *Protocolo de Kyoto de la Convención Marco de las Naciones Unidas sobre el Cambio Climático*. Disponível em: < http://unfccc.int/resource/docs/convkp/kpspan.pdf > Acesso em: 29 out. 2007.

[46] CALSING, Renata de Assis. *O Protocolo de Quioto e o direito ao desenvolvimento sustentável*. Porto Alegre: Sergio Antonio Fabris Editor, 2005. p. 43.

[47] Durante a redação deste trabalho estava ocorrendo a COP 13 em Bali na Indonésia.

mínimo a 55% do total de emissões dos GEE na atmosfera de países do Anexo I, com base nas emissões de 1990.

Posteriormente, com a COP 10 realizada entre 6 a 17 de dezembro de 2004 em Buenos Aires, é que o Protocolo de Quioto entrou em vigor, com a prévia ratificação do Acordo pelo presidente Vladimir Putin da Rússia em novembro daquele ano.[48]

Para que a meta colimada de 5% seja alcançada pelos países do Anexo I, o Protocolo de Quioto previu três instrumentos auxiliares para a efetivação do Acordo. Os três instrumentos são: Comércio Internacional de Emissões (CIE – "International Emissions Trading"), Implementação Conjunta (IC – "Joint Implementation") e Mecanismo de Desenvolvimento Limpo (MDL – "Clean Development Mechanism").

O CIE é baseado no mecanismo do "cap and trade", ou seja, é um sistema global de compra e venda de carbono, no qual as empresas ou países que emitirem menos que as metas estabelecidas podem vender para quem não as atingiu. A IC é um mecanismo onde um país do Anexo I adquire Unidades de Redução de Emissão (URC) de outro país do Anexo I, resultantes de projetos conjuntos de redução dos GEE. Por fim, o MDL é um mecanismo semelhante ao IC, porém o país do Anexo I, ao invés de adquirir URC, adquirem Reduções Certificadas de Emissão (RCE), que são resultantes de projetos voltados à redução de emissão dos GEE, ou de seqüestro de carbono, implantados em países em desenvolvimento.[49]

Os três mecanismos previstos pelo Protocolo de Quioto são soluções privadas balizadas pelo princípio do poluidor-pagador, já que o comércio de cada instrumento irá regular as emissões dos GEE para que nenhuma parte signatária do Acordo extrapole a meta colimada de 5%. A necessidade de três instrumentos, evidencia a forma abrangente com que a UNFCCC quer atingir o problema do aquecimento global com o Protocolo de Quioto.

O CIE previsto no art. 17 do Protocolo, tem o fim de uma compensação de emissões mais abrangente, já que são negociados os limites de emissão. Em contrapartida a IC prevista no art. 6º do Protocolo, busca impulsionar o setor privado na troca de tecnologia e "Know-how", visto que se baseia na construção de projetos.[50] O MDL previsto no art. 12 do Acordo, além de reunir as características da IC, tem o condão de fomentar o desenvolvimento sustentável nos países em desenvolvimento.

O MDL é a maneira encontrada para que países como o Brasil, que não se encontram no Anexo I do Protocolo de Quioto, porém o tenham ratificado, par-

---

[48] CALSING, Renata de Assis. *Opus citatum.* p. 72 *et seq.*

[49] LIMA, Lucila Fernandes. O mercado de carbono e a redução de emissões de gases de efeito estufa: novas perspectivas. In: NASSER, Salem Hikmat; REI, Fernado (Orgs.). *Direito internacional do meio ambiente*: ensaios em homenagem ao professor Guido Fernando Silva Soares. São Paulo: Atlas, 2006. p. 111.

[50] SISTER, Gabriel. *Mercado de carbono e Protocolo de Quioto*: Aspectos negociais e tributação. Rio de Janeiro: Elsevier, 2007. p. 10 *et seq.*

ticipem do Acordo, por meio de projetos sustentáveis que produzem os RCE que só podem ser adquiridos pelos países do Anexo I. Os projetos provenientes do MDL são uma fonte de riqueza, emprego e preservação ambiental para os países em desenvolvimento.

Para que o MDL seja realmente um instrumento de solução privada a serviço do desenvolvimento sustentável criando externalidades positivas para compensar as negativas, na lógica do poluidor-pagador, ele tem que seguir alguns preceitos exigidos pelo art. 12, § 5°, do Protocolo. Os requisitos são: participação voluntária de cada parte envolvida; que dos projetos advenham benefícios reais, mensuráveis e a longo prazo contra as alterações climáticas; e, que as reduções dos GEE sejam adicionais as que se produziriam na ausência do projeto.

A CIMGC, responsável pela aprovação dos projetos MDL realizados no Brasil, estabeleceu mais alguns critérios para aprovação dos projetos, os quais serão abordados no subitem a seguir.

3.1.2. Os critérios de sustentabilidade para a aprovação de um projeto MDL

A CIMGC em complementação aos critérios adotados pelo Protocolo de Quioto, já abordados anteriormente (participação voluntária, benefícios reais e adicionalidade), estabeleceu mais alguns itens a serem observados para a aprovação de um projeto MDL, que são os critérios de sustentabilidade. A Resolução n.° 1, de 11 de setembro de 2003, expedida pela CIMGC, a qual praticamente reproduziu a Decisão n° 17/CP7 do Acordo de Marraqueche, é o instrumento que descreve tais critérios.[51]

Os critérios de sustentabilidade estão previstos no Anexo III da Resolução n.° 1, quais sejam: contribuição para a sustentabilidade ambiental local; contribuição para o desenvolvimento das condições de trabalho e a geração líquida de empregos; contribuição para a distribuição de renda; contribuição para a capacitação e desenvolvimento tecnológico; contribuição para a integração regional e a articulação com outros setores.

O primeiro critério de sustentabilidade, coadunado com o art. 225 da Carta Magna brasileira, procura prever os impactos ambientais locais do projeto MDL, pois seria incongruente que um projeto que visa a mitigar um problema global gere impacto ambiental no local da atividade. Assim, um projeto MDL tem que ser sustentável tanto na mitigação do aquecimento global, como de impactos locais.

Posteriormente, o segundo critério preocupa-se com as condições de trabalho e de geração de emprego. Os valores sociais do trabalho são um dos fundamen-

---

[51] AMARAL, Renata Campetti; BARCELLOS, Ricardo Dornelles Chaves. Protocolo de Kyoto – o mercado a favor da conservação ambiental. In: TIMM, Luciano Benetti. *Direito e economia*. São Paulo: IOB Thomson, 2005. p. 191.

tos da República Federativa do Brasil, esculpidos no art. 1º, IV, da Constituição Federal, além de ser um direito fundamental previsto no art. 170, referente aos princípios gerais da atividade econômica do referido Diploma.

O critério abordado visa o respeito a esse fundamento da República, respeitando-se os valores sociais e trabalhistas, bem como os aspectos qualitativos e quantitativos laborais. Alvo de críticas, por exemplo, é a produção brasileira de combustíveis renováveis que se utilizaria de trabalho análogo ao escravo.

O terceiro e o quinto critérios, referem-se à distribuição de renda e integração regional, os quais são objetivos da República Federativa do Brasil, conforme o art. 3º, III, da Constituição Federal, e um direito fundamental previsto no art. 170, VII, referente aos princípios gerais da atividade econômica do referido Diploma.

Estes critérios visam a analisar o impacto social do projeto MDL em relação às populações de baixa renda, o qual deve impactar de uma maneira benéfica. Além disso, o projeto deve contribuir para o fomento da integração regional onde está inserido, o que é um impacto natural de uma atividade que gera empregos, renda, educação, desenvolvimento sustentável, entre outros aspectos sociais e econômicos.

O quarto critério refere-se à capacitação do desenvolvimento tecnológico, uma das áreas mais carentes do Brasil. Apesar da Constituição prever no art. 218 que incumbe ao Estado promover e incentivar o desenvolvimento científico, a pesquisa e a capacitação tecnológica; esta não é uma das prioridades do Estado brasileiro. A Resolução nº 1 ao estabelecer esse critério traz para a iniciativa privada o dever de contribuir com o fomento do desenvolvimento tecnológico, uma das áreas de maior descaso do Estado brasileiro.

Os projetos MDL baseados nestes critérios devem, além de reduzir a emissão de GEE, atender a obrigações que até então eram atribuídas somente ao Estado. Isso demonstra a relevância de um projeto MDL como um instrumento a serviço do desenvolvimento sustentável sobre todos os aspectos, sustentabilidade ambiental e econômica, somada a responsabilidade com obrigações sociais.[52]

Os critérios de sustentabilidade demonstram a flexibilidade das soluções privadas criadas por Coase, pois do mercado do lago Ontário ao mercado de carbono os créditos de redução de emissões transacionáveis foram sendo alterados com a inserção de critérios que acompanharam a modificação do modelo de desenvolvimento. Dessa forma, a criação de mais critérios sustentáveis, seja para projetos MDL ou para novos mercados, somente irá enriquecer ainda mais a teoria de Coase.

---

[52] AMARAL, Renata Campetti; BARCELLOS, Ricardo Dornelles Chaves. Protocolo de Kyoto – o mercado a favor da conservação ambiental. In: TIMM, Luciano Benetti. *Direito e economia*. São Paulo: IOB Thomson, 2005. p. 190 *et seq.*

Conclusão

O aquecimento global está promovendo uma mudança de comportamento nos setores privado e público em relação ao meio ambiente.

A tentativa de soluções privadas sempre foi realizada numa esfera de pequenos espaços, como o caso precursor de J. H. Dales no caso do lago Ontário, que fomentou o primeiro comércio de títulos de redução de emissões transacionáveis. Outras tentativas de mercados de créditos de redução de emissões sucederam-se, mas sempre em projetos pequenos. Além disso, faltava para esses mercados era devida contraprestação, para que não ficassem rotulados como mera permissão para poluir.

Com o Protocolo de Quioto, que trouxe o mercado de créditos de carbono, primeiro verificou-se que soluções privadas em uma perspectiva global são possíveis, uma vez que mais de 150 países podem participar do comércio devido às suas várias modalidades. Em segundo lugar, que títulos de redução de emissões transacionáveis podem fomentar uma contraprestação, que é caso do MDL, em que se viabiliza a implementação de projetos de desenvolvimento sustentável.

Terceiro, o mercado de créditos de carbono está influenciando vertiginosamente outros mercados, exemplo disso é o EU-ETS, que se antecipou ao Protocolo de Quioto e iniciou seus trabalhos com uma primeira fase de 2005 até este ano. Quarto, a influência econômica em projetos que ao mesmo tempo que são amigos do ambiente, rendem lucros para mais de um país, efetivando o modelo desenvolvimentista sustentável, como nunca se tinha visto.

Em quinto lugar, os resultados positivos desse mercado estão influenciando na proposta de criação de outros mercados de títulos de redução de emissões, como já propôs o Brasil na Convenção de Johannesburgo, de formar-se um mercado de energia renovável mais simples que o mercado do carbono.

Se o mercado de crédito de carbono vai conseguir efetivamente alcançar suas metas propostas, não se sabe, a maioria dos estudiosos afirma que não serão colimadas. Entretanto, muito importante é a mobilização mundial em prol do meio ambiente, o que há tempos atrás seria impossível.

Ademias, a negociação entre as partes, dessa forma, se torna mais eficaz porque o mercado naturalmente gera o desenvolvimento sustentável. O papel principal do Poder Público neste caso se torna menos oneroso, mais simplificado e mais eficaz.

O MDL consagrou os créditos à categoria de "carro-chefe" do desenvolvimento sustentável com responsabilidade social, sendo um aliado do Estado para políticas até então eminentemente públicas. Isso só reforça o argumento de que a responsabilidade da iniciativa privada alterou-se de legal para moral, demonstrando que as soluções privadas criadas por Coase são sustentáveis, algo que as soluções públicas de Pigou não conseguiram atingir.

As soluções privadas, por meio desses mercados, vieram para somar às soluções públicas, e não concorrer com elas. Mais relevante do que eleger qual a solução mais importante, seja pública ou privada, é perceber que ambas sejam adotadas para que ocorra a internalização das externalidades negativas e que se promova o desenvolvimento sustentável.

Referências bibliográficas

ALMEIDA, Fernando. *Os desafios da sustentabilidade*: uma ruptura urgente. 2. ed. Rio de Janeiro: Elsevier, 2007.

ALMEIDA, Jalcione. A problemática do desenvolvimento sustentável. In: BECKER, Dinizar Fermiano (org). *Desenvolvimento sustentável*: necessidade e/ou possibilidade? Santa Cruz do Sul: EDUNISC, 1999.

AMARAL, Renata Campetti; BARCELLOS, Ricardo Dornelles Chaves. Protocolo de Kyoto – o mercado a favor da conservação ambiental. In: TIMM, Luciano Benetti. *Direito e economia*. São Paulo: IOB Thomson, 2005.

ARAGÃO Maria Alexandra de Sousa. *O princípio do poluidor pagador*: pedra angular da política comunitária do ambiente. Coimbra: Coimbra editora, 1997.

BARBOSA, Rangel; OLIVEIRA. O princípio do poluidor-pagador no Protocolo de Quioto. In: BENJAMIN, Antônio Herman V.; MILARÉ, Édis. (org.). *Revista de direito ambiental*. n. 44. São Paulo: Revista dos tribunais, out./dez. 2006.

CALIENDO, Paulo. In: TÔRRES, Heleno Taveira (Coord.). *Direito tributário ambiental*. São Paulo: Malheiros, 2005.

CALSING, Renata de Assis. *O Protocolo de Quioto e o direito ao desenvolvimento sustentável*. Porto Alegre: Sergio Antonio Fabris Editor, 2005.

COSTA, Simoni Souza Thomazi. *Economia do meio ambiente*: produção x poluição. Porto Alegre: Armazém digital, 2006.

——. Introdução à economia do meio ambiente. In: *Análise*: A revista acadêmica da Faculdade de Administração, Contabilidade e Economia da Pontifícia Universidade Católica do Rio Grande do Sul. V.1. n. 1. Porto Alegre: EDIPUCRS, 1989.

EATON, B. Curtis; e EATON, Diane F. *Microeconomia*. Tradução por Cecília C. Bartalotti. 3 ed. São Paulo: Saraiva, 1999.

GOLDEMBERG, José; LUCON, Oswaldo. Mudanças do clima e energias renováveis: por uma governança global. In: NASSER, Salem Hikmat; REI, Fernado (Orgs.). *Direito internacional do meio ambiente*: ensaios em homenagem ao professor Guido Fernando Silva Soares. São Paulo: Atlas, 2006.

LIMA, Lucila Fernandes. O mercado de carbono e a redução de emissões de gases de efeito estufa: novas perspectivas. In: NASSER, Salem Hikmat; REI, Fernado (Orgs.). *Direito internacional do meio ambiente*: ensaios em homenagem ao professor Guido Fernando Silva Soares. São Paulo: Atlas, 2006.

MARSHALL, Alfred. *Princípios de economia*. Tradução por Ottolmy Strauch e Rômulo Barreto Almeida. São Paulo: Abril Cultura, 1982.

OLIVEIRA, Roberto Guena de. In: PINHO, Diva Benevides; VASCONCELLOS, Marco Antonio Sandoval de. *Manual de economia*. 4. ed. Saraiva: São Paulo, 2004. p. 533.

PIGOU, Arthur Cecil. *La economia del bienestar*. Madrid: M. Alguilar Editor, 1946.

PROTOCOLO de Kyoto de la Convención Marco de las Naciones Unidas sobre el Cambio Climático. Disponível em: < http://unfccc.int/resource/docs/convkp/kpspan.pdf > Acesso em: 29 out. 2007.

SILVA, Geraldo Eulálio do Nascimento e. *Direito Ambiental Internacional*: meio ambiente, desenvolvimento sustentável e os desafios da nova ordem mundial. 2. ed. Rio de Janeiro: Thex, 2002.

SISTER, Gabriel. *Mercado de carbono e Protocolo de Quioto*: Aspectos negociais e tributação. Rio de Janeiro: Elsevier, 2007.

TEIXEIRA, Duda. O futuro é verde: entrevista com o presidente da Costa Rica Oscar Arias. *Revista Veja*, São Paulo, Ano 40. ed. 2026. de 19 de set. de 2007.

— 14 —
As percepções e experiências com a corrupção no setor de obras rodoviárias do Estado do Rio Grande do Sul

GIÁCOMO BALBINOTTO NETO
(PPGE/UFRGS)

RICARDO LETIZIA GARCIA
(UERGS)

Sumário: 1. Introdução; 2. A organização do setor rodoviário gaúcho; 2.1. A Interface do DAER e suas Implicações para a Corrupção; 2.2. As Características Próprias do Setor de Obras Rodoviárias; 2.3. As Rendas Potencialmente Corruptas no Setor de Obras Rodoviárias; 3. A percepção da corrupção no setor rodoviário; 4. Reflexões e análises das informações; 5. Considerações Finais; Referências bibliográficas; Anexo.

1. Introdução

Considerada um fenômeno restrito a países não-desenvolvidos, e de difícil medição, a corrupção como tópico de investigação surgiu mais recentemente,[1] quando foi percebida como um fato que atinge toda a sociedade com efeitos negativos sobre a alocação de recursos, a eficiência econômica e o crescimento econômico.

A corrupção possui uma dimensão legal, histórica e cultural, que não pode ser negligenciada, mais recentemente, economistas começaram a examinar a corrupção utilizando o instrumental econômico. Instituições financeiras internacionais, como o Banco Mundial e a Organização para o Desenvolvimento e Cooperação Econômica (OECD), e organizações não-governamentais, como a

---
[1] A impressão de que a sociedade nada podia fazer para o seu combate proporcionou a falta de estudos e pesquisas no tratamento da corrupção como política pública.

Transparência Internacional,[2] mostraram-se preocupadas com as implicações da corrupção na economia mundial. Iniciativas da sociedade civil ou dos próprios governos em vários países, com apoio de organizações de cooperação internacional, produziram um grande número de estudos, aumentando as informações sobre a disseminação da corrupção e seus efeitos.

Segundo Jain (2001, p. 71), uma das conseqüências deste crescente interesse e preocupação com a corrupção tem sido os esforços que estão sendo feitos para entender como ela afeta o crescimento econômico tanto direta como indiretamente, como provoca um deslocamento na alocação dos recursos (físicos e humanos), e como distorce os incentivos e oportunidades para as empresas.

O Banco Mundial que, desde 1996, incorporou o combate à corrupção dentro de suas principais linhas de ação, tem incentivado a realização de diagnósticos em vários países e é responsável pelo incremento considerável dos dados empíricos disponíveis sobre o tema. O Banco defende que o combate à corrupção deve estar entre as principais políticas públicas, pois, em países com elevados índices de corrupção, a propina aumenta o custo na operacionalização de negócios, afasta investidores e tem efeitos perversos sobre o crescimento econômico e a alocação de recursos.[3]

QUADRO 1
Relações de Corrupção em uma Sociedade Democrática

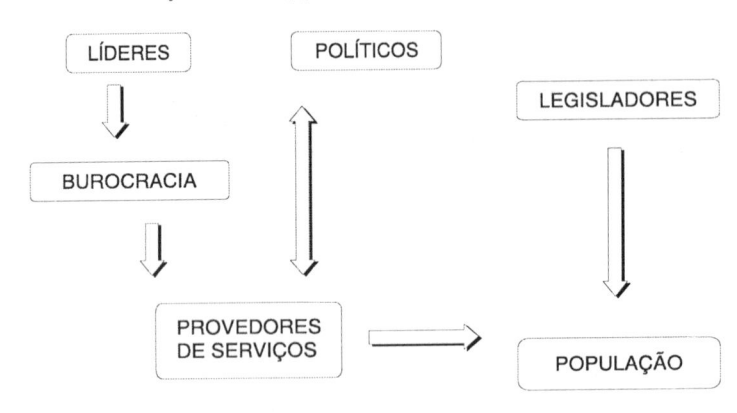

Fonte: Jain (2001, p.74).

Neste contexto, o trabalho visa a obter informações sobre a percepção, atitudes e comportamentos com relação à corrupção no setor de obras rodoviárias, buscando fazer emergir impressões difíceis de serem evidenciadas e externaliza-

---

[2] A *Transparency International* é uma Organização Não-Governamental (ONG) internacional, criada em 1993, com o objetivo de lutar contra a corrupção nas transações comerciais internacionais, inspirar políticas governamentais, influir sobre o comportamento comercial e sensibilizar a opinião pública para o problema.
[3] Conferir Garcia (2003) para um resumo das evidências e estimativas.

das através de uma pesquisa direta. Tem-se claro que a coleta de dados primários é difícil, visto que a corrupção é um tema sensível e polêmico e as pessoas podem ter dificuldades de expor suas opiniões abertamente a um entrevistador. Tendo em vista este fato, optou-se pelo envio de um questionário pelo correio. Reconhece-se, também, a limitação desta abordagem, pois a indesejabilidade social da corrupção pode criar dificuldades e influenciar as respostas dos entrevistados, fazendo com que as respostas não venham a refletir o que os respondentes realmente pensam e percebem com relação à corrupção, mas sim, aquilo que consideram ser socialmente desejável. Deste modo, um questionário respondido por meio de carta, apenas pelo entrevistado, busca minimizar tal efeito e possível constrangimento e, ao mesmo tempo, possibilita que ele revele sua verdadeira percepção sobre o fenômeno em questão.

Este trabalho se insere dentro de uma linha de pesquisa e estratégia metodológica que busca perceber a existência da corrupção, de forma indireta, através da aplicação de um questionário aos agentes diretamente envolvidos, com o intuito de verificar se a corrupção afeta a qualidade do serviço prestado, modifica a decisão de investimentos das empresas ou reduz a eficiência burocrática. Por conseguinte, oferece-se uma contribuição ao estudo da corrupção na tentativa de identificar situações e oportunidades da corrupção no setor de obras rodoviárias. Este trabalho é difícil e custoso de ser feito. Conforme Jain (2001, p.76) este tipo de trabalho é de difícil desenvolvimento uma vez que:

> By its nature corruption would be difficult to measure since it is carried out, in most cases, clandestinely and away from the public eyes and records. A research trying to develop quantitative measures of corruption has to struggle with question of what will be included in a such measurement, and then try to measure something that those who know about are trying to hide.

Ainda segundo Jain (2001, p.77-81), a corrupção requer a existência de três elementos básicos para poder existir e se manter num determinado período, ao invés de ser um fenômeno passageiro e efêmero: (i) *o poder discricionário* – isto é, alguém deve ter um poder discricionário sobre a alocação de recursos, seja uma elite política, sejam os administradores públicos ou os legisladores ou ainda os funcionários públicos responsáveis pela fiscalização das obras e liberação dos recursos orçamentários; (ii) *a existência de rendas econômicas que estejam associadas com este poder discricionário*; as rendas devem ser tais que grupos identificáveis de agentes (no caso em questão as empresas ligadas ao setor de obras rodoviárias) possam capturar as rendas criadas e (iii) *um sistema legal/judicial que ofereça uma baixa probabilidade de detecção e/ou punição para os atos corruptos*. Assim, pode-se dizer que a corrupção e percepção de sua existência ocorrem quando existem elevadas rendas a serem capturadas por grupos de pressão organizados e que estão associados com um poder discricionários no setor público, tanto executivo como legislativo e que estão, ambas, relativamente isentos de qualquer punição ou penalidade associadas à mesma.

Como o artigo irá demonstrar, no que diz respeito ao setor de obras rodoviárias, todos estes elementos se fazem presentes. Portanto, o objetivo será o de verificar, por meio de um questionário se estes elementos realmente se encontram presentes segundo a percepção dos agentes envolvidos.[4]

2. A organização do setor rodoviário gaúcho

Examinando o setor rodoviário gaúcho no período recente, tem-se a percepção de que este apresenta um ambiente propício à corrupção, pois apresenta um baixo nível de competição e um ambiente burocrático com grande poder discricionário. Decisões centralizadas, grandes quantias financeiras envolvidas no projeto e execução de uma obra,[5] falhas no sistema de controle e a relação entre burocratas e empresas reforçam os argumentos acima.[6]

Ressaltando a importância econômica do setor, a tabela 1 apresenta as dotações orçamentárias do Departamento Autônomo de Estradas e Rodagens (DAER)[7] entre os anos de 1998 e 2002 e a sua participação percentual no orçamento público estadual.

Tabela 1: Dotações Orçamentárias do DAER e do Governo Estadual (1998-2002)*

(em milhares de R$)

Dotação Orçamentária	1998	1999	2000	2001	2002
Total DAER	746.014,42	498.646,20	517.464,27	591.498,26	701.473,00
Governo Estadual	16.702.789,73	10.439.599,27	11.575.224,96	13.316.120,36	15.349.081,51
Total/ Governo (%)	4,47	4,78	4,47	4,44	4,57

Fonte dos dados: Site da Secretaria Estadual da Fazenda (*www.sefaz.rs.gov.br*).
Notas: (i) os valores estão apresentados em moeda corrente; (ii) a dotação inclui os valores suplementados no exercício orçamentário.

As dotações orçamentárias dimensionam a importância do setor de obras rodoviárias. Ao DAER compete a alocação e gerenciamento desses recursos em rubricas específicas, como a construção, restauração, manutenção e conservação das rodovias estaduais. Cabe ao DAER também a contratação de empreiteiras e consultorias para execução de serviços e obras rodoviárias.[8] Esta política é justi-

---

[4] Para um trabalho semelhante ao nosso feito para o Brasil, abrangendo 78 empresas, confira Abramo (2004).

[5] A ampliação do mercado fez surgir no país uma potente indústria de construção pesada e de fabricação de equipamentos, fato que acabou gerando a gradual terceirização de obras e serviços de construção de estradas.

[6] Para maiores detalhes, conferir Garcia (2003).

[7] O DAER é uma autarquia com personalidade jurídica própria, vinculada à Secretaria Estadual de Transporte.

[8] A manutenção de uma capacidade instalada de elevado custo para a execução de uma atividade (construção) de sazonalidade sensivelmente alta e com elevada incerteza dificultaria a já precária situação gerencial e finan-

ficada pelos elevados custos de investimentos em tecnologia (máquinas e equipamentos). A utilização dos serviços de terceiros torna-se vantajosa na medida em que a empresa contratada possui condições técnico-operacionais de definir normas e padrões e exercer o controle de custos e qualidade das tarefas executadas.

Por atuar dentro de uma jurisdição própria, o DAER detém, na esfera estadual, o monopólio na oferta de serviços rodoviários. A participação federal na infra-estrutura viária gaúcha ocorre através do Departamento Nacional de Infra-Estrutura de Transporte (DNIT).

2.1. A Interface do DAER e suas Implicações para a Corrupção

A contratação de uma obra rodoviária exige a interface entre diversos setores dentro do departamento rodoviário e deste com outros órgãos públicos. Esta interface decorre da complexidade de uma obra e do seu impacto físico, ambiental e econômico sobre a área ou localidade onde está sendo construída. A contratação exige a anuência, apreciação e a tramitação da demanda por outros órgãos públicos estaduais (Fundação Estadual de Proteção Ambiental (FEPAM); Departamento de Florestas e Áreas Protegidas (DEFAP); CELIC (Central de Licitações do Estado do Rio Grande do Sul); Secretarias da Fazenda e Planejamento; prefeituras e conselhos regionais) que definem liberações orçamentárias e financeiras e autorizam licenças e ordens necessárias à execução de uma obra rodoviária. O quadro 2 ilustra estas relações entre o DAER e outros órgãos estaduais.

QUADRO 2
A Interface do DAER com outros Órgãos Públicos Estaduais

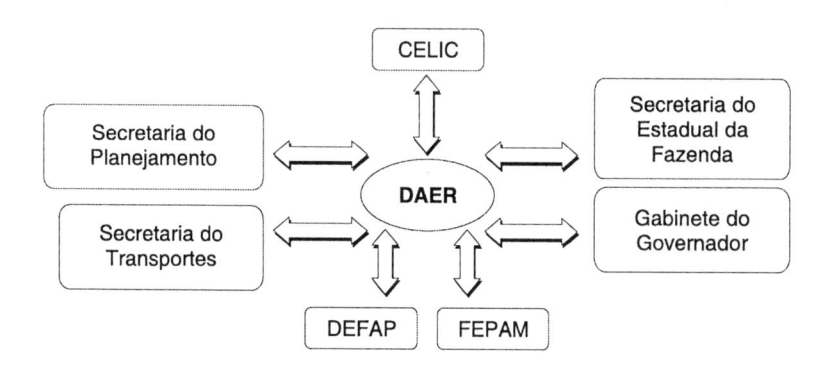

A necessidade de vários serviços públicos (licença, autorização, fiscalização) estabelece uma relação de complementaridade entre os órgãos. A FEPAM,

ceira do departamento rodoviário.

por exemplo, deve aprovar, por meio de relatórios técnicos, o projeto de engenharia rodoviária, no que diz respeito ao impacto ao meio ambiente. Existem também situações em que o projeto realizado atravessa um perímetro urbano. Neste caso, a construção da obra só poderá ser feita com a prévia autorização da prefeitura.[9]

Shleifer & Vishny (1993) sustentam que, em um ambiente burocrático e discricionário como descrito acima, o agente público poderá criar uma escassez artificial para obter propinas. No setor rodoviário, em específico, o servidor poderá atrasar uma licença ou autorização para o início da obra a ser contratada, ou, se já contratada, retardar o serviço nela prestado.

2.2. As Características Próprias do Setor de Obras Rodoviárias

A construção de uma rodovia é um sistema complexo, cujo resultado final é a execução da obra principal e a implantação de dezenas de obras menores. A sua realização está relacionada à disponibilidade financeira. Caso existam recursos programados, os prazos estabelecidos podem ser relativamente cumpridos. Contudo, ela pode ser paralisada devido a atrasos ou ingerências político-administrativas. As dificuldades operacionais determinam características próprias da atividade rodoviária e restrições ao ambiente competitivo. Sabe-se que restrições a um ambiente competitivo afetam a estrutura de ganhos dos agentes econômicos envolvidos em um determinado setor ou atividade econômica. No setor público essas restrições possibilitam a atuação de agentes públicos e privados dentro de mercados imperfeitos.

O setor de obras rodoviárias apresenta essas imperfeições. A necessidade de um investimento inicial elevado, a contratação de um grande número de trabalhadores; a distância geográfica, da obra e dos centros comerciais e financeiros; os custos fixos significativos; a imprevisibilidade do fluxo de receitas, devido ao tempo incerto de duração da obra rodoviária e o atraso no cronograma de pagamento, determinam que o setor de construção rodoviária seja representado, majoritariamente, por empresas de grande porte.[10]

Por envolver quantias financeiras significativas e tecnologias complexas, o setor rodoviário limita a participação de empresas com menor capital financeiro, gerencial e técnico. Isto determina barreiras à entrada de empresas e pouca competição no setor. Outra particularidade é a presença de custos fixos excessivamente altos, impedindo que empresas atuem na forma *hit and run*, entrando e saindo (se necessário) rapidamente do mercado, para obter lucros acima do

---

[9] O órgão ambiental, por exemplo, ao implantar normas mais rígidas de controle ambiental, afetará o desempenho burocrático do DAER, através de atrasos no cronograma de execução de obras ou da necessidade de gastos orçamentários não previstos inicialmente no projeto rodoviário.

[10] Entre os maiores grupos privados nacionais encontram-se grupos econômicos ligados ao setor de construção e engenharia rodoviária. No Rio Grande do Sul atuam no setor de obras rodoviárias cerca de 114 empresas construtoras e 27 consultoras. Contudo, muitas delas são administradas ou gerenciadas por um único grupo ou empresário, podendo até mesmo ter relações familiares ou patrimoniais (Fonte: SICEPOT).

normal.[11] Outro impedimento é a heterogeneidade dos serviços da atividade e a pequena capacidade de substituição.[12] A atuação dentro de um mercado com conseqüências restritivas sobre as condições de oferta, reforça o poder de mercado das empresas líderes e aumenta a probabilidade de condutas anticoncorrenciais e a formação de *lobbies* e grupos de pressão organizados que irão buscar rendas no Estado (o que caracteriza o comportamento de *rent-seeking*). Neste sentido, as observações de Tanzi (1998,p. 568) nos parecem pertinentes:

> Investment projects have lent themselves to frequent acts of high-level corruption. Because of discretion that some high-level public officials have over decisions regarding public investment projects, this type of public spending can become much distorted, both in size and in composition, by corruption. Public projects have, at times, been carried out specifically to provide opportunities to some individuals or political groups to get "commissions" from those who are chosen to execute projects. This has reduced productivity of such expenditures and has resulted in projects that would not have been justified on objective criteria of investment selection such as cost-benefit analysis.

Portanto, dada a especificidade dos investimentos rodoviários, do alto valor agregado de seus investimentos e do poder discricionário envolvido em sua definição, implementação, fiscalização e pagamentos, ele constitui-se num setor a ser estudado com maior rigor. Segundo Queiroz e Viser (2001, p.4) parece existir uma relação positiva entre pavimentação de estradas e corrupção:

> Governments typically invest a substantial part of their resources in development transport infrastructure. Thus, these investments represent relatively large opportunities for illicit diversion of public funds. It seems likely therefore that the more corruption there is in a country, the less effective would be the investments made on its infrastructure and, consequently, the lower would be the country's available stock of productive infrastructure. ...To explore a possible association between corruption and infrastructure, we plotted ... the scatter diagram for 54 countries where data is available, showing the association between PRD, paved road density, expressed in km per million population, and the corruption perception index (CPI), or corruption score. The diagram indicates a positive association between PRD and CS. This tend is also apparent when paved road density and corruption score are plotted for individual countries. However it is important to note that there are many other factors that bear on provision of transport infrastructure, such a country's degree's" of economic development and its size and geographic and topographic conditions.

Esta passagem indica que a relação entre infraestrutura viária e corrupção merece ser investigada com maior profundidade.

2.3. As Rendas Potencialmente Corruptas no Setor de Obras Rodoviárias

A dificuldade de quantificar a corrupção no setor rodoviário está relacionada à abrangência das atividades que podem ser consideradas corruptas, mas que não envolvem diretamente, em sua ação, um fluxo de recursos (exemplo: desvio de verbas públicas), como: informações privilegiadas sobre a política de

---

[11] Não se pode definir o mercado rodoviário como um mercado perfeitamente contestável, pois este é definido como um mercado em que tanto os concorrentes efetivos como os potenciais têm acesso às mesmas tecnologias e consumidores, e onde não existem barreiras à entrada e nem custo de saída (*sunk cost*).

[12] Para as empresas atuarem na forma *hit and run,* os bens ou serviços devem ser homogêneos ou substitutos.

investimento do departamento (*lobby*, favores e acordos políticos, antecipação de pagamentos, etc.).

Devido às dificuldades de mensurar a corrupção, a alternativa adotada neste trabalho foi dimensionar a existência da corrupção, a partir do percentual (%) de despesas efetuadas pelo DAER em setores e atividades mais sujeitas à corrupção. Esses setores envolvem despesas com investimento e restauração dos pavimentos rodoviários,[13] pois essas despesas, de modo geral, dependem de atos discricionários específicos dos servidores do departamento.

Com base nesta proposição, a parcela de recursos orçamentários do DAER potencialmente sujeita a desvio de verbas públicas e ao comportamento *Rent Seeking* pode ser calculada. A tabela 2 destaca as rendas geradas entre os anos de 1994 a 2002.

Tabela 2: Rendas Potencialmente Corruptas no período de 1994 a 2002

(valores deflacionados em milhares de reais: 1994=100%)

Anos / Tipo de Despesa	Dotação Orçamentária do DAER (a)	Dotação Orçamentária c/ Restauração de pavimentos* (b)	Dotação Orçamentária c/ Investimento (c)	Rendas Potencialmente Corruptas (b) + (c) = (d)	% das Rendas Potencialmente Corruptas do Total da Dotação (d) / (a)
1994	263.198.134,22	2.569.380,80	194.731.732,68	197.301.113,48	74,96
1995	289.451.204,31	3.529.093,24	206.413.696,31	209.942.789,55	72,53
1996	284.097.795,88	921.548,92	180.426.476,05	181.348.024,97	63,83
1997	331.128.040,33	276.300,34	239.607.166,84	239.883.467,18	72,44
1998	506.700.007,25	18.245.301,91	393.646.231,18	411.891.533,08	81,29
1999	282.279.196,01	9.284.782,50	194.201.367,05	203.486.149,55	72,09
2000	268.798.642,27	4.164.205,31	184.201.207,61	188.365.422,92	70,08
2001	276.220.350,76	5.370.318,48	197.123.780,98	202.494.099,46	73,31
2002	259.142.562,18	3.103.208,71	179.797.008,72	182.900.217,44	70,58
Total	2.761.015.933,22	47.464.140,21	1.970.148.677,42	2.017.612.817,63	73,08

Fonte de dados: Secretaria Estadual da Fazenda do Estado do RS.
Nota: os valores do período foram deflacionados pelo IGP-DI (FGV).

No quadro verifica-se que, no período de 1994 a 2002, R$ 2,76 bilhões de reais (valores deflacionados) foram alocados para despesas em conservação, restauração, e investimentos em pavimentos rodoviários. Buscando verificar a possibilidade de captura dessas rendas potencialmente corruptas por agentes privados, a seção seguinte busca identificar a percepção da corrupção no setor de obras rodoviárias.

O quadro 4 demonstra que a maior parte das dotações orçamentárias do DAER (mais de 70%) pode estar sujeita as atividade de *rent-seeking*. Ao longo

---

[13] Todas essas despesas envolvem a contratação de serviços terceirizados, estando sujeitas à lei das licitações.

do período analisado, dois bilhões e setecentos e sessenta e um mil reais (valores deflacionados) foram alocados para despesas em conservação, restauração e investimentos em pavimentos rodoviários. Pode-se também estimar o valor aproximado da corrupção, bastando definir percentuais de comissões indevidas e de propinas sobre os recursos destinados às atividades potencialmente corruptas.[14] Com base nos valores geralmente mencionados na literatura brasileira recente, por Silva[15] (1994, 1999), Abramo e Capobianco[16] (2001), estabeleceu-se um intervalo de renda que se situa entre 10% a 30%. Estes extremos foram definidos também com base nos custos envolvidos, pois abaixo de 10% poderia existir um ônus não coberto pela propina (custas de processo judicial ou transferência de parcela para fins de proteção, por exemplo) e acima de 30% poderia inviabilizar economicamente os projetos.[17] A tabela 3 ilustra a arrecadação de rendas estimada com propinas, a partir das rendas, potencialmente corruptas, geradas no setor de obras rodoviárias.

Tabela 3 - Arrecadação Potencial com Propinas no DAER entre 1994 a 2002

(valores deflacionados*: 1994=100%)

Anos / Tipo de Despesa	Total das Rendas Potencialmente Corruptas do Departamento (a)	Percentual de 10% c/ a Cobrança de Propinas (b)	Percentual de 20% c/ a Cobrança de Propinas (c)	Percentual de 30% c/ a Cobrança de Propinas (d)
1994	197.301.113,48	19.730.111,35	39.460.222,70	59.190.334,04
1995	209.942.789,55	20.994.278,96	41.988.557,91	62.982.836,87
1996	181.348.024,97	18.134.802,50	36.269.604,99	54.404.407,49
1997	239.883.467,18	23.988.346,72	47.976.693,44	71.965.040,15
1998	411.891.533,08	41.189.153,31	82.378.306,62	123.567.459,93
1999	203.486.149,55	20.348.614,95	40.697.229,91	61.045.844,86
2000	188.365.422,92	18.836.542,29	37.673.084,58	56.509.626,88
2001	202.494.099,46	20.249.409,95	40.498.819,89	60.748.229,84
2002	182.900.217,44	18.290.021,74	36.580.043,49	54.870.065,23
Total	2.017.612.817,63	201.761.281,76	403.522.563,53	605.283.845,29

Fonte de dados: Secretaria Estadual da Fazenda do RS.
Nota: (*) indica que os valores do período foram deflacionados pelo IGP-DI (FGV), tendo como base: 1994 =100%.

[14] Em pesquisa sobre percepções e experiências com fraudes e corrupção no setor privado, realizado pela Transparência Brasil e pela empresa de consultoria *Kroll*, no início do ano de 2002, a grande maioria das empresas afirmou que não existe uma taxa fixa para o cálculo do valor da propina. Já artigo publicado na *Revista Veja* (2001) afirma que o valor da propina cobrada em grandes obras oscila de 8 a 10%.

[15] Silva (1997) estima que em períodos de discussão do orçamento no parlamento nacional, deputados corruptos podem cobrar de 5% a 20% do valor da obra que está sendo incluída no orçamento.

[16] Os autores estimam que a corrupção pode representar mais de 30% dos custos governamentais.

[17] Provavelmente existam obras cujo valor do acordo ultrapasse os 30%. Porém, um valor elevado não é regra, pois aumenta em muito a possibilidade de o servidor ser descoberto na prática da ação corrupta.

Os dados ressaltam os elevados valores da arrecadação potencial com propinas no mercado rodoviário. Mesmo considerando um percentual de 10% com a cobrança de propinas, o valor total que poderia ser buscado envolveria cifras superiores a duzentos milhões de reais (valores deflacionados).

3. A percepção da corrupção no setor rodoviário

A questão da mensuração da corrupção é controversa. Por um lado, buscam-se medidas diretas (número de atos corruptos; total de propinas pagas; número de pessoas envolvidas; número de transações corruptas) que quantifiquem a corrupção. Entretanto, atualmente têm prevalecido os trabalhos que enfatizam a prevalência de sua percepção.[18] Segundo Speck (2000) as maneiras mais corriqueiras de quantificação se baseiam em três indicadores:[19] notícias de atos corruptos relatados na mídia; condenações contabilizadas nas instituições ligadas à esfera penal e informações obtidas através de pesquisas entre os agentes econômicos envolvidos no ambiente público que se pretende investigar.

O trabalho, seguindo a última orientação, procura obter dados referentes à percepção da corrupção no setor de construção rodoviária através de pesquisa efetuada junto às empresas de engenharia rodoviária.[20] A escolha pela aplicação de um questionário, como estratégia de investigação científica,[21] é defendida por diversos trabalhos como o de Weder (1997), realizado para o Banco Mundial e o da Transparência Brasil (2001), que a utilizaram para verificar a percepção da corrupção em diversos países. Contudo, neste trabalho optou-se por esta estratégia, mas ao contrário de uma análise para o país como um todo, ela foi aplicada a um setor específico, dada à característica singular do mesmo, bem com aos aspectos institucionais subjacentes. Como observou de modo perspicaz Hillman (2004,p.1067):

> The people who can best describe corruption are those themselves engaged in corruption. After the perpetrators themselves, the next best placed to describe corruption are those who interact with the government within which corruption takes place.

---

[18] A percepção da corrupção busca subsídios de diversas fontes, como: comentários de agentes econômicos envolvidos em uma atividade; experiências próprias e a informação pela mídia.

[19] Outras formas indiretas são: denúncias da sociedade organizada; investigações jornalísticas; enriquecimento abrupto dos servidores; número de contratos aditados e irregularidades na prestação das contas.

[20] O trabalho de Garcia (2003) elaborou o questionário intitulado de *Corrupção Burocrática no Setor de Construção de Obras Rodoviárias*, aplicado junto às empresas prestadoras de serviços rodoviários. As questões abrangeram informações gerais sobre a empresa, a visão das empresas quanto à eficiência burocrática do DAER, a percepção das empresas quanto à corrupção no ambiente burocrático, o envolvimento de outros órgãos públicos em acordos corruptos, o papel da lei de licitações no combate à corrupção e a contribuição de recursos financeiros a campanhas eleitorais.

[21] O questionário é uma técnica importante de investigação científica, pois permite o conhecimento de opiniões, percepções, expectativas e experiências do agente pesquisado. Ele apresenta como vantagens o anonimato das respostas e a não-exposição dos pesquisados à influência das opiniões do pessoal entrevistado.

O questionário[22] procurou identificar o perfil das empresas que atuam no setor de obras públicas rodoviárias e a percepção das mesmas sobre a corrupção burocrática. A pesquisa abrangeu todas as empresas[23] associadas ao Sindicato da Indústria da Construção de Empresas, Pavimentação e Obras de Terraplenagem do Estado do Rio Grande do Sul (SICEPOT–RS). Ela foi realizada no período de maio a junho de 2003. A obtenção das informações foi feita com a aplicação de questionário encaminhado através de correspondência lacrada e registrada, em duas oportunidades.[24] A remessa do material foi efetuada através dos correios. Foram expedidos 81 questionários (um para cada empresa), sendo que 79 (97,53%) chegaram ao seu destino.[25] A tabela 4 detalha estas informações.

Tabela 4: Questionário Remetidos e Devolvidos pelas Empresas

Questionários REMETIDOS	Freqüência	Percentual (%)
Devolvidos pela empresa de correios	2	2,47
Retornaram preenchidos	21	25,93
Não Retornaram preenchidos	58	71,60
Total	81	100

A pesquisa enfocou o relacionamento das empresas com servidores públicos, além das questões referentes à percepção e experiências de ações e condutas corruptas junto ao departamento e outros órgãos públicos. Busca-se identificar os seguintes aspectos referentes à percepção da corrupção no setor: informações gerais das empresas do setor; o relacionamento destas com o DAER e outros órgãos da esfera pública estadual; a percepção das empresas quanto à corrupção no ambiente administrativo do DAER e a visão das empresas sobre as oportunidades e incentivos à prática de atos corruptos.[26]

Quanto às *Informações Gerais sobre as Empresas* observou-se que as empresas têm, em sua grande maioria, larga experiência no mercado (atuam há mais de 10 anos) e possuem em seu quadro permanente mais de 50 funcionários. Isto indica que elas poderiam formar um grupo de pressão que buscasse rendas no Estado, principalmente através da inclusão de obras no orçamento público. Visto

---

[22] O questionário elaborado está apresentado em anexo.

[23] O envio de correspondências englobou as empresas associadas ao SICEPOT–RS. Entretanto, não é garantido que as empresas que responderam o questionário constituam uma amostra probabilística. A decisão de responder, ou não, coube exclusivamente às empresas pesquisadas.

[24] Na correspondência, com carta timbrada do PPGE/UFRGS, foi solicitado para as empresas não se identificarem. No primeiro envio retornaram quinze questionários. No segundo, retornaram mais seis.

[25] As devoluções foram ocasionadas pela troca de endereço ou erro de postagem.

[26] Os resultados obtidos devem ser analisados com algumas reservas, pois o conhecimento do mercado, a experiência própria e a inserção das empresas pesquisadas na atividade rodoviária não impedem um viés relacionado a informações externas (o papel e a atuação da imprensa) e valores internos. Empresários e sindicatos de um ambiente sensibilizado para o problema da corrupção terão um maior rigor nas respostas.

que o grupo é relativamente estável, isto iria minimizar os problemas de *free-rider* tornando as atividades de *lobby* e *rent seeking* mais efetivas.[27]

As figuras 1 e 2 ilustram as informações obtidas nas Questões: (1) *Há quantos anos a empresa atua no setor de construção de obras e serviços rodoviários?* e (2) *Quantos funcionários a empresa tem em seu quadro permanente?*

FIGURA 1

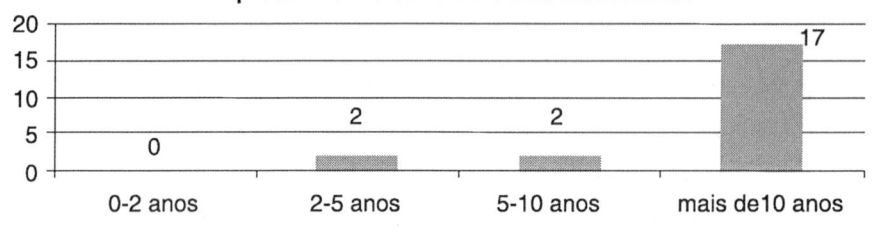

Tempo de Atuação das Empresas no Mercado de Obras Rodoviárias

Faixa	Nº
0-2 anos	0
2-5 anos	2
5-10 anos	2
mais de 10 anos	17

Questão (1): Há quantos anos a empresa atua no setor de construção de obras e serviços rodoviários?

A figura 1 mostra que, das 21 empresas que responderam o questionário, 17 atuam a mais de dez anos no mercado. A forte presença de empresas com um longo período de atuação corrobora a avaliação de que o mercado rodoviário é caracterizado por empresas consolidadas e inseridas dentro de um mercado restrito e limitado à entrada de novas empresas. O perfil dessas empresas também pode ser entendido a partir das particularidades da atividade rodoviária e da necessidade de grandes quantias financeiras, limitando a participação de empresas com menor capital financeiro, gerencial e técnico.

FIGURA 2

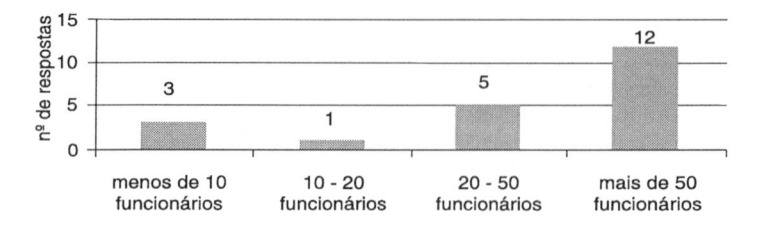

Número de Funcionários das Empresas do Setor Atuantes no Mercados de Obras Rodoviárias

Faixa	nº de respostas
menos de 10 funcionários	3
10 - 20 funcionários	1
20 - 50 funcionários	5
mais de 50 funcionários	12

Questão (2): Quantos funcionários a empresa tem em seu quadro permanente?

---

[27] Conferir Olson (1967).

A figura 2 complementa a análise, demonstrando que as empresas, além de possuírem uma grande experiência, detêm, em sua grande maioria, uma quantidade superior a 20 funcionários em seu quadro permanente. O questionário também observou que a quase totalidade das empresas presta serviços ao DAER, muito embora também atuem em outras esferas públicas. As figuras 3 e 4 ilustram as respostas das questões: (3) *Os contratos firmados com o DAER para a construção ou prestação de serviços rodoviários representam?* e (4) *A empresa realiza serviços e obras rodoviárias para outras esferas públicas ou para o mercado internacional?*

FIGURA 3

Representatividade dos Contratos das Empresas do Setor Rodoviário com o DAER

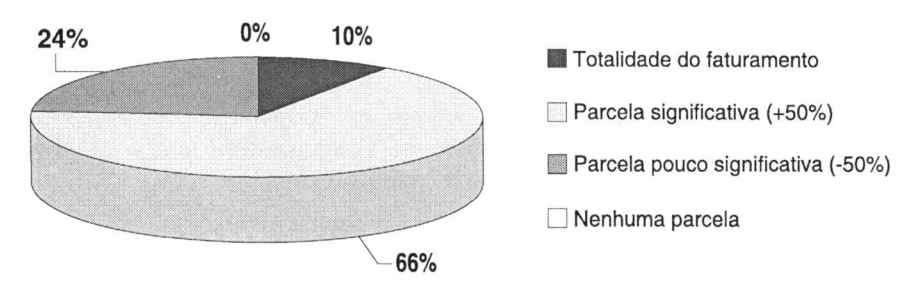

- Totalidade do faturamento: 0%
- Parcela significativa (+50%): 10%
- Parcela pouco significativa (-50%): 24%
- Nenhuma parcela: 66%

Questão (3): Os contratos firmados com o DAER para a construção ou prestação de serviços rodoviários representam?

As respostas ressaltam a dependência financeira das empresas com órgãos públicos.[28] Todas as empresas estabeleceram contratos de construção ou prestação de serviços com o DAER, muito embora cinco (24%) tenham respondido que os contratos firmados com o departamento representam parcela pouco significativa do seu faturamento. Entre as empresas, duas salientaram que, nos últimos anos, a crise financeira do Tesouro Estadual foi responsável pela redução dos contratos firmados com o DAER, exigindo a atuação em outros ramos do setor de obras civis.[29]

---

[28] O faturamento das empresas associadas ao SICEPOT, no ano de 2002, foi de R$ 714,6 milhões, obtidos a partir de contratos, principalmente, junto ao DAER (R$ 231 milhões) e DNIT (R$ 62 milhões).

[29] Nos últimos dois anos (2002 e 2003), a indústria da construção de estradas obteve um desempenho insatisfatório, decrescendo 20% em 2002 e uma projeção de decréscimo de 9% em 2003.

FIGURA 4

Atuação das Empresas do Setor Rodoviário em Outros Mercados Regionais e no Mercado Externo

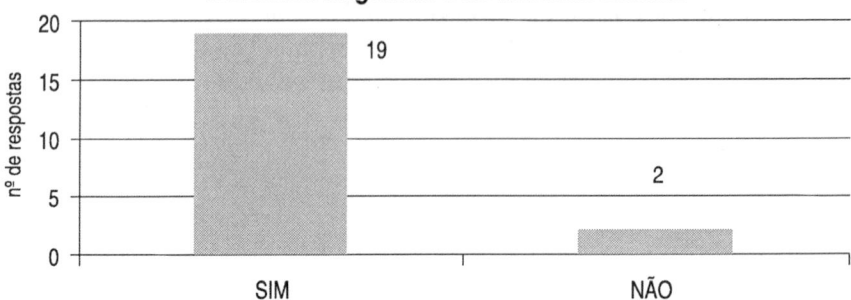

[Gráfico de barras: SIM = 19; NÃO = 2. Eixo y: nº de respostas (0 a 20).]

Questão (4): A empresa realiza serviços e obras rodoviárias para outras esferas públicas ou para o mercado internacional? Destaque os principais mercados:

A questão (4) investiga a atuação das empresas em outros mercados: *A empresa realiza serviços e obras rodoviárias para outras esferas públicas ou para o mercado internacional? Destaque os principais mercados:*

Constatou-se que a quase totalidade das empresas realiza serviços e obras rodoviárias para outros órgãos: 17 empresas ressaltaram que prestam serviços e realizam obras para prefeituras municipais e para o Governo Federal dentro do Estado gaúcho, mas apenas duas responderam que atuam no mercado externo. Três empresas observaram que as obras realizadas, em sua maioria, são de pequeno porte.

De forma complementar, identificaram-se às razões pelas quais as empresas apresentam dificuldades e restrições para atuarem em outros mercados, formulando-se a questão (5): *Destaque o principal motivo que dificulta a obtenção de contratos para a construção de obras ou a prestação serviços em outros estados da federação ou no mercado internacional.* A figura 5 ilustra as respostas obtidas.

FIGURA 5

Atuação das Empresas do Setor Rodoviário em Outros Mercados Regionais e no Mercado Externo

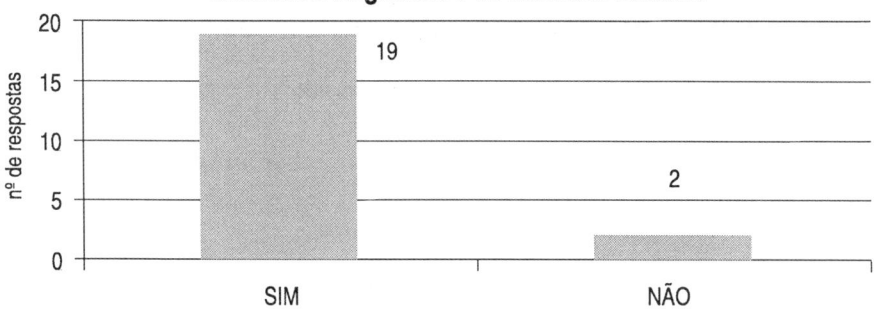

[Gráfico de barras: SIM = 19; NÃO = 2]

Questão (5): Destaque o principal motivo que dificulta a obtenção de contratos para a construção de obras ou A prestação serviços em outros estados ou no mercado internacional. Liste outros motivos:

Notação:
1 - custos excessivamente altos no deslocamento de máquinas e equipamentos;
2 - desconhecimento das condições de outros mercados;
3 - licitações públicas viciadas que impedem a participação de empresas de outros estados.

As respostas ressaltam a percepção da existência de licitações públicas viciadas em outros mercados. Oito empresas argumentaram este motivo como o principal motivo para a atuação em outros estados. Sete empresas responderam que o custo fixo excessivamente alto[30] é a principal razão, e apenas uma respondeu que a maior dificuldade para a obtenção de contratos em outros mercados decorre do desconhecimento das condições dos mesmos.

As informações ratificam a realidade de um setor de grande complexidade tecnológica, elevada dificuldade operacional e barreiras à entrada de novas empresas, determinando características próprias da atividade, restrições ao ambiente competitivo e desestímulo a que concorrentes potenciais sintam-se atraídos pelo mercado.

Quanto à *Visão das Empresas sobre as Atividades Burocráticas do DAER* as respostas enfatizam a ineficiência do órgão no cumprimento das normas e regras estabelecidas no contrato público, como também argumentam que o DAER, através de suas decisões administrativas e políticas, já privilegiou o andamento de obras e serviços de outras empresas. As figuras 6 e 7 ilustram as respostas das questões: (6) *O DAER nas suas atividades administrativas e burocráticas é eficiente no cumprimento das normas e regras estabelecidas no contrato público junto à empresa vencedora do processo licitatório?* e (7) *A empresa de alguma*

---

[30] Conforme já destacado no estudo, a construção de uma obra rodoviária determina a ocorrência de custos fixos significativos, limitando a entrada no mercado de empresas com menor capacidade financeira.

forma já se sentiu prejudicada com decisões administrativas e políticas do DAER que privilegiaram o andamento de obras e serviços que estavam sendo executadas por outras empresas do setor?

FIGURA 6

Eficiência do DAER no Desenvolvimento das Atividades Burocráticas

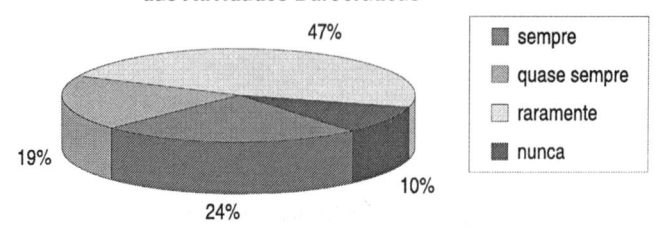

- sempre
- quase sempre
- raramente
- nunca

47%, 10%, 24%, 19%

Questão (6): O DAER nas suas atividades administrativas e burocráticas é eficiente no cumprimento das normas e regras estabelecidas no contrato público junto à empresa vencedora do processo licitatório?

Na visão das empresas, o DAER, nas suas atividades administrativas e burocráticas, mostra-se ineficiente no cumprimento das normas e regras estabelecidas no contrato público. Duas empresas (10%) responderam que o DAER nunca é eficiente, e dez (47%) responderam que raramente o DAER é eficiente. Apenas cinco empresas (24%) responderam que o departamento é sempre eficiente no cumprimento das normas e regras do contrato. As respostas podem ser explicadas pelo monopólio do órgão público na oferta de serviços burocráticos, tornando compensador para o agente público criar uma escassez, de modo a coletar propinas pelo serviço público prestado. As respostas também identificam a ausência de rotinas burocráticas transparentes e não-discricionárias.

FIGURA 7

Empresas Prejudicadas com Decisões Administrativas e Políticas Executadas pelo Departamento Rodoviário

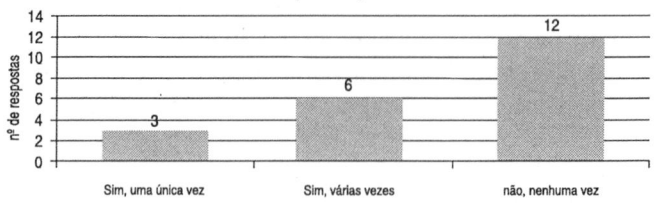

Sim, uma única vez: 3
Sim, várias vezes: 6
não, nenhuma vez: 12

Questão (7): A empresa de alguma forma já se sentiu prejudicada com decisões administrativas e políticas do DAER que privilegiaram o andamento de obras e serviços que estavam sendo executadas por outras empresas do setor?

Já a figura 7 ilustra que nove empresas (43%) já se sentiram prejudicadas com decisões administrativas e políticas executadas pelo DAER, sendo que, destas, seis ressaltaram que já foram várias vezes prejudicadas. As respostas corroboram com a idéia de que o DAER não atua exclusivamente baseado em critérios técnico-financeiros, de modo que a definição das prioridades dependerá dos dirigentes e servidores que participam do processo de decisão. Por fim, confrontando as respostas obtidas com as questões 6 e 7, verifica-se que, apesar de a maior parte das empresas afirmar que o DAER é deficiente no desenvolvimento das suas atividades burocráticas, estas não se sentiram prejudicadas com decisões administrativas e políticas executadas pelo órgão.

Outro aspecto levantado foi o relacionamento das empresas com o seu sindicato e a importância deste na elaboração de acordos e negociações com os dirigentes do DAER. Como ilustra a figura 8 (Questão (8): *Definida a obra rodoviária no orçamento anual do DAER, a empresa pode, através de acordos e negociações com os dirigentes do Departamento, definir ou priorizar o andamento de determinadas obras e serviços considerados importantes para a sua política de investimento?*), apenas seis empresas responderam que não podem definir ou priorizar o andamento de obras e serviços rodoviários. A maioria das empresas (10) destacou a importância do sindicato no estabelecimento de acordos e negociações com os dirigentes do DAER, quando da definição e priorização de determinadas obras e serviços rodoviários. As respostas ressaltam a importância do sindicato das empresas no jogo político estabelecido, quando das decisões de investimento do departamento, apontando que as empresas unem-se ao redor do seu sindicato para alcançar vantagens e benefícios da esfera burocrática.

FIGURA 8

Formas de Negociação das Empresas do Setor de Obras Rodoviárias junto ao DAER

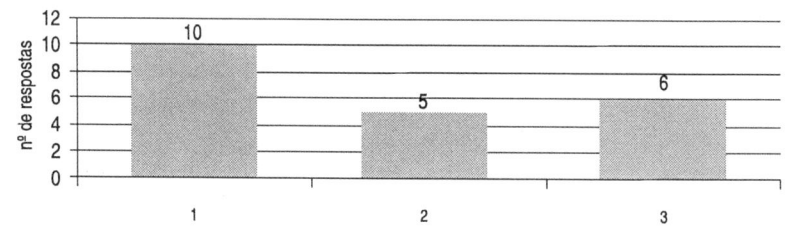

Questão (8): Definida a obra rodoviária no orçamento anual do DAER, a empresa poderá, através de acordos e negociações com os dirigentes do Departamento, definir ou priorizar o andamento de determinadas obras e serviços considerados importantes para a sua política de investimento?

Notação:
1 – sim, mas com a participação do sindicato;
2 – sim, independentemente da atuação do sindicato;
3 – não.

A figura 9, elaborada a partir da Questão (9): *Caso a empresa, isoladamente ou representada pelo seu sindicato, já tenha conseguido obter a inclusão de uma obra no orçamento do DAER, quais destas formas foram utilizadas para a obtenção deste objetivo*; observa que a inclusão de uma obra no orçamento do departamento, quando obtida pela empresa, ocorre principalmente a partir de contatos com políticos estaduais e dirigentes do DAER e de outros órgãos da esfera estadual (15 empresas ou 71% das respostas obtidas). Apenas duas empresas (10%) responderam que estabelecem contatos com servidores públicos para obter vantagens junto à estrutura burocrática. Outro dado foi o de que 19% das empresas (quatro respostas) salientaram que conseguem esse objetivo através da participação nas assembléias do orçamento participativo estadual. Isto pode levantar a idéia de que muitas assembléias possam ser manipuladas ou sofrer ingerências por empresas ou grupos privados na obtenção de vantagens e privilégios.

As respostas demonstram a importância de ações lobistas junto à assembléia legislativa estadual e a possibilidade de ingerência política nas decisões técnicas dentro do DAER. Nesse contexto, a execução de projetos e programas rodoviários terão por objetivo a promoção de vantagens e ganhos eleitorais ao agente político.

FIGURA 9

Contato e Relação das Empresas do Mercado Rodoviário com as Autoridades Públicas Estaduais

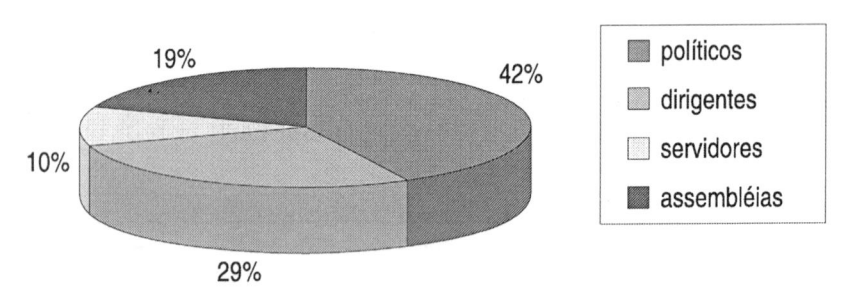

- políticos: 42%
- dirigentes: 29%
- servidores: 10%
- assembléias: 19%

Questão (9): Caso a empresa, isoladamente ou representada pelo sindicato, já tenha conseguido obter a inclusão de uma obra no orçamento do DAER, quais destas formas foram utilizadas para a obtenção deste objetivo.

A Questão (10): *Obtido o contrato para a construção de uma obra junto ao DAER, a medição dos serviços executados na obra, a liberação dos recursos orçamentários e o pagamento financeiro devido à empresa ocorrem nos prazos exigidos por lei*, esta questão examina o atraso no pagamento de faturas. As empresas enfatizaram que a medição dos serviços, a liberação de recursos e o pagamento financeiro devido à empresa não ocorrem nos prazos exigidos por lei. A figura 10 ilustra as respostas coletadas.

Apenas duas empresas (10%) responderam que estabelecem contatos com servidores públicos para obter vantagens junto à estrutura burocrática. Outro dado foi o de que 19% das empresas (quatro respostas) salientaram que conseguem esse objetivo através da participação nas assembléias do orçamento participativo estadual. Isto pode levantar a suspeição de que muitas assembléias podem ser manipuladas por empresas ou grupos privados na obtenção de vantagens e privilégios (*rent seeking*).

FIGURA 10

Atrasos nos Prazos de Pagamento das Faturas pelo Departamento Rodoviário Estadual (DAER)

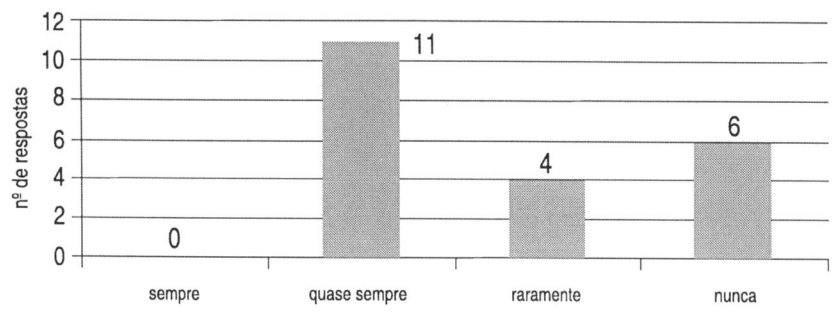

[Gráfico de barras: sempre = 0; quase sempre = 11; raramente = 4; nunca = 6]

Questão (10): Obtido o contrato para a construção de uma obra junto ao DAER, a medição dos serviços executados na obra, a liberação dos recursos orçamentários e o pagamento financeiro devido à empresa ocorrem nos prazos exigidos por lei?

As respostas indicam a importância de ações lobistas junto ao parlamento estadual e a possibilidade de ingerência política nas decisões técnicas dentro do DAER. Nesse contexto, a execução de projetos e programas rodoviários tem por objetivo a promoção de vantagens e ganhos eleitorais ao agente político.

Os dados da figura 10 corroboram a percepção de dificuldades financeiras enfrentadas pelo DAER, da perda de autonomia na gestão dos recursos financeiros pelo órgão, estabelecendo como principal conseqüência os atrasos no cronograma de pagamentos de várias obras rodoviárias. Mais da metade das empresas (11) responderam que os atrasos nos prazos de pagamento são freqüentes. A freqüência desses atrasos pode inibir ações de controle e fiscalização do DAER, estimulando a construção de pavimentos rodoviários com a qualidade inferior ao exigido no contrato público.[31]

---

[31] Balbinotto & Garcia (2004) destacam que a qualidade das rodovias estaduais construídas está abaixo dos padrões mínimos estabelecidos pelos técnicos do setor rodoviário.

Estes dados reforçam a conclusão referentes à percepção quando se examinam os dados objetivos referentes aos atrasos nos pagamentos de faturas de empresas prestadoras de serviços ao DAER. Após a medição do trecho ser processada e conferida, poderá se passar quase três meses até o recebimento dos serviços executados, trazendo como conseqüência um prejuízo financeiro para a empresa.[32] Esses atrasos constantes no cronograma de pagamentos podem estabelecer uma relação que propicia ao burocrata um poder discricionário usado para obter propinas das empresas. A freqüência dos atrasos pode inibir ações de controle e fiscalização, justificando medidas e ações que reduzam a qualidade do pavimento rodoviário. Os dados do quadro ilustram o período médio de atraso no pagamento das faturas entre os anos de 1995 e 2002.

Os dados da tabela 5 mostram que o atraso médio no pagamento de faturas após as medições das empresas serem processadas e conferidas pelo departamento rodoviário, entre os anos de 1994 e 2002 foi de 84 dias. O retardo no pagamento para as empresas oportuniza que estas exerçam uma atividade de *lobby* junto ao departamento para obter medições de forma prioritária. As empresas que incorrerem nessas perdas financeiras podem recuperá-las de forma ilegal através do não-cumprimento de normas e regras ou das condições técnicas e operacionais preestabelecidas no contrato.

Tabela 5 - Atraso no Pagamentos de Faturas – 1994-2002

(valores deflacionados*:1994=100%)

Anos	Prazos de Atrasos Das Faturas (em dias)	Valores das Faturas Atrasadas
1994	71	2.073.117,31
1995	96	8.408.161,66
1996	114	2.869.705,47
1997	85	4.433.390,07
1998	77	1.051.360,44
1999	57	503.333,56
2000	83	1.436.347,17
2001	86	2.145.367,60
2002	84	1.632.983,51
Média	84	2.728.196,31

Fonte: Superintendência de Finanças do Departamento Rodoviário Estadual (DAER).
Nota: (*) mostra que os valores foram deflacionados pelo IGP-DI(FGV).

Outro dado importante, obtido do questionário, foi a necessidade, ou não, da oferta de presentes aos servidores públicos do DAER para a obtenção de uma

---

[32] Os valores foram obtidos a partir de levantamento realizado junto ao setor financeiro do DAER.

maior agilidade burocrática: Questão (11) *É necessário a oferta de presentes (agendas, canetas, confeitos, etc.) aos servidores públicos do DAER, para que serviços e tarefas possam ser realizadas em prazos mais reduzidos?*

Os resultados ressaltam que 43% das empresas, mesmo que eventualmente, já tiveram que ofertar presentes para obter uma maior agilidade administrativa do Departamento. Ainda que a maioria das empresas (57%) tenha respondido que não ofertam presentes para servidores públicos, as respostas podem corroborar a idéia de um poder monopolista nas mãos de técnicos e servidores, e de que estes, se assim os interessar, poderão atrasar suas rotinas burocráticas para obter presentes e outros benefícios indevidos.

Embora esta prática de oferecer presentes aos funcionários públicos possa ser vista como um caso de *petty corruption* e que tenha a finalidade de agilizar os trâmites burocráticos, ela na realidade pode funcionar com um entrave a eficiência burocrática. Além disso, como destacou Jain (2001, p.92), esta pequena corrupção raramente existe num vácuo institucional, e os pequenos pagamentos, presentes ou favores oferecidos aos funcionários públicos gerariam uma demanda por mais pagamentos, o que, por sua vez, levaria a outras distorções na economia e para este setor em particular.[33]

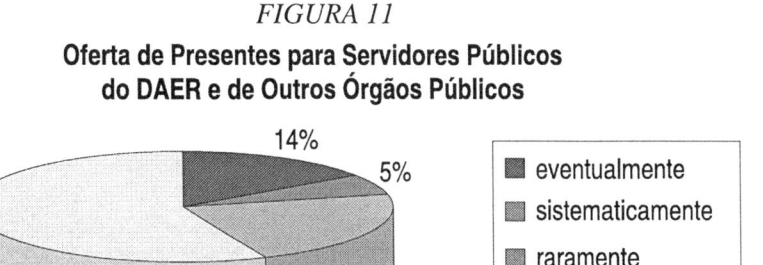

FIGURA 11

Oferta de Presentes para Servidores Públicos do DAER e de Outros Órgãos Públicos

- eventualmente 14%
- sistematicamente 5%
- raramente 24%
- nunca 57%

Questão (11): É necessário à oferta de presentes (agendas, canetas, confeitos, etc.) aos servidores públicos do DAER, para que serviços e tarefas possam ser realizadas em prazos mais reduzidos?

As repostas das questões (6) e (11) demonstram uma correlação, pois, na medida em que as empresas consideram o Departamento Rodoviário ineficiente no desenvolvimento de suas atividades burocráticas, a oferta de presentes pode se tornar uma forma de obtenção de serviços e tarefas em prazos mais reduzidos.

Sobre a facilitação ou agilização das rotinas burocráticas ofertadas por servidores e técnicos do DAER formulou-se a Questão (12): *A empresa já recebeu*

---

[33] Conferir Porta e Vannucci (1997) para o caso italiano.

o oferecimento de facilitação ou agilização das rotinas burocráticas por parte de servidores e técnicos do Departamento Rodoviário Estadual? Das respostas fornecidas, nove empresas (mais de 40%) informaram que já receberam esse oferecimento. Mesmo observando que a maioria das empresas não recebeu o oferecimento de facilitação ou agilização das rotinas burocráticas, pode-se considerar significativo o número de empresas que responderam que este oferecimento já lhes foi feito. As respostas indicam que existe um poder discricionário dentro da estrutura burocrática do DAER.

Conforme destacam Vishny e Shleifer (1993), uma estrutura burocrática discricionária permite que o agente público crie uma escassez artificial (atrasando ou até mesmo interrompendo a prestação do serviço público) de maneira a obter valores indevidos através da cobrança de propinas. No mercado rodoviário estas ações podem ocorrer através de um atraso intencional de uma licença ou autorização para o início da obra ou da medição de um serviço já executado.[34]

FIGURA 12

Facilitação ou Agilização das Rotinas Burocráticas por Servidores Públicos Estaduais

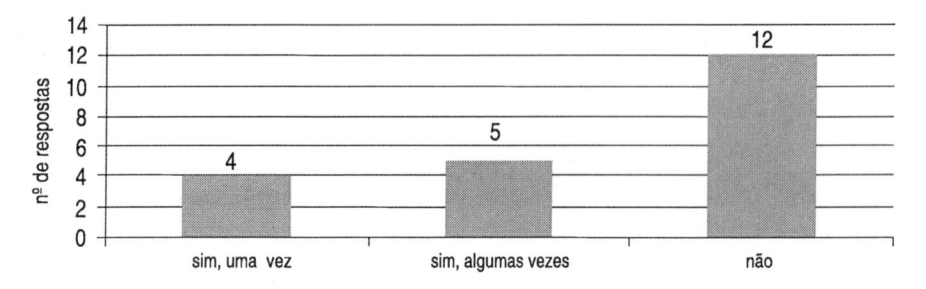

Questão (12): A empresa já recebeu o oferecimento de facilitação ou agilização das rotinas burocráticas por parte de servidores e técnicos do DAER?

Perguntados sobre a percepção da empresa quanto à corrupção burocrática no setor formulou-se as questões (13): *Examinando a definição de corrupção burocrática apresentada na folha inicial, como a empresa percebe o nível de corrupção no DAER*, e (14): *De acordo com a sua percepção, admitindo que exista corrupção na esfera burocrática do DAER, pode-se afirmar que esta cresceu nos últimos anos*. Sessenta e sete por cento das empresas (14 respostas) destacaram que a corrupção é, de alguma forma, perceptível no Departamento Rodoviário. Já 17 empresas (81%) acreditam que a corrupção burocrática cresceu ou manteve-

---

[34] Garcia (2003, capítulo 6) destaca que o retardo no pagamento para as empresas oportuniza que estas exerçam um *lobby* junto ao DAER para obter medições de forma prioritária, principalmente em períodos de inflação elevada.

se inalterada nos últimos anos. Dentro deste percentual, treze empresas (62%) acreditam que a corrupção permanece inalterada, e quatro (19%) acreditam que a mesma cresceu nos últimos anos. As figuras 13 e 14 ilustram os resultados.

FIGURA 13

Percepção da Corrupção Burocrática por Empresas do Mercado de Obras Rodoviárias

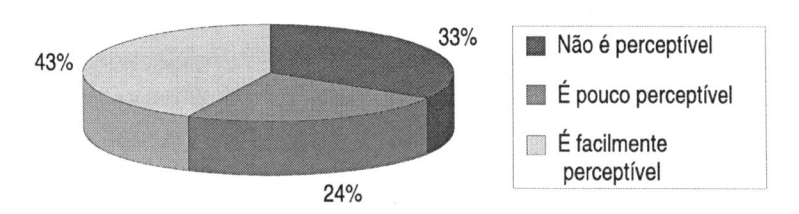

- 33% Não é perceptível
- 24% É pouco perceptível
- 43% É facilmente perceptível

Questão (13): Examinando a definição de corrupção burocrática do questionário, como a empresa percebe o nível de corrupção no DAER?

FIGURA 14

Crescimento da Corrupção Burocrática no Departamento Rodoviária e em Outros Órgãos Públicos Estaduais

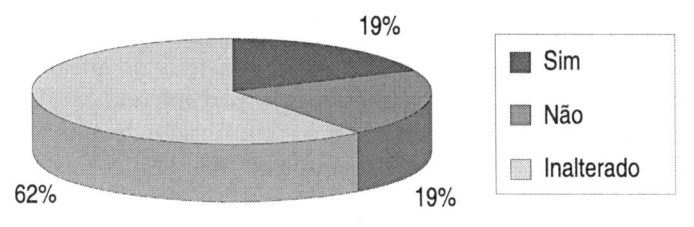

- 19% Sim
- 19% Não
- 62% Inalterado

Questão (14): De acordo com a sua percepção, admitindo que exista corrupção na esfera burocrática no DAER, pode-se afirmar que esta cresceu nos últimos anos?

A percepção da existência de corrupção, evidenciada nas questões (13) e (14), pode estar relacionada às respostas obtidas na questão (12), uma vez que muitas empresas salientaram que já receberam o oferecimento de facilitação ou agilização das rotinas burocráticas. Buscando identificar a percepção sobre o nível de corrupção em órgãos e instituições públicas (FEPAM, Secretaria da Fazenda, CELIC, etc.) que estabelecem uma interface com o DAER na oferta de serviços burocráticos ao setor rodoviário, formulou-se a Questão (15): *Como você percebe o nível de corrupção em outros órgãos do poder executivo estadual, com os quais a sua empresa necessita de licenças, autorizações e permissões para a execução das suas atividades no setor de obras e serviços rodoviários?* A figura 15 ilustra as respostas fornecidas pelas empresas do setor.

FIGURA 15

A Presença de Corrupção na Esfera Pública Estadual na Visão das Empresas do Setor Rodoviário

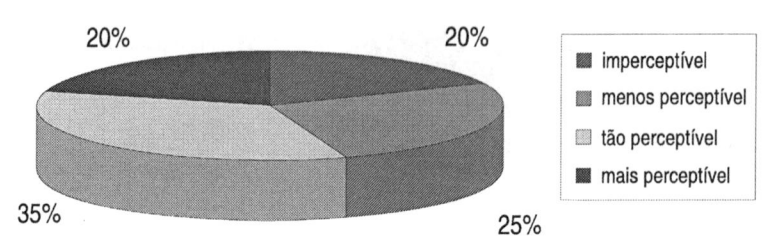

- 20% imperceptível
- 25% menos perceptível
- 20% tão perceptível
- 35% mais perceptível

Questão (15): Como você percebe o nível de corrupção em outros órgãos do poder executivo estadual, com os quais a sua empresa necessita de licenças, autorizações e permissões para a execução das suas atividades no setor de obras e serviços rodoviários?

Analisando as respostas da questão (15), percebe-se uma distribuição equilibrada entre as alternativas. Dez empresas (45%) acreditam que a corrupção em outros órgãos é imperceptível (20%), ou menos perceptível (25%) que o observado no DAER. Outro dado importante é a identificação de que 35% (sete empresas) acreditam que a corrupção em outros órgãos públicos estaduais é mais perceptível que a corrupção no DAER e 20% (quatro empresas) acreditam que a corrupção é tão perceptível quanto no DAER.

O cruzamento dos dados ressalta a possibilidade, conforme destacado por Vishny e Shleifer (1993), da combinação de um ambiente corrupto entre o DAER e outros órgãos públicos da esfera estadual atuantes no setor de obras rodoviárias. Como os serviços são complementares e atuam de forma monopolística no ambiente burocrático, existe sempre a possibilidade de um conluio entre os agentes públicos com o objetivo de extrair propinas dos agentes privados que demandam esses serviços.

Sobre a necessidade de pagamento de valores indevidos pelas empresas a servidores do DAER e de outros órgãos públicos para a obtenção de direitos estabelecidos no contrato formulou-se as seguintes questões: (16) *É necessário ou já foi necessário o pagamento de valores indevidos pela empresa a servidores e técnicos do DAER para a obtenção de direitos estabelecidos no contrato, tais como: medições em prazos estabelecidos no contrato, andamento de processos dentro da burocracia do Departamento e a agilização dos pagamentos de serviços já realizados?* e (17) *Da mesma forma, é necessário ou já foi necessário o pagamento de valores indevidos pela empresa a servidores de outros órgãos do poder público estadual para a obtenção de autorizações, licenças ou permissões necessárias ao andamento das atividades da empresa?*

A figura 16 ilustra que, pelo menos uma vez, 45% das empresas já tiveram de pagar valores para dar andamento a processos administrativos dentro da burocracia do órgão, sendo que cinco responderam que esta oferta ocorreu em mais de uma oportunidade. As respostas identificam a existência de uma cumplicidade e proximidade das empresas com os servidores do DAER, garantindo o perfeito conhecimento de ações e comportamentos, diminuindo a assimetria do mercado rodoviário.

Por fim, as respostas das questões (12) e (16) mostram ser coerentes, pois se verifica que a necessidade de ofertar valores ocorre de forma similar ao oferecimento de facilitação ou agilização das rotinas burocráticas por parte de servidores do DAER.

Já a figura 17 ilustra as respostas sobre o pagamento de valores indevidos a servidores de outros órgãos públicos. Considerou-se que a contratação e execução de uma obra também exigem a apreciação e a tramitação burocrática desses órgãos. As respostas retratam um quadro muito similar ao já observado no DAER. Dez empresas (33%) já tiveram de pagar valores para a obtenção de autorizações, licenças ou permissões necessárias ao melhor andamento das atividades.

FIGURA 16

Oferta de Valores Indevidos a Servidores Públicos do Departamento Rodoviário Estadual

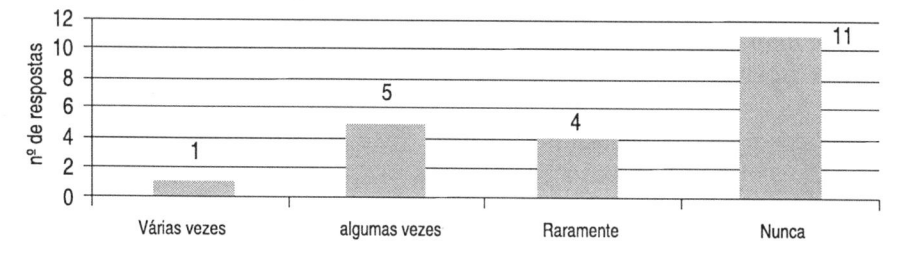

Várias vezes	algumas vezes	Raramente	Nunca
1	5	4	11

Questão (16): É necessário ou já foi necessário o pagamento de valores indevidos pela empresa a servidores e técnicos do DAER para a obtenção de direitos estabelecidos no contrato, tais como: medições em prazos estabelecidos no contrato, andamento de processos dentro da burocracia do Departamento e a agilização dos pagamentos de serviços já realizados?

FIGURA 17

Pagamentos de Valores Indevidos a Servidores de Outros Órgãos Públicos Estaduais

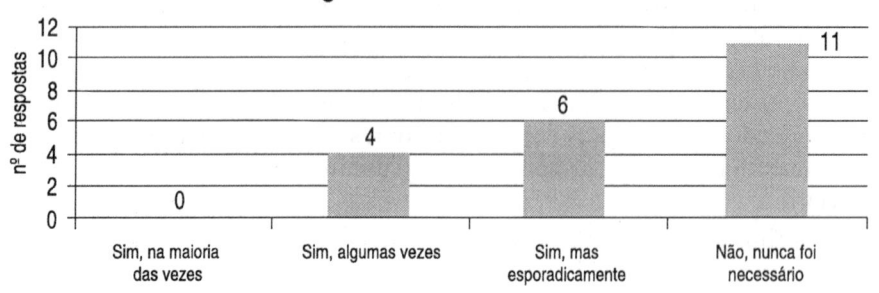

nº de respostas:
- Sim, na maioria das vezes: 0
- Sim, algumas vezes: 4
- Sim, mas esporadicamente: 6
- Não, nunca foi necessário: 11

Questão (17): Da mesma forma, é necessário ou já foi necessário o pagamento de valores indevidos pela empresa a servidores de outros órgãos do poder público estadual para a obtenção de autorizações, licenças ou permissões necessárias ao andamento das atividades da empresa?

As respostas das questões (16) e (17) indicam a existência de um mercado burocrático corrupto, permitindo a ameaça de servidores do DAER e de outros órgãos públicos de paralisar uma obra, inviabilizar um aditamento do contrato estabelecido, dificultar um licenciamento ambiental ou até mesmo atrasar uma liberação orçamentária.

No questionário também foi formulada a questão (18): *Quando a empresa, através de seus funcionários e engenheiros, é coagida pelo servidor do DAER ou de outros órgãos públicos a pagar "taxas" ou "comissões" indevidas, qual a atitude adotada*, a maior parte das empresas (47%) respondeu que aceitaria a extorsão. Apenas 23% informaram que denunciariam o servidor. Outro dado importante foi à resposta de que 15% buscariam outros servidores para a obtenção dos serviços públicos necessários, quando coagidas pelos servidores do DAER ou de outros órgãos públicos a pagar "taxas" e "comissões".

A figura 18 mostra que 62% das empresas aceitariam a extorsão ou buscariam outros servidores para a obter suas pretensões, demonstrando uma visão de impunidade e descrédito quanto à conduta do agente público. Também pode denotar, conforme Vishny e Shleifer (1993), uma estrutura de mercado monopolizada, sendo a concorrência dentro do ambiente burocrático ou o incentivo para que os agentes atuem em equipes, medidas importantes no combate à corrupção. A figura 18 ilustra os resultados.

FIGURA 18

Coação para Pagamentos de taxas e Comissões a servidores do Departamento Rodoviário Estadual (DAER)

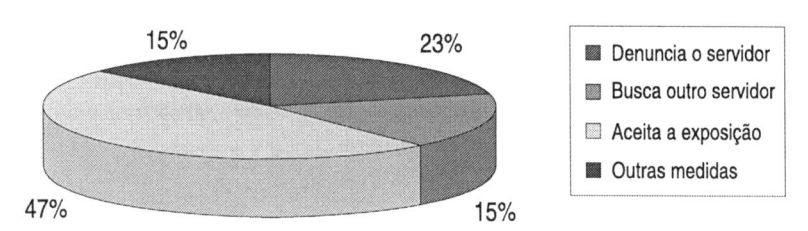

- 23% Denuncia o servidor
- 15% Busca outro servidor
- 15% Aceita a exposição
- 47% Outras medidas

Questão (18): Quando a empresa, através de seus funcionários e engenheiros, é coagida pelo servidor do DAER ou de outros órgãos a pagar "taxas" ou "comissões" indevidas, qual a atitude adotada?

Com o mesmo objetivo, foi formulada a questão (19): *No caso de corrupção, qual a garantia de que o pagamento de "taxas" e "comissões" para servidores do DAER e de outros órgãos públicos determinará a obtenção dos serviços públicos necessários ao andamento das atividades da empresa?*, das respostas obtidas, a maioria das empresas respondeu que a garantia é nenhuma ou pequena (70%). Apenas 30% responderam que a garantia pode ser grande ou plena.

FIGURA 19

Garantia da Obtenção dos serviços Burocráticos junto a Servidores Públicos

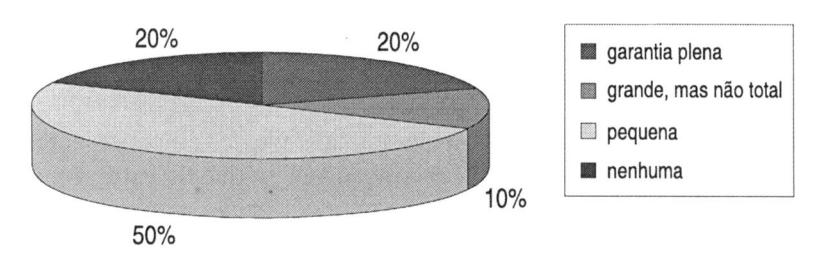

- 20% garantia plena
- 20% grande, mas não total
- 10% pequena
- 50% nenhuma

Questão (19): No caso de corrupção, qual a garantia de que o pagamento de "taxas" e "comissões" para servidores do DAER e de outros órgãos públicos determinará a obtenção dos serviços públicos necessários ao andamento das atividades da empresa?

As respostas evidenciam incerteza na relação entre os servidores e empresas, caracterizado o setor burocrático como desorganizado ou caótico, de maneira que o corruptor precise corromper muitos agentes públicos, o que não garante futuras demandas por subornos, podendo nem mesmo atender a demanda atual.[35]

Sabendo-se de que a contratação e execução de uma obra exigem a participação de ovários órgãos públicos, também se buscou identificar a forma como os agentes públicos (servidores e técnicos do DAER) atuam em um ambiente burocrático. Para tanto, perguntou-se às empresas como estas imaginam que os agentes públicos do departamento agem na prática de extorsão (Questão 20: *Caso exista a percepção de que a corrupção está presente no ambiente burocrático do poder executivo estadual, a empresa acredita que os servidores e técnicos do DAER envolvidos na prática de extorsão agem?*).

FIGURA 20

Formas de Ações Corruptas dos Servidores Públicos dentro da Estrutura Burocrática

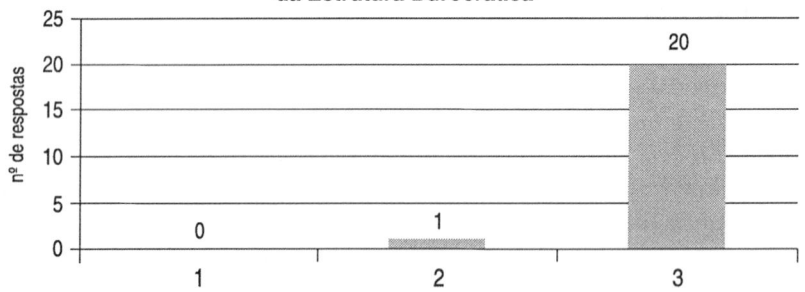

[Gráfico de barras: nº de respostas — 1: 0; 2: 1; 3: 20]

Questão (20): Caso exista a percepção de que a corrupção está presente no ambiente burocrático do poder executivo estadual, a empresa acredita que os servidores e técnicos do DAER envolvidos na prática de extorsão agem?

Notação:
1 – com a colaboração de outros servidores do Departamento Rodoviário;
2 – com a colaboração de servidores de outros órgãos públicos estaduais;
3 – de maneira isolada.

Conforme ilustra a figura 20, a quase totalidade das empresas acredita que os servidores e técnicos do DAER, envolvidos na prática de extorsão, agem de maneira isolada. As respostas ressaltam que a corrupção ocorre de forma descentralizada, pois os agentes públicos atuam isoladamente no ambiente burocrático, não cabendo a um dirigente o monitoramento e o controle da burocracia. Complementarmente, se os agentes públicos agirem de forma isolada, cada um

---

[35] Mauro (1993) separou a corrupção em organizada e caótica. A corrupção organizada insere-se dentro de um sistema bem organizado de corrupção, de tal modo que os empresários sabem a quem precisam subornar e quanto lhe devem oferecer, e confiam que, estabelecido o acordo, obterão as licenças, autorizações e permissões necessárias às suas atividades privadas. Já um sistema corrupto desorganizado ou caótico faz com que o corruptor precise corromper vários agentes públicos.

irá maximizar os seus ganhos isoladamente, impondo um prejuízo ainda maior ao agente privado dependente destes serviços, pois cada agente ignorará o efeito de aumentar seu suborno sobre os serviços públicos complementares, maximizando os seus ganhos isoladamente.

Quanto à percepção que as empresas têm sobre o combate à corrupção realizado por órgãos de controle interno e externo (TCE, CAGE e Ministério Público) no setor burocrático estadual, formulou-se a Questão (21): *Qual a percepção que a empresa tem sobre o combate à corrupção burocrática realizado por órgãos de controle externo (TCE, CAGE e Ministério Público) no setor burocrático estadual?* A maioria das respostas, 70%, salientou que estes órgãos são pouco eficazes ou ineficazes. A figura 21 ilustra as respostas dadas pelas empresas.

FIGURA 21

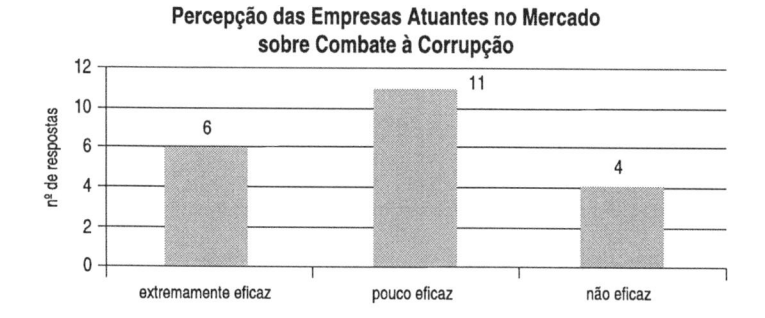

Percepção das Empresas Atuantes no Mercado sobre Combate à Corrupção

extremamente eficaz	pouco eficaz	não eficaz
6	11	4

Questão (21): Qual a percepção que a empresa tem sobre o combate à corrupção burocrática realizado por órgãos de controle externo (TCE, CAGE e Ministério Público) no setor burocrático estadual?

As respostas reforçam a idéia de uma ausência de controle efetivo no combate à corrupção e a percepção de impunidade pelas ações, adotada pelo agente público. Estas respostas corroboram a análise de Jain (2001) sobre as condições para a existência da corrupção, ou seja, para que esta surja, é necessário que os agentes que atuem de modo corrupto acreditem e esperem que a utilidade da renda assim obtida seja maior do que os inconvenientes associados com as punições referentes à mesma. Assim, na medida em que exista a percepção por parte dos agentes envolvidos de que as instituições responsáveis pelo combate à corrupção são ineficazes, não é de se estranhar que ela persista e que seja percebida como um fenômeno estrutural no setor de obras rodoviárias gaúcho.

Buscando detectar as principais causas da corrupção no setor burocrático formulou-se a Questão (22): *Assinale, em ordem de importância, as principais causas de incentivos e oportunidades à prática de atos corruptos no setor de construção de obras rodoviárias.* (As empresas destacaram, em ordem de importância, as seguintes causas da corrupção: 1°) o excesso de burocracia no DAER e em outros órgãos públicos; 2º) a fiscalização reduzida e as falhas no controle das ações dos servidores; 3º) os salários reduzidos pagos a servidores públicos estaduais; 4º) a pequena probabilidade de detecção do servidor público corrupto; 5º) a ausência de mecanismos rígidos de punição e responsabilização; 6º) pouca ação dos órgãos de controle interno e externo; 7º) falhas na legislação (leis e normas burocráticas mal formuladas); 8º) poder discricionário excessivo de técnicos e dirigentes do DAER.

Perguntou-se também sobre os efeitos da corrupção nas atividades rotineiras das empresas que atuam no setor (*Questão 23: Em caso de corrupção no setor, as tentativas de extorsão de servidores públicos corruptos têm atrapalhado as atividades rotineiras da empresa?*), conforme apresenta a figura 22.

FIGURA 22

A Corrupção Burocrática e seus Efeitos sobre as Atividades Adminstrativas das Empresas

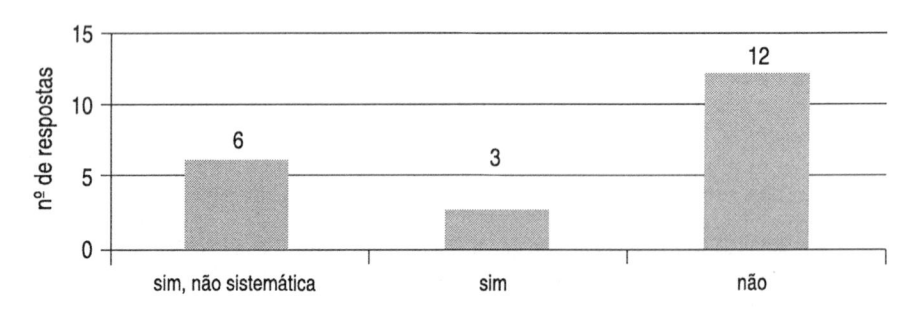

Questão (23): Em caso de corrupção no setor, as tentativas de extorsão de servidores públicos corruptos têm atrapalhado as atividades rotineiras da empresa?

As respostas mostram que nove empresas responderam que as tentativas de extorsão de servidores públicos, sistematicamente ou não, têm atrapalhado as atividades administrativas das empresas. Isto corrobora a idéia de que um ambiente corrupto prejudica as atividades empresariais, atrasando as atividades e os negócios do setor.[36]

A questão (24) buscou a opinião das empresas sobre os efeitos da lei de licitações (Lei nº 8.666/93) sobre a corrupção no setor rodoviário (Questão 24: *Na sua opinião a lei de licitações reduziu a corrupção no setor rodoviário?*), a figura 23 ressalta a visão das empresas do setor sobre a lei e as suas implicações sobre a corrupção no setor.

---

[36] Mauro (1995) obteve uma associação negativa entre a corrupção e o investimento privado. O autor concluiu que a corrupção pode afugentar ou adiar investimentos, por criar instabilidade política.

FIGURA 23

A Nova Lei de Licitações e o seu Impacto sobre a Corrupção no Setor de Obras Rodoviárias

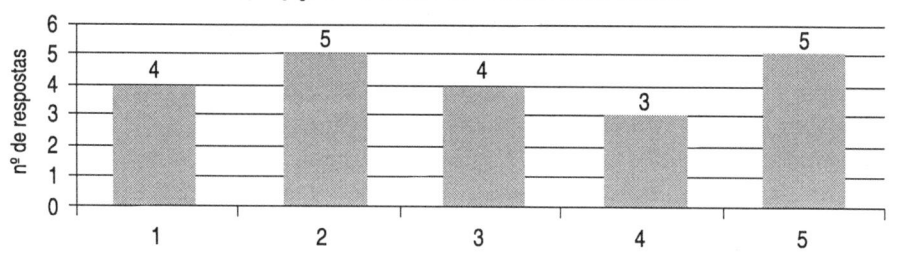

(Gráfico de barras — nº de respostas:
1: 4; 2: 5; 3: 4; 4: 3; 5: 5)

Questão (24): Na sua opinião, a Lei de Licitações nº 8.666/93 reduziu a corrupção no setor de obras rodoviárias?

Notação:
1 – restringiu o poder discricionário e impôs limitações e formalidades à licitação;
2 – permitiu que mais empresas pudessem participar da concorrência pública;
3 – dificultou a formação de cartéis e conluios entre grandes empresas;
4 – criou limitações e formalidades excessivas, restringindo o processo competitivo;
5 – determinou o surgimento de barreiras à entrada de novas empresas, facilitando a formação de acordos e conluios.

Na visão da maioria das empresas, a lei de licitações[37] foi benéfica, na medida em que restringiu o poder discricionário (quatro empresas destacaram essa resposta), aumentou a concorrência pública nos processos licitatórios (cinco empresas assinalaram essa resposta) e dificultou a formação de cartéis e conluios entre grandes empresas (quatro empresas destacaram essa resposta). Todavia, oito empresas responderam que a nova lei não reduziu a corrupção, pois criou limitações e formalidades excessivas, restringindo o processo competitivo na licitação (três assinalaram este item); e determinando o surgimento de barreiras à entrada de novas empresas (cinco responderam este item). Segundo os dados obtidos por Abramo (2004, p.8), para um total de 40 empresas que participaram de um processo de licitação, 25 delas, ou seja, 62% afirmaram já terem sido sujeitas a pedidos de propina ou outros pagamentos indiretos por parte de administradores públicos ou políticos. Além disso, tal pedido é indiscriminado nas três esferas de governo. Das 40 empresas que participaram das licitações, 90% indicaram que a corrupção em licitações é um problema grave na esfera municipal, 98% na esfera estadual e 93% na esfera estadual. Estes dados estão de acordo com o resultado encontrado neste questionário.

Como se observa não há um consenso entre as empresas quais os efeitos da nova lei de licitações sobre a corrupção. Embora muitas empresas tenham destacado a importância da nova lei na restrição do poder discricionário de servi-

---

[37] A lei de licitações estabelece normas e regras do procedimento administrativo mediante o qual a administração pública seleciona a proposta mais vantajosa para o contrato de seu interesse.

dores públicos, outras ressaltaram o excesso de normas e exigências burocráticas, possibilitando a formação de acordos e conluios entre as empresas já consolidadas no mercado. Com acordos corruptos as empresas poderão estabelecer regras informais de "igualdade de oportunidades", cartelizando-se em torno de especialidades ou mesmo de clientes específicos.

As figuras 24 e 25 destacam a participação das empresas na oferta de recursos para campanhas eleitorais: Questões (25): *Em anos de eleição para o parlamento e o governo estadual, a empresa ofertou recursos financeiros para a campanha de partidos políticos?* e (26): *Caso tenha ofertado recursos financeiros à esfera política, estes recursos foram destinados para?* As informações demonstram que a maioria das empresas ofertam recursos financeiros para a campanha de partidos políticos e candidatos.

FIGURA 24

Oferta de Recursos Financeiros pelas Empresas do Setor de Obras Rodoviárias a Partidos Políticos

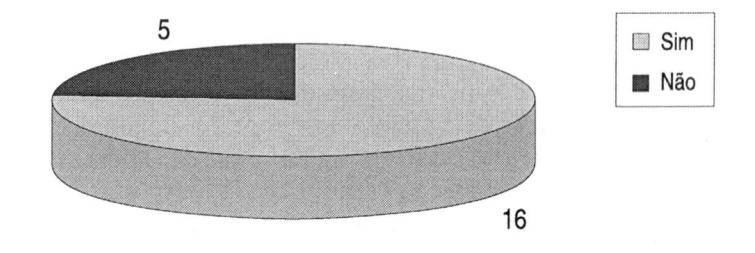

Questões (25): Em anos de eleição para o parlamento e o governo estadual, a empresa ofertou recursos financeiros para a campanha de partidos políticos?

Os dados da figura 24 corroboram a idéia de que a maioria das empresas do setor participa com recursos financeiros para campanhas políticas de partidos políticos, demonstrando que, muitas vezes, o DAER pode priorizar seus investimentos influenciados por ingerências políticas, afastando-se das regras econômicas e técnicas necessárias à implantação de uma obra rodoviária. Esta ingerência política também pode determinar a concentração de obras em períodos pré-eleitorais, de modo a atender aos interesses particulares de políticos e partidos em campanhas eleitorais.[38]

---
[38] Balbinotto e Garcia (2003) obtiveram informações sobre contribuições financeiras para campanhas eleitorais por empresas que atuam no setor rodoviário. Os autores ressaltaram os elevados valores financeiros declarados pelas empresas junto ao Tribunal Regional Eleitoral do Rio Grande do Sul (TRE-RS).

FIGURA 25

Destinação de Recursos Financeiros das Empresas do Setor Rodoviário para Esfera Política Estatal

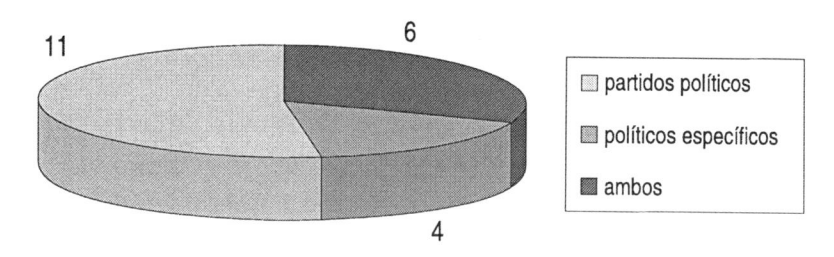

11 — partidos políticos
6 — políticos específicos
4 — ambos

Questão (26): Caso oferte recursos financeiros à esfera política, estes recursos são destinados?

Já a figura 25 ressalta que a maioria das empresas destina recursos financeiros tanto para a campanha de partidos quanto para políticos específicos. O apoio político pode garantir às empresas uma maior influência na elaboração da proposta orçamentária do departamento, incluindo ou vetando emendas orçamentárias propostas pelo poder executivo que atendam ao interesse da empresa que forneceu o auxílio financeiro.

Os dados obtidos corroboram com a análise dos problemas enfrentados pelo DAER e as características do setor. Eles fortalecem a percepção de que o ambiente rodoviário oferece oportunidades de corrupção, pois é através dos poderes executivo e legislativo que as rendas são buscadas. Este resultado também está de acordo com o obtido por Abramo (2004, p.12), que mostra que a contribuição para campanhas eleitorais é considerado ser um método importante para obter-se um tratamento diferenciado por partes dos tomadores de decisões no setor público, ficando este atrás apenas do oferecimento de pequenos favores, presentes e viagens.

Resumidamente, o questionário identificou, no setor, empresas com longa experiência e que atuam de forma consolidada dentro do mercado regional. Essas empresas mostram-se dependentes financeiramente da política de investimentos do DAER. Justificando a falta de atuação em outros mercados, as empresas sugeriram a existência de procedimentos licitatórios viciados. Um grande número de respostas destacou o surgimento de barreiras à entrada devido à forma das licitações, corroborando as evidências de que a estrutura do setor e as suas particularidades facilitam condutas cartelizadas, viabilizando comportamentos conlusivos. Esse comportamento permite a divisão do mercado, diminuindo o grau de incerteza e aumentando as margens de lucro.

4. Reflexões e análises das informações

As informações permitem elaborar considerações sobre o comportamento dos agentes públicos e empresas. Conforme destacado pelas empresas, a má qualidade do pavimento das rodovias pode ser justificada pelas falhas no sistema de controle e monitoramento (exemplo: a falta de balanças e de verificação do excesso de cargas). A precariedade na fiscalização das obras e a insuficiência de técnicos também fortalecem a percepção das empresas de falhas e ineficiência no gerenciamento do órgão público. As falhas no controle e uma fiscalização mais branda permite que servidores possam reduzir os custos incorridos pela empresa com a construção de uma obra (*cost reducing corruption*[39]).

As respostas fornecidas pelas empresas sobre a atuação do sindicato, reforçam o importante papel deste como interlocutor com o DAER nos interesses dos seus associados. Essa proximidade no relacionamento e a distorção na alocação dos recursos orçamentários e financeiros fortalece a idéia de ingerência político-administrativa do sindicato na definição de obras e serviços aprovados pelo departamento rodoviário e na destinação das verbas orçamentárias.

As informações sobre contratos com dispensa de licitação evidenciam as oportunidades geradas no setor, e o poder discricionário ofertado aos agentes públicos dentro da estrutura burocrática do departamento. As respostas das empresas (sobre o prejuízo com decisões administrativas executadas pelo departamento; a percepção de crescimento da corrupção no DAER e a necessidade de pagamentos de valores a servidores do órgão) permitem concluir que, na medida em que a corrupção está associada a um excessivo poder discricionário e a captura de significativos valores financeiros, a interface entre empresas e o DAER ocorrerá através de contatos com dirigentes públicos e técnicos através do *lobby* político; da venda de informações privilegiadas ou da facilitação de contratos.

No que tange ao pagamento de faturas, verificaram-se atrasos constantes no cronograma de pagamentos, denotando as falhas burocráticas e a fragilidade financeira do departamento rodoviário.[40] O excessivo atraso no pagamento das faturas pelo DAER, e as dificuldades de obtenção de serviços burocráticos estimulam a busca de facilitação das rotinas burocráticas e a oferta de propinas e presentes. Esse problema agrava-se em períodos de aceleração inflacionária devido à perda do valor monetário, atraindo ainda mais ações que minimizem este prejuízo.

---

[39] Mbaku (1992, p. 254) identifica quatro classes de atividades corruptas na economia: (i) *cost reducing corruption* (burocratas atuam ilegalmente no sentido de reduzir os custos dos agentes privados); (ii) *cost enhancing corruption* (burocratas buscam se apropriar de parte da renda criada através de uma escassez artificial devido à regulamentação sobre um setor ou produto); (iii) *benefit enhancing corrupiton* (burocratas transferem benefícios aos indivíduos e grupos); (iv) *benefit reducing corruption* (há uma apropriação direta pelos burocratas dos bens fornecidos pelo Estado por meio do roubo ou desvio dos bens).

[40] A fragilidade foi justificada e reforçada pelo fortalecimento político e institucional do Tesouro Estadual.

Outra questão analisada foi a relação entre os baixos salários no DAER e a criação de um ambiente propício a ações corruptas. Salários públicos reduzidos podem incentivar o estabelecimento de um ambiente institucional corrupto. As respostas do questionário destacaram, entre as principais causas de corrupção burocrática, os salários reduzidos pagos a servidores públicos estaduais.

Essas informações e respostas, quando confrontadas com a visão das empresas quanto à ineficiência do DAER no desenvolvimento das suas atividades, refletem um ambiente institucional propício a acordos e trocas corruptas por meio da facilitação ou agilização das rotinas burocráticas e ratificam a necessidade de uma política de valorização da atividade profissional dos servidores.[41]

A pesquisa também pode contribuir como indicador da influência de interesses privados na execução da política rodoviária, e da captura do departamento rodoviário por setores políticos e empresariais. As informações obtidas do questionário reforçam esta idéia, pois muitas empresas responderam que a forma mais usual de negociação com o DAER ocorre com a participação do sindicato das empresas de engenharia, sinalizando um setor politicamente organizado na defesa dos seus interesses.

Outro ponto observado nas respostas do questionário é o poder discricionário de servidores e técnicos que atuam na execução de rotinas administrativas. Isto possibilita a formação de um ambiente corrupto desorganizado e descentralizado. Entretanto, as respostas também demonstraram a possibilidade de uma corrupção sistêmica e organizada. Sistêmica, porque é gerada por falhas na estrutura burocrática do departamento e pela excessiva concentração no mercado rodoviário; organizada, pois as empresas sabem exatamente quais os agentes e dirigentes públicos podem ser corrompidos e o quanto devem oferecer para obter os seus objetivos. A cumplicidade e a proximidade das empresas com servidores do DAER, atuantes na sede e em seus distritos rodoviários, garantem o perfeito conhecimento de suas ações, reduzindo a assimetria de informações.

As respostas ressaltam a presença da pequena corrupção (*petty corruption*), observada em acordos firmados por servidores do DAER com as empresas durante o processo de tramitação burocrática e nas fases de operação e construção da obra (exemplo: a agilização de pagamentos e/ou alteração das quantidades ou das especificações técnicas estabelecidas no projeto de engenharia). Ela estaria localizada, principalmente, em distritos rodoviários ou no canteiro de obras.

Especificamente sobre a Lei 8.666/93, verificou-se, entre outras qualidades, a redução do poder discricionário do administrador público, aumentando a concorrência pública.[42] A crítica feita à lei é que ela seria demasiadamente complexa,

---

[41] A adoção da política não tornará o agente incorruptível, mas desestimula este a uma conduta desonesta.

[42] A lei prescreve de forma simplificada como devem ser elaboradas as licitações e seus editais, vedando a exigência de atestados de experiência prévia para habilitar apenas determinadas empresas em detrimento do mercado; penaliza as empresas que não cumprirem os contratos; pune severamente condutas irregulares de empresas e servidores; estabelece que os pagamentos devem ser feitos dentro de ordem cronológica e abre a possibilidade de recurso aos que se sentirem prejudicados por atos arbitrários da administração.

limitando a ação do administrador público e reduzindo a eficiência burocrática. Licitações públicas viciadas, custos fixos elevados e dificuldades operacionais também foram lembrados pelas empresas como situações sempre presentes no setor rodoviário. A reunião desses fatores determina restrições à competição, possibilitando que empresas atuem em conluio através do rodízio no processo licitatório, da divisão dos contratos rodoviários ou subcontratando outras empreiteiras.

A probabilidade de o servidor ser detectado e o tamanho de penalidade imposta também foram levantadas nas respostas do questionário como causas determinantes da corrupção no setor rodoviário. A percepção das empresas sobre o combate à corrupção realizada por órgãos de controle externo (TCE, CAGE e Ministério Público) não é das melhores. A maioria das empresas ressaltou que estes órgãos são pouco eficazes ou ineficazes, o que pode justificar uma estrutura burocrática propícia a acordos corruptos.

5. Considerações finais

As informações e dados aqui levantados tornam-se importantes na elaboração de estratégias e medidas de combate à corrupção. Esse combate deve ter por base a busca de uma nova relação entre os órgãos públicos estaduais (DAER, FEPAM, CELIC, etc.); da diminuição da assimetria de informações entre os agentes econômicos; de processos licitatórios mais abertos; e uma maior autonomia orçamentária e financeira ofertada ao departamento rodoviário.

No tocante à relação entre os órgãos públicos, destacam-se medidas que possibilitem uma maior concorrência no ambiente burocrático; a priorização de critérios técnicos na alocação dos recursos; uma maior eficiência com a agilização dos processos administrativos; e a melhoria dos sistemas de auditoria, monitoramento e supervisão. De forma complementar, devem-se elaborar políticas pontuais ou específicas de combate à corrupção em cada órgão público (exemplo: controle mais rigoroso das licitações e/ou a transparência nos critérios de concessão de licenças ambientais).

No âmbito do DAER, as medidas devem privilegiar contratos com valores mais reduzidos; promover licitações com maior concorrência (através da oferta de lotes de pouca extensão e com valores mais baixos); restringir a contratação de funcionários pagos por empreiteiras, consultorias e supervisoras; criar programas de fortalecimento de valores morais e éticos do agente público; e valorizar o agente público através de uma remuneração mais elevada e/ou benefícios não monetários (possibilidade de uma ascensão funcional, pagamento de cursos, viagens, divulgação e elogios públicos).

Especificamente aos agentes inseridos na atividade rodoviária (servidores, políticos e empresas de engenharia) podem-se relacionar várias medidas de combate à corrupção.

Para os servidores destacam-se ações de fiscalização[43] e controle e a redução do poder discricionário privilegiando as decisões em equipes. A redução dos problemas de assimetria de informação também deve perseguida por meio da melhoria na qualificação dos servidores; de um maior rigor no processo de seleção[44] e de um aumento do período de estágio do profissional. Após a efetivação do servidor público, a estratégia consiste em um monitoramento mais eficaz das sua ações;[45] em penalizações severas;[46] na publicidade dos atos corruptos dentro do órgão rodoviário; e na criação de um ambiente institucional onde a reputação pública seja valorizada profissionalmente.

Para o controle e fiscalização dos políticos e de seus atos devem-se buscar o aperfeiçoamento de mecanismos de controle social (exemplo: orçamento participativo); o controle da origem e destino dos recursos arrecadados em campanhas eleitorais (examinar a relação das leis, projetos e emendas orçamentárias sugeridas pelo político com a origem dos recursos de campanha); um maior rigor na prestação de contas; e a divulgação e publicidade das suas ações ao longo do seu mandato.

Por fim, junto às empresas o combate à corrupção parte da fiscalização das ações do sindicato; do estímulo a denuncia de agentes públicos corruptos (extorsão) e de acordos colusivos entre as empresas do setor (cartéis); de licitações atrativas à participação de novas empresas do mercado (diminuindo barreiras à entrada); e da revisão dos critérios técnico-operacional e financeiro na lei de licitações.

Especificamente à Lei de licitações deve-se examinar, criteriosamente, o histórico das empresas (serviços já realizados, atuação em outros mercados, *know-how* no mercado rodoviário, ocorrências de acordos colusivos ou fraudulentos). Após o contrato firmado, caberá ao departamento objetivar uma maior fiscalização no canteiro de obras e uma relação mais profissional de seus servidores com as empresas contratadas (evitar uma excessiva aproximação entre as empresas de engenharia e os servidores públicos atuantes na sede do departamento e em seus distritos rodoviários).

Paralelamente a esse conjunto de estratégias e medidas deve-se buscar o fortalecimento democrático e estímulo e apoio às organizações não-governamentais de combate à corrupção. Um controle social (exemplo: campanhas anticorrupção) mais efetivo e uma imprensa local livre e investigativa, que denuncie a

---

[43] No Brasil, a lei nº 8.249, criada em 02 de junho de 1992, dispõe sobre as sanções aplicáveis aos agentes públicos nos casos de enriquecimento ilícito no exercício do mandato, ou função na administração pública, punindo rigorosamente os atos de improbidade.

[44] Uma proposta concreta, já adotada pelo DAER, é a exigência de declaração patrimonial para qualquer servidor que ingresse na atividade pública.

[45] Esta melhoria poderia ocorrer através de um sistema de administração mais moderno e/ou da criação de comissões especiais de inquérito para investigar servidores e técnicos do DAER acusados de corrupção.

[46] Medidas punitivas mais rigorosas contribuiriam para minimizar os problemas de *Moral Hazard*. Entre estas medidas, destaca-se o estímulo à autoridade punitiva de técnicos hierarquicamente superiores e a utilização de punições não formais (transferências, perda de *status* social e etc.).

fraude e a corrupção no ambiente rodoviário, e controle a oferta de recursos de campanhas políticas (diminuindo a pressão das empresas por *lobby*), reforçaria as medidas de âmbito restrito ao órgão rodoviário.[47]

Referências bibliográficas

ABRAMO, Cláudio Weber. *Corrupção no Brasil: A Perspectiva do Setor Privado, 2003*. Transparência Brasil. Abril de 2004,

BALBINOTTO, Giácomo Neto. Rent Seeking e Crescimento Econômico: Teoria e Evidências. *Tese de Doutorado*, USP, São Paulo, 2000.

BALBINOTTO, Giácomo & GARCIA, Ricardo Letizia. *A Percepção da Corrupção e suas Implicações Econômicas: Uma Aplicação ao Setor de Obras Rodoviárias no Estado do RS* (mimeo), 2004.

BOSE, Gautam. Bureaucratic Delays and Bribe-Taking. Journal of Economic Behavior and Organization, v. 54, 2004.

BREI, Z. A. Corrupção: dificuldades para definição e para um consenso. *Revista de Administração Pública*, v.30, n.1, p.64-77, Jan./Fev, 1996a.

DEPARTAMENTO NACIONAL DE ESTRADAS DE RODAGEM. *Manual de Composição dos Custos Rodoviários*, nº1, 1972.

GARCIA, Ricardo Letizia. *A Economia da Corrupção: Teoria e Evidências, Uma Aplicação ao Setor de Obras Rodoviárias no RS*, Tese de Doutorado, UFRGS, Porto Alegre, Dezembro, 2003.

FLEISCHER, David. *Os Custos da Corrupção. Reforma Política e Financiamento das Campanhas Eleitorais.* 2000 (Cadernos Adenauer, 10).

HILLMAN, Arye L. Corruption and Public Finance: an IMF Perspective. In: *European Journal of Political Economy*, 20: 1067-1077, 2004.

JAIN, A. K. Corruption: A Review. In: *Journal of Economic Surveys*, 15 (1): 71-121, 2001.

LAMBSDORFF, S.G. *Corruption and Rent Seeking*. Public Choice, 113:97-125, 2002.

LEI DAS LICITAÇÕES E CONTRATOS PÚBLICOS. Lei 8.666 de 21 junho de 1993.

MAURO, Paolo. *Essays on Country Risk, Asset Markets and Growth*. Ph.D. Thesis, Harvard Univerity, Cambridge, M.A., Chapter 1, november, 1993.

MAURO, Paolo. *Corruption and Growth*. Quarterly Journal of Economics. v.110, p.681-712, 1995.

――――.*The Persistence of Corruption and Slow Economic Growth*. IMF Staff Papers, 51, n. 1, 2004.

MBAKU, John M. Bureaucratic Corruption as Rent Seeking Behavior. *Konjunkturpolitic*, v.38, n.4, p. 247-65, 1992.

PORTA, D. D. e VANNUCCI, A. The Perverse Effects of Political Corruption. *Political Studies*, 45:516-538, (*special issue*), 1997.

REVISTA DO SICEPOT. *Governo do Estado Retoma Investimentos em Obras Rodoviárias*. v.2, n.15, p.3, Porto Alegre, julho, 2003.

QUEIROZ, C. e VISSER, A. *Corruption, transport Infrastructure Stock and Economic Development.* World bank Infrastructure Forum, Washington, D.C, 2001.

REINIKKA, R. e SVENSSON, J. *Survey Techniques to Measure and Explain Corruption*. World Bank, Development Research Group, Public Services, june, 2003.

SHLEIFER, Andrei, and Robert W. VISHNY. "Corruption". In: *Quarterly Journal of Economics*, 10 (3): 599-618, Aug.,1993.

SILVA, Marcos Fernandes G. da. *Instituições e Desempenho Econômico*. Instituto Fernand Braudel de Economia Mundial, 1994 (Paper).

――――. *The Political Economy of Corruption in Brazil*. Revista de Administração de Empresas, v.39, 3, p. 26-41, julho/setembro.

SISTEMA DE PROCESSAMENTO DE DADOS DO ESTADO DO RIO GRANDE DO SUL, http://www.procergsrsgov.br, junho, 2003.

---

[47] Conferir Mauro (2004,p.16) para uma posição semelhante à deste artigo.

SPECK, Bruno Wilhelm. Mensurando a Corrupção: Uma Revisão de Dados Provenientes de Pesquisas Empíricas. *Cadernos Adenauer: Os Custos da Corrupção*, n.10, 2000.
STIGLER, George J. The Optimum Enforcement of Laws. *Journal of Political Economy*, nº 78, p.526-36, 1970.
TANZI, Vito. Corrupção, Atividades Governamentais e Mercados. *Finanças e Desenvolvimento*, v.15, n.4, p. 24-26, 1995.
──── . Corruption Around the World: causes, Consequences, Scope and Cures. *IMF Staff Paper*, v. 45, n. 4, December, 1998.
──── & DAVOODI, Hamid. Corruption, Public Investment and Growth International Monetary Fund. *Working Paper*, october, 1997 (IMF Working Paper).
WEDER, Beatrice. Institutional Obstacles to Doing Business. *Background Paper for World Development Report*, 1997.
WORLD BANK. Redesigning the State to Fight Corruption: Transparency, Competition and Privatization. *Viewpoint*, n.75, april, 1996.

ANEXO
Questionário: corrupção burocrática no setor de construção de obras rodoviárias

Parte I – Informações gerais sobre a empresa

1. Há quantos anos a empresa atua no setor de construção de obras e serviços rodoviários?
(1) 0 – 2 anos;
(2) 2 – 5 anos;
(3) 5 – 10 anos;
(4) + de 10 anos.

2. Quantos funcionários a empresa tem em seu quadro permanente?
(1) menos de 10 funcionários;
(2) 10 – 20 funcionários;
(3) 20 – 50 funcionários;
(4) + de 50 funcionários.

3. Os contratos firmados com o DAER para a construção ou prestação de serviços rodoviários representam?
(1) a totalidade do faturamento da empresa;
(2) uma parcela significativa do faturamento da empresa (+ 50%);
(3) parcela pouco significativa do faturamento da empresa (-50%);
(4) nenhuma parcela no faturamento da empresa.

4. A empresa realiza serviços e obras rodoviárias para outros estados da federação ou para o mercado internacional?
(1) não;
(2) sim.
Destaque os principais mercados: ....

5. Destaque o principal motivo que dificulta a obtenção de contratos para a construção de obras ou a prestação serviços em outros estados da federação ou no mercado internacional:
( ) custos excessivamente altos no deslocamento de máquinas e equipamentos;
( ) desconhecimento das condições destes mercados;

( ) licitações públicas viciadas que impedem a participação de empresas de outros estados ou países;
( ) outros motivos (liste-os, por favor): ....

Parte II – O relacionamento da empresa com o Departamento Rodoviário Estadual (DAER):

6. O DAER nas suas atividades administrativas e burocráticas é eficiente no cumprimento das normas e regras estabelecidas no contrato público junto à empresa vencedora do processo licitatório?
(1) sempre;
(2) quase sempre;
(3) raramente;
(4) nunca.

7. A empresa de alguma forma já se sentiu prejudicada com decisões administrativas e políticas do DAER que privilegiaram o andamento de obras e serviços que estavam sendo executadas por outras empresas do setor?
(1) sim, uma única vez;
(2) sim, várias vezes;
(3) não, nenhuma vez.

8. Definida a obra rodoviária no orçamento anual do DAER, a empresa pode, através de acordos e negociações com os dirigentes do departamento, definir ou priorizar o andamento de determinadas obras e serviços considerados importantes para a sua política de investimento:
(1) sim, mas com a participação do sindicato;
(2) sim, independentemente da atuação do sindicato;
(3) não.

9. Caso a empresa, isoladamente ou representada pelo seu sindicato, já tenha conseguido obter a inclusão de uma obra no orçamento do DAER, quais dessas formas foram utilizadas para a obtenção desse objetivo (assinale mais de uma alternativa, caso ache necessário):
(1) contatos com políticos estaduais;
(2) contatos com dirigentes públicos (diretores do DAER e de outras esferas do poder executivo);
(3) contatos com servidores e engenheiros do Departamento Rodoviário;
(4) participação nas assembléias do orçamento participativo estadual.

10. Obtido o contrato para a construção de uma obra junto ao DAER, a medição dos serviços executados na obra, a liberação dos recursos orçamentários e o pagamento financeiro devido à empresa, ocorrem nos prazos exigidos por lei?
(1) sempre;
(2) quase sempre;
(3) raramente;
(4) nunca.

11. É necessário a oferta de presentes (agendas, canetas, confeitos, etc.) aos servidores públicos do DAER, para que serviços e tarefas possam ser realizadas em prazos mais reduzidos?
(1) eventualmente;
(2) sistematicamente;
(3) raramente;
(4) nunca.

12. A empresa já recebeu o oferecimento de facilitação ou agilização das rotinas burocráticas por parte de servidores e técnicos do DAER?
(1) sim, uma única vez;
(2) sim, algumas vezes;
(3) não.

13. Examinando a definição de corrupção burocrática apresentada na folha inicial, como a empresa percebe o nível de corrupção no DAER?
(1) não é perceptível;
(2) é pouco perceptível;
(3) é facilmente perceptível.

14. De acordo com a sua percepção, admitindo que exista corrupção na esfera burocrática no DAER, pode-se afirmar que esta cresceu nos últimos anos?
(1) sim;
(2) não;
(3) permanece no mesmo nível de anos anteriores.

15. Como você percebe o nível de corrupção em outros órgãos do poder executivo estadual, com os quais a sua empresa necessita de licenças, autorizações e permissões para a execução das suas atividades no setor de obras e serviços rodoviários?
(1) não é perceptível;
(2) é menos perceptível que no Departamento Rodoviário;
(3) é tão perceptível quanto no Departamento Rodoviário;
(4) é mais perceptível que no Departamento Rodoviário.

16. É necessário ou já foi necessário, o pagamento de valores indevidos pela empresa a servidores e técnicos do DAER para a obtenção de direitos estabelecidos no contrato, tais como: medições em prazos estabelecidos no contrato, andamento de processos dentro da burocracia do Departamento e a agilização dos pagamentos de serviços já realizados?
(1) sim, na maioria das vezes;
(2) sim, algumas vezes;
(3) sim, mas apenas esporadicamente;
(4) não, nunca foi necessário.

17. Da mesma forma, é necessário ou já foi necessário o pagamento de valores indevidos pela empresa a servidores de outros órgãos do poder público estadual para a obtenção de autorizações, licenças ou permissões necessárias ao andamento das atividades da empresa?
(1) sim, na maioria das vezes;
(2) sim, algumas vezes;
(3) sim, mas apenas esporadicamente;
(4) não, nunca foi necessário.

18. Quando a empresa, através de seus funcionários e engenheiros, é coagida pelo servidor do DAER ou de outros órgãos a pagar "taxas" ou "comissões" indevidas, qual a atitude adotada:
(1) denuncia o servidor ao órgão de controle interno;
(2) busca outro servidor para obter os serviços públicos necessários;
(3) aceita a extorsão e paga o valor exigido;
(4) adota outras medidas (liste-as, por favor):..

19. No caso de corrupção, qual a garantia de que o pagamento de "taxas" e "comissões" para servidores do DAER e de outros órgãos públicos determinará a obtenção dos serviços públicos necessários ao andamento das atividades da empresa?
(1) garantia plena;
(2) grande, mas não total;
(3) pequena;
(4) nenhuma.

20. Caso exista a percepção de que a corrupção está presente no ambiente burocrático, a empresa acredita que os servidores e técnicos do DAER envolvidos na prática de extorsão agem?
(1) com a colaboração de outros servidores do Departamento;
(2) com a colaboração de servidores de outros órgãos públicos estaduais;
(3) de maneira isolada.

21. Qual a percepção que a empresa tem sobre o combate à corrupção burocrática realizados por órgãos de controle externo (TCE, CAGE e Ministério Público) no setor burocrático estadual?
(1) é extremamente eficaz;
(2) é pouco eficaz;
(3) não é eficaz.

22. Dadas às opções, abaixo, assinale, em ordem crescente de importância, as principais causas de incentivos e oportunidades à prática de atos corruptos no setor rodoviário:
( ) excesso de burocracia no DAER e de outros órgãos públicos do poder estadual;
( ) poder discricionário excessivo a técnicos e dirigentes do DAER e de outros órgãos públicos da esfera estadual;
( ) falhas na legislação (leis e normas burocráticas mal formuladas que permitem discricionariedade no processo de escolha das empresas prestadoras de serviços públicos);
( ) fiscalização reduzida e falha no controle das ações e condutas dos servidores estaduais;
( ) pouca ação dos órgãos de controle interno e externo (CAGE, TCE, Ministério Público) no combate à corrupção;
( ) salários reduzidos pagos aos servidores públicos estaduais;
( ) pequena probabilidade de detecção do servidor corrupto;
( ) ausência de mecanismos rígidos de punição e responsabilização por atos e práticas desonestas.

23. Em caso de corrupção no setor, as tentativas de extorsão de servidores públicos corruptos têm atrapalhado as atividades rotineiras da empresa?
(1) sim, porém não de forma sistemática;
(2) sim, quase sempre afeta as atividades;
(3) não, nunca atrapalhou.

24. Na sua opinião a lei de licitações (Lei 8.666/93) reduziu a corrupção no setor rodoviário:
(1) sim, pois restringiu o poder discricionário e impôs uma série de limitações e formalidades ao processo licitatório;
(2) sim, pois permitiu que mais empresas pudessem participar da concorrência pública;
(3) sim, pois dificultou a formação de cartéis e conluios entre grandes empresas;
(4) não, pois ao criar limitações e formalidades excessivas, restringiu o processo competitivo no processo licitatório;
(5) não, pois determinou o surgimento de barreiras à entrada de novas empresas, facilitando a formação de acordos e conluios.

25. Em anos de eleição para o parlamento e o governo estadual, a empresa oferta recursos financeiros para a campanha de partidos políticos?
(1) sim;
(2) não.

26. Caso tenha ofertado recursos financeiros à esfera política, estes recursos foram destinados para?
(1) partidos políticos;
(2) políticos específicos;
(3) ambos.

Impressão:
Evangraf
Rua Waldomiro Schapke, 77 - P. Alegre, RS
Fone: (51) 3336.2466 - Fax: (51) 3336.0422
E-mail: evangraf.adm@terra.com.br